本书为全国教育科学"十三五"规划课题（BHA190150）成果；
本书受到宁波大学哲学社会科学著作出版经费资助。

关怀与责任

校园欺凌行为的发生与防治

Care and Responsibility:
The Occurrence and Prevention of School Bullying

张　林一著

ZHEJIANG UNIVERSITY PRESS
浙江大学出版社
·杭州·

图书在版编目（CIP）数据

关怀与责任：校园欺凌行为的发生与防治 / 张林著.
杭州 ：浙江大学出版社，2025. 6. — ISBN 978-7-308
-26148-7

Ⅰ. G474

中国国家版本馆 CIP 数据核字第 2025H8Y852 号

关怀与责任:校园欺凌行为的发生与防治

张　林 著

策划编辑	吴伟伟	
责任编辑	金　璐	
责任校对	葛　超	
封面设计	雷建军	
出版发行	浙江大学出版社	
	（杭州市天目山路 148 号　邮政编码 310007）	
	（网址：http://www.zjupress.com）	
排　　版	大千时代(杭州)文化传媒有限公司	
印　　刷	浙江新华数码印务有限公司	
开　　本	710mm×1000mm　1/16	
印　　张	23.5	
字　　数	409 千	
版 印 次	2025 年 6 月第 1 版　2025 年 6 月第 1 次印刷	
书　　号	ISBN 978-7-308-26148-7	
定　　价	98.00 元	

序

  校园欺凌是一个世界性教育难题,会对儿童和青少年的身心健康发展造成巨大危害。联合国教科文组织数据显示,全球32％的学生每月至少遭受一次欺凌,我国大约有20％的中小学生每月遭受2—3次欺凌。中小学校园欺凌不仅损害了青少年个体的身心健康,也对学校、家庭、社会造成巨大损失。在此背景下,宁波大学张林教授及其团队所著的《关怀与责任:校园欺凌行为的发生与防治》一书,对解决这一复杂难题进行了有价值的系统性探讨,并提供了颇具实用性的解决方案。张林教授请我为本书做序,通读书后,我认为本书在以下两个方面做出了令人称道的努力。

  一方面,本书从多层面、多维度揭示了欺凌行为的影响因素与机制。本书从心理学、教育学、社会学等多学科交叉融合视角,从微观到宏观解析了欺凌现象的发生基础。在基础理论层面,本书梳理了攻击行为理论、群体动力理论等经典范式,又结合网络时代特征阐释了数字空间欺凌的新机制。在校园欺凌影响因素方面,本书区分了欺凌者、被欺凌者、旁观者、群体附和者,并考察了这些不同角色的行为特征与心理动因。例如,欺凌者常常具有冷酷无情特质,并倾向于推脱自身责任,降低内疚感,而安全型依恋的青少年更可能在欺凌事件中保护受欺凌者。在欺凌行为的产生机制层面,本书建构了"依恋—韧性—行为控制"的欺凌抑制机制;揭示了父母婚姻冲突、专制型教养方式等家庭因素通过破坏情感联结加剧欺凌行为的过程;提出了班级规范通过"规范感知—态度形成—行为模仿"诱发群体欺凌的路径。这些理论梳理与研究发现为校园欺凌的预防干预提供了重要依据。

  另一方面,本书提出了比较系统性的校园欺凌防治建议和对策。理论研究的价值在于实践转化,本书的建议对策部分聚焦干预策略,构建起"预防—干预—修复"策略体系,尤其强调家庭、学校、社区、政府的协同机制。在家庭干预领域,提出通过家庭治疗改善亲子沟通、修复家庭功能,针对欺凌者家庭的专制型教养模式与受欺凌者家庭的支持缺失分别设计干预方案；在学校层面，强调制度建设、教师培训、班级文化营造等策略的重要性。在校园欺凌问题的社会综合治理部分，本书呼吁要完善法律法规，建立校园欺凌预警机制，构建社会支持网络，通过社区青少年活动、媒体正向引导、专业机构介入等方式，形成立体化的校园欺凌防治网络。

另外值得肯定的是，本书始终贯穿"发展性干预"理念，不仅关注如何遏制欺凌行为的发生，更致力于通过提升心理资本、增强亲子依恋、营造积极班级文化氛围等方式，培育青少年的抗逆力与社会适应能力。这种从"问题解决"到"成长赋能"的转向，体现了对青少年发展规律的深刻理解，即防治欺凌的终极目标是为所有孩子创造安全、包容、充满支持的成长环境，让每个生命都能得到尊重与关爱。

希望本书的出版能够为我国校园欺凌防治工作发挥作用。

张文新

山东师范大学教授、山东大学兼职讲席教授、博士生导师

中国心理学会校园欺凌与暴力防治专委会主任

2025 年 5 月 13 日

前　言

在全世界范围内,校园欺凌都是一个备受关注的社会问题。我国多名学者的调研数据表明中小学生欺凌的整体发生率在 13.9% 到 32.4% 之间。联合国教科文组织发布的报告指出,约有 32% 的学生曾遭受过校园欺凌,每年约有 2.46 亿名儿童和青少年遭受过某种形式的校园暴力与欺凌,可见校园暴力和欺凌在世界范围内普遍存在。

校园欺凌不仅给学生的身心健康造成严重伤害,更会影响他们的社会适应与人格发展,成为阻碍青少年健康成长的重要因素。如何深入理解校园欺凌问题的发生机制,构建科学有效的防治体系,是需要教育工作者、心理学者与社会各界共同携手努力解决的一项紧迫课题。

近年来,我国在校园欺凌防治方面出台了《未成年人学校保护规定》等系列政策,各地学校也开展了丰富的干预实践,但校园欺凌的隐蔽性、反复性与群体化特征,使得现有防治工作仍面临诸多挑战。从心理机制看,欺凌行为背后涉及个体人格特质、家庭环境、班级生态等多层面因素;从实践层面看,亟须整合家庭、学校、社会等多方力量,形成系统性干预模式。基于此,本书围绕校园欺凌的"发生机制"与"防治策略"两个方面进行了深入研究,旨在为校园欺凌的理论研究与实践干预提供新的视角与参考借鉴。

本书内容主要分为三个部分:第一部分系统梳理了校园欺凌的基础理论与研究现状,构建了校园欺凌研究的逻辑起点;第二部分从个体、家庭、群体、社会等多个层面深入剖析了欺凌行为的影响因素与发生机制,提出了欺凌保护因素与阻断条件;第三部分则结合国内外防治经验,提出了具有针对性的家庭、学校与社会干预策略,形成了"家庭—学校—社区—政府"四位一体的全链条综合防治体系。

第一章为校园欺凌概述。本章明确了校园欺凌的内涵与特征,对欺凌行为进行类型划分,并解析了欺凌者、被欺凌者、旁观者等不同角色的行为特点;

构建了包括发生频率、伤害程度、心理影响等维度的欺凌行为评估指标体系；分析了我国与其他国家校园欺凌的发生特点，深入探讨了校园欺凌对学生自我认知、情绪状态与社会适应的负面影响，凸显了研究的实践意义。

第二章为校园欺凌的相关理论。本章系统梳理了攻击行为、群体攻击与欺凌行为的相关理论。针对欺凌行为本身，个体欺凌理论主要关注人格特质的影响，群体欺凌理论探讨群体动力的作用，网络欺凌理论则结合技术特性解析了网络欺凌的独特机制，这些理论为后续研究提供了坚实的理论框架。

第三章为校园欺凌行为的相关因素。本章从多维度剖析了校园欺凌的影响因素。首先探讨了人格因素，发现攻击性特质、冷酷无情特质均与欺凌行为显著相关，具有这些特质的学生更倾向于实施欺凌或表现出亲欺凌行为。其次研究了家庭因素，发现童年受虐待经历、父母婚姻冲突、不良教养方式（如专制、忽视）及不利家庭条件（如低收入、高压力）均是欺凌发生的核心因素。最后指出越轨同伴、班级规范、受欺凌经历与暴力环境接触等风险因素会增加欺凌行为，而心理资本、亲子依恋、教师支持、同伴支持与校园联结等保护因素则对减少欺凌行为起到积极作用。

第四章为人格特质对校园欺凌行为的影响机制。本章聚焦欺凌者的人格特质，考察了攻击性特质与冷酷无情特质在欺凌行为发生中的作用机制。研究发现，攻击性特质会以攻击信念为中介影响欺凌行为；冷酷无情特质则是通过增强道德推脱、降低内疚感，提高了欺凌的风险；亲子依恋作为保护因素，通过提升个体的心理资本而抑制欺凌行为发生，形成"依恋—韧性—行为控制"的良性路径。

第五章为家庭因素对校园欺凌的影响机制。家庭是个体成长的重要环境。本章揭示了父母的婚姻冲突通过破坏家庭情感氛围、降低亲子沟通质量，间接导致学生攻击行为的增加；而不良的父母教养（如专制型教养）则会促使越轨同伴交往增加，强化了控制欲与敌意认知，促进欺凌行为；低家庭社会经济地位则会降低资源获取能力与减少教育投入，影响学生的社会适应。

第六章为班级规范对群体欺凌行为的影响机制。班级作为学生主要的生活场景，其规范氛围对欺凌行为至关重要。班级欺凌规范感知越强，学生越易接受欺凌行为；规范强度越高，群体欺凌行为越频发。班级规范通过道德推脱和群体内疚影响群体欺凌行为，形成了"规范感知—态度形成—行为模仿"的行为路径，为我们从班级规范的群体层面进行干预提供了切入点。

第七章为群体成员属性对群体欺凌行为的影响机制。群体动力是校园群体欺凌发生的重要因素。本章探讨了群体相对剥夺感如何引发群体欺凌，发现当群体感知到资源劣势时,会通过欺凌弱势群体获取心理补偿;而非典型成员(如特殊体型、文化差异学生)更易成为被欺凌对象;不同群体角色(触发者、附和者、旁观者)的特定行为模式更好地揭示了群体欺凌发生的生态机制。

第八章为校园欺凌中旁观者行为的影响因素。旁观者行为是校园欺凌发生发展的关键环节。公正世界信念较强的学生更可能采取保护行为;依恋风格影响旁观者的情绪反应与行为选择,安全型依恋者更倾向于主动干预;积极的父母教养方式会提升个体的社会责任感与情绪调节能力,影响其在面对欺凌事件时的反应模式,安全依恋和公正世界信念更容易提升个体的欺凌保护行为。

第九章为社会支持因素在校园欺凌行为中的阻断作用。社会支持是防治校园欺凌的重要力量。家庭、学校、同伴支持可缓解个体受欺凌后的心理创伤,提升应对能力。不同来源的支持(家庭支持、教师支持、同伴支持)和不同类型的支持(情感支持、工具支持)在欺凌应对中发挥不同作用,教师支持对减少被欺凌者的孤独感效果显著,同伴支持则能有效降低欺凌行为的重复发生率,为构建防治校园欺凌的社会支持体系提供了参考依据。

第十章为基于家庭治疗的欺凌者心理辅导与干预模式。家庭支持是校园欺凌防治的重要力量。本章总结了国内外经验,提出了校园欺凌防治的家庭治疗介入策略。针对欺凌者家庭,通过改善亲子沟通、修复家庭功能,减少攻击行为;针对受欺凌者家庭,通过增强家庭支持、提升心理韧性,帮助个体恢复,强调家庭在预防欺凌中的基础作用。

第十一章为基于学校教育管理的校园欺凌防治和干预模式。学校教育是防治校园欺凌的主阵地。本章提出个体与团体层面的不同防治策略,在班级与学校管理层面,通过建立反欺凌规章制度、培训教师干预能力、营造积极班级文化,构建综合防治体系;借鉴芬兰"KiVa"计划、日本"同伴支持计划"等国际经验,提出基于学校的心理健康辅导和班级规范管理等干预方案。

第十二章为基于社会治理的校园欺凌预防与干预策略。校园欺凌的防治需要全社会各部门的共同努力。本章从政府治理与社会环境建设出发,提出构建预防机制、完善法律法规、健全治理体系的政策建议,探索由学校教育、家庭教育、社会教育构成的共建共治共享的校园欺凌综合防治策略,从而有效地治理校园欺凌。

校园欺凌防治是一项复杂的系统工程,涉及心理学、教育学、社会学等多学科交叉,需要家庭、学校、社会的深度协同。本书立足实证研究,结合国内外经验,既揭示了欺凌行为的深层心理机制,又提供了可操作的干预策略,以期为教育实践工作者、心理咨询师、政策制定者提供参考。本书是全国教育科学"十三五"规划课题（BHA190150）的最终成果，凝聚了全体课题组成员的心血。感谢我的研究生洪新伟、陈燕铃、赵明玉、苗灵童、宋明华、范航、朱婷婷、王思尧、朱转等在研究设计与数据收集中的辛勤付出，感谢周昱江、魏洁、傅恩娜、吕海燕、曲朝丽、于清华、郝祥星、贾全平、寇文春、樊鹏鑫、谢娟娟、李文静、薛佳乐等在书稿写作与审校整理中的共同努力，也感谢浙江大学出版社编辑吴伟伟、金璐在书稿审校中的专业支持。在研究过程中，我们得到了安徽农业大学刘燊教授的指导，以及众多中小学教师与教育行政部门的帮助，书稿中也参考了大量心理学同行的研究成果，在此一并向他们致谢。

　　尽管我们力求严谨，但校园欺凌问题的复杂性决定了研究仍有局限，恳请学界同仁与广大读者批评指正。未来，我们将继续深耕，为守护青少年的健康成长贡献更多力量。

张　林

2025 年 4 月 18 日于宁波大学

目　录

第一章　校园欺凌概述

校园欺凌已经成为一种社会现象，各地校园欺凌事件频频发生，对学生的身心健康造成极大伤害，成为校园安全问题的"毒瘤"，严重影响社会稳定。因此，校园欺凌受到国家以及社会各界人士的广泛关注。2017 年，国务院教育督导委员会办公室印发《关于开展校园欺凌专项治理的通知》，文件中首次对校园欺凌进行了明确界定并做出针对性指示。2021 年，教育部印发《防范中小学生欺凌专项治理行动工作方案》，提出"校园欺凌屡教不改者，必要时转入专门学校"。通过各方面干预，近几年校园欺凌事件有所减少，但整体形势仍不容乐观，进一步加深对校园欺凌的研究，对校园欺凌行为的预防和干预意义重大。

本章主要从校园欺凌的内涵、评估与测量、基本特点三个方面对校园欺凌进行论述。

第一节　中小学校园欺凌的内涵

一、校园欺凌的定义和特征

（一）校园欺凌的定义

校园欺凌又称校园霸凌、学生欺凌。奥维斯（Olweus）是世界上首位研究校园欺凌的学者，他认为校园欺凌是"在学校当中，冲突双方力量强大的一方对力量较弱的一方反复进行身体或言语伤害的行为"。Smith 等（2003）在奥维斯（Olweus，1993）观点的基础上概括出校园欺凌的三个要点：力量悬殊性、蓄意性和反复性，并指出"校园欺凌是指学校当中力量强的孩子在未受激惹的情况下，对力量弱的孩子反复进行身体或语言攻击的伤害性行为"。

国内对于欺凌的研究晚于国外,国内学者张文新(1999)最早对欺凌进行探究,他对于欺凌的定义主要沿用了奥维斯的界定。我国学者谷传华(2003)指出,对于欺凌行为的界定不应该过度考虑其发生的频率,更多的是行为主体的主观动机和意图与行为双方力量的对比。同时,另一位研究者陈光辉(2010)在其本土化视角下的研究结果也为此提供佐证,他认为欺凌行为的界定主要看彼此的力量对比和造成的伤害,而非对于行为发生的频率进行强行的界定。

教育部相关文件中也对校园欺凌行为做出了明确的界定,主要包含以下方面:一是校园欺凌的卷入对象是学生;二是实施的行为有违社会规范,部分行为有触犯法律的嫌疑,但并不能构成犯罪。

关于校园欺凌,不同学者对其定义的侧重点不同,一些学者对欺凌的定义主要关注发生的场所,即校园内外,对校内成员实施伤害后导致其身心感到痛苦的行为(马雷军,2016)。有些学者从欺凌涉及的对象进行定义,校园欺凌多指中小学生间的欺凌、霸道和恃强凌弱的攻击性行为(魏叶美,范国睿,2016)。后来有两位学者对校园欺凌的定义进行整合,将校园欺凌定义为特定的群体或个体,通过语言、行为及其他媒介手段,对受欺凌者实施持续、长时间的肢体、言语或精神上的伤害(石连海,2016)。虽然研究者们的说法不完全相同,但他们都认为校园欺凌行为是个体故意、蓄意的行为,手段分为直接欺凌与间接欺凌、身体欺凌与语言欺凌,伤害则分为身体上的和心理上的。

(二)校园欺凌的特征

总体来说,校园欺凌行为主要具有以下特点。

1. 行为的普遍性

各部门、多方面的调查研究都显示,校园欺凌目前普遍存在于全国各地的中小学校园,而且所占比例不断提升,情况越来越严重。处于青春期的中小学生,心智与心理都还不够成熟稳定,对自己行为的认识还不全面,再加上人们对此没有足够的重视,常常把欺凌理解为同伴之间的小打小闹,以致校园欺凌事件不断发生。

2. 方式的多样性

常见的校园欺凌方式不仅包括对受欺凌者直接的身体暴力攻击,如拳打脚踢、掌掴拍打、推撞拉扯等,还包括对受欺凌者精神上造成的伤害,如中伤、讥讽、侮辱、谩骂、恐吓、勒索等。除此之外,社交上的排斥、孤立、敌视以及心理上的折磨也是欺凌行为的表现。

3. 力量的不平衡性

大部分受欺凌的学生在一定程度上有共同的特质,就是"老实、胆小",或者是"离群之雁"。而欺凌者相比受欺凌者,一般年龄更大、身体更强壮,或者实施欺凌的学生由多人组成,形成实力或者势力上的优势,使受欺凌的学生在心理上惧怕而不敢反抗,形成一种以大欺小、恃强凌弱、仗势欺人的不对等局面。

4. 行为的反复性

调查发现,许多学生间的侵害并不是一次就结束了,有的会持续一年甚至两三年,有的甚至到了毕业后还发生报复性的侵害。有的学生从一入学就被欺凌,尽管想极力摆脱却无效;有的学生转学了,欺凌者还会到新学校持续实施欺凌和暴力伤害。而受欺凌学生对自己遭受的伤害往往会选择隐瞒事实。欺凌者会抓住受欺凌者的这一心理特点,肆无忌惮地多次欺凌受害者,并以此为乐。当欺凌行为发生时,如果旁观者对欺凌行为默不作声或者叫好,就会助长欺凌者的行为,导致欺凌现象越来越严重。

5. 行为的隐蔽性

欺凌的隐蔽性主要体现在学生之间的矛盾和冲突并没有明显的迹象,这给教师的发现和教育带来了很大的困难。有时候上午看到学生在一起愉快地玩耍,可到了下午就有过激行为。再者校园欺凌行为往往发生在隐蔽的、不引人注意的地方,如学生宿舍或上下学路上,一般不易被发现。特别是间接欺凌往往更不明显,欺凌者可在不被察觉的情况下实施对他人的伤害。尤其是他们在网上互相威吓、羞辱和折磨对方的行为,可以跨越监护人、执法人员、社会人士的视线范围,更谈不上会受到法律的制裁。

6. 手段的残忍性

校园欺凌最不容忽视和最危险的一个特征就是其残忍性。许多校园欺凌如果不及时加以预防和制止,就容易升级为严重的暴力冲突。而校外人员的参与有可能会使校园暴力呈现残忍性。校外的不良少年在社会上养成了许多恶习,有的打架逞一时之勇而不计后果。因为他们实施校园暴力都是有准备、有凶器的,所以他们轻则对受欺凌者造成伤害,重则甚至导致受欺凌者死亡。

二、校园欺凌的类型和角色分类

(一)校园欺凌的类型

校园欺凌的表现形式分为直接欺凌和间接欺凌(Olweus,1993)。

1. 直接欺凌

直接欺凌指欺凌者对受欺凌者直接进行身体或言语上的攻击,如踢打、辱骂受欺凌者。Smith(1999)进一步将直接欺凌细化为身体欺凌和言语欺凌。

身体欺凌,即对受欺凌者进行物理攻击。这类欺凌往往比较暴力,拳打脚踢、掌掴拍打、推撞拉扯,甚至用物件进行击打,如用书敲打头部,用扫帚、伞柄,甚至用凳子、木棒、砖头等攻击身体,带给他人肉体、精神上的伤害。这些暴力行为非常危险,容易使受欺凌者致伤或致残甚至失去生命。有关部门的调查资料显示,校园欺凌与暴力事件中携带凶器的占 46%,造成伤害的占32%,有许多校园暴力导致学生失去了生命。

言语欺凌,指用粗鲁的语言欺凌对方的行为,包括辱骂、威胁、无礼地评论别人的某些特征(包括心理和生理)。这是当前我国校园欺凌的主要形式。这种欺凌表现为给受欺凌者起侮辱性绰号,如"胖猪""瘦猴";或指责受害者无用,称呼其为"废物";或粗言秽语、呵斥受欺凌者;更有甚者传播关于受欺凌对象的消极谣言和闲话,中伤、讥讽、恶意评论受欺凌对象本人或其家人,如"某某好像有偷窃的习惯""某某父母有犯罪前科"等。无论这种谣言是否属实,一旦被散布开,便会严重损害当事人的名誉。

2. 间接欺凌

间接欺凌指通过某种中介手段来达到伤害对方的目的,如孤立受欺凌者、煽动他人孤立受欺凌者等,主要包括关系欺凌和网络欺凌。

关系欺凌,即分派系结党,孤立或排挤受欺凌者。如故意排斥某个同学,不让其加入一个群体或组织,可能是游戏、运动和社会活动等。或者忽视对方的存在,孤立对方,即使对方跟自己打招呼也置若罔闻。因为持续否定对方的存在,所以给当事人的精神打击非常大。这种关系的建立或群体的形成要么是因为兴趣和爱好不同组成许多非正式群体,要么是因为居住区域相近而形成群体。群体之间经常发生暴力冲突,即使在群体内部,身体强壮有力的学生也会要求身体瘦弱的学生定期给他们零花钱,给少了会遭到辱骂,不给就会拳脚相加。这种校园欺凌极具隐蔽性。

网络欺凌指"欺凌者利用电脑、手机等电子设备,对受欺凌者进行言语攻击或者散播不良信息或图片等"(Droser,2013)。网络欺凌是一种新型的欺凌行为,这种欺凌往往利用 QQ、微信、微博、电子邮件等,通过下流话、谎言、谣言、图片、视频等攻击某人。与传统的校园欺凌相比,这种新型的校园欺凌更让人担忧。传统的校园欺凌受到时空的限制,只要不和欺凌者在一起,就可以避免受伤害。而网络欺凌则使受欺凌者失去了所有的避难所,无论身处何处,伤害都有可能发生。这种欺凌使双方均不受力量对比的限制,即便弱小者也可以欺凌他人。而且,网络欺凌传播速度更快,范围更广,对他人造成的伤害更为严重,欺凌者更为隐蔽。

间接欺凌平时不易觉察,但对青少年的心理伤害更持久,受欺凌者体会到被孤立、不受人欢迎等。

综上所述,校园欺凌的表现形式分为四种:身体欺凌、言语欺凌、关系欺凌和网络欺凌。其中,言语欺凌、身体欺凌、关系欺凌是校园欺凌最常见的表现形式(张文新等,2001;Cantone et al.,2015)。网络欺凌是校园欺凌的一种新型的表现形式(Betts,Spenser,2017;Droser,2013)。

(二)校园欺凌中的角色

芬兰学者 Salmivalli(1999)认为所谓欺凌参与者角色,是指在欺凌过程中与欺凌相关的个体角色,包括欺凌者、受欺凌者以及旁观者。

1. 欺凌者

欺凌者是指实施欺凌行为的一方,即欺凌事件的"主犯"。

欺凌者看似"强势"的攻击性与反社会性的背后,往往是其自身的脆弱——他们的攻击性可能源于其自身的挫败感、羞辱感或愤怒情绪。很多欺凌者曾经或者同时也是受欺凌者。向个人心理疾病、社交障碍、家庭问题以及社会压力等因素也是欺凌行为产生的可能诱因(陈纯槿,郅庭瑾,2017)。

2. 受欺凌者

受欺凌者是指遭受欺凌的个体,是欺凌事件中的最大受害者,在欺凌行为中是处于弱势的一方。

受欺凌者的遭遇可能由多种因素引起,这些因素既包括与个人相关的特征,例如年龄、性别、体质、外貌、健康状况、性倾向等;也包括外部环境因素,如父母的教养方式、家庭结构、家庭的社会经济地位、学校环境、同伴关系等。受欺凌者可能会产生焦虑、抑郁、低自尊、孤独感和自杀信念等内化问题行为。同时,他们也可能表现出违反道德和社会行为规范等外化问题行为,如逃学、盗窃和攻击性行为等。这些内化和外化问题行为可能导致受欺凌者在同伴群体中被边缘化(刘艳丽,陆桂芝,2017)。

3. 旁观者

旁观者是有别于欺凌者和受欺凌者的第三者,是整个校园欺凌过程的知情者、目睹者及介入者(包括欺凌者和受欺凌者各自的支持者)(宋雁慧,2014)。Salmivalli(1999)首次将旁观者进一步划分出四种角色:协助者、强化者(煽风点火者)、保护者和局外人,其中,协助者和强化者合并成为欺凌者。

在同一欺凌事件中,根据旁观者对受害过程的介入程度和结果表现,可以将其划分为积极旁观者和消极旁观者:积极旁观者以"保护者"为代表,其主要站在受欺凌者的立场,通过实际的行动和态度倾向支持受欺凌者。保护者会采取多种方式来帮助受欺凌者,例如安抚受欺凌者的情绪,为其提供心理支持,驱离欺凌者以阻止欺凌行为的继续。消极旁观者则是指忽视校园欺凌行为,甚至加剧校园欺凌进程的个体,通常表现为校园欺凌过程的强化者、协助者和中立者。不同角色类型的旁观者在校园欺凌的具体情境中会表现出不同的行为和态度倾向,引起差异化的结果。

(1)强化者:摇旗呐喊式鼓动

强化者(reinforcers),亦称助燃者,是指其本人并未直接参与欺凌过程,而是在欺凌事件发生时实施围观、鼓噪等煽动行为的一类人。强化者通过具有煽动性的言语和行为直接营造出了一种即时性的支持欺凌者的氛围,对欺凌者产生强烈的摇旗呐喊式鼓动效应。强化者在校园欺凌事件中通常起到一种推波助澜的负面作用,激发了欺凌者攻击性行为的表现欲,促使其产生被认可、推崇的道德错觉,误使欺凌者更加确认自己的欺凌行为的合理性,并引发更强烈的规范性攻击信念(Huesmann,1988)。强化者的介入使一些原本可规避的欺凌事件变得不可逆转,或使一些轻微的欺凌事件趋于严重化,强度增大,发生次数增多。尽管他们没有直接发起欺凌事件,也没有采取直接暴力行为对待受欺凌者,但他们的煽动性言论和行为在道德和规范层面上是明显的失范行为。

(2)协助者:罔顾是非地助纣为虐

协助者(assistants),指那些协同欺凌者参与欺凌行为的人,他们的行为加剧了欺凌事态的严重性。其中,有的协助者毫无是非观,一开始就完全站在欺凌者的立场,或听从欺凌者的行动指令,或故意逞强主动进行欺凌行为以讨好欺凌者,或事先与欺凌者商定好欺凌行动细节,表现出强烈的支持意愿,并随之将其转化为实际的欺凌行动。有的协助者事先并没有任何参与欺凌过程的意图,甚至与受欺凌者也无直接的冲突关系,但迫于与欺凌者日常的"伙伴关系"或"同伴群体"身份,不得不在现场进行选边站队,将"是非对错"置之不顾,实质性参与欺凌。欺凌协助者的出现加强了欺凌者的力量,增加了欺凌发生的可能性,进一步加剧了欺凌情境的严重性,推动校园欺凌由单一的个体行为转变为多人共同参与的团体行为,改变了欺凌事件的性质,并在无形之中加剧了欺凌行为的后果。

(3)局外人:置身事外般观望

局外人(outsiders),包括事后沉默和中立者,也被称为典型的"被动旁观者"(Gini et al.,2008)。在具体的欺凌情境中,在场的中立者基本目睹了欺凌全过程,甚至十分明确在场各方的是非曲直与事件的发生缘由。受各种主客观条件的影响,他们不表露对欺凌行为的态度,任由欺凌事态的发展,不采取任何的制止性言语和行为,选择置身事外。这种"无为"的态度往往被解读为默认欺凌行为继续,不仅未能阻止或缓解受欺凌者承受的伤害,还会让欺凌者在欺凌过程中感觉不到任何外部道德压力,进而使得欺凌行为持续,乃至多次发生。而事后沉默者则可能出于自保、利益等因素,即担心自身受到不明报复,害怕自己牵涉到欺凌事件中成为新的受欺凌者,而对已发生的欺凌事件持冷处理态度,或隐瞒不报,或不积极配合调查,对所目睹的事件选择性过滤陈述或主动遗忘。局外人看似并未参与欺凌行为,但他们的消极观望也容易演变为"平庸之恶",成为欺凌者的帮凶。可以说,局外人是旁观者群体中最需要采取转化措施进行引导的一类群体。

(4)保护者:挺身而出地制止

保护者(defenders),即在欺凌过程中对受欺凌者起保护作用的一类行为人。在不同的欺凌情境中,保护行为普遍基于一个共同的宗旨,即维护受欺凌者的身心健康和利益。而涉及保护的形式则比较多样化和具体化,既包括旁观者极力阻止和规避即将可能发生的欺凌情境,也包括其中止和介入正在发生的欺凌行为,还有对受欺凌者的鼓励和安慰,从情感上予以受欺凌者急需的安全感。此外,能够在事后勇于配合事件调查,如实澄清真相也是一种积极的保护者行为。根据不同欺凌情境的需要,保护者可以直接动用自身个体力量介入,也可以机智地求助外部力量介入(如报告老师、呼叫、报警等)。总体而言,保护者是一种具有积极意义的旁观者角色,其保护行为有利于阻止校园欺凌的发生、发展。

第二节 校园欺凌的评估与测量

欺凌(bullying)，国内也称欺负，具有恃强凌弱之意。欺凌行为是一种系统性的权力滥用，容易发生在缺乏管理且有明确权力关系的社会团体中。20世纪70年代，挪威学者奥维斯最早开始对校园欺凌行为进行系统研究。

一、校园欺凌的评估指标

(一)行为的意图

Olweus(1993)认为，欺凌行为是一群或单个学生，用某种负面行动，重复且长期地对待某一特定或一群学生的行为。在其定义中，欺凌行为有三个要素：意图伤害、重复且长期、不平等的权力关系。意图伤害指欺凌者有意图地进行攻击性行为，这里的欺凌不只是身体攻击，也可能是情感或心理攻击，亦可区分为直接(如身体伤害)与间接(如社会孤立)的欺凌行为。换言之，无论是肢体上的踢打、言语上的威吓、关系上的排挤，还是身体或性别上的嘲弄，都被视为欺凌。欺凌行为的核心机制是鄙视，欺凌不是因个体被攻击而有的愤怒反应，即反应性攻击，而是涉及高兴、开心等正向情绪的主动性攻击。欺凌行为源于对另一个体的鄙视与贬抑。这里的贬抑有三个特性：一是赢得权力感，认为有特权控制支配另一个体；二是无法容忍差异性，认为与自己不同的人不值得尊重；三是有权力排除异己(Coloroso，2008)。欺凌者通过贬损另一个体的尊严来彰显自己的强大或优越，看到受欺凌者挫败、难过、沮丧，对欺凌者而言就是很快乐、满足的事情。要全面理解校园欺凌行为的含义，我们认为可从以下六个方面进行：一是欺凌行为将伤害的意图表达出来，成为刻意伤害他人的具体行动。二是有伤害的后果，包括身体的及心理的。三是欺凌行为由有权力的一方主导，或团体排斥没有权力的一方。四是没有社会公义，侮辱他人的人格或尊严。五是欺凌行为的重复性与持续性。虽然欺凌行为包含单次行为，但典型的欺凌行为是找到合适且不反抗的受欺凌者，对其反复进行伤害攻击。对受欺凌者来说，遭受欺凌就好像永无止境的酷刑，故欺凌行为具有虐待和压迫的本质。六是欺凌者有享受的乐趣，受欺凌者的屈服是欺凌者乐趣的重要来源。

(二)行为的表现

欺凌行为的表现是多种多样的，主要集中在以下几种。

（1）称呼受欺凌者侮辱性绰号，指责受欺凌者无用，对受欺凌者粗言秽语、喝骂。

（2）用身体或物件对受欺凌者进行反复的物理攻击，如拳打脚踢、掌掴拍打、推撞绊倒、拉扯头发。

（3）侵犯受欺凌者的个人财产，如损坏其教科书、衣物等。

（4）欺凌者通常在力量上明显优于受欺凌者，而且欺凌行为往往在受欺凌者无法有效自卫的情况下发生。

（5）传播关于受欺凌者的消极谣言和闲话。

（6）恐吓、威迫受欺凌者做他或她不想做的，威胁受欺凌者听从命令。

（7）让受欺凌者遭遇麻烦，或令受欺凌者招致处分。

（8）中伤、讥讽、贬抑受欺凌者的体貌、性取向、宗教、种族、收入水平、国籍、家人等。

（9）分派结党，孤立受欺凌者等。

（10）敲诈，即向受欺凌者强索金钱或物品。

（11）画侮辱性的画。

（12）网络欺凌，即在网络或论坛上发表对受欺凌者具有人身攻击成分的言论。

（三）行为的结果

欺凌事件发生时，受欺凌者处于弱势地位，他们往往无力保护自己，通常采取逃避、退缩等方式来应对欺凌行为。这种逃避和退缩行为往往会在无意中强化欺凌者的行为，让欺凌者感受到力量和控制感。这导致欺凌事件陷入一种恶性循环，不断重复，严重损害受欺凌者的身心健康发展。受欺凌者在受欺凌后最明显的特征通常是身体受到伤害，这种伤害往往是欺凌者通过身体欺凌的方式造成的，如踢、打受欺凌者等。轻者鼻青脸肿，被咬伤、抓伤；重者眼睛受伤、骨折、脑震荡或造成终身残疾等。

受到欺凌后，儿童和青少年对自我的评价降低，自我认知和自我概念都非常消极。与其他人相比，受欺凌者对自己的智力与社会交往能力的评价偏低，在社会关系中缺乏基本的安全感。

受欺凌者还会存在严重的情绪适应问题。受欺凌者往往自尊心较弱，表现出较重的自卑感，通常较内向，对外界刺激过于敏感，从而容易产生情绪波动和心理挫折感，且有较强的抑郁倾向。他们感到孤独、焦虑，甚至在小学时期就有自杀念头。受到欺凌后，儿童和青少年还会产生其他一些身心疾病（即由心理原因造成的身体症状）和相关症状，如注意力分散、头痛、胃痛、失眠、做噩梦等，继而对日常学习、课外活动、人际交往等造成影响。

受欺凌者因受到欺凌而对欺凌发生的场所产生恐惧感、焦虑感，缺乏安全感。这种体验会使他们逃避某些场所，如逃学、避免到学校的某些场所等。同时受欺凌者因害怕受欺凌而不愿上学，也会对学校逐渐失去兴趣，或者是在学校上课时注意力分散，造成学习成绩不断下降。

受欺凌者难以形成良好的人际关系，常常被孤立。他们往往缺乏人际吸引力，在同伴交往中表现出行为退缩，而这种行为退缩反过来又导致其社交技能更差，更不为同伴所喜欢。

受欺凌者还会表现出破坏性或攻击性行为。他们在受到欺凌之后，可能会采取极端的或严重消极的方式对欺凌者进行反击，或者转而欺凌更弱小的同学。

儿童和青少年正处于人格塑造的关键期，频繁地受欺凌会对他们人格的完善发展造成不良影响。受欺凌者往往对周围的人抱有怀疑或不信任的态度，这种心态可能逐渐演变成消极的人格特征，如退缩和内向等。这些消极特征限制了他们与同伴的交往能力、对世界的态度以及解决问题的策略，进而使他们更容易成为他人欺凌的目标。这又反过来促成其消极的人格结构，限制了儿童和青少年身心健康的全面发展，自我价值得不到体现，潜力得不到充分的发挥。

二、校园欺凌的测量工具

关于校园欺凌的测量集中于中小学阶段，所以大多数测量的被试群体为中小学生。因而，所开发的工具也多针对中小学生。校园欺凌的提出者Olweus(1993)编制了欺凌量表，将校园欺凌中的角色分为欺凌者与受欺凌者。问卷侧重于测量欺凌问题发生的次数，欺凌者和受欺凌者的性别、年龄、欺凌方式、地点、态度、稳定性等，具有较好的信效度，后来，许多学者基于这个量表进行了改编和修订，从而发展出多种不同的校园欺凌问卷。

（一）Olweus 欺凌/受欺凌者问卷

该问卷包括欺凌和受欺凌两个分量表，共 12 题。其中，受欺凌分量表分为言语受欺凌、身体受欺凌和关系受欺凌三种类型，每种类型各两题。用于评估被试在过去三个月中的受欺凌情况。

（二）小学/初中版校园欺凌问卷

该问卷（张文新等，1999）包括五个分量表，一是关于儿童同伴数量、间接欺凌和社会排斥的情况;二是报告遭受校园欺凌的情况;三是欺凌情况;四是对待欺凌的感受与态度;五是教师和同伴对待欺凌的态度。小学版的信效度在 0.64 到 0.77 之间,中学版的信效度介于 0.55 到 0.78 之间。

(三)中学生传统欺凌/受欺凌问卷

该问卷(张野等,2020)共 21 个条目,分为欺凌问卷和受欺凌问卷两个部分,包括受身体欺凌、受语言欺凌和受关系欺凌三个维度。该问卷采用李克特五点计分,"1"代表"从来没有这样","5"代表"总是这样",得分越高则表示受欺凌的程度越高。

(四)Delaware 欺凌受害量表

该量表(谢家树等,2018)包含四个维度,分别为言语欺凌、身体欺凌、关系欺凌和网络欺凌,共 12 个项目。采用李克特六点计分,总分越高说明学生受欺凌越严重。

(五)Smith 欺凌问卷

该问卷(陈世平,乐国安,2002)共 22 个项目,分为受欺凌者、欺凌者、旁观者、同伴支持四个维度,重测信效度为 0.78,此后,也有其他学者引用该问卷(管源颖,2017;吴桐,2016)。

除了 Olweus 和 Smith 的问卷被学者大量引用,也有学者根据校园欺凌本土化的情况,自行编制了问卷。刘静(2017)通过校园欺凌问卷的形式,主要对初中生校园欺凌中旁观者角色的行为进行测量,将其分成协助者、强化者、局外者和保护者四个角色。纪艳婷(2018)将校园欺凌量表分为欺凌和受欺凌两个分量表,分别涉及身体欺凌、言语欺凌、关系欺凌、网络欺凌四个维度,通过更换题目指导语,即同一维度中扮演的角色不同,来判断被试是否为欺凌者。在欺凌者中,表述为"当众说同学坏话";在受欺凌者中,表述为"同学当众说我坏话",问卷信效度均大于 0.7。

三、校园欺凌的研究方法

(一)自我报告法

这一方法是通过发放问卷给被试、指导被试自行填写来进行的,给予被试足够的自主性和隐私性,以保证调查结果的有效性。目前国内外对校园欺凌行为使用较多的自我报告问卷包括 Olweus(1993)编制并修订的《儿童欺凌自我报告问卷》,Smith(1991)编制、陈世平等(2002)翻译并修订的《欺凌行为问卷》,以及张文新等(1999)根据中国本土中学生的特点进行翻译并修订的《儿童欺负问卷中文版》。这一方法除了给予被试足够的自主性和隐私性,还具有高效、便利的优点,可以在较短的时间内搜集到大量数据,适用于了解某一群体的大致情况,但难以避免社会期望效应等被试主观心理过程可能对问卷结果的真实性造成的影响。

(二)同伴提名法

这一方法主要应用于学校在班级中搜集校园欺凌的相关数据,让班级的学生对班上所有同学依照欺凌者、受欺凌者以及其他类型的标准进行分类。这一方法为研究者在学校情境下调查校园欺凌行为提供了便利,且一定程度上避免了社会期望效应带来的误差,但也应该注意使用该方法可能带来的局限性,即所得结果的信效度相对较低。

(三)直接观测法

这一方法是指经过专业培训的研究者在真实的场景下,采用标准模式对特定被试的行为进行长期(不低于一学年)观察和记录(Cairns,et al.,1995)。该方法可以较为详细地调查和记录个体的欺凌行为发生过程,但此方法对研究者时间和精力的消耗巨大,不易实施。

(四)个体访谈法

个体访谈法是研究者与被试采取一对一面谈的方式来探究被试的欺凌行为,该方法常常被当作问卷调查法的辅助手段。个体访谈法能够对被试进行详尽、细致的了解,但该方法对研究者具有较高的要求,需要研究者掌握专门的提问技巧。

第三节　校园欺凌的基本特点

校园欺凌是一个全球性的问题,各个国家或多或少都存在这种现象,校园欺凌的发生既有共性又有特殊性,只有了解其发生发展的基本特点,才能更好地了解校园欺凌这一普遍存在的问题,使之后的干预更具有针对性。

一、全球校园欺凌的发生特点

(一)普遍存在且盛行率较高

校园欺凌并不是中国未成年人社会化过程中的独有现象,在其他国家青少年成长过程中,该问题也普遍存在。在校园欺凌的发生率方面,目前,国内外已有不少调查统计研究。1982年底,挪威接连发生三起未成年学生自杀事件,究其原因,自杀学生都曾经多次遭受同学的校园欺凌,校园欺凌行为由此引起人们的重视。在挪威教育部的资助下,奥维斯教授于1983年对挪威700多所中小学的13万名9至16岁的学生进行了调查访谈,结果发现,约15%的学生(8.4万多名)"一个月两三次"或更频繁地参与欺凌事件,其中受欺凌的学生约占9%,欺凌者约占7%,大约有1.6%的学生既属于校园欺凌的欺凌者,同时又属于受欺凌者。继奥维斯教授在挪威的实证调查后,其他国家,如美国和英国也相继进行了有关校园欺凌的调查,基本结论与奥维斯教授的结论相差无几。由德国柏林自由大学沙伊特豪尔(Scheithauer)教授进行的校园欺凌研究也得出类似的结论:5%到9%的受访学生表示,自己平均每周至少一次对其他同学进行过欺凌。另外,5%到11%的学生表示自己经常性地受到欺凌(Scheithauer et al.,2007)。校园欺凌行为在我国也不罕见,张文新等(2001)利用奥维斯所发明的调查问卷,采用分层整体抽样法分别在山东省的城市和农村选取了几所学校,对9205名中小学生进行调查,发现22.2%和6.2%的小学生"时常"和更频繁地受欺凌或欺凌他人,12.4%和2.6%的初中生"时常"和更频繁地受欺凌或欺凌他人。

(二)欺凌方式存在性别差异

德国的研究者也对校园欺凌现象进行了相关调查。Hanewinkel和Knaack(1997)对德国石勒苏益格—荷尔斯泰因州47所学校的1.5万名学生进行调查后发现,11.6%的受访学生表示,自己遭遇过其他女性同学非直接性的欺凌(人际关系的排斥和孤立),另外,21.1%和22.6%的学生表示自己遭遇男性同学直接的欺凌(肢体暴力和言语暴力等攻击性行为)和欺凌其他同学。

(三)欺凌发生频率存在年龄差异

Olweus(1993)的研究发现,在低年级的学生中,发生校园欺凌的情况高于高年级的学生。根据张文新等(1997)的研究发现,在我国山东地区的中小学中,欺凌和受欺凌的比例存在年龄变化的趋势,表现为小学高于初中的特点,年级越高,受欺凌的比例越低。但欺凌者的比例随年龄的下降不如受欺凌者的比例明显,表现出相对稳定性(张文新,1997)。日本文部科学省2015年的调查结果显示,2015年日本共发生校园欺凌事件224540起,比上年度增加36468起。大约三分之二的校园欺凌行为发生在小学(151190起),中学阶段占到26%(59422起),而高中阶段的校园欺凌则只有6%左右(12654起)。就欺凌的具体形式而言,多数为言行上的"嘲笑或谩骂",而直接的肢体暴力占少数。随着年龄的增长，校园欺凌行为逐渐减少，原因可能在于学生在社会化的过程中逐渐成熟，尤其是受欺凌者随着年龄的增长拥有更多保护自己的能力。而在德国，人们发现，校园欺凌行为在 9 到 10 年级之间一直处于上升趋势，而11 年级以后(17 岁左右)，欺凌行为发生的次数明显降低。低年级发生校园欺凌行为主要表现为肢体上的伤害行为，而随着年级的升高，校园欺凌行为的主要方式是语言性的欺凌和社会关系中的排斥和孤立行为。

二、中国校园欺凌的发生特点

2017 年 5 月 20 日在中南大学举办的"社会风险与校园治理"高端论坛发布了最新的《中国校园欺凌调查报告》。该报告由南京大学社会风险与危机管理研究中心和中南大学社会风险研究中心联合发布。该报告总结了当下中国校园欺凌的特点。

(一)语言欺凌是校园欺凌的主要形式

按照校园欺凌的方式进行分类，语言欺凌行为发生率明显高于关系、身体以及网络欺凌行为，占 23.3%。

(二)中部地区校园欺凌行为发生率最高

在校园欺凌行为调查的样本数据中，中部地区学生的校园欺凌行为发生率最高，占 46.23%。且校园欺凌行为的发生率呈现出如下的地理空间分布形态：中部地区＞西部地区＞东部地区＞东北地区。

(三)发生时间存在明显的周期性、季节性

从整体上看，每年下半年校园安全事件的发生频率整体要高于上半年，节假日、开学季以及毕业季校园安全事件频发。

(四)隐秘的、帮派化的成人社会的映射

媒体所曝光的欺凌事件，通常不是突然发生的，而是长期隐秘进行的，通过一个偶然的机会，才进入公众视野。隐秘性是校园欺凌的一个突出特点。校园欺凌多发生在楼梯拐角、厕所、寝室或上下学路上，这类环境几乎没有外力控制，青少年很容易在情绪失控的情况下做出非理性行为。校园欺凌还呈现出校园帮派现象。一些帮派仅由在校学生构成，他们出于对社会帮派的好奇和自我保护的需要，自成一派；另一些帮派则极为复杂，不仅有不同年级的学生，还有成人势力等。帮派的存在，为青少年欺凌行为提供了客观条件：帮派成员被欺凌时，其他成员团结一致为其"报仇"；帮派成员欺凌别人时，其他成员也会跟随。

三、不同年龄段学生的欺凌特点

(一)发生率随着年级的增高而降低

虽然研究表明,不同年龄阶段的学生欺凌发生率总体上随着年龄的升高而降低,但语言欺凌的发生率在初中阶段有所增加,到高中阶段才略有下降。身体欺凌与网络欺凌的发生率在小学阶段与初中阶段没有明显变化,高中阶段显著下降。小学六年级到初中的过渡阶段,儿童受身体、语言与关系三类欺凌的比例有增大趋势。这与 Nansel(2001)的"欺凌经常发生在六年级到八年级的学生之间""三类欺凌类型发生率在初中阶段达到顶峰"的研究结论相同。但王姝琼等(2011)的研究发现,与国外不同,国内初中儿童的受欺凌比例显著低于小学阶段儿童的受欺凌比例。这与之前的研究结论不同,可能正如王姝琼等所言"小学生对欺凌的理解存在泛化现象",或许因为其所用研究工具小学版与初中版之间存有差异。初中阶段语言欺凌的发生率升高,身体欺凌、关系欺凌和网络欺凌发生率没有明显降低,是比较符合理论预设的,即初中阶段学生正处于青春期,身体发育迅猛,心智发展滞后,情绪波动较大,精力旺盛,道德判断能力和自控能力都比较弱。网络欺凌与受欺凌均不存在显著的年级差异(褚晓伟等,2016)。高中阶段的学生无论是心智水平,还是道德判断力水平都接近成年人,所以在高中阶段四类欺凌行为的发生率均呈现下降趋势。该研究还发现,小学三、四年级学生的关系欺凌发生率低于五年级。这与张文新的研究结果不一致,却符合"随着年龄的增长,儿童会逐渐采用心理欺凌方式欺凌他人"的理论推断(Boulton,1997)。但六年级的发生率却回落到三、四年级水平,这一结果似乎不太合乎以上的理论逻辑,其中原因尚不清楚,有待进一步查证。三年级的网络欺凌发生率高于四、五年级,其中的原因可能有网络欺凌的成本低,以及他们能初步掌握手机与网络应用,并对其产生好奇和冲动。

(二)不同年龄阶段欺凌类型发生率存在差异

小学五、六年级和初一、初二年级欺凌发生率最高,高中较低。小学阶段四类欺凌行为的发生率存在显著的年级差异,三年级学生受身体欺凌的比例显著高于六年级,受网络欺凌的比例显著高于四年级。四年级学生受关系欺凌的比例显著低于五年级。五年级学生受身体欺凌和关系欺凌的比例显著高于六年级。初中阶段学生受身体欺凌、关系欺凌和网络欺凌的比例存在显著差异,而语言欺凌则不存在显著差异,初二年级学生受网络欺凌的比例显著高于初一,初三年级学生受身体欺凌的比例显著低于初一、初二年级,而初三年级学生受关系欺凌的比例则显著高于初二年级。高中阶段,学生受四类欺凌的比例均不存在显著性差异(张宝书,2020)。

四、不同类型学生的欺凌特点

(一)四类欺凌行为普遍存在且不同阶段欺凌类型存在差异

张文新等(2001)的研究发现,小学生的欺凌类型以语言欺凌和身体欺凌为主,社会关系欺凌次之。中学生则以语言欺凌和社会关系欺凌为主,身体欺凌次之。这一变化验证了间接欺凌(关系欺凌)是借助于第三方对他人实施的欺凌行为,它客观上要求儿童在实施该类欺凌行为时需具备较高的心理成熟水平,特别是认知与操纵他人心理状态的能力以及较强的人际关系技巧(张文新,2001)的理论假设。各年级学生的网络欺凌发生率普遍较低。该结论与中国人民大学数据统计中心2014年的统计数据存在较大差距,与汪倩倩等(2020)的研究结论也存在巨大差距。其原因与"中小学校应当加强学生在校期间电子产品使用管理,指导学生科学规范使用电子产品;严禁学生将个人手机、平板电脑等电子产品带入课堂;发现学生将上述个人电子产品带入学校的,实行统一保管。未成年学生的父母或者其他监护人应当控制学生使用电子产品的时间"这一规定的出台与实施有关。因为网络欺凌是需要借助于手机、网络等媒介工具来实施,网络媒介的限制使用自然就降低了网络欺凌发生率。

(二)不同类型欺凌比例存在男女差异

2018年,张文新带领团队进行了大规模的系统性校园欺凌调研,发现中小学阶段的男生遭受网络欺凌的比例显著高于女生。这与褚晓伟等(2016)"网络欺凌与受欺凌均不存在显著的性别差异"的研究结果不一致。男生受身体欺凌与语言欺凌的比例显著高于女生,与张文新等(2001)的身体欺凌结论一致。这种不同与我国中小学校10多年来"以学生为本,张扬个性"为主的宽松教育环境有关,在这样的大背景下,儿童原本的好动与顽劣的天性也得到了释放,故现在的男生言语攻击性比10多年前有所增强应该在情理之中,但也不排除这种不同是由测量工具的差异所造成,这一问题尚待进一步研究验证。该研究"男生受关系欺凌的比例高于女生"的结论与国外Owens(1996)的研究结论也不一致,是因为在西方"父母可能会奖励儿子的语言和身体攻击性行为,以及女儿的人际关系和社会技能"(Wood et al.,2017)。而在我国,绝大多数父母都不会对儿子或女儿的攻击性行为进行奖励,反而会对他们的这些行为进行批评教育,从这一角度而言,该结论验证并支持了张文新等(2001)提出的"(研究结论不同)是由不同文化环境中儿童行为方式和心理特点的不同造成的"理论假设。

第二章　校园欺凌的相关理论

作为一种特殊类型的攻击性行为,校园欺凌事件近年来层出不穷,愈加引起社会重视。关于什么是攻击性行为,心理学各家流派对攻击的界定都不相同。根据解剖学观点,"攻击性行为是那些导致对方逃跑或给对方造成伤害的行为或行为模式";根据行为后果定义,"攻击是指导致另一个个体受到伤害的行为";根据社会判断定义,"攻击实际上是人们根据行为和行为本身的特性而对某些伤害行为做出的一种判断"。可见,各家对于解释欺凌行为发生、发展机制的理论也大不相同。本章依据精神分析学派、认知加工学派、行为主义学派的相关理论分别从攻击性行为、群体攻击以及欺凌行为的视角展开论述。

第一节　攻击性行为的相关理论

一、精神分析理论

对于攻击性行为,人类的解释由来已久。从最初的人性本善还是人性本恶理论,到现在对攻击性行为的各种理论解释,人类从未停止对攻击性行为的探索。到目前为止,比较有影响力的无疑是生物学、社会学等领域对于攻击性行为的解释。其中,生物学领域内的相关代表理论是精神分析学家弗洛伊德(Freud)的精神分析理论。弗洛伊德是奥地利精神科医生,于 19 世纪末 20 世纪初创立该理论。精神分析理论是现代心理学的奠基石,它的影响不仅在临床心理学领域,对于整个心理科学乃至西方人文科学的各个领域均有深远的影响,可以与达尔文(Darwin)的进化论相提并论。弗洛伊德提出行为的动机源于强大的内在驱力和冲动,如性本能和攻击本能。他还认为成人行为的根本原因是童年经历所遗留下来的未解决的心理冲突。心理学家需要做的就是理解这种内在驱动力。无论它是有意识的还是无意识的,都会赋予行为能量并指导行为。

Freud(1905)认为攻击性行为是力比多(libido)的释放,是天生的、本能的、被压抑的性冲动的发泄。在精神分析学派的发展中,"本能"被弗洛伊德视为重要的部分。在研究初期,弗洛伊德把本能分为自我本能和性本能两类,并将性本能视为驱使人活动的潜在因素,是人的行为的内在驱力。弗洛伊德认为导致个体攻击性行为的原因正是人的本能。精神分析学派是大力支持和坚持"发泄有效"的心理学学派,其心理治疗观点主要建立在攻击的液压模型基础上。这个模型认为挫折会导致个体产生愤怒,愤怒进而在体内逐渐积累。这种逐渐积累的愤怒会对周围产生很大压力,因而必须以某种方式释放。如果人们压抑愤怒并让其在体内一直积累,那么最终会导致心理疾病(Vives,2011)。这一过程就像越聚越多的水一样,如果不让其泄出去一部分,它最终将冲毁堤坝而造成危害。

在古典精神分析后期理论中,Freud(1952)又提出了人有两种本能,即生的本能和死的本能。死的本能的主要表现有两个:一是对内的自我破坏倾向,自残就是其中一种;二是向外投放,表现为破坏性、攻击性、侵略性行为。所以根据弗洛伊德后期的观点,攻击性行为是人的死的本能的体现。有研究表明,如果一个地区自杀率高,则他杀案件的比率就低(Boeree,2006)。Freud(1952)认为,为了发泄人的本能的冲动,人类采取社会许可的方式使自身的本能冲动能够释放,并且不会对社会造成危害。由此可见,古典精神分析理论认为,攻击性行为的产生是由个体的本能决定的。但是,本能论并没有对影响攻击性行为的因素进行研究(宋淑娟,2002)。到了近代,以结构精神分析和自身心理学为主的后精神分析学派登上历史舞台。传统本能模式被以美国人科胡特(Kohut)为代表的自身心理学新理论模式所取代,将自身设为人格的核心,通过个体对自身与自身对象关系的体验来说明自身的发展和变化。Kohut(1972)指出,因为个体自身结构具有严重的缺陷,自身对象因其自己的人格障碍而长期不能以移情的态度来理解并满足个体的自身对象需要,所以会导致自身的分裂。攻击性行为是从属于自身的,自身是第一性,所以攻击性行为是与生俱来的。因而,根据Kohut(1972)的理论,攻击性行为是自身分裂的派生物。科胡特的自身心理学观点将自身看作人格的核心,无疑是有突破性的,其将一系列问题归结为自身结构中的缺陷,这为解决攻击性行为提供了新的途径。但是,此理论对"为什么非破坏性的攻击性行为是与生俱来"的观点并没有进一步的解释(车文博,2019)。

早期的精神分析理论认为,无意识层中隐藏的动物性本能(包括各种野蛮、残忍和异常的冲动与欲望)冲破前意识的抑制和阻碍,进入意识领域并占据了支配地位,将其所携带的动物性本能能量释放出来,便会外化为人类的攻击性行为(Freud,1905)。后来,精神分析理论又进一步提出,"本我"的冲动力量与"自我"和"超我"的控制力量之间的失衡状态,使"本我"冲破"自我"和"超我"的防御体系,释放出"本我"中所隐藏的自私、乖戾、残暴的冲动和欲望,由此导致人类的攻击性行为(Freud,1952)。

弗洛伊德是攻击性行为本能论的代表人物,其在《文明及其不满》(*Civilizatoin and Its Discontents*)一书中曾写道:"攻击的倾向是天生的、独立的本能倾向。"和人有性本能、防御本能一样,人也有攻击本能。大部分现代精神分析论者也认为攻击是种本能性的驱力。攻击的本能倾向可能是在追求需要的满足时遭到了挫折,或是面临威胁而受到发泄的结果。依照这种看法,攻击驱力是好的,它可以协助个体满足基本需求,维护自我发展。

二、挫折—攻击理论

"攻击"的概念最早由 Freud(1905)提出,他认为攻击是力比多的释放,是对于天生的、本能的、被压抑的性冲动的发泄,是本能冲动受到阻抑后的反应。人们为了生存必然会去进行攻击。攻击分为外部攻击和内部攻击,外部攻击主要表现为破坏、杀人、放火等,内部攻击主要表现为自残、疾病等。1939 年耶鲁大学心理学家多拉德(Dollard)、米勒(Miller)等五人发表了一本论述攻击的经典专著《挫折与攻击》(*Fiustration and Aggression*)。在书中,他们首次提出了"挫折—攻击"理论(frustration-aggression hypothesis)。该理论认为,当个体的某些需要得不到满足时,可能诱发个体强烈的挫折感,进而个体通过攻击性行为来缓解或掩盖自身所遭遇的挫折感。"挫折—攻击"理论将"个体攻击性行为始终是个体曾经遭受挫折的结果"作为其理论假设,认为个体的挫折经历是出现攻击性行为的前提条件,把个体的攻击性行为看成对挫折的自动反应。

Berkowitz(1964)充分意识到"挫折—攻击"理论的局限性,并在原来的基础上提出了经过修正的理论模型。Berkowitz(1964)认为,攻击性行为不是个体天生的本能,也不是挫折的唯一行为结果,个体攻击性行为的出现依赖于个体对所遭受挫折的认同程度和厌恶程度。个体所遭遇的挫折本身并不会直接导致个体对外发生攻击性行为,而只是在某种程度上为其创造了激活唤醒或准备状态。个体攻击性行为是否发生主要取决于外界线索的引导,若外界线索将个体行为引向积极方向则产生积极行为,反之则可能产生消极行为。个体欺凌行为的产生与欺凌者对外界线索的解读有关,而引发欺凌行为的原因具体包括两个:个体内在的准备程度即主体决定是否参与欺凌行为,个体对外界环境的解读即主体决定产生积极行为或消极行为进而决定欺凌行为是否发生。这个修正的理论模型能够对实践中部分挫折不会导致个体出现攻击性行为,以及个体不同的看法会增加或减少攻击性行为的可能性做出较为科学的解释。如果个体因他人原因而受挫,则个体实施攻击性行为的强弱程度可能会依据个体对他人行为的主观故意状况来做出判断。由此,伯科威茨(Berkowitz)将"情绪唤醒"这一中介变量加入"挫折—攻击"理论模型之中,使得该理论能够更加科学合理地解释人类的攻击性行为。

三、社会学习理论

著名的心理学家班杜拉(Bandura)提出的社会学习理论认为,攻击性行为既不是由先天本能决定的,也不是像"挫折—攻击"理论认为的行为由环境决定,攻击性行为是通过观察、模仿而习得的(Bandura,1977)。

Bandura(1977)以儿童攻击性行为为研究对象,认为攻击的社会学习通过四个过程得以实现。一是获得机制,个体形成攻击性行为是通过观察学习或直接学习;二是启动机制,个体在特定的内外因素的启动或激发下进行攻击性行为;三是保持机制,由于攻击性行为而获得的外部奖酬在个体的攻击性行为中占重要的地位,因此个体的攻击性行为,由其造成的结果进行调节;四是自我调节机制,是指个体的认知结构对其行为反应也有着重要的调节作用。所以攻击性行为既可以通过强化来培养,即在"做"中学,也可以通过"观察学习"即模仿他人的攻击性行为(实际生活中的、电视中的、书中的、口头的)而获得。这一理论得到了许多实证支持。

有研究表明,成年人对儿童攻击性行为表达的接纳和鼓励会刺激儿童产生更多的攻击性行为,因为这种认可的态度使儿童并没有学会抑制攻击性行为的社会化概念,从而导致其攻击性行为的增加。因此社会学习理论认为,个体一旦习得攻击性行为,就必须采取有效措施来积极地抑制,不应鼓励其发泄。社会学习理论甚至提出要暂停对发泄理论的宣传和它在心理治疗中的应用,认为攻击性冲动并不能通过参与象征性的、运动性的或者现实生活中的攻击性行为而得到释放。

班杜拉的社会学习理论有一定的合理性。班杜拉所提出的三因素、内外因相互作用的观点突破了以往从单一维度寻找攻击性行为原因的模式。社会学习理论不仅提出了攻击性行为产生的原因,还对影响因素进行了分析,这对我们控制和矫正攻击性行为有很大的实践意义。遗憾的是,班杜拉提出的理论对于三个因素中个体的内部因素没有明确的说明,只说明了模仿与行为习得的关系,这是其研究中的不足。

四、社会信息加工理论

20世纪中叶认知心理学兴起,人们把研究的目光放在行为发生的内部心理机制上,尤其重视心理认知因素对行为的影响,试图以人类的内部心理活动来诠释攻击性行为发生的规律和机制。

攻击性行为研究中的社会信息加工模型(social information processing model,SIP 模型),其理论背景可以追溯到认知的信息加工模型。此外,该理论的提出与皮亚杰(Piaget)的道德判断理论有着密切的关系。道奇(Dodge)本人接受过皮亚杰学派的正统训练,他最初关于儿童敌意归因偏见的实证研究受到钱德勒(Chandler)一项干预研究的启发。钱德勒的研究旨在通过皮亚杰的空间知觉采择理论来帮助攻击性儿童学习采择他人观点,以减少他们自我中心的归因模式(Chandler,1973)。

Dodge(1980)在儿童攻击性行为的研究过程中提出社会信息加工模型,最初主要是为了描述认知过程是如何导致儿童采取攻击性行为。在过去的20年中,它被广泛地应用于同伴欺凌、童年期焦虑、青少年抑郁等社会行为和心理现象的研究中(Burgess et al.,2006)。与此同时,大量研究发现情绪或情感、心境、情绪调节技能等因素对儿童的社会行为和信息加工具有显著影响(Eisenberg et al.,1997;Tiedens,Linton,2001)。于是,近来有研究者将情绪加工加入社会信息加工模型(王沛,胡林成,2003;Lemerise,Arsenio,2000)。随后,整合的目光又聚焦在模型中实时加工所依据的、由社会知识和经验构成的数据库上。道德研究中日渐突出的领域理论强调社会知识的领域性,关注个体在不同知识领域内社会判断的差异以及对混合领域事件判断的个体差异。因此,Arsenio 和 Lemeris(2004)提出借鉴道德领域理论来说明社会知识或经验对信息加工及社会行为的影响。

Dodge(1980)重复钱德勒的研究发现,无论攻击性儿童在空间知觉采择方面训练的结果有多好,在实际的社会相互作用中还是会爆发情绪并采取攻击性行为;而且在社会事件的理解过程中,攻击性儿童并没有在同伴意图的解释上表现出太多的错误。

因此 Dodge 和 Rabiner(2004)认为,观点采择理论是一个认知模型,不是一个行为模型。在结构性知识和行为反应之间还有许多认知成分和情绪成分掺杂其中,尤其是一些满载情绪的个性化经验。该发现虽然有一定的重要性,但是不能充分解释一些进行敌意归因的儿童较少采取攻击性报复的原因,也不能解释其他类型的欺凌行为。于是道奇开始融合认知科学关于个体如何存储、提取信息,以及信息的平行、系列加工观点和问题解决模型,强调心理运算,最终发展出一个反映社会交互作用即时加工的社会信息加工模型。

社会信息加工模型将人的单一行为产生的心理加工过程分为六个阶段。第一阶段,线索译码阶段。个体选择性地输入周围情境中重要的特定信息,并将之储存在个体的短时记忆中。个体首先要对环境中的线索进行译码,然后才能进行下一步的解释和反应。第二阶段,线索解释和表征。个体将线索译码后加以解释,然后储存在长时记忆里。第三阶段,澄清目标。个体于众多预期可能达到的目标中选择可能达到的目标。第四阶段,构建新行为。个体在长时记忆中搜寻过去曾经使用过、学习过、观察过的行为,或者在认知中建构新的行为。第五阶段,评估与决定行为反应。个体对预定行为进行评估并决定是否反应。第六阶段,启动行为。个体发起已经决定选择使用的行为。儿童从感知到某一刺激到发出攻击性行为共经历六个阶段,分别为对敌意线索的注意偏向、对模糊情境的敌意性归因、自我防御的可能目标、攻击性行为的生成、对攻击性行为的后果评价以及完成攻击性行为。这六个阶段组成一个信息加工的循环模式。社会信息加工理论认为个体还存在一个由过去经验组成的潜在知识结构,该知识结构影响着信息加工的每一个阶段,使个体在译码、解释、表征线索时选择与自己知识结构相一致的线索。

社会信息加工理论认为,攻击性行为的基本假设是儿童对社会情境的理解会影响他们随后的行为。现如今对认知加工理论有以下几方面理解:一是攻击性个体对敌意性线索表现出有偏向的注意。二是攻击性儿童对他人行为的解释中存在归因偏见。三是攻击性儿童在行为反应搜索和问题解决策略上存在缺陷。四是攻击性儿童对攻击性行为的结果抱乐观的期待(Rick,Dodge,1994)。

该理论认为个体的社会信息加工模式以及由过去经验所形成的内部认知结构与攻击性行为之间有密切的关系。该理论强调了攻击性行为的个体因素,包括个体认知风格和个体原有的知识经验。该理论对大量的实验研究所得出的攻击性行为与个体的个性、个体的受教育情况和个体早期经验之间的相关结果有很好的解释作用。这种模式也为攻击性行为的矫正提供了方法基础。

五、一般攻击模型理论

长期以来，来自心理学、传播学、社会学领域的学者都致力于媒介暴力与攻击性行为的研究。在这个过程中出现了一批有代表性的理论，如宣泄理论、涵化理论、攻击暗示与启动、社会学习理论、社会认知理论、启动和攻击图式自动化处理、情感脱敏等。自 20 世纪 90 年代以来，攻击性行为领域的研究已在理论建构上取得了显著的进展。其中，最常见的模型为一般攻击模型（the general aggression model，GAM）。

GAM 整合了五个主要领域特定的攻击理论，即认知新联结理论、社会学习理论、样板理论、兴奋迁移理论及社会相互作用理论。GAM 把这五个理论整合成了一个整体，是一个综合性的攻击理论模型。Bushman 和 Anderson（2002）认为，GAM 较这五个攻击理论有若干优点：更简洁，能更好地解释攻击性行为，有利于发展综合干预，等等。

Bushman 和 Anderson（2002）对已有的理论进行整合，提出了一般攻击模型，它是目前最常用来解释暴力媒介与攻击性行为关系的理论模型。一般攻击模型被认为是理解攻击性行为的最全面和最广泛使用的理论之一，已被用于理解与解释攻击性行为，包括媒体暴力、家庭暴力、群际暴力等。

GAM 从认知角度分析了攻击性行为的发生过程，认为有两个因素会对人的攻击性行为起作用，一个是个体自身的因素，一个是情境因素（挫折或挑衅）。这两个变量共同作为一个输入状态，从而作用于个体的内在状态（认知、唤醒过程），对个体的内在状态（认知以及唤醒过程）产生交互作用，共同对攻击性行为起作用。与此同时，GAM 以社会学习和认知模式为基础，整合了挫折—攻击理论、社会生态学理论、认知神经联结模式、社会学习理论、脚本理论、兴奋迁移模式和社会互动理论等已有的攻击性行为理论。

这个通用的理论模型相比其他理论至少有四个优点。首先，它比现有的微型理论更为简单。其次，它更好地解释了基于多种动机的攻击性行为，例如工具性攻击和基于情感的攻击（Bushman，Anderson，2002）。再次，它有助于为治疗长期进行攻击的个人提供更全面的干预措施。目前有许多相关的治疗尝试都失败了，因为他们只关注一种特定类型的攻击或仅使用一种微型理论治疗方法（Tate et al.，1995）。最后，它提供了关于育儿和发展问题的更广泛的见解，从而使家长、教师和公共决策者能够对育儿实践做出更好的决策（Zigler et al.，1992）。

此外，GAM 具有五大关键特征：①知识结构从经验中发展出来；②从基本的视觉模式到复杂的行为序列,影响多层次的感知;③可以随着使用而自动化;④可以包含(或关联)情感状态,行为加工和知识信念;⑤用于指导人们对其行为反应进行社会(和物理)环境的解释。其中,知识结构包括三个特别相关的知识结构亚型:一是知觉图式,用于识别像日常物理客体(椅子、人)那样简单的现象或像社会事件(个人侮辱)那样复杂的现象。二是个人图式,其中包括关于特定人或人群的信念。三是行为脚本,其中包含有关人们在各种情况下的行为方式的信息。知识结构包括三种不同的方式:一是它们包括情绪经历"节点"或概念的链接,当一个包含愤怒的知识结构被激活时,愤怒就会发生。二是它们包括关于情感的知识,例如何时应该体验特定的情绪,情绪如何影响人们的判断和行为,等等。三是可能包括攻击性行为的情绪规则,例如个人侮辱可能会归为攻击性的报复行为,但前提是愤怒处于高水平或恐惧处于低水平。一般攻击模型如图 2-1 所示,该模型包括三个主要关注焦点:一是人和情境输入。二是这些输入变量影响的认知、情感和唤醒。三是评估与决策过程的结果。

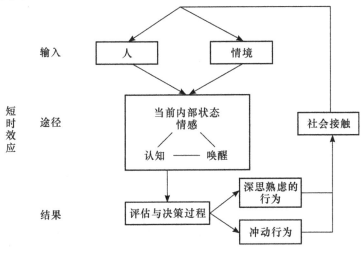

图 2-1 一般攻击模型

(一)输入

研究攻击性行为的重点在于发现哪些生物因素、环境因素、心理因素和社会因素会对攻击性行为产生影响,以及如何利用这些影响因素来减少不必要的攻击性行为。这些影响因素可以被归类为情境的特征或作为该情境中人的特征。具体来说,GAM 指出了要检查的基本过程的类型,以了解各种输入如何导致攻击性(或非攻击性)行为。

（二）路径

输入变量通过其创造的现有内部状态来影响最终的结果行为。例如,敌意特质和对暴力电影场景的暴露会交互影响攻击性思维(Anderson,1997)、攻击性情绪(Bushman,Anderson,2002)和攻击性行为(Bushman,Anderson,2002)的可及性。内部状态涉及认知、情感和唤醒。一些输入变量通过增加在记忆中的攻击概念的相对可及性来影响攻击性行为。频繁激活一个概念使其变得可以长期使用,而直接的情景激活导致短时间内可通达该概念(Ostrom,Sedikides,1992)。可通达性的临时增加通常称为启动。输入变量也可以直接影响情绪,对以后的攻击性行为产生影响。例如,疼痛会增加状态的敌意或愤怒(Anderson et al.,1998;Berkowitz,1990)。

唤醒可以通过两种方式影响攻击性行为。一方面,来自无关紧要的激励来源可以激发或加强占主导地位的行为倾向,包括攻击性倾向。如果一个人在唤醒增加时被挑衅或以其他方式煽动攻击,则可能导致攻击加剧(Geen,O'Neal,1969)。另一方面,某些不相关因素(例如锻炼)引起的唤醒可能会被误认为是在挑衅情境下的愤怒,进而激发了攻击性行为。

（三）结果

第三个关注焦点是结果,包括一些复杂的信息过程,从相对自动化到需要严格控制(Robinson,Petersen,1985)。来自输入的结果通过其对认知、情绪和唤醒的影响进入评估和决策过程。更多的自动过程被标记为"即时评估",更受控制的过程被标记为"重新评估",这些决策过程的结果本身决定了该事件的最终行动。最终结果在社交相遇中循环,成为之后投入的一部分。评估和决策过程取自对自发推理的重新研究(Krull,Dill,1996)以及解释和归因过程(Anderson,Bushman,2001)。即时评估是自动的,即相对容易、自发,并且在没有意识的情况下发生。根据具体情况,即时评估可能会产生自动特征或情景推断。例如,如果个体 A 一直在思考攻击并且被个体 B 碰撞,那么个体 A 很可能将该碰撞视为个体 B 的攻击性行为。但是,如果目标一直在考虑房间拥挤程度如何,同样的碰撞可能立即被视为拥挤情况的意外后果。

总之,GAM 为理解和整合已知的人类攻击性行为提供了一个有用的框架。GAM 将当前特定领域的攻击理论联系在一起,并且包含了较小的领域特定的攻击理论。它为未来的研究提出重要的方向,以填补理论空白。最后,GAM 提供了创建和测试干预措施的方向,旨在减少不必要的人类攻击。基于理论的攻击研究可以通过增加我们对攻击和暴力原因的理解,从而降低社会暴力水平。

第二节　群体攻击的相关理论

　　群体是一个非常重要的概念,对于"群体"的定义,我们采用黄希庭主编的《简明心理学辞典》中的界定。群体亦称团体,一般指由一些共同的纽带和利益联系起来,并在心理和行为上存在一定程度的相互关系的人们所组成的具有一定组织结构的聚合体(黄希庭,2004)。

一、相对剥夺理论

　　Gurr(1971)认为,相对剥夺感存在于主观期待与实际情况之间的某些差距或者某种程度上的不一致。Crosby等(1980)认为当满足以下五个条件时,个体才会体验到相对剥夺感:想得到 A、应得到 A、有可能得到 A、其他人拥有A,以及没有获得 A 不是该个体自身的原因。不过,仅从个体角度出发尝试对某些社会现象做出解释并不完全合理。此外,早期的定义一味强调认知成分,忽视了情感成分。在此基础上,研究者从个体与群体的角度对其概念进行了区分,同时将情感成分考虑进来。例如,有研究者将其定义为:通过比较,个体认为自己或所在群体状况更糟糕,且由此产生不满、愤懑等消极情感反应。相对剥夺感有以下几个特点:个体清楚自己缺乏什么;认为所缺乏的东西是应当得到的,同时自己也想得到它;个体认为自身所受到剥夺并非自身原因,自己也不应承担此后果。综上所述,相对剥夺感的核心来自"比较",不仅仅是当下个体或群体与某种标准的横向比较,还是自身期待与实际能力,当下与过去、未来状况的纵向比较。

　　相对剥夺感(relative deprivation)是美国社会学家斯托弗(Stouffer)在《美国士兵》(*The American Soldier*)一书中首先提出来的。他在研究二战期间的美国士兵时发现,晋升率高的军队士气并不高,因为没有得到晋升的人更容易感到不公平,进而会产生一定的负向情绪,于是将这种现象解释为相对剥夺感(Riley et al.,1949)。之后 Merton(1967)对相对剥夺感进行了进一步的阐述:当个体与其参照群体相比较,个体自身的利益相对缺乏时会产生愤怒和不满的情绪。先前研究根据社会比较对象不同将相对剥夺感分为个体相对剥夺感(individual relative deprivation)和群体相对剥夺感(group relative deprivation)。个体相对剥夺感是指个体与他人进行比较时感到被剥夺了权力,而群体相对剥夺感是指将自己所在的群体与另一个群体进行比较后感觉被剥夺了权力(Turner,Runciman,1967)。这两种形式的相对剥夺是对不同社会比较目标的反应,因此进行明确的区分是十分有必要的。

群体由许多的个体组成,而社会是由许多的群体组成。如果个体有强烈的相对剥夺感,则会导致不同群体的不平衡、不协调,进而造成社会的动荡不安。相对剥夺感是集群行为产生的主要诱因之一(van Zomeren et al.,2008)。考虑到相对剥夺感一般划分为群体相对剥夺感与个体相对剥夺感,研究者分别从两个方面对相对剥夺感与集群行为之间的关系进行了研究。Grant 和 Hogg(2012)的研究发现,群体相对剥夺感对集群行为有显著的预测作用。张书维等(2010)关于相对剥夺感与集群行为意向的研究发现,群体相对剥夺感一方面直接影响集群行为意向,另一方面通过个体相对剥夺感间接作用于集群行为意向。国外研究发现,相对剥夺感可以影响集群行为,然而与个体相对剥夺感相比,群体相对剥夺感更易于导致集群行为。也就是说,相对于个体相对剥夺感,群体相对剥夺感对集群行为意向的预测作用更强(Smith et al.,2012)。马皑(2012)的研究表明,相对剥夺感能够显著正向预测反叛。相对剥夺感一直被认为是人们参与群体性事件的一个重要因素。有学者研究发现,相对剥夺感是群体性事件爆发的必要条件,当且仅当相对剥夺感达到一定的程度,群体性事件才有可能发生。张书维等(2010)的研究表明,相对剥夺感是社会成员参与集群行为的前提条件,而群体相对剥夺感是人们参与集群行为事件的必要而非充分条件。

针对集群行为的发生过程,张书维等(2012)提出跨情境下集群行为动因模型,认为群体相对剥夺感是集群行为的有力预测变量。所谓相对剥夺感,指与参照群体相比,个体对自己处于不利地位的感知(Smith et al.,2012)。个体相对剥夺感易引发一些消极情绪和行为反应,如沮丧、压力等,甚至影响个体往更高的社会地位群体流动(Osborne et al.,2015);而群体相对剥夺感则易引发集群行为,如群体抗议、群体攻击等(Smith et al.,2012)。已有研究指出,群体相对剥夺感可以显著正向预测群体攻击性行为(熊猛,叶一舵,2016)。此外研究还发现,感知到的相对剥夺感可能会导致赌博成瘾、攻击等偏差行为;宋明华等(2018)发现,群体相对剥夺感显著正向预测群体愤怒、群体效能和网络集群攻击性行为。

相对剥夺理论认为,长期累积形成的不公正感是集群行为的诱因(van Zomeren et al.,2008)。张书维等(2009)的研究探讨了正当性、可行性、责任性和群体支持与相对剥夺感的关系,以及其对集群行为倾向的影响。研究者认为,正当性是指与参照群体相比,成员是否认为本群体的现状是合理的。正当性越低,相对剥夺感越强烈,从而导致情感成分发生变化,主要产生不满和愤怒,从而增强集群行为参与意向(张书维等,2009)。

张书维等(2009)在对汶川地震灾区的灾民进行实证性调查研究中发现,对于城镇灾民,正当性和可行性显著负向预测群体相对剥夺感的认知和情感成分,相对剥夺感的认知成分与情感成分正相关,情感成分正向预测集群行为意向。进一步的研究及数据支持发现,相对剥夺的认知成分对集群行为意向的影响,通过相对剥夺情感成分的完全中介作用实现。集群行为传统研究的情绪聚焦取向认为,社会比较导致了主观的不公正感或相对剥夺感,为了发泄不公正感所带来的负面情绪,人们选择参与集群行为(Lodewijkx et al.,2008)。

二、群体情绪理论

群体是情绪性的实体,情绪是群体生活的固有部分。当个体属于并认同某一群体时,与群体相关的事件也能诱发强烈的情绪。例如,人们会因为自己喜爱的球队打败对手而欢呼雀跃,也会为球队输掉比赛而黯然神伤。又例如当战争、恐怖袭击、自然灾害席卷全国时,那些对国家怀有归属感的人集体陷入悲伤、愤怒和恐惧,即使他们自己或者亲人朋友并未亲身经历这一影响。此时,这种情绪就称为群体情绪(group emotion)。

群体情绪是指个体对某一特定群体或者社会成员所产生的情绪体验(Smith,1993)。Smith 和 Conrey(2007)把群体情绪定义为当个体确认属于一个社会群体,并把该群体作为心理自我的一部分时所经历的情绪,此时群体获得了社会和情绪意义,评价与群体有关的事物都会带有情绪色彩,把情绪从个人水平扩展到群体水平。此水平的群体情绪实质上仍是个体情绪,是个体在个人水平上对涉及群体价值事件的情绪反应。

在集群行为中,由于导火索事件引发的情绪迅速传遍整个群体,在这种共同情绪氛围的渲染下,个体可能表现出独自一人时不常见的行为倾向,甚至直接暴力行为。此时的群体情绪已经不再局限于个体水平,经过群体内成员的传播和感染,当大多数成员都表现出一致的情绪时,群体水平上的群体情绪就形成了。因此,研究群体范围内的群体情绪显得极其重要。

群际情绪理论(intergroup emotions theory,IET)用于解释与群体认同感及归属感相关的情绪本质,主要关注情绪化的偏见、歧视及其他群际行为(Smith,1993)。群际情绪理论扩展了情绪评价理论的视角,整合了社会认同理论和自我归类理论,将情绪理论从个体水平扩展到群体水平。

IET假设情绪是群际或群体现象,认知、情感、个人和群际现象是一个整合的有机体,群际情绪可以调节个体和群体的行为。当个体认同某一群体时,自我便成为内群体的一部分,从而获得社会和情绪意义(Tajfel et al.,1971)。那么,评价与内群体有关的事件都会带上情绪色彩,这种个体从内群体的角度体验到的情绪和情感称为群际情绪。Becke和Axel(1998)研究发现群际情绪是多维的,因为指向性不同而产生积极或消极情绪。

中国社会心理学领域的研究现状主要是基于对西方已有理论和实证研究的学习与整合。此外,研究者们还对中国当前的国情进行了进一步的实证研究,以构建能够解释中国社会心理现象的理论模型。这些模型的研究视角多是社会认同这一核心影响因素,或者是集群行为的动力机制和组织机制。如张书维和王二平(2011)提出的模型认为,群体相对剥夺是集群行为的前提,群体认同、群体愤怒和群体效能是集群行为的动力,触发情境是集群行为的诱因。实证研究结果显示,当群体认同凸显时,群体愤怒起到了部分中介作用,或者群体情绪在成本较低的集群行为中的影响更显著(张书维,王二平,2011)。另外,从国外的研究经验来看,单纯的相对剥夺和群体愤怒并不能很好地解释和预测集群行为。因此,结合情境因素考察更广泛的情绪类型对集群行为的研究显得非常必要。

群体攻击性行为会受到群体态度和群体情绪两个因素的共同影响,其中群体态度对攻击性行为没有直接作用。其影响群体攻击性行为的途径有两条:一是通过群体攻击性行为意向的中介作用影响群体攻击性行为;二是通过群体情绪的中介作用影响群体攻击性行为。而群体情绪则直接影响群体攻击性行为,显示了群体情绪对群体攻击性行为的独立和直接作用。前人有关群体情绪的研究已表明,群体情绪可以介导诸多群体认知因素对群体攻击性行为的影响,显示了群体愤怒在引发群体攻击性行为过程中的核心作用。

从群体情绪的角度研究集群行为所涉及的情绪类型,主要包括愤怒、焦虑、恐惧和悲伤。一些研究者认为,群体愤怒情绪会激发出对抗性行为倾向而产生集群行为;也有一些研究者认为,群体愤怒情绪只存在于行动因果链的早期阶段,或者认为愤怒情绪在群体成员中被普遍体验,不是变量而是常量,因此不会对集群行为产生预测作用。揭示集群行为驱动的关键问题就是"什么因素使得人们(愿意)参与集群行为"以及"什么因素使集群行为得以实现"。一个人为何会投身到集群行为中?这一问题可能与个体在群体影响下的情绪表达有关。可能是愤怒而无助的人们通过这种行为方式来表达那些被忽视且无法满足的各种利益诉求和情感缺失,是参与集体行动带给群体成员的刺激和愉悦感,是参与集群行为能带来改变现状和提升社会地位的正向反馈等。因此,一些学者开始重新重视包括愤怒以及其他群体情绪在集群行为参与中的作用,并考察情境类型和个体心理特征在其中的作用。van Zomeren 等(2012)将愤怒情绪与理性计算综合考察;Shepherd 等(2013)考察耻辱;Smith 等(2007)考察恐惧、悲哀与愤怒等;Iyer 和 Ryan(2009)考察同情、内疚等群体情绪如何推动个体参与集体行动;还有研究者将集群行为中的情绪分为积极与消极两类,并与指向群体外和指向自我的情绪进行交互分析(Becker et al.,2011)。这些独特的研究成为近年来集体行动情绪研究的关注点。

三、集群攻击性行为理论

集群攻击性行为是群体性事件的一种表现。从字面意思可以看出其有两个特点,一是群体性,二是攻击性。通俗地讲,集群攻击性行为就是群体性暴力事件,国外常用"骚乱"一词进行表述。所谓"骚乱",即为"骚扰捣乱"。我国政府和法律条文很少使用"骚乱"一词。英国是较早使用"骚乱"一词的国家。1714 年,英国曾颁布《骚乱法》。英国 1986 年《公共秩序法》中定有"骚扰罪",即"凡遇 3 人或 3 人以上的人群集合在一起,非法使用或威胁使用暴力,其行为(一起行动)可能使在场的健康者对自身安全觉得威胁的情况,非法使用或威胁使用暴力的人均犯有暴力骚扰罪"。日本刑法第 106 条也规定有"骚扰罪"。

随着互联网普及,人们获取信息与表达意见的渠道更为便捷与自由。这也导致了网络群体性事件的频繁发生,网络集群性攻击问题开始引起研究者的关注与重视。

在群体攻击性行为当中最能起到主导作用的就是群体认同,近年来,全球化进程越来越快,世界逐渐成为一个大的"地球村",人际交往、群际互动次数越来越多,逐渐模糊了各种群体之间的界限,甚至改变了民族和国家这类稳定的群体间界限(李友梅,2007),这也凸显了群体认同的关键性,需要人们在各自的情境中选择相应的群体认同。

社会认同理论在有关群体的研究中有着普遍且长远的影响。在社会认同理论中,社会认同被认为是从授予了情感意义和群体价值的成员身份中得到的,成为自我概念的一个部分(Tajfel,Turner,1979)。群体认同是指对某个特定群体的认同,是社会认同的一个具体的形式。Tropp 和 Wright(2001)对群体认同的定义为,"群体认同指个体基于群体成员身份意义上与群体的心理联系,换句话说,即个体将群体成员身份整合进其自我概念的程度"。

社会认同理论提出,个体会对人自动地进行社会分类,确定自己所属的群体,并以群体身份自居,换句话说,即个体意识到自己属于特定的社会群体,同时也意识到作为群体的成员带给自己的情感和价值意义(Tajfel,Turner,1979)。社会心理学的一些研究发现,众多的群体现象与群体认同存在高度相关,如内群体偏爱现象、外群体贬损现象、群体刻板印象等(Goldman,Hogg,2016)。高内群体认同的个体认为内群体是自我概念的重要组成部分,因而会感受到来自外群体的更多的威胁(Riek et al.,2006)。当个体在面对群际威胁的情境时,其社会认同越突出,个体感受到来自外群体的威胁感越强(Densley,Peterson,2018;Stephan et al.,2009)。群际威胁理论认为,在个体受到群际威胁时引发的消极认知和情绪可能会促使个体做出消极的行为反应,例如攻击、侮辱、不友好的行为、回避、竞争等(Stephan,Stephan,2017)。有研究表明,个体与外群体的积极接触越多,对外群体的攻击性行为倾向越少,这种变化是通过群体间威胁感知的减少而间接产生的(Schmid et al.,2014)。威胁管理理论认为,群体间出现冲突,是因为个体感受到外群体的存在威胁了自己作为内群体成员的自尊、身份、所拥有的社会资源与文化观念,从而做出的竞争资源与自我保护的行为(Niesta et al.,2008)。

基于社会认同理论,当个体对内群体抱有强烈的认同,并认为目前的群际关系是不公平和不稳定时,就越有可能参与集体行动(van Zomeren et al.,2008)。群体认同是指个体将群体成员身份整合到自我概念的程度(Shi et al.,2015)。研究表明,群体认同与群体成员的集群行为参与意愿或实际行动之间存在高度相关(Bäck et al.,2013;Ufkes et al.,2015)。群体认同既可以直接影响个体的集群行为意愿,也可以通过影响其他心理变量来发挥作用。例如,群体认同水平高的成员会更倾向于进行群际比较,从而使得群体相对剥夺感上升(Ellemers,Bos,1998),成员会基于群体成员身份而产生群体愤怒,引发对外群体的集群攻击性行为,即群体认同水平高的成员处于高群体相对剥夺条件下,可能更容易导致其产生较高的群体愤怒情绪,从而更倾向于做出集群攻击性行为(熊猛,叶一舵,2016)。

第三节　欺凌行为的相关理论

本节梳理了国内外学者对欺凌行为的研究,结果如下:挪威著名心理学家

Olweus是国外最早重视校园欺凌这一话题并提出欺凌定义的学者,他指出"校园欺凌是指一个或多个学生对一个学生持续性、反复性、长期性实施的负面行为,这些负面行为并非偶然行为而是故意为之,会造成受欺凌者身心上的伤害"(Olweus,1993)。与Olweus观点有所不同的是,英国政府教育与技能部(DFES)研究发现,在某些特定的情景下发生的某些偶然的伤害行为也算作校园欺凌。

日本文部科学省也对校园欺凌做了相关研究,并在2007年之后重新定义了这一概念,强调了校园欺凌的发生地点不仅仅拘泥于校园范围,学生在校内校外环境中遭受到身心上的攻击均属于校园欺凌,并且对他们实施攻击的人是与他们有一定社会关系的人。由世界卫生组织(World Health Organization)开展的"学龄儿童健康行为"研究组在全球41个国家的调查中将欺凌定义为:个体学生或者群体学生对个体学生实施言语或者行动上的一些能引起他们厌恶、不愉快或者痛苦的事情。

一、个体欺凌的相关理论

从广义上讲,校园欺凌是指在校园的环境下,一个人或者群体针对另一个人或者群体而进行的有意的、重复的攻击性行为,包括身体攻击、语言攻击、关系攻击和网络攻击性行为,这些攻击性行为往往会对欺凌事件的各方参与者带来身心健康上的伤害(孙时进,施泽艺,2017)。

可以从如下理论及模型来解释个体欺凌行为。

(一) 基于社会学习理论来解释个体欺凌行为

Bandura(1973)认为,攻击性行为的强化机制包括三种:外部强化、替代性强化、自我强化。通过观察学习和替代性强化,我们可以很好解释暴力游戏对青少年攻击性行为的影响。青少年的道德行为是在不断学习中获得和发展的,发展过程极易受到环境的影响。暴力视频游戏不仅为青少年提供了攻击参考,而且还为他们提供了一个全方位习得攻击性行为的情境和场所。在暴力游戏中攻击性行为不会受到限制并且伴有奖赏机制,在暴力游戏中发动攻击和打杀对手就可以获得奖励。因此青少年对暴力游戏越感兴趣,玩暴力游戏就会越多,进而影响青少年个体的社会学习,也会导致青少年对他人的同情心和同情感受降低,而其道德推脱感上升,最终影响其行为表现,激发个体欺凌行为。

(二)基于新认知联结模式的视角来解释个体欺凌行为

该理论通过结合认知联结主义观点与现代神经理论来进一步解释攻击性

行为的产生和发展(Seidenberg,1993)。人的大脑在反复接触攻击性行为后会产生详细的相互联结的攻击性思维网络,触发与攻击相关的情感技能和信念,从而触发攻击性行为。学生在其实际生活中,会主动或者被动地接收来自社会各方面的暴力和欺凌行为的信息,接触这些行为会激发其攻击性认知,这些消极认知又会触发他们的不合适行为,激发他们的欺凌行为。

(三)基于一般攻击模型的视角来解释个体欺凌行为

在理解个体欺凌行为时,GAM强调三个关键的阶段:一是人和情境的输入;二是当前内部状态;三是判断和评价加工的结果。当一个有攻击倾向的人在受到不良情境的刺激后,就会产生紧张愤怒的情感体验,并引发有攻击性的念头,大脑对当下的不良情境做出具有敌意性的预期评估,个体就会按照记忆中的攻击性图式发起攻击性行为。研究表明,欺凌者个体的人格特质在其表现出欺凌行为上起很大作用,且在欺凌者身上往往发现不完善的自我发展现象(如冲动、不能延迟满足、行为自控力差)。欺凌者可能缺乏某种基本的自控能力,从而使自身行为缺乏理智性,表现出动作化人格,通过动作直接表达内心的意愿,以纾解内心的情绪和压力。

(四)基于生态系统理论来解释个体欺凌行为

美国心理学家 Bronfenbrenner(1986)提出的生态系统理论,把成长中的个体看成受其周围环境多种水平影响的复杂的关系系统,并扩展了人们对环境的认识,把人们生活其中并与之相互作用的不断变化的环境称为行为系统。根据该系统对人们的影响程度又把它从内向外依次分为四个子系统。它们分别是:微观系统,该系统为环境的最内层,是个体直接接触的环境,包括家庭、托儿所、幼儿园、学校班级和社区等。中间系统,这是环境的第二个层次,是指各微观系统之间的联系,比如家庭和学校对儿童教育的一致性程度。如果微观系统之间有较强的、积极的联系,发展可能会实现最优化,反之则会产生消极的结果。外层系统,指个体未直接参与但对他们的发展产生影响的环境系统,比如父母的职业和工作单位、亲戚朋友等。宏观系统,它位于环境系统的最外层,指社会文化价值观、风俗习惯、法律制度以及其他文化资源。宏观系统不直接满足儿童的需要,但对较内层的各个环境系统提供支持。其实质是一个广阔的意识形态。生态系统理论认为,环境不是以统一的方式影响静止的力量,而是动态的、不断变化的,是一个"动力变化系统"。随着时间的推移,人的生态系统也会发生相应的变化。

二、群体欺凌的相关理论

Olweus(1993)对欺凌行为的定义进行了描述,欺凌是指群体中的一个或多个个体在一段时间内对另外一个个体有意地、反复地、持续地实施身体攻击、言语攻击等攻击性行为,造成受害者心理或者身体的伤害与不适。所以一群人对一个人的欺凌则成为群体欺凌。有学者调查发现,欺凌者为两人及以上的校园欺凌事件占总数的 87.5%(杨书胜等,2017),群体性校园欺凌已经成为校园欺凌的主要表现形式。

可以从如下理论及模型来解释群体欺凌行为。

(一)基于群体动力学的视角来解释群体欺凌行为

Lewin(1947)指出,群体成员的行为是由个性特征和场(指环境的影响)相互影响的结果。群体动力学理论认为,群体成员的行为(B),是自身的需求(P)和环境外力(E)相互作用的结果,能用公式 B=F(P,E)表示。该理论就是要论述群体中的各种力量对群体成员的影响和作用。群体存在的重要条件之一是群体一致性,而群体规范正是这种一致性的标准。班级中的群体规范称为班级规范,不良的群体规范会影响青少年的攻击意图(Nipeda et al.,2010)。班级欺凌规范的定义由群体欺凌规范引申而来,即班级欺凌规范包括班级中实际欺凌行为频率和班级成员对欺凌行为的态度。个体所主观感受到的班级欺凌规范和实际班级欺凌规范都能预测个体欺凌行为的发生(曾欣然等,2019)。

(二)基于群体社会化发展理论来解释群体欺凌行为

群体社会化发展理论对于解释学校班级中欺凌现象的内部成因至关重要(Harris,1995)。欺凌属于显著的攻击性行为,而攻击性行为与群体社会化中的群体异化作用显著相关。尤其在青少年群体中,对于一部分青少年来说,在群体中受到欢迎,或在群体中占较高地位的重要性已经远远超过学习成就、个人价值观或同伴接受度的重要性,这一现象在 20 世纪 60 年代被社会学家称为"中学难题"(the high school problem)。由于青少年学生群体中,部分群体成员对群体地位等级的"狂热"追求,加之攻击性行为与受欢迎度之间的内在关联,学生可能会使用公开或隐蔽的攻击性行为以在群体中获得高地位等级。那些可以较好规划自己的行为,并有效地将攻击性行为运用于获取高地位等级的群成员,最终也正是群体中拥有高权力等级的成员。多项研究显示具有攻击性的学生在同伴接受度上得分不高,在同伴受欢迎度上与通常的期望值截然相反。然而，群体中的成员试图通过攻击性行为获取更多资源，但失败后就会被群体边缘化。

三、网络欺凌的相关理论

国内研究者陈启玉等（2016）对 1103 名 7 到 11 年级的学生进行问卷调查，结果发现 82.77％的人报告在过去的一年里曾经遇到过一次以上的网络欺凌，57.21％的人报告曾经对他人实施过一次以上的某种形式的网络欺凌；另有 40.16％的人表示身边有同学或朋友在使用社交网络的过程中遭遇过网络欺凌，49.86％的人表示曾经在社交网络上看到过有人遭遇网络欺凌。由此可见，网络欺凌问题具有一定的普遍性。

网络欺凌行为可以用如下理论进行解释。

（一）基于去抑制效应理论来解释网络欺凌行为

不同于人们在现实生活中面对面的交流，人们在网络中感觉解放，变得更加肆无忌惮，表现出更多的攻击性、去个性化和高自我表露性。网络环境中的匿名技术和行为方式就会带来"去抑制效应"。这种特性的影响可能有两种情况：一种情况是人们可能会利用它表现令人不快的举动或情绪，通常是辱骂他人或者实施网络欺凌等行为；另一种情况是它可能让人们诚实而开放地面对某些个人问题，而这些问题在面对面的交流中是无法讨论的。Suler（2004）的研究表明，个体在网络虚拟空间中的行为与在现实世界中和他人面对面时的表现是不一样的。个体在真实世界中对自己的行为比较克制，而在虚拟空间中则很容易松懈下来，这会使个体暴露出更多的"本我"，从而更公开地展现自己。Merriill（1997）的研究发现个体在计算机的沟通环境下与面对面沟通相比，明显有更多去抑制化的行为。个体在网络虚拟空间中降低了对自我的社会角色所应有的态度和认知，这种去抑制化效应使网络欺凌行为更容易发生。

（二）基于一般攻击模型来解释网络欺凌行为

Kowalski 等（2014）认为，一般攻击模型作为一个综合的理论框架，可以帮助我们理解影响网络欺凌行为发生的个体和环境因素，以及产生网络欺凌行为的作用机制。一般攻击模型主要包括三个方面：一是个人和情境输入变量；二是个体的认知、情感和唤醒过程，它影响着个体当下内部状态，是输入变量发挥作用的中介；三是潜在评估和决策过程及其结果（Anderson，Bushman，2002）。王晨雪（2011）指出，情境与个人因素通过改变个体内在的状态而引发个体外显的攻击性行为。情境输入变量和个体因素共同影响认知过程，从而产生网络欺凌行为。

(三)基于线索过滤理论来解释网络欺凌行为

Denegri 和 Taylor(2005)认为个体的网络偏差行为是网络本身的特征导致的。相比传统面对面的人际交往,网络交际是以相互无法看见对方为前提,这使得网络人际互动缺少了很多线索,从而降低了个体在网络互动情景中对语气、目标和内容的判断力,因而产生了更多的去个性化行为(李冬梅等,2008)。网络欺凌行为作为网络偏差行为的一种表现形式,也许是因为网络本身的线索过滤特征而导致的。

(四)基于双自我意识理论来解释网络欺凌行为

双自我意识包括私自我意识和公自我意识,私自我意识指个体对自己的态度、感觉和标准的关心程度,公自我意识指个体对他人评价的关注程度。李冬梅等(2008)的研究表明,以计算机为中介的交流会对个体的双自我意识产生不同影响,其中私自我意识会得到增强,公自我意识会减弱,也就是说个体会更关心自己,并对他人评价的关心降低,导致网络偏差行为的出现,这可能就是网络欺凌行为出现的原因之一。

Rogers(1975)提出的保护动机理论可以从另一种角度去解释网络欺凌行为。保护动机理论也被应用到网络安全保护领域(Anderson,Bushman,2001;Siponen et al.,2014)。该理论认为,威胁评估(感知到攻击的严重性和容易感知到他人的攻击性)和应对评估(反应效能和自我效能)是指一个人面对威胁时产生的认知过程,能够预测个体的行为意向和行为。在网络生活中,当个体意识到自身所面临的风险威胁较为严重,并且相信自己有能力改变某种行为时,个体的保护动机就达到最大化,促使个体出现保护性行为反应。Lwin 等(2008)使用保护动机理论来解释个体接受网络安全行为背后的动机,认为个体知觉到网络欺凌的严重程度、反应效果和自我效能感等是网络安全行为的重要预测因素。同时,威胁评估和应对评估还存在交互作用(林丹华等,2005)。也就是说,当反应有效性和自我效能感提高时,易感性认知的提高会促进行为意图的改变。

第三章　校园欺凌行为的相关因素

　　前两章对校园欺凌的现象及相关理论进行了梳理,本章将基于国内外各项研究分析青少年校园欺凌行为同其人格因素、家庭因素、风险因素以及保护因素之间的关系,旨在为预防和治理校园欺凌现象、保护青少年身心健康提供启发性建议。

第一节　欺凌行为的人格因素

　　人格是个体稳定的特性和倾向,它决定着人们心理行为(思维、情感、行为)的共同性和差异性,并且具有时间上的连续性。一些人格特质与欺凌行为和攻击性行为特别相关,比如攻击性特质、冷酷无情特质和黑暗人格。

一、攻击性特质

　　攻击性特质(trait aggressiveness)是一种具有敌意认知、受愤怒情绪影响并准备进行言语和身体攻击等暴力行为倾向的稳定的人格特质。攻击性特质个体的特点就是易怒,根据他们的认知模式,更容易做出敌意性归因,从而提高了他们的愤怒和做出攻击性行为的可能性(Anderson,Bushman,2001)。

　　Santos 等(2019)发现,攻击性特质能够正向预测攻击性结果(攻击性行为和攻击性意图)。以往研究发现,攻击性特质具有跨情境的稳定性,但攻击性行为并不具有跨情景的稳定性。在无意的情况下,攻击性特质的个体对情境反应没有影响,但女生比男生更容易生气,而男生会具有更高的攻击性反应;在模棱两可的情况下,攻击性特质的个体可能会表现为敌意偏见或缺乏对所有线索的思考,实施攻击性行为;在有意的情况下,攻击性特质的个体对线索有清晰的了解,也不会做出攻击性行为(Tremblay,Belchevski,2004)。

Bushman 和 Funk(1996)考察暴力媒体对不同水平攻击性特质的个体行为影响时发现,高攻击性特质个体观看暴力视频比观看非暴力视频时表现出更高的攻击性。他们认为个体的攻击性可能受到个人攻击性特质和环境相互作用的影响,暴力视频是其中的催化剂,在具有攻击性特质的个体发生攻击性行为过程中起催化作用。不仅暴力视频会激发个体的攻击性,在 Teng 等(2020)的研究中发现,暴力游戏暴露也会与攻击性特质相互作用预测欺凌和网络欺凌,影响攻击性认知、感觉和唤醒,进而增加攻击性行为。而且,暴力游戏暴露与欺凌和网络欺凌之间的关系可能取决于个体攻击性特质的差异。因此,攻击性特质是网络欺凌的一个风险因素。中国学者陈贡芳和高雪梅(2018)的研究也证实了这一观点,攻击性特质和网络欺凌呈显著正相关,即高攻击性特质的个体,更容易成为网络欺凌者。一方面,高攻击性特质的个体共情水平低,无需承担较多的内疚、悔恨等消极情绪,更容易参与不被社会规范认可的行为,更易成为欺凌者;另一方面,他们容易情绪失调,在情绪处理方面有困难,尤其是愤怒情绪,因此会更容易卷入网络欺凌事件中。

国内学者也对使用暴力游戏对攻击性特质与欺凌和攻击性行为进行了探讨,发现暴力游戏在攻击性特质个体产生攻击性行为过程中起到重要作用。只有当个体的攻击性特质与游戏情境相匹配时,个人的攻击性特质才会被激活,更可能做出敌意性归因,增强他们的愤怒,产生攻击性意图,进而表现出攻击性行为(罗红,2016)。杨飞龙(2019)的研究结果也表明,在操作了暴力游戏之后,高攻击性特质的大学生在暴力游戏情境下表现出更高水平的攻击性行为;但在操作了非暴力游戏之后,高、低攻击性特质大学生的攻击性行为并没有显著差异,说明暴力游戏情境比非暴力游戏情境更容易提升攻击性特质大学生的攻击性行为。

同时,与其他类型的群体相比,欺凌者具有更高的攻击性特质水平,对欺凌的反应也更加具有攻击性。高攻击性特质的欺凌者的欺凌形式更加多样(身体欺凌、言语欺凌、偷窃有关的欺凌、心理欺凌、胁迫欺凌和性欺凌),他们更倾向于使用言语欺凌和身体欺凌(Adams,Ireland,2017)。

总结而言,攻击性特质,特别是身体攻击性特质,能够正向预测个体攻击性行为和攻击性意图,具有攻击性特质的个体更容易对他人及环境做出敌意性归因。攻击性特质是网络欺凌的一个风险因素——暴力媒体,如暴力视频和暴力游戏,都会与攻击性特质相互作用,激发个体的攻击性,影响攻击性认知、感觉和唤醒,进而增加攻击性行为。

二、冷酷无情特质

冷酷无情特质(callous-unemotional trait)是指对他人冷漠、缺乏罪责感、低共情的一种人格倾向，是一种与攻击、暴力等反社会行为紧密联系的人格特质，包括冷酷维度(callousness)、冷漠维度(uncaring)和缺乏情感维度(unemotional)(Frick,2004)。研究者们探讨了冷酷无情特质与不同欺凌形式之间的关系。

Fanti 等(2019)对希腊和塞浦路斯两国儿童的欺凌行为进行了研究，结果发现关系欺凌者和欺凌受害者在冷酷无情特质的得分都高于受害者群体，而且冷酷无情特质的得分与关系欺凌直接显著相关。男生的冷酷无情特质得分显著高于女性，因为男生在社交互动中渴望支配或受欢迎，所以更可能参与关系欺凌。仅以女生为被试的研究发现，冷酷无情特质与主动性关系攻击相关性较强，与反应性关系攻击相关程度较低。关系攻击只在冷酷维度和冷漠维度显著相关，而在缺乏情感维度上不相关。此外，认知同理心在冷酷无情特质和关系攻击之间起调节作用，但仅在反应性关系攻击中起作用，而对主动性关系攻击不起作用(White et al.,2015)。Ciucci 和 Baroncelli(2013)的研究也证实了冷酷无情特质中的缺乏感情维度与欺凌行为之间不存在相关性，冷酷维度和冷漠维度与欺凌行为呈显著正相关。此外，年长男生的冷酷无情特质与欺凌行为的联系更强。但根据 Thornberg 和 Jungert(2017)对瑞典儿童的研究，冷酷无情特质中的缺乏情感维度与欺凌行为呈显著正相关，只是与冷漠维度和冷酷维度相比，缺乏情感维度与欺凌行为的联系不那么紧密。同时，该研究也发现了错误的道德推理在冷漠维度和冷酷维度与欺凌之间的中介作用。

在对行为问题儿童(注意缺陷、多动症)的攻击性调查中发现，行为问题与多种攻击性行为(主动身体攻击、反应身体攻击、主动关系攻击和反应关系攻击)存在显著相关，冷酷无情特质也与主动身体攻击、主动关系攻击和反应身体攻击存在显著相关。同时，冷酷无情特质与行为问题在预测主动攻击中存在交互作用，高冷酷无情特质水平的儿童的行为问题与主动攻击的相关性更高(Thornton et al.,2013)。另一项研究也对行为问题进行了研究，发现直接欺凌和间接欺凌与冷酷无情特质和行为问题呈显著正相关，冷酷无情特质与直接欺凌行为的关系比间接欺凌行为的关系更强。随着冷酷无情特质水平的提高，行为问题与直接欺凌和间接欺凌之间的关系会逐渐增强(Viding et al.,2009)。Muñoz 等(2010)进一步研究发现，冷漠维度可以预测间接欺凌和直接欺凌。与冷漠维度相比，冷酷维度更能预测直接欺凌行为，而不是间接欺凌行为。

Kerig 和 Stellwagen(2010)研究发现,冷酷无情特质与青少年的主动欺凌和身体欺凌显著相关,具有冷酷无情特质的青少年在同理心和对特定情感的识别方面存在缺陷,因而在人际交往中并不能理解他人的情感,更容易产生敌意归因,造成欺凌行为。有趣的是,对流离失所者攻击的研究发现,青少年只有在挑衅强度高且冷酷无情特质水平到达中等以上时,才会表现出攻击,而且他们并不会更倾向于直接攻击(Reijntjes et al.,2013)。

国内学者研究发现,冷酷无情特质可以区分青少年的预谋性攻击和冲动性攻击,而且可以显著预测预谋性攻击。低冷酷无情特质的青少年在情境中对模棱两可的刺激进行敌意归因,产生冲动性攻击;而高冷酷无情特质的青少年期望能够从攻击性行为中获得更高的奖赏,对攻击性行为结果的积极预期使其实施预谋性攻击性行为(杨波,黄秀,2013)。方杰和王兴超(2020)探讨冷酷无情特质与大学生网络欺凌行为的关系发现,冷酷无情特质与网络欺凌行为呈显著正相关,冷酷无情特质的大学生会在他们的欺凌行为中表现得更加冷酷无情,更少的同情心,更少内疚,从而更倾向于实施网络欺凌行为。

总结而言,冷酷无情特质是一种低共情、缺乏罪恶感和同情心的人格倾向,包括冷酷维度和缺乏情感维度,能够显著预测个体的关系欺凌行为和网络欺凌行为。冷酷无情特质还可以区分青少年的预谋性攻击和冲动性攻击,高冷酷无情特质的个体更可能实施预谋性攻击。

三、黑暗人格

黑暗人格(dark trait)是一组介于病态和正常人格之间的特质群,可以称为人格的"灰色地带"。黑暗人格描述了那些令人感到厌恶,但仍在正常机能范围内的人格特质,包括马基雅维利主义(machiavellianism)、自恋(narcissism)和精神病态(psychopathy),其中马基雅维利主义的特点是战略操纵他人,精神病态的特点是缺乏同情心、参与冲动和寻求刺激的行为,自恋的特点是感到优越和浮夸,三者各自独立又相互重叠的反社会人格特质(Paulhus,Williams,2002)。黑暗人格主要关注的是人格的阴暗面,虽然是三种不同的人格特质,但它们都具有共同的特征,比如自我中心、冷酷无情、操纵性和反社会倾向(Furnham et al.,2013)。

Baughman 等(2012)的研究结果表明,黑暗人格与欺凌行为存在相关,其中精神病态的相关性最高,自恋的相关性最低。马基雅维利主义与直接欺凌、自恋与间接欺凌以及精神病态与直接欺凌的相关性最高。男生的欺凌率明显高于女生,同样在马基雅维利主义、自恋和精神病态上的得分也显著高于女生。郭伟伟(2017)在中国青少年身上发现同样的结果,黑暗人格的三个维度与攻击性行为(身体攻击、言语攻击、愤怒、敌意和指向自我的攻击)的各个因子之间都呈现出显著正相关。男生和女生在精神病态、马基雅维利主义、身体攻击和言语攻击上存在显著差异,而且男生的马基雅维利主义与言语攻击的相关系数高于女生,两者之间的差异具有统计学意义。

有研究者专门对 Facebook 中青少年网络攻击性行为进行研究,结果表明只有精神病态和 Facebook 使用程度是青少年自我报告网络攻击的重要预测因子,马基雅维利主义和自恋未被发现是网络攻击的预测因子。男生在马基雅维利主义、精神病态和网络攻击方面的得分高于女生,而且与年龄较大的青少年相比,年龄较小的青少年在精神病态维度得分显著更高,也就预示着可能产生更多的攻击性行为(Pabian et al.,2015)。王博晨等(2020)的研究与之前的研究结果一致,男生马基雅维利主义和精神病态得分高于女生,且具有统计学意义,可能是这两种维度的特征与男生的气质更加吻合。与此相对应,中学男生的网络欺凌行为也多于女生,可能是由于男生的行为更加外向和更有冲动性,加之网络环境的匿名性和隐蔽性,促使男生更会不计代价实施网络欺凌行为。因此,高黑暗人格的个体更有可能实施网络欺凌。

Klimstra 等(2014)采用多人报告的形式,发现在自我报告中的间接攻击与马基雅维利主义和自恋呈正相关,直接攻击与精神病态呈正相关;在教师报告中,直接攻击与精神病态存在独特的正相关关系,而间接攻击性行为则没有独特的相关关系;在同伴报告中,黑暗人格的三个维度均与直接攻击不存在显著的相关关系,只有精神变态与间接攻击之间存在正相关。在黑暗人格与欺凌行为的关系中,虽然马基雅维利主义、精神病态和自恋与基于视觉的网络欺凌和基于文本的网络欺凌均呈正相关,但只有精神病态是两种网络欺凌唯一显著的预测因子(Goodboy,Martin,2015)。

赵宝宝等(2018)对中学生的网络欺凌行为进行研究,研究结果表明黑暗人格的三个维度分别与网络欺凌之间呈现出显著正相关。其中精神病态与网络欺凌行为的相关性最高,马基雅维利主义、自恋与欺凌行为的相关性依次降低。也就是说精神病态是网络欺凌行为的高预测因子,精神病态者往往对外界的挑衅行为做出反应,他们会不顾后果地选择高成本的反社会行为,在对其他人造成伤害时会获得瞬间的满足感,驱使其继续进行此类行为,所以导致的危害性更大;马基雅维利主义者通常深思熟虑,善于使用权谋,利用网络具有匿名性的特点,实施网络欺凌行为,以达到伤害他人并使自身获得利益的目的;自恋者参与网络欺凌行为,是因为他们认为自己的社会地位是不可动摇的,只要别人对其表达不满或敌意,他们就会通过网络欺凌行为进行报复。

黑暗人格是一组由正常机能范围内令人厌恶的人格特质所构成的特质群,包括马基雅维利主义、自恋和精神病态三种反社会人格特质。黑暗人格与个体攻击性行为(包括网络欺凌)存在显著正相关,男生的马基雅维利主义和精神病态得分高于女生,具有黑暗人格的男生的网络欺凌行为多于女生。

除了家庭教育等校园欺凌发生、发展的客观条件,其主观条件也不容忽视。现有研究总结得出,攻击性特质、冷酷无情特质和黑暗人格都能显著正向预测青少年攻击和欺凌行为。其中,具有攻击性特质的个体易怒,对周围环境具有敌意性认知;具有冷酷无情特质的个体情感淡漠,缺乏同理心;而具有黑暗人格的个体以自我为中心,将攻击性行为视作使自己获得利益和满足感的手段。

第二节　欺凌行为的家庭因素

家庭是社会的基本单位,是孩子成长过程中的第一所学校。家庭教育和环境对儿童和青少年的人格形成和心理健康具有重要的影响,这些影响是根深蒂固和潜移默化的。家庭中存在的问题都可能是孩子的欺凌行为产生的原因之一。

一、童年受虐待经历

童年受虐待是指父母和抚养者对儿童健康完整性造成实际或潜在损害的所有类型的虐待、忽视和其他剥削,主要分为四种类型:身体虐待、性虐待、情感和心理虐待以及忽视。长期遭受父母虐待的个体,其身心发展往往面临阻碍。

Cullerton-Sen 等(2008)通过对遭受过心理虐待的小学生进行调查研究,结果发现,童年期虐待与关系攻击和身体攻击呈正相关,童年期遭受虐待的男生比遭受虐待的女生和未被虐待的青少年表现出更高的身体攻击,而遭受虐待的女生比遭受虐待的男生以外的其他群体表现出更高的关系攻击。身体虐待比其他虐待类型更能预测青少年的身体攻击,性虐待与女生的身体攻击呈负相关,与女生的关系攻击呈正相关(韩凤师,邵淑红,2019)。攻击性行为会持续贯穿童年期、少年期,乃至青年期(McLaughlin et al. ,2011)。

孙丽君等（2017）的研究结果显示,心理虐待与忽视不仅与青少年时期的暴力行为相关,还与青少年阶段的各种攻击性行为密切相关。此外,比起其他形式的虐待,心理虐待与忽视更能预测个体的攻击性行为。有心理虐待和忽视经历的青少年的道德认知更容易发生不良改变甚至是扭曲,即产生道德推脱,他们比其他青少年更容易形成反社会行为合理化的认知图式,从而发生更多的攻击性行为(李琛,2018)。

韩丽娟等(2019)以男性暴力罪犯为被试探讨童年受虐待经历与攻击性行为的关系,研究结果表明童年期的受虐待经历会导致个体在成长过程中缺乏安全感,表现出冷漠,更容易采取暴力的攻击性行为来处理问题。与其他类型的虐待相比,躯体虐待和攻击性行为的正向关系更为显著。在日常生活中,儿童会把父母作为榜样,父母是权威的象征。很多时候父母的打骂让孩子敢怒不敢言,所以孩子更容易对此怀有敌意心理。此外,孩子耳濡目染父母的暴力行为,久而久之形成同样暴力对待他人的方式。如果父母总是无端地打骂孩子或者对孩子的错误进行过分的惩罚,会使孩子养成攻击性行为,模仿父母对待自己的方式来对待他人(Lansford et al.,2012)。金童林等(2017)的研究发现,中国大学生童年期遭受到的心理虐待主要以纵容、恐吓和忽视为主,但儿童心理虐待各个维度(纵容、恐吓、贬损、干涉和忽视)与网络欺凌均呈显著正相关。单亲家庭、独生子女童年受虐待率显著高于双亲家庭和非独生子女,同时他们的网络欺凌发生率也显著高于后者(宋雅琼,2020;田苗等,2020)。然而,在郭清涵(2017)的研究中并没有在“是否为独生子”上发现显著差异。父母总是希望孩子成为最优秀的尖子生,长大以后能在社会竞争中胜出,因此往往会对孩子有过多的干涉,但正是由于这种干涉和恐吓,使得孩子的个性变得更加孤僻、怪异、叛逆,更容易出现攻击和欺凌行为(Wang et al.,2016)。这说明童年期遭受过心理虐待的个体在成年期表现出来的网络欺凌行为是遭受创伤后带来的直接产物。

童年期遭受过虐待的青少年更容易形成反社会行为合理化的认知图式,对攻击他人的行为产生道德推脱,从而产生更多的攻击性行为。儿童在社会化过程中会模仿抚养者的行为方式,受虐环境下成长的青少年缺乏安全感,情感冷漠,更倾向于以攻击的方式对待他人。

二、父母婚姻冲突

近年来,越来越多的研究发现父母的婚姻质量对儿童和青少年产生影响。父母婚姻质量是指夫妻双方的主观满意度和婚姻关系的客观与和谐程度,是双方在各个方面进行调适的综合状况(Lewis,Spanuier,1980)。

Davies 和 Cummings(1994)的研究就发现,父母婚姻冲突会削弱儿童的情感安全甚至威胁身体健康,给儿童带来压力,阻碍孩子处理正常的人际交往,出现攻击或欺凌行为。同时,婚姻冲突也会导致儿童情绪失调,难以控制情绪,使儿童通过攻击或欺凌行为等不合理方式进行发泄。Schoppe-Sullivan等(2007)的研究结果表明,父母婚姻质量显著正向预测青少年的外化问题。父母婚姻质量低意味着父母之间会产生更多的冲突,青少年通过观察学习到不良沟通的模式及情绪处理方式等,把欺凌行为当作解决问题的合理行为。而且当父母婚姻质量较低时,夫妻之间因缺乏凝聚力而在教养孩子方面容易产生分歧和冲突,甚至是贬损对方的情况,增加了青少年出现攻击、欺凌等行为的风险(卢富荣等,2019)。

梁宗保等(2013)对儿童四岁和五岁时父母婚姻质量与儿童的行为问题关系的研究发现,父母婚姻质量负向预测当年的儿童行为问题。父母婚姻质量既能直接影响儿童的行为问题,也能通过影响儿童的认知、亲子关系等间接影响,但这些因素是不稳定的,因此不能够实现跨时间预测。Jenkins 等(2005)的研究表明,不良父母婚姻质量能够显著正向预测儿童欺凌行为。与初婚相比,再婚家庭的不良品质加剧了儿童行为的恶化。父母冲突内容与儿童有关时,对儿童欺凌行为有直接的影响;与儿童无关时,对儿童欺凌行为有间接影响。中外对比研究发现,中国青少年的攻击性行为与父母婚姻质量之间显著负相关,但两者之间的联系并不是直接的,父母婚姻质量的不良会导致严厉的教养方式,进而使青少年产生攻击和欺凌行为。而在西方文化中,父母婚姻质量和青少年的攻击性行为之间具有更强的直接联系(Chang et al.,2004)。

父母婚姻中的显性冲突和隐性冲突与儿童的显性攻击(身体攻击和言语攻击)和关系攻击都存在相关性。如果儿童看到父亲在父母冲突间使用攻击性行为,则更有可能使用显性和关系攻击,尤其是男生。隐性父母间冲突与儿童关系之间存在直接正相关,因为儿童观察或体验到父母使用的关系攻击策略(Li et al.,2011)。青少年感知到的父母的低婚姻质量也会使其感受到更多的压力和消极情绪,更有可能在学校中表现出攻击和欺凌行为(张晓等,2017)。李剑侠等(2012)以女生为被试进行研究,发现父母婚姻质量低的青少年在学校中出现吵架等其他外化行为的概率较大,如果父母婚姻冲突激烈、公开而且内容与子女有关时,青少年更容易出现攻击和欺凌行为。

Cui 和 Conger(2008)研究发现,父母婚姻问题(婚姻痛苦、婚姻冲突和婚姻不幸)与青少年欺凌行为呈显著正相关。父母婚姻敌意会破坏青少年的情感安全,并且使青少年学习到具有敌意的互动方式,进而发生较多的欺凌行为。孩子与母亲相处的时间更长,更可能模仿母亲对婚姻的敌意,因而母亲的婚姻敌意在青少年欺凌行为的发展中尤为突出(Low,Stocker,2005)。

父母婚姻质量低能够正向预测儿童欺凌行为,在父母婚姻质量低的家庭中成长的青少年更可能出现行为问题。父母婚姻敌意不仅会破坏青少年的情感安全,还使得青少年学习到有敌意的互动方式,从而出现显性攻击行为和关系攻击性行为,造成对人际关系的破坏及其他欺凌行为的发生。

三、不良家庭教养方式

父母教养方式是父母教养态度、行为和非语言表达的集合,它反映了亲子之间的互动性质,具有跨情境的稳定性(Durbin et al.,1993)。中国学者张文新(1997)认为父母教养方式是指在日常教养孩子的过程中表现出来的一种相对稳定的行为方式。随着独生子女数量的逐渐增加,父母对孩子的娇惯和溺爱等许多错误的教养方式使孩子养成了错误的行为习惯,相关研究发现校园欺凌与父母的教养方式存在着紧密的联系。

Ladd(1992)在研究父母教养方式与欺凌行为关系时发现,与权威型的教养方式下培养的儿童相比,父母采用专制型、冷漠型和放纵型的教养方式的儿童表现出更多的欺凌行为。在同伴交往中,专制型教养方式的儿童更有可能欺凌同伴;由于父母对放纵型儿童的行为不加限制,儿童也倾向于表现出欺凌行为;拒绝型教养方式的父母经常忽视儿童的要求,不能够及时对孩子做出回应,缺乏关心,容易导致儿童出现欺凌行为。Maximo 和 Loy(2014)在对菲律宾青少年的研究中也得出了相同的结果,父母的教养方式能够预测欺凌行为的发生,欺凌行为与权威型教养方式呈负相关,与专制型和宽容型教养方式呈正相关,采用纵容型教养方式的父母放任孩子错误的行为,没有提供必要的指导和规则,使孩子无法意识到欺凌行为是错误的。此外,他们还发现母亲教养方式对青少年欺凌行为的影响大于父亲教养方式对青少年欺凌行为的影响。这一发现在中国也存在,如胡阳(2014)的研究发现,母亲拒绝型和过度保护型的教养方式以及父亲拒绝型的教养方式都与初中生网络欺凌行为呈显著正相关。这表明父母的不利教养方式对子女的网络欺凌行为有一定的促进作用,而且母亲的教养方式对子女的影响更大。拒绝型教养方式的父母往往对孩子的关注较少,对孩子的行为缺乏有效监督,而过度保护型教养方式下的青少年如果没有意识到父母对自己的过度保护则更容易发生欺凌行为(陈武等,2015)。但罗贵明(2008)研究父母教养方式与欺凌行为关系时发现,父亲惩罚、父亲偏爱、父亲拒绝和母亲拒绝这四个因子与青少年的欺凌行为显著相关。而且当强调父亲教养方式的重要性时，父亲教养方式对于欺凌行为的影响显著大于母亲教养方式对于欺凌行为的影响。过分宽松和过分严厉的教养方式都容易增加青少年的欺凌行为。

在农村初中生群体中，校园欺凌在性别上存在显著差异，男生的欺凌行为高于女生；不同性别对父母教养方式存在影响，父亲和母亲教养方式中过度保护、过度干涉、拒绝否认和偏爱被试因子中，男生的因子均高于女生；父母的拒绝否认和严厉惩罚因子、母亲的过度保护和干涉都会对男生的欺凌行为产生显著影响，父母的拒绝否认和父亲的过度保护对女生的欺凌行为产生显著影响(齐汝秀，2018)。而且留守儿童长期处于无人监管的情况下，与普通儿童相比得到的关注更少，更加容易出现欺凌行为(马欣阳等，2017)。

Kawabata 等(2011)发现，青少年的欺凌行为更容易发生在忽视放纵的教养方式下，对于放纵教养方式下培养的青少年来说，控制侵略性和冲动存在一定的困难；而采用虐待、忽视或敌对教养方式的父母容易对孩子形成偏见，从而使孩子对自己有错误的认识。长时间暴露于父母的敌意与拒绝中的青少年，容易将这种行为互动模式用于和其他人的交往中，导致其缺乏同理心和共情能力，表现出更多的欺凌行为。专制型教养方式使青少年接触家庭暴力并观察到父母对欺凌的积极态度，接受身体和暴力作为处理问题的方式，增加了欺凌行为的概率(Charalampous et al.，2018)。Gómez-ortiz 等(2015)的研究指出，不良教养方式对青少年的影响受到性别的调节，父母对女生实施严厉的教养方式会导致欺凌行为的发生，父母的心理攻击能够直接预测男生的欺凌行为。

黄顺菊和刘晓(2019)发现，欺凌行为与独裁、冷漠、拒绝和过度保护等消极的父母教养方式呈显著负相关，其中独裁最能预测青少年的欺凌行为。父母教养方式消极、过度保护或冷漠拒绝以及对孩子关注过少，对其行为缺乏有效监督和指导，都会导致青少年更容易出现欺凌行为。曹薇和罗杰(2013)的研究发现，欺凌者很少得到父母的情感温暖和理解，惩罚、拒绝和否认是其父母经常采用的教养方式。与非欺凌者父母的教养方式相比，欺凌者的父母更倾向于采用惩罚和矛盾的教养方式，在儿童犯错误的时候，父母习惯于采用体罚和责骂，儿童的欺凌行为与父母对孩子的暴力冲突之间存在显著正相关。

父母的教养方式能够预测青少年欺凌行为的发生。父母教养方式消极、过度保护或冷漠拒绝对孩子关注过少，对其行为缺乏有效监督和指导，都会导致青少年更容易出现欺凌行为，父亲的教养方式对于欺凌行为的影响显著大于母亲。

四、不利家庭条件

家庭环境是青少年生活联系最紧密的生态系统，其中的众多不利因素，比如家庭功能、家庭冲突、家庭经济条件等因素都会对青少年身心发展和社会适应性产生影响。

Fomby 等(2015)对处于重组家庭或单亲家庭的儿童调查发现，与没有兄弟姐妹或只有亲兄弟姐妹的完整双亲家庭的儿童相比，有继兄弟姐妹、同父异母或同母异父的儿童都具有更高的攻击和欺凌行为，且达到显著差异。那些有继兄弟姐妹的儿童比没有继兄弟姐妹的重组家庭儿童有更多欺凌行为。同时，单亲家庭的儿童也表现出更多欺凌行为。无论重组家庭中儿童血缘关系如何，他们的欺凌行为都显著高于原生家庭的儿童，而且物质、时间和情感资源的短缺或分配不均匀都会加剧儿童的欺凌行为(Henninger,Luze,2013)。

家庭功能是家庭研究领域关注的核心变量之一，它是衡量家庭成员间情感联系以及应对突发事件综合能力的体现。以往的研究结果表明，不良的家庭功能与青少年的传统欺凌行为和网络欺凌行为呈显著正相关，家庭成员之间缺乏情感交流、互动和接纳，无法学习到准确的问题解决方法，增加了青少年欺凌行为的风险(赖燕群等,2020;王博晨等,2020)。Buelga 等(2017)发现，家庭沟通问题、频繁的冲突和低水平的参与都能够显著正向预测西班牙青少年参与网络欺凌的程度。与非网络欺凌者的家庭相比，网络欺凌者的家庭功能失调，并且其对父母的依恋不足、对父母持负面看法。家庭环境中的冲突也会对中国初中生的欺凌行为产生影响，初中生感知到的父母冲突水平越高，亲子冲突就越频繁、强度越大，其产生的欺凌行为就越多(邓林园等,2018)。父母抑郁情绪是家庭的压力源之一，对家庭成员产生消极影响。同时研究结果也表明，与非抑郁的父母相比，抑郁的母亲在与孩子互动中表现出更多的消极情绪，并存在更多的社交技能缺陷，儿童也在与母亲的互动中学习了这种交往模式，进而产生更多的欺凌行为。也就是说，父母抑郁情绪能够显著预测儿童的欺凌行为(Low,Stocker,2005)。

Magklara 等(2012)的研究发现，来自较低社会阶层家庭的初中生欺凌行为的发生率高于中等和较高社会阶层家庭的儿童。父亲失业和母亲不从事经济活动都增加了青少年欺凌行为的风险，而且家庭中经济困难与欺凌行为也呈显著正相关。Tippett 和 Wolke(2014)对家庭社会经济地位与欺凌行为的关系回顾也发现，低家庭社会经济地位与欺凌行为呈正相关，而且在纵向研究中两者之间的关系更强。家庭社会经济较低会影响儿童的知识获得、问题解决技能和可利用资源质量，进而导致儿童欺凌行为增多。中国家庭也会出现同样的现象，青少年的家庭社会经济地位越低，表现的网络欺凌就越多(王博晨等，2020)。

农村留守儿童作为一个特殊群体，不利的家庭因素是其表现出更多欺凌行为的主要原因。在留守儿童成长过程中缺乏父母带来的安全感和足够的关注，留守儿童更容易采用欺凌他人的方式来进行自我保护和获取更多的关注。随着留守时间的增长，留守儿童的欺凌行为也不断增多，并且呈现出显著差异(李赐平，韩美琳，2018)。父母的工作时间也是影响因素之一，母亲的工作时间与欺凌行为的增加存在相关性，母亲全职工作的影响与欺凌行为呈正相关；当父亲全职工作或加班没有足够的时间陪伴青少年时，他们的欺凌行为会显著增加(Christie-Mizell et al.，2011)。

Reising 等(2012)对家庭的多个方面的研究发现，父母抑郁症状、不利家庭社会经济地位、邻里经济劣势、父母干扰都与儿童的攻击和欺凌行为呈显著正相关，不利家庭社会经济地位和邻里经济劣势不仅会导致父母抑郁和教养方式混乱，也会加剧青少年自身的压力，进而增加了青少年产生攻击和欺凌行为的风险。同时，Stevens 等(2002)研究发现，欺凌者和非欺凌者的家庭环境存在显著差异。与非欺凌者相比，欺凌者感觉自己的家庭凝聚力、表现力、控制力和社会取向较差，在家庭中更容易发生冲突，进而导致欺凌者自控力差、同伴关系不良等。

不良的家庭功能，如家庭沟通问题、频繁的冲突和低水平的参与，都会增加青少年欺凌行为的风险，父母抑郁情绪同样能显著正向预测青少年欺凌行为。家庭经济地位同样能显著负向预测青少年欺凌行为，来自较低社会阶层家庭的初中生欺凌行为的发生率高于中等和较高社会阶层家庭的儿童，低家庭经济地位背景会影响儿童的知识获得、问题解决技能和可利用资源质量，进而导致儿童欺凌行为增多。

造成青少年欺凌行为的因素众多，家庭教育作为青少年社会化的首要后天环境因素，对儿童欺凌行为的形成起着重要作用。家庭是儿童社会化的"第一类环境"，而父母是孩子的"第一任教师"，家庭内父母之间、亲子之间的互动都会影响儿童的行为方式。

第三节　欺凌行为的风险因素

校园欺凌行为不仅受到家庭因素和个人自身特质的影响，还会受到同伴、班级等不稳定因素的影响。这些因素都会对个体的欺凌行为起到激活或促进作用。了解这些风险因素，对于减少校园欺凌具有重要意义。

一、越轨同伴

同伴交往是指两个或两个以上个体使用语言等方式完成观点表达与情感交流的过程，越轨同伴交往则是指个体与具有违反法律和社会道德（如打架、盗窃等）的同龄伙伴交往。结交越轨同伴是攻击性行为和欺凌行为发生的危险因素之一。

张一波等（2017）认为，初中生的欺凌行为大部分是从同伴团体中学习获得，尤其是与个体关系亲密的同伴。当初中生加入越轨群体之后，越轨同伴能够提供保护，给予其安全的心理需求。同时，青少年关于欺凌行为的不良认知会发生改变或重塑，甚至主动模仿并表现出与越轨同伴相似的欺凌行为。最新研究也发现越轨同伴交往与青少年攻击性行为的发展有直接的关系，证实了越轨同伴是攻击性行为的一个强有力的预测因子。由于青春期是受同伴影响特别强烈的时期，青少年在同伴压力的影响下容易采取攻击性行为，而且对越轨同伴群体的依恋也会极大增加青少年进行攻击性行为的可能性（叶诗敏等，2018；Lin et al.，2020）。

李林烨（2019）对1052名农村寄宿初中生的问卷调查结果表明，初中生的攻击性行为（身体攻击、言语攻击、愤怒和敌意）与越轨同伴交往呈显著正相关。农村寄宿制初中生正处于生理和心理发展的关键时期，容易受到他人的影响，而且希望进入主流的社交群体。如果他们遭到拒绝，缺乏能够选择的交往对象，更容易交往越轨同伴，进而在原有不成熟的心理认知和问题行为的基础上，发展出更多的攻击性行为。对于受过同伴伤害的青少年来说，他们的欺凌行为与越轨同伴关系呈显著正相关。由于受到伤害的青少年高度焦虑、孤独并渴望获得友谊，使得他们与主流同龄人的环境不相匹配，为了解决这一困境，受害的青少年可能更倾向于与越轨同伴交往，并从那里获得安全感、支持和亲密。而越轨同伴有可能为欺凌行为的形成提供机会和支持，使青少年认为欺凌行为是规范的。而且由于偏差训练，他们对欺凌行为也会持有错误的态度。当青少年表现出欺凌行为时会增进与越轨同伴之间的友谊,因此,越轨同伴关系与欺凌行为之间的联系也得到了加强(Zhu et al.,2016)。

通过纵向设计也可以发现越轨同伴对青少年的攻击性行为具有显著的积极影响,其与攻击性行为的关系随时间的变化而增强。同时,在六年级时低收入家庭的青少年与越轨同伴交往,他们在七年级时表现出的攻击性行为比高收入家庭的青少年更多(Benson,Buehler,2012)。Zhu等(2017)进行了更长时间的研究,结果显示七年级的身体攻击性行为与八年级的越轨同伴交往有关;然而,八年级的身体攻击性行为与九年级的越轨同伴交往没有相关性。七年级学生刚入学,可能更渴望友谊,攻击性青少年很容易与越轨同伴交往,而进入八年级后,对友谊的渴望下降,可能会削弱越轨同伴对自身的影响。攻击性青少年更有可能表现出情绪失调、感情排斥和社会认知缺陷,这会导致同伴排斥。被排斥的青少年不得不与那些脱离主流的越轨同伴交往,因为他们的社会地位和行为倾向相似,进而会强化他们自身的攻击性行为。

在同越轨同伴的交往过程中,青少年会学习模仿群体成员的欺凌行为,期望通过采取与之相似的行为方式来建立人际关系,并在实施过程中感知到群体的支持,这种由越轨同伴给予的认可使得个体产生认知偏差,将欺凌行为视为规范,从而强化自身的欺凌行为。

二、班级欺凌规范

班级欺凌规范是指班级中实际欺凌行为频率和班级成员对欺凌行为的态度(曾欣然等,2019),个体在班级或群体中必然会受到规范的影响。

曾欣然等(2019)通过情景实验发现,班级欺凌规范与欺凌行为之间可能存在因果关系,不论是小学生所主观感受到的班级欺凌规范,还是实际班级欺凌规范都能预测学生欺凌行为的发生。班级中的欺凌规范使学生感受到同学给予的压力,迫使个体遵循其他人的要求,影响欺凌行为的产生。青少年的网络欺凌行为也与班级规范有关,班级中的攻击性氛围不仅可以激发部分学生的网络欺凌行为,还会增加部分学生受害的风险。在青春期阶段,班级中的同龄人是个体最有影响力的参照群体,融入同龄人群体的愿望驱使青少年冒险,做出攻击或欺凌行为。因此,参与网络欺凌的行为越多,班级中的每一个人就越有可能成为网络欺凌者或网络受害者(Sasson,Mesch,2016)。

Ojala和Nesdale(2004)的研究结果表明,群体欺凌规范会增加群体欺凌行为的可接受性,攻击和欺凌行为作为一种生活方式被合法化。如果个体遵循其所属的或渴望成为其成员的群体的主流规范,可以通过敌对或攻击性行为进一步增强个人的社会吸引力，这经常被用作提高个体的群体地位和权力的手段。Sentse 等（2013）的研究得出了相似的结论，描述性班级欺凌规范（即班级中欺凌行为的平均水平）与个体欺凌行为呈正相关。在高描述性班级欺凌规范的班级中，较高的拒绝、较低的接受或较高的受欢迎程度都与欺凌行为的增加有关。支持欺凌行为的班级规范，使那些在受欢迎程度得分较高的学生更有可能将欺凌视为获得积极反馈或社会声望的合法行为，同时可以维持甚至增加其群体中的支配地位。而且被高度拒绝或低接受的学生出于害怕他们的行为偏离班级规范就会被拒绝，进而参与欺凌行为，以此提高在班级中的社会地位。

在班级欺凌规范很高的情况下，与班级认同感高的个体和受班级排斥的个体相比，班级认同感低的个体更容易受到班级欺凌。从最低级的排斥现象开始，然后开始转向对个体的身体或言语攻击，甚至是欺凌（Bustillios et al.，2008）。而且班级欺凌规范可以解释班级中的个体差异，尤其是在高年级中。高年级的学生倾向于认为，支持欺凌行为在他们的班级中并没有受到批评，甚至在可接受范围内。

班级欺凌规范也会对低年级儿童的行为产生影响，同伴群体规范可以影响儿童的欺凌意图。年龄和欺凌类型也会发生交互作用，群体规范影响年龄较小的儿童的直接欺凌但不影响间接欺凌，群体规范影响年龄较大的儿童的间接欺凌但不影响直接欺凌（Nesdale et al.，2008）。Nipedal 等（2010）以 7 到 10 岁儿童为被试的研究发现，当班级中具有排斥或关系攻击的规范，而不是包容的规范时，儿童表现出更大的攻击意图。班级欺凌规范通常对班级成员的态度、信仰和行为产生强大的影响，甚至可以增强儿童对直接攻击或间接攻击的准备。因此，当班级成员对其他群体成员表现出攻击性行为时，攻击性行为会被更加积极地看待。

班级欺凌规范对班级成员的欺凌认知、态度和行为产生影响。在支持欺凌行为的班级规范作用下，个体将欺凌视作能够获得积极反馈的合法化行为，而其他非参与者最终也会迫于群体和规范的压力加入欺凌行列。班级欺凌规范还会影响青少年的网络欺凌行为，班级中的攻击性氛围不仅会增加个体实施网络欺凌的概率，还会增加个体遭受网络欺凌的风险。

三、受欺凌经历

受欺凌经历会对个体造成身体和心理的伤害，可能会产生报复和仇视心理，转而成为欺凌者。因此，受欺凌经历也是校园欺凌的风险因素之一。

Wright 和 Li(2013)采用自我报告和同伴提名的方法对 261 名初中生进行调查发现,网络欺凌受害经历与随后的自我报告和同伴提名的网络欺凌有关,包括口头上的欺凌和关系上的欺凌。网络受害经历被看作紧张的来源,产生挫折和愤怒,为了处理他们的愤怒和挫折感,这些青少年就会参与网络欺凌,而且这种网络欺凌行为会持续到高中时期,但程度低于初中。汪倩倩等(2020)发现,网络受欺凌者对网络欺凌具有纵向预测作用,也就是说网络受欺凌者极有可能向网络欺凌者转变。遭受网络欺凌作为个体的一种挫折经历,容易激发个体的攻击性行为,而网络的匿名性使得网络欺凌者容易逃避惩罚,从而实施网络欺凌行为。同时,网络受欺凌也能够通过社交焦虑对网络欺凌产生间接预测作用。个体在网络受欺凌后社会认同水平降低,容易导致个体产生消极的自我评价以及对未来社交关系的担忧,进而产生网络欺凌行为。

线下欺凌经历与网络欺凌之间也存在联系,线下受欺凌程度能够显著正向预测网络欺凌行为,也就是说现实中的欺凌受害者更可能成为网络欺凌的实施者,报复可能是其中的主要动机。研究者认为欺凌对象分两类,一类是在现实生活中的欺凌者,由于其在现实生活中处于劣势,受欺凌者难以直接报复欺凌者,而网络很大程度上消除了现实中的力量差距,而且网络的高匿名性和低成本的特点为受欺凌者提供了一种有利的方式,既能使欺凌者受到惩罚,又不用担心被发现。另一类是与现实欺凌经历无关的人,由于无法确定欺凌者的身份或无法在网上定位欺凌者,从而采取网络攻击的方式将受欺凌的消极情绪替代性发泄到无辜者身上(王建发等,2018)。叶诗敏等(2018)也发现,受欺凌经历与攻击性行为呈显著正相关,遭受过欺凌的青少年可能会选择报复对方,报复是个体遭到欺凌后选择的一种自我保护的手段和方式,希望能够以此弥补因伤害而失去的尊严,挽回社会地位和满足自身某种心理需求,试图以攻击和欺凌的方式对待那些曾给自己带来痛苦的人或转向其他弱势群体发泄不满,进而让自身体验到快乐。

朱晓伟等(2019)的研究结果表明,传统受欺凌对网络欺凌具有显著的直接预测作用,传统受欺凌或校园受欺凌会引发个体的适应不良和压力,持续的压力源会导致个体进行报复性攻击。但这种预测作用仅存在于男生群体而不存在于女生群体,其原因可能是男生具有更高水平的报复性攻击,认为采用一定的方式去惩罚那些欺凌他们的人是合理的,并且在现实生活中他们又很难做出反击,更可能选择网络欺凌去攻击他人。但也会研究得出不一样的结果,过去在网络中受欺凌的女生,反复遭受传统欺凌的伤害增加了实施网络欺凌的风险;遭受更多形式的欺凌(线上和线下)的反复伤害可能会促使女生受害者选择以更间接、风险更小的报复形式进行报复。当男生在过去经历过传统欺凌时,他们更有可能在网络上欺凌他人,而且比女生成为网络欺凌者的概率更大;男生会通过他们以前经历过的类似攻击形式进行情感伤害报复(Zsila et al.,2019)。

最新的研究发现,网络欺凌和传统欺凌的受害经历都与网络欺凌高度相关。网络欺凌的受害者可能是由于希望改善先前受害带来的负面感受或伤害而参与网络欺凌,寻求通过类似的方法来伤害他人,以达到弥补过去伤害的心理作用。同时,传统欺凌的受害者希望通过网络欺凌行为获得支配感和满足感,而且这种方法具有匿名性,减少了了对抗性的互动(Paez,2020)。

受欺凌经历可能使个体产生报复性的欺凌行为,线下受欺凌经历和网络受欺凌经历都能正向预测个体的网络欺凌行为。为了缓解受欺凌经历带来的焦虑情绪,个体选择具有高隐蔽性和低成本的网络欺凌方式,转变成欺凌行为的实施者,通过伤害他人获得支配感和满足感。

四、旁观者行为

在《旁观者道德研究》中,黄岩(2010)将旁观者定义为在特定的时空环境中,当他人或者社会遇到困难或危机需要帮助时,一味消极观望或等待,而没有积极地行动起来,协助受害者摆脱困境的个人或群体。根据旁观者目击欺凌后的行为反应可以将旁观者分为保护者、局外人、协助者和强化者(Song,Oh,2018)。

Lodge 和 Frydenberg(2010)的调查结果表明,当目睹欺凌行为时,旁观者会感到与受害者或欺凌者没有任何关联,会经历较少的情感痛苦和忧虑,他们倾向于不去帮助受害者。无所作为的青少年通过被动地观看和不帮助受害者,在不经意间强化了欺凌行为,并向欺凌者传递了积极信息。研究也发现旁观者参与的可能性与性别显著相关,虽然大多数学生表示不会参与或支持欺凌行为,但女生更倾向于支持受害者,而男生更倾向于支持欺凌者。

国内大部分初中生对欺凌行为持反对态度,也有一小部分学生对欺凌行为是默许的态度,还有一部分学生因为目睹校园欺凌而产生恐惧和害怕的心理。此外,表示反对欺凌的学生多数在行为上却没有表现出来,这种差异可能是影响旁观者行为选择的关键因素。当旁观者围观欺凌事件时,他们可能会大笑、鼓掌甚至拍照。实际上这些行为都为欺凌者提供了积极反馈,强化了欺凌行为,激发了欺凌者的表现欲,让欺凌者变得更加具有攻击性,进而在客观上加强了欺凌行为,可能使欺凌行为持续更长时间,强度增大,并且发生次数增加(刘静,2017)。在台湾地区的青少年也存在相似的情况,大多数台湾学生看到欺凌发生时什么都不做,只有三分之一的旁观者试图与受害者交谈或从成年人那里寻求支持来帮助受害者,但大部分学生没有试图阻止欺凌者,进而导致欺凌者的欺凌行为能够继续开展,却得不到惩罚,强化了欺凌行为(Hokoda et al.,2006)。

孟凡兴等(2020)对旁观者中的强化者和局外人进行了分析,认为旁观者中的强化者虽然没有直接参与欺凌行为,只是在旁边煽风点火,起哄助威,但当欺凌者接收到这种信号时,其嚣张气焰一定会得到助长,使欺凌行为进一步加深。局外人会认为欺凌事件与自己无关,自己没有必要或责任去管,因此没有采取任何阻止措施。然而这种冷漠的行为会被欺凌者认为是对自己行为的认可,使之更加肆无忌惮,进一步加强欺凌行为,让受害者产生更深的痛苦,也在无形中推动了校园欺凌的发展。

Forsberg 等(2014)通过访谈法发现,旁观者对欺凌行为的理解影响了行为反应,口头攻击、传播谣言和网络欺凌通常都被旁观者解释为没什么大不了的事或较轻的攻击行为,因此不进行干涉。欺凌情境的不确定性降低了旁观者对欺凌行为的干预,因为他们并没有感知到受害者的痛苦和求助。旁观者与受欺凌者和欺凌者的关系影响旁观者的行为反应,如果旁观者与受欺凌者不是朋友关系,他们倾向于不提供帮助,不敢直接干涉和辩护;当旁观者与欺凌者是朋友关系,他们不会进行干预,甚至倾向于共同欺凌,这样的动机源于害怕失去友谊和感受到同辈的压力。欺凌者的社会地位和受欢迎程度会使旁观者出于自我保护的考虑而失去动力,不敢站出来反对和干预。如果旁观者认为受害者是古怪的、不正常的,具有傲慢、刻薄等性格时,他们倾向于责怪受害者,证明欺凌是合理的,将责任转移给受害者。

关于旁观者的研究,Oh 和 Hazler(2009)有四个发现:第一,男生旁观者比女生旁观者更有可能对欺凌行为表现出消极的反应,而且受欢迎程度高、目击欺凌事件多的旁观者表现出积极反应的可能性较小;第二,与欺凌者的关系能够显著预测旁观者的反应,旁观者与欺凌者之间的关系越密切,越有可能表现出消极反应,助长或加强欺凌者的欺凌行为;第三,欺凌的类型,特别是多种欺凌类型的组合是旁观者反应的重要预测因子,目睹多种欺凌行为的旁观者不太可能表现出积极的反应,欺凌行为对旁观者造成更大的威胁,因此他们不愿意保护受害者,害怕受到攻击或成为新的欺凌对象;第四,曾经受过欺凌的旁观者可能会通过帮助欺凌或强化欺凌来间接满足自身体验,到达报复的目的。

旁观者作为校园欺凌的第三方,其行为反应对欺凌者的欺凌行为同样具有影响作用。面对欺凌事件,旁观者的消极围观会无意间强化欺凌者的欺凌行为,旁观者的无所作为或是呐喊鼓掌,都会使欺凌者得到积极的反馈,从而助长欺凌行为发生的强度和频率。旁观者与受害者和欺凌者的关系、旁观者对欺凌行为的理解以及欺凌情境的不确定性都会影响旁观者的行为反应。

五、暴力环境接触

暴力暴露是指个体在生活中长期接触到的与暴力刺激有关的线索,从而使个体敌意认知水平提升,愤怒情绪增强,最终导致个体出现攻击性行为和欺凌行为(Butcher et al.,2015)。暴力接触主要包括家庭暴力、暴力游戏、社区暴力等,这些都可能对个体的欺凌行为造成潜移默化的影响。

Baek 等(2018)对西班牙儿童的欺凌行为与家庭暴力接触之间关系的研究发现,儿童欺凌行为与家庭暴力接触呈显著正相关。男生接触的家庭暴力显著多于女生,因此欺凌行为也明显比女生多。也有研究发现,家庭暴力对女生的影响大于男生。欺凌者家庭中存在父母间暴力的可能性是非暴力家庭的1.8倍,两者之间存在显著差异。除了母亲对父亲言语暴力,母亲和父亲互相殴打,母亲伤害父亲,父亲威胁母亲,都与男孩和女孩的直接欺凌和间接欺凌呈显著正相关(Baldry,2003)。

暴力游戏应该是青少年接触最多的暴力形式之一,也是研究最广泛的。Zheng 和 Zhang(2016)采用语义分类任务测试了玩暴力游戏对儿童攻击水平的启动效应,研究结果表明,与玩非暴力游戏相比,玩暴力游戏会显著激发儿童攻击性,导致儿童具有更高的攻击水平。暴力游戏也能够通过教导青少年如何攻击、形成攻击性认知(攻击信念、态度和图式)、增加生理觉醒或创造一种情感状态来增加青少年的欺凌行为,因此暴力游戏暴露与青少年欺凌行为呈正相关,能够预测青少年对网络欺凌行为的参与(Zhu et al.,2020)。Hollingdale 和 Greitemeyer(2014)的研究结果表明,无论是在线暴力电子游戏还是离线暴力电子游戏都比中性视频游戏显著增加了青少年的攻击性水平,玩暴力电子游戏的青少年会表现出更低的暴力容忍度和移情能力,进而导致更多的攻击性行为。男生和女生在接触暴力游戏之后,存在着不同的行为反应。男生的暴力游戏接触程度普遍高于女生,且差异显著;男生的外显攻击性也同样显著高于女生,他们更倾向于使用躯体攻击、言语攻击,更多地显现出愤怒情绪,但男生和女生的敌意性差异并不显著(杨飞龙,2019)。Dittrick 等(2013)的一项加拿大全国性的研究发现,暴力电子游戏会显著增加儿童的言语欺凌、身体欺凌和网络欺凌,其中网络欺凌的显著性值最高。在线环境允许个人参与网络欺凌,只需要点击一个按键就可以表达他们的攻击,为青少年参与网络欺凌提供了新的途径(Teng et al.,2020)。

其他的暴力媒体同样能够对儿童和青少年的攻击性行为和欺凌行为产生影响。研究发现,暴力媒体接触程度与攻击性行为的各个维度(身体攻击、言语攻击、间接攻击)之间都呈显著正相关。男生更多地接触和使用暴力媒体,因而攻击性显著高于女生。暴力视频游戏的接触显著预测攻击性行为的各个维度,且预测作用显著强于其他媒体形式(段东园等,2014)。在电视或游戏中观看暴力会增加青少年对现实世界暴力的恐惧和麻木的可能性,削弱了对攻击性行为和欺凌行为的抑制(Lee,Kim,2004)。

Bacchini等(2009)研究社会经历对校园欺凌的影响时发现,欺凌者比受害者和不参与者更容易受到暴力和危险的社区环境影响。接触暴力行为和环境改变了欺凌者的社会认知,长时间暴露在暴力和攻击事件中提高了青少年将欺凌作为保护自己的一种策略,同时降低了对暴力环境的敏感性。之后,Hamner等(2015)的研究结果显示,社区暴力接触与移民儿童的主动性攻击和反应性攻击均呈显著正相关。目击社区暴力不仅会使儿童形成错误的认知观念,将攻击性行为当成实现理想结果的一种可接受的规范手段。同时接触暴力环境也会增加移民儿童的压力,使儿童情绪调节困难,而情绪调节困难是反应性攻击的特征之一。

陆桂芝等(2019)研究发现,暴力暴露能够显著预测大学生的工具性攻击、反应性攻击和网络攻击。当大学生暴露于暴力性环境中时,会接触到各种暴力性刺激的信息,导致认知冲突,出现焦虑情绪,进而表现出攻击性行为。如果青少年不断暴露在暴力环境中,习惯于体验暴力,他们更有可能利用攻击性行为做出反应(李朝芳,2019;Calvete,Orue,2011)。暴力接触能够显著预测青少年的攻击性行为。个体长期接触暴力信息,其行为方式会潜移默化地受到影响,频繁接触和使用暴力媒体的个体表现出更高的攻击性。个体的社会认知也会受到暴力接触的影响而改变,长期接触暴力媒体的青少年对暴力情境的敏感性降低,将自身的暴力行为合理化,进而实施更多的暴力行为。

青少年期是个体认知与行为发展成熟的重要阶段。以上研究提出了群体(越轨同伴、班级规范)、经验(受欺凌经历)和环境(旁观者因素、暴力环境接触)对青少年校园欺凌行为的影响,在预防和治理校园欺凌时要注意及时防范欺凌行为发生的危险因素,减少危险因素的强度,防止危险因素发挥对个体欺凌行为的激发与助长作用。

第四节　欺凌行为的保护因素

　　青少年的攻击性行为和欺凌行为会受到一些保护因素的遏制,这些保护因素为减少校园欺凌行为的发生提供了支撑。多种社会支持都能够为儿童和青少年提供精神上和心理上的需要,缓解他们内心的愤怒、敌意等,进而避免其攻击性水平的提高。

一、心理资本

　　心理资本是指个体在成长和发展过程中表现出来的一种积极心理状态,由自我效能、乐观、希望和韧性四个成分构成。自我效能是自己应对生活事件和心理问题能力的一种主观判断;乐观是做任何事情都有一个积极的观念,相信一切都会变好;希望就是个体在任何情境下都相信美好的目标一定能够实现;韧性指当面对问题和困境的时候,能够坚持不懈,并且能够快速从逆境中恢复过来,甚至取得成功(Luthans et al.,2007)。心理资本可以作为一种个人资源,当儿童和青少年面对负性事件时,可以缓解和补充消耗,防止出现攻击性行为或欺凌行为。

　　唐雪(2019)发现,心理资本对初中生攻击性起到了显著的负向预测作用,心理资本越高,攻击性越少。心理资本在负性生活事件与攻击性之间起部分中介作用和调节作用,当负性生活事件发生时,会通过损耗心理资本,引发攻击性;由于负性生活事件与心理资本对攻击性存在交互作用,也使得心理资本低的初中生更容易受到负性生活事件的影响,从而出现攻击性。

　　庄重(2017)研究发现,心理资本总分与攻击性行为无显著相关,希望、乐观分量表与攻击性行为无显著相关;自我效能与攻击性行为存在显著负相关,韧性与攻击性行为呈显著正相关。攻击性行为影响着学生的健康和安全,并直接在某种程度上造成心理的创伤,会产生紧张焦虑、不安等不良情绪。攻击性较强的学生经常会遭到同伴拒绝,不利于形成良好的人际关系,不利于建立乐观积极自信的健康心理。心理资本水平高的中学生充满希望和乐观的生活态度,具有良好的自我效能感,较少产生攻击性行为。

　　陈帆(2018)的研究得出了不同的结果,他发现初中生心理资本总分以及各个维度与攻击性总分及愤怒、敌意两个维度呈显著负相关。心理资本总分及自我效能、韧性、希望三个维度与身体攻击呈显著负相关。因此,在遇到困难时,心理资本水平高的初中生看待问题的心态会更加积极,且具备较好的自我调控能力,与他人相处轻松愉快,不易产生敌意认知和愤怒情绪,较少出现身体攻击,自身的攻击性也较弱。

心理资本是一种包括自我效能、乐观、希望和韧性四个成分的积极心理状态,心理资本在个体应对负性生活事件时起调节作用,从而减少青少年攻击性行为的发生。心理资本高的个体看待问题更积极,与他人交往时能采取更合理的方式,较少出现敌意性认知,对他人的攻击性较弱。

二、亲子依恋

亲子依恋是个体在成长过程中与主要抚养者,常常是与母亲所建立起来的一种持续的、稳定的、深层次的情感联结。个体的依恋最初是在与父母的相互交往过程中形成的,与父母的依恋水平对个体以后的社会化发展有重要影响,包括个体的攻击性行为、欺凌行为等(Bowlby,1988)。

Walden 和 Beran(2010)的研究表明,亲子依恋总分与欺凌行为呈负相关,亲子依恋量表中的沟通维度、信任维度和疏离维度也都与欺凌行为呈显著相关。研究者认为安全型依恋的儿童能够被父母一致对待、温暖和尊重,他们在与同龄人交往中也期待获得同样的待遇,而且安全型依恋的儿童所内化的关爱关系的积极模式使他们不敢对他人表现出欺凌行为。具有安全型依恋的青少年与父母拥有良好的互动,能够感受到更多的温暖,对自己、他人和事件做出积极的解释和预期,减少了不利的认知和情绪,进而导致攻击和欺凌行为的减少(赖燕群等,2020)。此外,由于儿童的父母是同情、善良和友好的榜样,具有高质量依恋关系的儿童很可能在与同伴互动的过程中表现出类似行为。

根据徐淑慧(2019)对 303 名初中生的研究,亲子依恋的三个维度(信任、沟通和疏离)中,只有父亲疏离维度能够显著预测个体校园欺凌行为。高依恋水平的个体和低依恋水平的个体之间存在显著差异,也就是说高依恋水平的个体卷入欺凌行为事件的概率要低于低依恋水平的个体。高质量依恋关系的学生能够得到及感受到父母更多的关注,并且信任他人,表现出更少的欺凌行为(Maximo,Loy,2014)。

不同类型的亲子依恋对男生的欺凌行为会造成不同的影响。Williams(2011)的研究发现,当女生对母亲的回避型依恋和父亲的焦虑型依恋方面得分较高时,她们更有可能报告之前参与了身体欺凌的行为。此外,女生在对母亲的焦虑型依恋方面得分高时,更有可能报告参与了关系欺凌,而男生报告参与了关系欺凌时,自己在对父亲的焦虑型依恋方面得分更高。但有研究发现,亲子依恋对女生的欺凌水平没有影响,只对男生有影响。男生的亲子依恋水平越高,其欺凌参与水平越低。亲子依恋能够通过培养更好的调节能力、社会信息处理能力和积极的内部认知模式为后续发展奠定基础,这些内部认知模式可以指导人际关系中的行为,减少人际冲突,避免欺凌行为的发生(Murphy et al. ,2017)。

最近的研究发现,良好的亲子依恋关系能够显著负向预测网络欺凌行为。周含芳等(2019)认为,家庭中的亲子互动对青少年来说十分重要,青少年可以通过观察这些互动,学会对处于弱势地位的同伴采取攻击还是帮助。在与父母沟通中青少年学会对他人尊重和移情,能够换位思考,减少了成为欺凌者的可能性。在积极的沟通环境中青少年更容易采纳父母的意见,遵守网络规定,减少上网时间,极大避免了实施欺凌的风险。而且最重要的是良好的亲子依恋可以促进青少年积极心理品质的发展,内心充满积极信念和面对困难保持良好心态,对信息进行非敌意加工,减少在网络欺凌行为的可能性(周含芳等,2019)。因此,积极的、安全的亲子依恋可以作为防止儿童攻击性行为和欺凌行为的保护因素。

良好的亲子依恋关系能够为个体提供充足的安全感,促进个体积极的心理品质的发展,形成积极的认知倾向,进而较少表现出敌意和攻击性行为。家庭中的良好的亲子互动方式还能为青少年示范和谐的互动典范,积极的亲子依恋关系下成长的个体在人际交往中往往更加包容,同理心更强,因此减少了其成为欺凌者的可能性。

三、教师支持

教师是影响学生多方面发展的重要他人,教师与学生之间的关系质量对儿童行为有长期性的影响。温暖、和睦的师生关系会有效促进学生的正常发展,并起到保护作用。

张野等(2020)的研究结果显示,初中生传统欺凌和网络欺凌与师生关系呈负相关。对有攻击倾向的学生,教师会无意识地流露出各种消极的语言和情绪,导致这些学生也会将这些情绪情感和语言投射到教师身上,影响师生合作关系,抑制师生之间积极情感的产生,而良好的师生关系对学生的欺凌行为产生有一定的防御作用。在处理欺凌时,教师使用策略来促进积极的人际关系,帮助孩子处理分歧和矛盾,反思他们行为的影响,并培养对他人的同情。同时,这些能够发展儿童的社交和情感技能以及社交能力。积极的人际关系和良好的社交能力与诸多幸福感指标密切相关,能够为处于困境中的个体提供宝贵的资源支持。因此,教师应关注儿童成长,通过培养其有效建立人际关系的技能,助力解决校园欺凌问题。

以往的研究发现,不参与欺凌的学生比参与欺凌的学生更能感受到教师的支持,并且更可能相信学校里有一个老师给他们提供帮助。如果学生认为老师是公平的,是支持他们的,他们就不太可能有攻击性行为和欺凌行为(Flaspohler et al. ,2009)。学生与教师的互动模式可能会影响学生对社会信息的处理,并发展自我调节技能。这种社会技能的发展,通过积极的师生关系来模拟和实践,进而塑造学生与同龄人的关系期望和行为(Bouchard,Smith,2017)。充满矛盾的师生关系会导致学生较低的社会情感适应水平和较高的欺凌参与度(葛明贵,赵媛媛,2010)。

师生关系的研究同样发现,良好的师生关系可以显著降低欺凌行为的发生率(Han et al. ,2018)。受到老师支持和喜爱的学生不太可能出现欺凌行为,因为他们与重要他人之间有牢固的联系和亲密的关系,更有可能与同龄人和社会建立广泛的积极联系。在任何学校环境中,教师花在学生身上的时间最多,因此他们能最有效地识别学生中发生的任何欺凌行为,这对及时提供预防和干预欺凌行为起着至关重要的作用。例如,日本中学的欺凌者报告说他们没有从老师那里得到足够的支持,难以克服学习上的压力,进而表现出攻击性行为和欺凌行为(Akiba et al. ,2010)。

邵华(2019)对农村寄宿制儿童的研究发现,教师支持与儿童攻击性行为呈显著负相关。同时,教师支持可以减少学生的攻击性行为,促进农村寄宿制小学生的社会适应水平,帮助他们理解新环境的规则。从良好的师生关系中,儿童逐渐学会沟通的技巧,减少与同伴的冲突,避免攻击性行为的产生。

Murray-Harvey 和 Slee(2010)认为,支持性的师生关系可以为儿童提供一个保护性的缓冲,减轻负面事件的影响。也就是说,教师可以培养有攻击性行为或欺凌行为学生的应变能力。抑制和调节攻击性行为的自然倾向的能力是从小就学会的,教师很适合教学生如何"忘记"攻击性行为。

良好的师生关系对青少年的欺凌行为具有较好的防御作用,建立良好师生关系的个体出现欺凌行为的概率较低。教师支持能够帮助青少年认识到学会反思自身的攻击性行为、处理人际矛盾的合理方式、培养对他人的同理心、发展自我调节技能,从而避免攻击性行为的产生。

四、同伴支持

随着儿童和青少年的不断成长,家庭已经不是其唯一的支持系统。在社会化的过程中,同伴将起着父母无法替代的、至关重要的作用,并且父母发挥的作用不断弱化,同伴对儿童和青少年的影响则不断强化。同伴支持也将成为个体减少甚至避免欺凌行为的因素之一。

王博晨等(2020)的研究发现,同伴支持与青少年的网络欺凌呈显著负相关。同伴支持能给青少年带来更多的正向反馈,形成正确的同伴交往方式,持有更积极的态度,从而减少自身的攻击倾向。同伴支持能够促进友谊并提高安全感、归属感和保护感,在建立责任感、满足感和自豪感方面同伴支持也至关重要,积极地影响儿童的学校体验和情绪,起到校园欺凌的预防作用。此外,同伴支持可以为儿童和青少年创造机会,在观察到欺凌行为时积极主动地挑战欺凌行为(Tzani-Pepelasi et al.,2019)。

留守儿童和农村寄宿制儿童都缺乏父母的关注和支持,同伴可能是他们生活中重要的情感来源之一。马欣阳(2017)研究发现,留守儿童的欺凌行为与同伴支持呈显著负相关,即留守儿童获得的同伴支持越多,越不容易发生欺凌行为。留守儿童缺乏父母照顾,同伴在生活中起到举足轻重的作用,彼此之间支持越多,越有利于其对人际关系的处理。朱桂琴等(2019)对农村寄宿制初中生的调查发现,同伴支持与校园欺凌(言语欺凌、身体欺凌和社会关系欺凌)存在显著负相关,其中在言语欺凌方面最为突出。获得同伴支持的初中生更有利于获得学业成就和产生亲社会行为,更容易受到同伴的欢迎,通常远离校园欺凌。

王冰等(2018)的研究结果与以往的研究结果一致,同伴支持与攻击性行为存在显著负相关。高同伴支持个体获得更多的情感支持,掌握更多的社会技能,能够以相对合理和妥善的方式解决与他人之间的冲突,表现出较少的攻击性行为。没有参与欺凌的学生比传统欺凌者和网络欺凌者有更高的同伴支持水平。对于那些没有参与欺凌的学生,在一定程度上是因为他们的同伴支持而没有参与欺凌,也可能是因为不参与欺凌而拥有更高质量的同伴支持。在任何情况下,同伴支持似乎都是欺凌参与的缓和因素(Burton et al.,2013)。

同伴支持使青少年形成稳定的积极情绪,面对挫折带来的消极情绪能够自我调节,从而减少和避免自身欺凌行为的发生。受到高质量同伴支持的个体在观察到欺凌行为时更可能积极挑战欺凌行为,产生亲社会行为。

五、校园联结

校园联结是指学生与学校及学校中的人所建立起来的依恋关系。它主要包括:学校承诺、学校依恋和学校成员依恋(McNeely,Falci,2004)。学校承诺主要指学生对学习的投入状态、对学校规章制度的遵守程度,对学习具有坚定的目标和较高的学业抱负,并能够积极地投入学习。学校依恋是指学生对学校产生的认同感与归属感。学校成员依恋主要指学生对同学、教师及学校行政管理人员的依恋,表现为对学校成员充满尊敬与爱戴(易惠,许远理,2012)。

Wilson(2004)的研究结果表明,校园联结与青少年身体攻击呈负相关,并且能够预测身体攻击。随着校园联结的改善,青少年的关系攻击性也显著降低。在具有积极氛围的学校里,低联结度的学生比高联结度的学生更具有攻击性,其中相对多的学生表现出较高的关系攻击;在具有消极氛围的学校里,低联结度的学生表现出关系攻击显著多于身体攻击。因此,不管学校氛围如何,紧密的校园联结都会对攻击性行为产生抑制作用。

喻承甫等(2011)对多个年级的学生进行调查,结果表明学校联结与青少年的问题行为(攻击性行为、欺凌行为)呈显著负相关。较高水平的学校联结促进学生对学校的认同感与安全感,增强同学支持、教师支持,进而使学生在学校体验到较多的成功与乐趣,更愿意上学和积极参与学校活动,这为青少年积极发展提供了机会,有效减少了攻击性行为和欺凌行为的出现。

李锦萍等(2016)的研究发现,校园联结对初中生身体攻击和关系攻击具有显著的负向预测作用。校园联结对攻击性行为的影响通过初中生的攻击性行为信念的中介作用得以实现。学校的纪律和规章制度、老师对学生的态度、学生在学校的安全感和归属感等都会影响学生的学校联结感,而其中的每一个因素都可能影响学生对攻击性行为的认识和态度。此外,教师对学生的态度会影响学生的行为。如果教师对学生的态度消极,以简单的粗暴的方式对待,或嘲讽、挖苦学生,学生不仅能够潜移默化地学习这种对待他人的行为方式,而且可能形成攻击性行为是可以接受的认知,学生也会更少抑制自己的攻击性行为。因此,高水平的校园联结有利于学生形成攻击性行为是错误的规范信念,从而抑制攻击性行为的发生。

范志潜(2018)发现,学校联结与攻击性行为负向相关,并能够负向预测攻击性行为。在学校联结的维度中,学校依恋对青少年的攻击性行为的负相关关系最为显著,同伴支持和教师依恋次之。良好的师生关系及同伴关系是学生心理健康发展的重要资源,教师以及同伴对青少年的鼓励与接纳,青少年对学校的积极情感有助于学生培养移情能力,并帮助个体与学校以及学校环境中的人建立起情感联系,使得学校成为攻击性行为的保护因素。

紧密的校园联结能够减少校园欺凌行为的发生。较高的校园联结使学生产生对学校的认同感和归属感,发展良好的师生、同学关系,面对困难时能够寻求教师和同学支持。攻击性行为信念是校园联结对攻击性行为影响的中介，高水平的校园联结有助于学生形成对攻击性行为是错误的规范信念，从而抑制青少年的欺凌行为。

六、其他社会支持

社会环境系统中，除了家庭、学校和同伴等能够在儿童和青少年的欺凌行为方面起到预防和阻断作用，其他的社会资源也发挥了相似的作用。

Chan 和 Chui(2013)发现，校园欺凌与教育承诺和法律信仰呈显著负相关。也就是说，对教育承诺和对法律制度信仰水平下降的青少年更有可能在学校中欺凌他们的同龄人。这可能是由于青少年对学业的兴趣下降，无法集中心思学习，进而转向校外。同时缺乏法律意识和对法律的忽视，会导致青少年更容易做出欺凌行为。

网络社会支持与现实社会支持类似，可以为个体提供四个方面的支持：工具性支持、信息支持、友伴支持和情感支持。有研究表明，网络社会支持与网络欺凌呈显著负相关，并能够预测网络欺凌(冯志远等，2016)。在虚拟的网络世界中，个体与他人进行情感、信息、物质等的交流和互动，从中体验到一种归属意识以及对他人的认同感，减少了欺凌事件发生的外部条件，进而有效阻止网络欺凌行为的发生(郭启刚等，2019)。当个体在网络中得到所在群体的认可时，就会很自觉地遵守并维护群体规则。在群体成员感受到正面的网络社会支持时，可以帮助他们保持群体身份，也可以阻止网络欺凌的产生(柳慧萍，刘穿石，2020)。

Cui 和 To(2019)对中国随迁儿童的研究发现，随迁儿童的欺凌行为与社区支持呈显著负相关，随迁儿童比非随迁儿童更有可能实施欺凌行为。随迁儿童在新环境中有较少的朋友，而且感受到社会压力，容易产生欺凌行为。然而，社区提供相互支持和安全的环境，可以在一定程度上限制欺凌行为。

教育承诺和对法律制度信仰水平、网络社会支持和社区支持作为社会环境中的其他社会支持因素，同样会影响青少年欺凌行为的发生。在教育承诺和对法律制度信仰水平较高的社会背景下，青少年出于对规范的遵守，会主动地抑制欺凌行为；受到较多的网络社会支持和社区支持的个体，在保持与他人良好互动的基础上产生归属感、获得认同感，同样能够抑制自身欺凌行为的发生。

以上研究探讨了自我发展(心理资本)、关系(亲子依恋、校园联结)和社会支持(教师支持、同伴支持、其他社会支持)对青少年校园欺凌行为的影响。预防和治理校园欺凌不仅要防范欺凌行为发生的危险因素,还要从青少年内在的心理和外在的社会条件着手,积极构建抑制欺凌行为发生的阻断因素,引导个体主动减少和避免产生欺凌行为。

第四章　人格特质对校园欺凌行为的
影响机制

　　人格是一个人独特的思维、情感和行为模式,它是个体身上稳定的行为方式和内部过程,而且不同人格的人产生的攻击性行为的类型也会存在差异。因此,研究个体的人格特质有助于研究者更好地了解为什么有些学生容易做出欺凌行为。本章从人格特质的角度出发开展了三项欺凌行为的实证研究,主要涉及攻击性特质、冷酷无情特质和亲子依恋。第一节探讨了大学生攻击性特质对网络欺凌行为的影响,检验了攻击性信念的中介作用以及网络舆论的调节作用;第二节探讨了初中生冷酷无情特质对欺凌行为的影响,检验了道德推脱和内疚感的中介作用以及班级氛围的调节作用;第三节探讨了亲子依恋对校园欺凌行为的影响,检验了心理资本的中介作用以及教师支持的调节作用。

　　本章开展的三项实证研究一方面从人格视角来解释认知和情绪在欺凌行为发生过程中的重要作用,另一方面也强调了外部环境因素所起的重要调节作用,为校园欺凌行为的预防和干预提供假设性意见和对策。

第一节　攻击性特质对欺凌行为的影响

　　截至 2019 年 6 月,第 44 次中国互联网络信息中心统计显示我国网民规模达 8.54 亿人,互联网普及率达 61.2%。其中,手机网民的规模在总体网民中占到了 99.1%,手机成为使用率最高的网络终端。研究表明,全世界约有11% 至 50% 的人都会借助信息及通信技术对他人进行蓄意的、反复的或敌意的行为,即网络欺凌(Jenaro et al.,2018;Kokkinos et al.,2014;Kowalski et al.,2014)。网络欺凌是发生在网络空间中的攻击性行为,是一种借助电子信息媒介对他人进行恶意的、重复的、敌意的行为,如散布谣言、背后诋毁、传播个人隐私等(Antoniadou et al.,2015)。实施网络欺凌的工具包括手机、电脑、平板电脑等电子通信设备,网络欺凌是传统欺凌的衍生形式,也是基于互联网的发展出现的新攻击形式(Grigg,2010)。在传统欺凌中,欺凌者故意直接或间接地对对方造成身体或心理上的伤害,这是一种有意识的行为,通常表现为言语挑衅(如侮辱、诽谤、排斥、恐吓)和身体伤害(Li et al.,2016)。欺凌行为的发生一般包括三个要素:第一,故意的伤害性行为;第二,在一段时间内重复发生;第三,双方势力不均衡(Kowalski et al.,2014)。然而网络欺凌颠覆了传统欺凌的三要素,使欺凌行为不仅不需要双方当面发生,也不需要再遵循"力量原则",网络欺凌借助新的技术具备了匿名性、传播快与无时空限制等特点。由于此特点,网络欺凌不仅严重影响网络平台规范秩序,还与低自尊、抑郁甚至自杀意念及行为等多种不良后果密切相关(Gini et al.,2014;Holt et al.,2016;Reed et al.,2016)。与传统欺凌相比,网络欺凌的形式多种多样,可以分为网络论战、网络骚扰、网络仇恨、网络跟踪、诋毁、伪装、曝光和网络排斥(Athanasiades et al.,2016;Keipi et al.,2016)。

一、攻击性特质与欺凌行为的关系

基于一般攻击模型,个体因素和情境因素通过影响个体当时的内在认知过程和后续的评价决策过程而产生攻击性行为(Anderson et al.,2002)。个体因素,包括人格特质、信念和性别等,对攻击性行为有显著影响。例如,特质愤怒作为输入变量,能够激活个体内在的敌意认知水平,从而增加攻击性行为发生的可能性(刘文文等,2015)。此外,个体对攻击性行为的规范信念,通过道德推脱和网络道德的机制,间接影响大学生的网络欺凌行为(郑清等,2017)。性别差异通过影响个体的情感和认知移情进而间接影响网络和传统欺凌(Topcu Erdur-Baker,2012)。而攻击性特质作为一种具有敌意认知、受愤怒情绪影响并准备进行言语和身体攻击等暴力行为倾向的稳定的人格特质,在暴力、问题行为中扮演着重要的角色(Molapour et al.,2016)。研究表明,与低攻击性特质个体相比,高攻击性特质个体对攻击性行为更加不敏感,且更容易将他人行为解读为敌意或恶意,并倾向于对他人存在敌意认知偏差,这促使高攻击性特质个体表现出更多的攻击性行为(Tiedens,2001)。高攻击性特质个体利用网络的匿名性和便利性,将现实生活中无法消解的负面情绪随意释放给网络环境中的其他个体,进而进行网络欺凌(Tremblay et al.,2004)。研究表明,一般欺凌可以预测网络欺凌,大多数网络欺凌者也更有可能在现实生活中攻击他人（Hemphill et al.，2012）。因此，在现实生活中具有攻击性特征的个体在网络平台上也可能表现出更多的攻击性，从而导致他们在网络上欺凌他人。换言之，网络欺凌是网络空间中具有攻击特征的个体在现实生活中表达攻击性行为的一种替代。且研究显示，主动攻击和反应攻击均与网络欺凌呈显著正相关（Savage et al.，2017）。因此可以看出，攻击性特质与网络欺凌行为有着密切的联系。

攻击性信念会调节攻击性特质与网络欺凌之间的关系。一般攻击和攻击社会认知模型认为，个体因素很少直接影响个体的行为，往往通过个体的内部认知过程来影响个体的行为。攻击性特征作为一种个体特质因素，依赖于内部认知过程来激发攻击性行为。以往研究发现，具有攻击性特征的个体，基于他们的生活经验构建了一个攻击性知识图式，这会影响他们的攻击性认知（Dewall et al.，2011），从而更容易形成攻击性信念。攻击性信念指的是个体在解决争端和表达仇恨时对攻击是否可以接受的感知（张林等，2017），是攻击性行为的主要诱因之一（Montuoro et al.，2017）。以往研究发现，攻击性特质可以正向预测攻击性信念，具有较高攻击性的个体更有可能认识到并接受攻击性行为作为解决争端和表达仇恨的一种手段（Adams et al.，2017；van Geel et al.，2017）。同样，个体对攻击性行为的信念反映了他们对攻击性行为的认知和接受，并与攻击性行为密切相关（张林等，2017；Montuoro et al.，2017）。有研究发现，攻击性信念会显著影响人们对攻击性线索的感知，较高的攻击性信念会使人们倾向于将攻击性行为视为一种应对社会认可或接受的方式（Maier et al.，2014）。个体的攻击性信念正向预测传统欺凌（Williams et al.，2011；Wright et al.，2013；Zheng et al.，2016），而网络欺凌又是传统欺凌的衍生形式，可见攻击性信念对网络欺凌有重要影响。

攻击信念会调节攻击性特质与网络舆论对网络欺凌的交互作用。张林等（2017）发现，在虚拟环境中，反复接触暴力信息容易激活和加强个人的攻击模式，即在记忆、情绪和攻击性行为中形成自动联系，从而促进个体形成攻击人格特质，进而逐渐影响或改变成年个体攻击性行为的认知信念体系，最终引发网络欺凌。相比网络舆论理性表达的气氛，当个人与攻击特征暴露在网络舆论的非理性表达的环境信息中，其内部的攻击信念也会增强，在网上欺凌别人的可能性也会增加（Dewall et al.，2011；Kowalski et al.，2014）。

二、攻击性特质作用的实证研究

（一）研究目的

本研究通过调查问卷法探讨攻击性特质对大学生网络欺凌行为的影响，进一步考察攻击性信念在攻击性特质者欺凌行为过程中的中介作用以及网络舆论在其中所起的调节作用。

（二）研究方法

1. 被试

本研究采用方便抽样的方法，随机对在校大学生发放 700 份调查问卷，回收有效问卷 693 份，有效回收率为 99%。其中，男生 211 人，女生 482 人；大一学生 324 人，大二学生 248 人，大三学生 100 人，大四学生 21 人；网龄在 1 到 23 年之间，平均网龄为 7.65 年（SD＝2.24）；上网时间在 0.5 到 24.0 时/天之间，平均上网时间为 5.41 时/天（SD＝2.52）。本研究遵循自愿原则，完成后给予参与者课程学分。

2. 研究工具

（1）网络舆论导向的操纵材料

参考黄凤等（2018）的研究，将网络舆论导向（理性或非理性表达）的操纵材料分别以虚拟社区页面帖子的形式呈现，其中帖子事件相同（如某明星被曝殴打记者），但网友对帖子事件的评论倾向不同，即非理性表达组中大部分网友评论对某明星行为予以支持；而理性表达组中部分网友评论对其行为予以支持态度，另一部分予以反对，少数部分保持中立。随后，让被试根据帖子事件对当事人进行态度评价，并设置三个不同的选项让被试根据自己的真实态度选择。三个态度评价选项为：①反对当事人的暴力行为，计 1 分；②支持当事人的暴力行为，计 2 分；③保持中立态度，双方负责，计 3 分。为了检验不同网络舆论导向的操纵有效性，本研究对理性评论组和非理性评论组进行独立样本 t 检验。结果表明，理性评论组（$M＝2.75$，$SD＝0.50$）与非理性评论组（$M＝2.28$，$SD＝0.91$）差异显著 $[t(690)＝-4.70, d＝0.64, p<0.001]$。这表明本研究的材料操控有效，通过虚拟社区页面帖子的不同评论倾向形成了不同的网络舆论表达。

（2）攻击性特质量表

本研究采用由 Buss 和 Perry（1992）编制、张林等（2017）修订的中文版攻击性问卷（the aggression questionnaire），共计 29 个项目，包括身体攻击、言语攻击、愤怒和敌意四个维度。采用李克特五点计分，从 1 到 5 依次表示为从完全不符合到完全符合。本研究采用该问卷的总分来作为个体的攻击性特质的预测分数，分数越高表明个体的攻击性特质越强。本研究中验证性因素的分析结果表明该问卷的结构效度良好（$\chi^2/\mathrm{df}=3.51$,CFI$=0.96$,NFI$=0.94$,GFI$=0.93$,RMSEA$=0.002$），内部一致性系数为 0.86。

（3）攻击性信念量表

本研究采用由 Huesmann 等（1997）编制、张林等（2017）修订的攻击性信念量表（normative beliefs about aggression），共计 20 个项目，其中 12 个项目为具体情境下的报复性攻击性信念，其余八个项目为一般情境下的一般攻击性信念。采用李克特五点计分，从 1 到 5 表示完全不合情理到完全合乎情理。本研究通过计算总分来评估个体的攻击性信念，总分越高表示攻击性信念越强。本研究中验证性因素分析的结果表明该问卷的结构效度良好（$\chi^2/\mathrm{df}=3.02$,CFI$=0.94$,NFI$=0.93$,GFI$=0.94$,RMSEA$=0.031$），内部一致性系数为 0.87。

（4）网络欺凌量表

本研究采用 Çetin 等（2011）编制的网络受欺凌和欺凌量表（cyber victim and bullying scale），并根据研究目的剔除量表中无关的项目，并对翻译后的量表进行修订，最终形成中文修订版量表。该表共计 25 个项目，采用李克特五点计分，其中从 1 到 5 表示从不到总是，得分越高表示网络欺凌越多。本研究中验证性因素分析的结果表明该问卷的结构效度良好（$\chi^2/\mathrm{df}=2.58$,CFI$=0.95$,NFI$=0.94$,GFI$=0.95$,RMSEA$=0.020$），内部一致性系数为 0.97。

3. 施测程序

本研究由经过严格培训的心理学专业研究生为主试，在学校心理学专业老师的帮助和配合下，以班级为单位，使用统一的程序进行团体施测。被试首先填写人口学变量（如性别、年级、网龄等），接着随机呈现一份网络舆论理性表达或非理性表达的虚拟社区页面帖子并要求被试对帖子事件进行评价，评价结果不分好坏，然后被试分别完成攻击性特质、攻击性信念和网络欺凌的测量，最后主试当场统一收回问卷。

4. 数据分析

本研究收集的数据在计算机上记录，并使用 SPSS 22.0 和 Amos 21.0 进行处理。根据 Erceg-Hurn 和 Mirosevich（2008），置信区间用于检验回归系数的显著性。这种方法不需要假设正常的数据，但是可以采用对原样本进行随机抽样的方法得到样本分布(一个总体样本数为 5000 个的最近研究中,每个样本容量为 693 个),然后获得参数估计的标准误和置信区间为 95%。如果置信区间不包含零,则表示统计显著性。

(三)结果与分析

1. 变量描述统计与相关分析结果

表 4-1 呈现了攻击性特质、攻击性信念、网络舆论和网络欺凌的描述性统计分析及各变量之间的相关性分析结果。具体包括各变量的平均数、标准差以及相关矩阵。相关分析表明,攻击性特质与攻击性信念、网络欺凌均呈显著正相关,攻击性信念与网络欺凌呈显著正相关,网络舆论除了与攻击性特质存在显著负相关,其与攻击性信念和网络欺凌的相关均不显著。此外,网龄、年级、上网时间均与网络欺凌呈显著正相关,因此在后续分析中,本研究将网龄、年级、上网时间分别作为控制变量以探讨攻击性特质、攻击性信念对网络欺凌的独立效应。

表 4-1 各变量的平均数、标准差和相关系数($N=693$)

变量	M	SD	1	2	3	4	5	6	7	8
性别[a]	—	—	1							
年级	—	—	−0.07	1						
网龄	5.83	2.70	0.10	0.16**	1					
上网时间	4.00	3.01	0.20**	0.40**	0.27**	1				
攻击性特质	73.27	15.07	0.04	0.09	0.04	0.21**	1			
攻击性信念	43.89	4.85	0.09	0.03	0.06	0.03	0.26**	1		
网络舆论[b]	—	—	−0.02	0.33**	0.10	0.06	−0.13*	−0.08	1	
网络欺凌	36.51	15.57	0.10	0.28**	0.18**	0.29**	0.52**	0.34**	−0.07	1

注:[a] 表示性别为虚拟变量,女生=0,男生=1;[b] 表示网络舆论为虚拟变量,非理性评论=0,理性评论=1;* 表示 $p<0.05$,** 表示 $p<0.01$。

2. 有中介的调节模型检验

根据叶宝娟和温忠麟(2013)的建议,若有中介的调节模型满足以下三个条件,则表明有中介的调节效应存在(见表 4-2)。方程 1 中网络舆论对攻击性特质和网络欺凌关系的调节效应显著;方程 2 中网络舆论对攻击性特质与攻击性信念关系的调节效应显著;方程 3 中攻击性信念与网络欺凌的关系显著。

表4-2　有中介的调节效应检验

变量	方程1（Y：网络欺凌）				方程2（M：攻击性信念）				方程3（Y：网络欺凌）			
	B	SE	β	95%置信区间	B	SE	β	95%置信区间	B	SE	β	95%置信区间
X	0.47	0.53	0.47***	[0.37,0.58]	0.25	0.07	0.25***	[0.11,0.39]	0.44	0.05	0.44***	[0.34,0.55]
U	-0.17	0.05	-0.17**	[-0.27,-0.07]	-0.09	0.07	-0.09	[-0.22,0.04]	-0.16	0.05	-0.16**	[-0.26,-0.06]
X×U	-0.24	0.05	-0.24***	[-0.34,-0.14]	-0.28	0.07	-0.28***	[-0.41,-0.15]	-0.18	0.05	-0.18**	[-0.28,-0.08]
M									0.12	0.05	0.12*	[0.01,0.22]
M×U									-0.12	0.05	-0.12*	[-0.22,-0.01]
性别	0.16	0.10	0.16	[-0.03,0.36]	0.17	0.13	0.17	[-0.09,0.43]	0.14	0.01	0.14	[-0.05,0.34]
年级	0.25	0.06	0.25***	[0.12,0.39]	0.09	0.08	0.09	[-0.08,0.26]	0.24	0.06	0.24**	[0.11,0.37]
网龄	0.02	0.02	0.05	[-0.02,0.05]	0.02	0.02	0.02	[-0.03,0.07]	0.02	0.02	0.02	[-0.02,0.05]
上网时间	0.03	0.02	0.03	[-0.01,0.06]	-0.03	0.02	-0.03	[-0.08,0.02]	0.03	0.02	0.03	[-0.01,0.07]
R^2			0.54				0.20				0.56	
F			33.92***				7.39***				28.53***	

注：X,U,M和Y分别代表攻击性特质、网络舆论、攻击性信念和网络欺凌；预测变量的95%置信区间采用Bootstrap法得到；*表示 $p<0.05$ ，**表示 $p<0.01$ ，***表示 $p<0.001$ 。

在每个方程中对预测变量进行标准化处理,并对网龄、年级和上网时间进行控制,所有预测变量的方差膨胀因子均低于1,因此不存在多重共线性问题。其中,攻击性特质与网络舆论的交互项显著负向预测网络欺凌($\gamma=-0.24$,$p<0.001$);攻击性特质与网络舆论的交互项显著负向预测攻击性信念($\gamma=-0.28$,$p<0.001$);攻击性信念显著正向预测网络欺凌($\gamma=0.12$,$p<0.05$)。结果表明,网络舆论与攻击性特质的交互作用会通过攻击性信念这一中介变量间接地影响网络欺凌,因此有中介的调节模型成立。

为了更清楚地解释攻击性特质与网络舆论交互影响网络欺凌的实质,并依据回归方程取自变量和调节变量平均数正负一个标准差时的值绘制了简单效应分析图(见图4-1和图4-2)。检验发现,在非理性评论的网络舆论导向下,攻击性特质对网络欺凌的正向预测作用显著($B_{simple}=0.08$,$SE=0.06$,$p<0.001$);在理性评论的网络舆论导向下,攻击性特质对网络欺凌的正向预测作用减弱($B_{simple}=0.03$,$SE=0.09$,$p<0.05$)。同样,在非理性评论的网络舆论导向下,攻击性特质对攻击性信念的正向预测作用显著($B_{simple}=0.07$,$SE=0.07$,$p<0.001$);在理性评论的网络舆论导向下,攻击性特质对网络欺凌的正向预测作用不显著($B_{simple}=0.01$,$SE=0.08$,$p=0.600$),即当个体处于网络舆论非理性表达的情境下,攻击性特质直接影响网络欺凌。

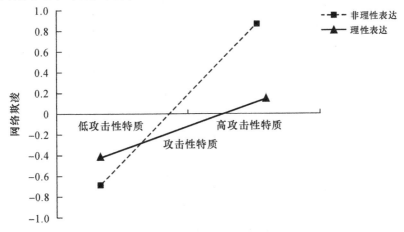

图4-1　网络舆论对攻击性特质与网络欺凌之间关系的调节作用

综上所述,攻击性特质显著正向预测网络欺凌,网络舆论对攻击性特质与网络欺凌的关系具有调节效应,攻击性特质在这一调节效应中起中介作用。即在非理性评论的网络舆论导向下,攻击性特质不仅会通过作用于攻击性信念进而影响个体的网络欺凌,同时也会直接对网络欺凌产生影响;反之在理性

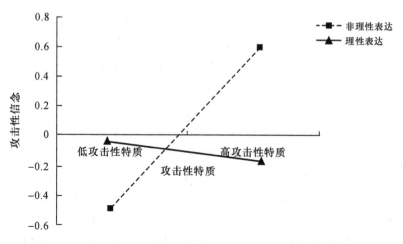

图 4-2　网络舆论对攻击性特质和攻击性信念之间关系的调节作用

评论的网络舆论导向下，攻击性特质直接影响网络欺凌的发生。

三、机制形成分析

目前的研究没有发现网络欺凌作为性别功能的显著差异，这与已有的一些研究结果一致（张林等，2017）。这可能是因为传统欺凌依赖于力量和小团体实施，而网络欺凌依赖于互联网技术和匿名性。欺凌行为是直接借助网络进行的；这样，男女体力差异的影响就大大减少了。此外，本研究还发现，年级、网龄、上网时间和网络欺凌呈显著正相关，这与之前的研究结果一致（Li et al.，2016；Ybarra et al.，2004）。在大学阶段，每个年级的学生面临的目标和优先事项也有很大的不同，这些差异将导致他们的情绪阶段和水平的不同。随着年级的增长，压力感增强，情绪波动也越大，经历更多负面事件的大学生更倾向于通过网络来发泄，更容易产生网络欺凌行为（Li et al.，2016）。由于网络的虚拟性和间接性，年龄较大的个体更倾向于欺凌他人，通过在网上散布谣言和发布虚假信息间接传播。那些较早接触互联网、网龄较长的青少年，由于在虚拟世界中积累了一定的社交经验和更广泛的网络社交圈，可能会更多地暴露于潜在的网络欺凌风险之中，他们就越有可能被欺凌（Ybarra et al.，2004）。相关分析显示，攻击性特质对网络欺凌有显著的正向影响。攻击性特征越高，就越有可能导致网络欺凌行为的发生。根据线索过滤理论（Walther，1992），网络通信缺乏有效的社会沟通的线索，并且缺少实体物的假设已经超越了时间与空间，高侵略性特质的个体与他人沟通时，不可能正确判断合适的语调、对个人的态度反应、情绪状态。这将降低这些个体的共情能力,而不会给他们带来更多的负面情绪,如内疚和自责,从而导致网络欺凌行为的发生(Allison et al.,2016)。此外,在使用网络时,具有高积极特征的个体往往从网络威胁的刺激中获得一些信息,从而导致前注意系统的认知失衡和危险刺激的临界值概率降低,造成认知偏差和生理警觉性提高,进一步引起愤怒、焦虑等消极的情感体验。为了调节生理和心理的快速变化所引起的失衡,个体往往会选择一些极端不良行为进行自我调节(Barhaim et al.,2007),这间接导致了网络欺凌行为的出现。

本研究在控制了性别、年级、网龄和上网时间后发现,网络舆论在攻击性特质与网络欺凌的关系中起显著的调节作用。网络舆论非理性表达显著增强了攻击性特质对网络欺凌的预测作用,而处于网络舆论理性表达的情境下,攻击性特质对网络欺凌的预测作用相对甚微,这支持了以往研究结论(Dewall et al.,2011;Lerner et al.,2006)。根据特质激活理论,攻击性特质对网络欺凌的影响会受到网络舆论的调节。这是因为网络舆论公众(特指网民)以网络为平台,通过网络语言或其他方式对某些公共事件所表现出的有一定影响力、带倾向性的意见或言论(胡琪,2016)。由于目前网络平台的匿名性与虚拟性,网络舆论的表达出现分化,即非理性表达和理性表达。攻击性特质个体受网络舆论非理性表达的影响会选择与他人意见保持一致,进而更容易出现网络欺凌行为,如谩骂、诽谤等(曹茹等,2011;林津津等,2016)。反之,攻击性特质个体处于网络舆论理性表达氛围下,会相应地减少网络欺凌行为的发生。同样,根据"沉默的螺旋"(the spiral of silence)理论,网络舆论是网络群体对某一热点话题的评论氛围,在这种理性或非理性的评论压力下,个体由于害怕被群体孤立,迫于压力会选择与群体成员相一致的观点,从而对自己的真实观点保持沉默(郭小安,2015),尤其是处于网络舆论的非理性氛围下,攻击性特质个体更容易引发网络欺凌行为。

研究结果发现,攻击性信念在攻击性特质与网络欺凌的关系中起部分中介作用。这表明攻击性信念在网络舆论对攻击性特质与网络欺凌关系的调节效应中起到了"桥梁"作用,即网络舆论之所以在攻击性特质和网络欺凌的关系中起调节作用,是因为网络舆论的非理性表达在攻击性特质对攻击性信念的影响关系中起到了调节作用。换言之,攻击性特质对网络欺凌的影响机制中存在有中介的调节效应,即攻击性信念在攻击性特质与网络舆论对网络欺凌的交互影响中起到中介作用。具体而言,处于网络舆论理性表达情境下的攻击性特质个体对攻击性信念没有产生太大的影响,对其网络欺凌也没有抑制效应;而处于网络舆论非理性表达情境下的攻击性特质个体会通过攻击性信念显著影响网络欺凌,这与已有相关研究的发现是一致的(Williams et al.,2007)。根据群体极化理论(group polarization theory),当攻击性特质个体处于网络舆论非理性表达氛围或网络舆论理性表达氛围下,会受其他群体的情绪感染或煽动性语言的影响而改变自己对攻击性行为的接受和认可,从而引发网络欺凌(刘海中,2014)。另外,认知联结理论认为,当攻击性特质个体处于网络舆论的非理性表达氛围下,网络平台中具有攻击性的言语如谩骂、侮辱等都会激活个体与攻击有关的思维记忆,影响网络欺凌的产生;而当网络评论或意见形成网络舆论理性表达氛围时,攻击性特质个体会根据群体氛围来改变自己对当前情境的认知与判断,攻击性信念也不易被激活,相应地会减少网络欺凌的发生(刘文文等,2015)。在网络舆论非理性表达氛围下,高攻击性特质个体会更倾向于认可和接受网络欺凌,并将网络欺凌视为解决问题的一种合理方式,由于其自身对攻击性行为合理化的认知偏差,从而增加了个体将现实生活中这种认知态度移位到网络空间的可能性,这也使其在面对网络空间中非理性评论或意见时,表现出更多的网络欺凌。

本研究根据结果构建了一个有中介的调节模型(见图4-3),比较深入地探讨了攻击性特质与网络欺凌之间的关系及其作用机制。既说明了攻击性特质是网络欺凌的重要风险因素(是否有作用),又初步阐明了攻击性特质发挥作用的条件(何时起作用),还揭示了攻击性特质在不同条件下网络欺凌存在差别的重要原因(怎样起作用),这个整合模型对网络欺凌现象的解释效力要高于单纯的调节或中介模型。本研究发现,在网络欺凌的发生过程中,网络环境中网络舆论的非理性表达氛围增加了高攻击性特质个体的攻击性信念,进而更容易产生网络欺凌。相反,由于网络舆论的理性表达氛围激活攻击性特质个体的攻击性信念的概率相对较小,因此较少产生网络欺凌。

本研究基于一般攻击模型和特质激活理论,从网络舆论视角探讨了攻击性特质对网络欺凌的影响,网络民意的非理性表达会增加高攻击性特质个体对攻击性行为的信念,进而诱发网络欺凌,这对攻击性特质与网络欺凌的研究具有一定的理论意义。

四、总结与建议

有关攻击性特质对大学生网络欺凌行为的影响,本研究结果发现攻击性特质显著正向预测网络欺凌,网络舆论在攻击性特质与网络欺凌的关系中起调节作用。当网络舆论为非理性评论时,攻击性特质不仅对网络欺凌起直接影响,还有间接影响的作用。当网络舆论为理性评论时,攻击性特质仅对网络

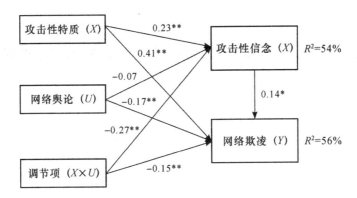

图 4-3　有中介的调节效应模型

注：* 表示 $p < 0.05$，* * 表示 $p < 0.01$。

欺凌起直接影响。攻击性信念在网络舆论调节攻击性特质与网络欺凌的关系中起部分中介作用，即网络舆论的调节作用部分通过攻击性信念这一中介变量实现。本研究揭示了攻击性特质在何种条件下影响网络欺凌的强弱，以及攻击性特质如何影响网络欺凌这一内在过程，支持了有中介的调节效应模型。

　　本研究的结果为预防和减少大学生网络欺凌的发生提供了一定的指导意义。本研究结果发现，个体的网络欺凌与年级、网龄和上网时间等都存在正相关。这提示我们，家长和学校要正确引导学生的上网行为，避免其长时间沉溺于网络虚拟空间，合理控制上网时间，减少网络欺凌发生的可能性。本研究还发现，网络舆论调节攻击性特质与网络欺凌的关系。这进一步提示我们，网络监管部门要做好网络舆论工作，引导网络空间形成有秩序、有规范的网络社会。针对网络舆论的非理性评论，要充分利用意见领袖的作用，改变非理性舆论，创造理性舆论氛围。同时要提高网民的道德素质，净化网络空间，创造绿色网络平台，加强对网络暴力视频或游戏的监管，防止网民的模仿行为，从而预防和减少网络欺凌。除此之外，本研究还发现，攻击性信念在网络舆论调节攻击性特质和网络欺凌之间的关系中起中介作用。这同时提示我们，可以通过改变个体对攻击性行为的偏差信念，来促进其对网络欺凌行为的零容忍态度，防止不规范行为的出现。例如，可以通过角色扮演或讨论等形式来模拟网络欺凌对他人造成的不良影响，提升个体对受害者的共情能力，改变对攻击性行为的认知态度，从而减少和预防网络欺凌的发生。

第二节　冷酷无情特质对欺凌行为的影响

校园欺凌是指在校园环境中个体被一个或多个学生有意地、反复地、持续地施以负面行为,造成其身心的不适或伤害(Olweus,2005)。根据 2019 年联合国教科文组织发布的全球校园欺凌报告,校园暴力和欺凌在世界范围内普遍存在,约 32% 的学生遭受过至少一次的欺凌(熊岚,2019)。我国的一项校园欺凌调查发现,小学至大学各阶段均存在校园欺凌,其中初中阶段的发生率最高(杨书胜等,2017)。校园欺凌不仅会给受害者造成各种内外化、人际适应以及学业问题(Chan et al. ,2015;Cross et al. ,2015),同时也会导致欺凌者和旁观者出现心理社会适应问题(Espelage et al. ,2012;Klomek et al. ,2015)。鉴于校园欺凌的普遍性与危害性,国内外已开展了许多关于欺凌行为的影响因素和发生机制的研究(冯春莹等,2018;Menesini, Salmivalli, 2017),例如从家庭角度(范翠英等,2017)、学校角度(郭俊俏等,2019;曾欣然等,2019)出发,但较少有研究从个人角度特别是人格特质切入,系统探讨个人特质与欺凌行为的关系。而从人格特质出发进行研究有助于从源头排查校园中潜在的欺凌者,进而及时阻断欺凌行为的发生。因此,本研究将从人格特质角度探讨冷酷无情特质与初中生欺凌行为的关系,并考察其中可能存在的中介和调节变量。

一、冷酷无情特质与欺凌行为的关系

在成年人的反社会型人格障碍的研究中,精神病态(psychopathy)被公认为是一种典型的反社会人格(Hare et al. ,2008),包括情感、人际和冲动/不负责任行为三个维度(王孟成等,2014)。其中情感维度是其核心成分,即冷酷无情特质(callous-unemotional trait,CU 特质)(Skeem et al. ,2010)。CU 特质是指对他人冷漠、缺乏罪责感、低共情的一种人格倾向(Frick,2004)。CU 特质作为一种连续的人格维度,主要包括麻木(callousness)、冷漠(uncaring)和无情(unemotional)三个特征(Frick,2004),其是预测问题儿童和青少年能否在成年后演化成精神病态的重要依据,也是攻击或暴力行为发生的重要预测因子(肖玉琴等,2014)。越来越多研究表明,CU 特质在幼儿时期就已经开始出现,并且在高年级儿童和青少年时期表现出更强的攻击性和反社会性,且具有行为稳定和发生率高的特点(Muñoz et al. ,2012),现有的大多数青少年研究也多采用 CU 特质。

在 CU 特质的研究过程中发现,CU 特质者的认知特征、情绪特征以及行为特征与普通人有所差异。在认知特征上,CU 特质个体的道德认知与普通人存在差异,而道德认知的发展影响着个体的外在行为表现(肖玉琴等,2014)。研究发现,CU 特质个体的道德认知发展正常,即 CU 特质个体可以分得清是非与善恶。然而,CU 特质个体在分得清是非善恶的情况下攻击性行为、欺凌行为和暴力行为的发生率仍然很高。研究者在精神病态患者中找到了一些可以解释此现象的证据。研究发现,精神病态者虽然可以识别道德上是错误的行为,但对不道德行为的可接受性比较高,并且当个体的精神病态特质得分越高,其对违法行为的容忍度和可接受程度越高(Reniers et al.,2012)。Young 等(2012)在对精神病态罪犯进行行为可接受性的研究中也同样发现,与非精神病态个体相比,精神病态罪犯认为故意伤害他人在自我认知上是允许的、赞同的,这一结果说明了精神病态个体对于反社会行为在较大程度上持接纳态度,是一种不良的道德认知倾向。而对于 CU 特质者,促使他们不断做出反社会行为可能与道德认知倾向同样存在较大关系。

在情绪特征上,CU 特质个体的负性情绪加工存在缺陷,具体表现为对负性情绪反应不敏感以及加工困难(Sharp et al.,2006)。研究发现,在面对负性词汇(例如恐惧、悲伤)时,CU 特质者的情绪词汇的加工反应时间明显长于对照组;而在面对积极词汇(例如愉悦、舒畅)时 CU 特质者的情绪词汇的加工反应时间与对照组无差异(Loney et al.,2006)。Kimonis 等(2008)通过情绪图片的点探测范式发现,CU 特质个体对消极情绪图片的加工反应时间远远慢于对积极情绪图片和中性情绪图片的加工反应时间,这与情绪词汇的研究结果相一致。另外,在少数脑成像的研究中也发现了 CU 特质者存在情绪信息加工异常的现象。Marsh 等(2008)通过功能性磁共振成像发现,CU 特质者负面情绪加工异常所对应的脑区为杏仁核和腹内侧前额叶,在处理负性面部表情时杏仁核反应速度降低,而在加工中性表情或积极表情时无异常,说明 CU 特质者的负面情绪加工存在缺陷,从而使得他们在攻击或欺凌他人时对被害者的恐惧或悲伤等情绪察觉不敏感。与此同时,在道德情感发展方面 CU 特质者与普通人存在明显差异,具体表现为 CU 特质者对于不道德的行为不仅不会感到羞愧,反而会感到有趣或者体验到更多的积极情绪(Cima et al.,2010)。因此,正是 CU 特质者的道德认知与道德情感发展不同步,导致他们在做出不道德甚至反社会行为时虽然能够认识到行为不当,但是感受不到其严重性和带来的不良后果,从而助长其不道德行为的发生。

在行为特征上，CU 特质往往与暴力犯罪或者攻击性行为相联系。肖玉琴等(2014)认为，相比于一般攻击者，CU 特质者的攻击性强度大，发生率高，并且攻击性行为多是带有主动性和预谋性，例如常见的欺凌行为。国外研究者有一项对青少年性犯罪行为的研究，其中发现罪犯中 CU 特质得分普遍比普通人高，且高 CU 特质者更倾向于主动的有预谋的欺凌，并且犯案频率高(Lawing et al.，2010)。此外，CU 特质者通常表现出奖赏主导的行为风格，即如果个体的不良行为得到有效"回报"，哪怕存在惩罚条件其也不会改变自己的行为风格。例如，即使法律有明确规定，但 CU 特质者在犯罪过程中体验到了愉悦的感觉，哪怕受到法律制裁也不会改变自己的犯罪行为，其在出狱后再次犯罪的可能性依然很大，并且 CU 特质者倾向于寻求新异的感觉刺激和冒险行为(王孟成等，2014)。

CU 特质与攻击性行为和欺凌行为紧密联系。高 CU 特质者表现出破坏性更强、持续时间更长和频率更高的攻击及暴力行为。在攻击类型方面，高 CU 特质者表现出兼具预谋性攻击和冲动性攻击，但是预谋性攻击的比率更大。Kruh 等(2005)对青少年犯罪者的研究发现，高 CU 特质者的预谋性攻击和冲动性攻击都高，并且对被害者造成的伤害更严重，而低 CU 特质者只表现出冲动性攻击并且对被害者造成的伤害较小。Lawing 等(2010)对 150 名青少年性犯罪者的调查发现，相对于低 CU 特质者，高 CU 者犯案的次数更多，被害人的数量更大，性侵犯过程中使用更多的暴力行为，预谋性攻击水平更高。国外研究发现了 CU 特质可以显著预测欺凌行为和暴力行为的发生(Thornberg et al.，2017)。Frick 和 Dickens(2006)的结果表明，高 CU 特质者具有更严重的品行障碍、更多的攻击和暴力、早发性的越轨和犯罪行为。另有 12 项纵向研究表明，在样本选取上包括犯罪群体和普通群体，结果表明 CU 特质在预测反社会行为上作用显著，CU 特质能够预测后续的反社会人格、攻击和暴力行为、越轨及犯罪情况(Kimonis et al.，2006)。国内学者方杰和王兴超(2020)研究发现，CU 特质可以显著预测大学生的网络欺凌行为。梳理以往研究可以发现，CU 特质是校园欺凌行为产生的重要人格因素，因此，研究 CU 特质对校园欺凌行为的影响机制，以及校园欺凌行为的发生过程，对于学校教育者更有效地开展校园欺凌预防工作具有重要意义，这在现实中具有积极的意义。

二、冷酷无情特质作用的实证研究

(一)研究目的

本研究通过调查问卷法探讨 CU 特质对初中生校园欺凌行为的影响,进一步探究道德推脱和内疚在 CU 特质者欺凌行为过程中的中介作用以及班级氛围在其中所起的调节作用。

(二)研究方法

1. 被试

本研究采用整群随机抽样法,从某省两地区随机选取了四所初级中学,共发放问卷 550 份,剔除无效问卷后共回收有效问卷 522 份,回收有效率为 94.9%。其中,男生 266 人,女生 256 人。初一学生 230 人,初二学生 194 人,初三学生 98 人,平均年龄为 13.68(SD=0.90)岁。

2. 研究工具

(1)冷酷无情特质

本研究采用 Frick 在 2004 年编制的冷酷无情特质量表(inventory of callous-unemotional traits,ICU),包括三个子维度:冷酷、淡漠和无情。问卷由 24 道题目组成,其中包括 12 道反向计分题目。采用李克特四点计分,从 0 到 3 分别代表"根本不属实""有点不属实""有点属实""十分属实",得分越高表示冷酷无情水平越高。ICU 量表是目前测量冷酷无情特质的问卷中使用最广泛且有效的测量工具之一,在本研究中内部一致性系数为 0.80。

(2)道德推脱

本研究采用王兴超和杨继平(2010)修订的道德推脱问卷(moral disengagement scale),包括八个推脱机制:道德辩护、委婉标签、有利比较、责任转移、责任分散、扭曲结果、非人性化和责备归因。问卷有 32 道题目,采用李克特五点计分,从 1 到 5 分别代表"完全不赞同""基本不赞同""不确定""基本赞同""完全赞同",得分越高表示道德推脱水平越高。在本研究中,该问卷的内部一致性系数为 0.92。

(3)内疚

本研究采用李磊等(2012)修订的中学生内疚感量表(middle school students' guilt feeling scale),包括四个维度:辜负他人、自私自利、伤害他人以及缺乏关爱。该量表共 19 个题目,采用李克特四点计分,得分越高表示内疚程度越高。在本研究中,该量表的内部一致性系数为 0.90。

（4）班级氛围

本研究采用陈斌斌和李丹（2009）编制的学生感知班级氛围量表（perceived classroom climate），包括同伴关系（如班上同学会互相支持、互相鼓励）、师生关系（如同学和教师相处得很融洽）和班级组织管理（如同学们积极参与班级事务和活动）三个维度。该量表共有 26 道题目，采用李克特五点计分，从 1 到 5 分别代表"从不如此""偶尔如此""有时如此""经常如此""总是如此"，得分越高代表学生感知到的班级氛围越好。在本研究中，该量表的内部一致性系数为 0.90。

（5）欺凌行为

本研究采用张文新等（1999）修订的 Olweus 欺凌/受害问卷（bully/victim questionnaire），原问卷包括欺凌问卷和受害问卷两个分量表，本研究使用其中的欺凌问卷（bully questionnaire）。该问卷共有六道题目，分别测量身体欺凌、言语欺凌和关系欺凌，被试将被问及他们在过去几个月中从事不同欺凌行为的频率。该问卷采用李克特五点计分，从 0 到 4 分别代表"过去几个月没有发生过""只有一次或两次""每月 2 次或 3 次""大约每周一次""每周多次"，得分越高表示欺凌行为越严重。在本研究中，该问卷的内部一致性系数为 0.82。

3. 程序

本研究在征得了施测学校相关领导、班主任老师和学生同意后，由心理学专业研究生作为主试，在班级中发放纸质版测量问卷并阅读指导语。之后让被试填写问卷题目，约 15 分钟后被试结束填写，问卷当场回收并编号。最后，向被试解释研究目的，询问其是否猜到研究目的，并发放小纪念品作为答谢。

4. 数据分析

本研究使用 SPSS 23.0、PROCESS 3.0 以及 Amos 22.0 软件进行数据分析，根据 Erceg-Hurn 和 Mirosevich（2008）的建议，在参数检验中使用 Bootstrap 法检验回归系数的显著性。本研究共构造了 1000 个样本，每个样本容量均为 522 人，可以得到参数估计的标准误及置信区间，若置信区间不包括 0 则表示结果显著。

（三）结果

1. 共同方法偏差检验

由于本研究的数据主要通过被试自我报告得来，可能存在共同方法偏差。因此根据汤丹丹和温忠麟（2020）的建议，我们事先在问卷设计上对部分题目进行反向计分,在施测的过程中让被试匿名回答,并且在事后采用 Harman 单因子检验法进行共同方法偏差检验。结果显示,未旋转和旋转后特征值共有 20 个的因子大于 1,未旋转和旋转后的第一个因子解释的变异量分别为 16.53% 和 6.45%,小于 40% 的临界值,表明本研究不存在明显的共同方法偏差。

2. 各变量的描述性统计和相关分析

如表 4-3 所示,被试的道德推脱在不同性别上存在差异,男生显著高于女生($t=2.68$,$p<0.01$)。年龄与 CU 特质呈显著的正相关,与内疚呈显著负相关。CU 特质、道德推脱、内疚以及班级氛围均与欺凌行为显著相关,且两两之间也显著相关($p<0.01$)。

表 4-3　各变量的平均值、标准差和相关矩阵($N=522$)

变量	M	SD	1	2	3	4	5	6	7	8
性别[a]	—	—	1	−0.051	−0.067	−0.080	0.078	−0.117**	−0.084	
年龄	13.68	0.90	−0.05	1	−0.096*	0.111*	−0.155**	0.032	−0.034	
CU 特质	1.05	0.40	−0.08	0.11*	0.03	1	−0.484**	0.357**	0.397**	
内疚	3.36	0.48	0.08	−0.16**	−0.03	−0.48**	1			
道德推脱	1.67	0.57	−0.12*	0.03	0.03	0.36*	−0.35*	1	0.399**	
班级氛围	4.01	0.86	0.03	−0.03	−0.03	−0.34**	0.33**	−0.30**	1	
欺凌行为	0.38	0.51	−0.08	−0.03	0.08	0.40*	−0.38*	0.40**	−0.35**	1

注:[a] 表示虚拟变量,0=男生,1=女生;* 表示 $p<0.05$,** 表示 $p<0.01$。

3. 道德推脱和内疚的链式中介模型的检验

本研究采用 PROCESS 3.0 中的模型 6 进行检验,检验结果显示:首先,CU 特质显著正向预测欺凌行为($\beta=0.18$,$t=4.01$,$p<0.001$)。其次,CU 特质显著正向预测道德推脱($\beta=0.29$,$t=6.77$,$p<0.001$),道德推脱显著正向预测欺凌行为($\beta=0.22$,$t=5.11$,$p<0.001$)。再次,CU 特质显著负向预测内疚($\beta=-0.36$,$t=-8.74$,$p<0.001$),内疚显著负向预测欺凌行为($\beta=-0.14$,$t=-3.22$,$p<0.01$)。由此可以证明道德推脱和内疚在 CU 特质影响欺凌行为中均起部分中介作用。最后,道德推脱显著负向预测内疚($\beta=-0.18$,$t=-4.33$,$p<0.001$),说明本研究中道德推脱和内疚的链式中介效应成立,CU 特质、道德推脱、内疚和欺凌行为四者之间构成了一个链式中介模型。

本研究进一步采用偏差校正的百分位 Bootstrap 法对间接效应进行检

验,结果见表 4-4。道德推脱和内疚在"CU 特质→欺凌行为"的影响过程中产生的总间接效应值为 0.18。其中,共有三条路径产生的间接效应组成了总的中介效应,即路径 a"CU 特质→道德推脱→欺凌行为",路径 b"CU 特质→内疚→欺凌行为",路径 c"CU 特质→道德推脱→内疚情绪→欺凌行为"。

表 4-4   间接效应分析

指标	间接效应值	SE	95％置信区间
总间接效应	0.18	0.04	[0.11,0.26]
间接效应 a	0.09	0.03	[0.04,0.16]
间接效应 b	0.07	0.02	[0.03,0.12]
间接效应 c	0.02	0.01	[0.01,0.02]

4. 班级氛围的调节作用检验

本研究采用 PROCESS3.0 中的模型 92 检验班级氛围的调节作用,结果显示(见表 4-5),通过对链式中介模型每一条路径进行回归预测分析,发现 CU 特质与班级氛围的交互效应对道德推脱的预测作用不显著($p=0.982$); CU 特质与班级氛围的交互效应显著正向预测内疚($p<0.05$),道德推脱与班级氛围的交互作用对内疚的预测作用不显著($p=0.38$);CU 特质与班级氛围的交互效应显著负向预测欺凌行为($p<0.05$),同样道德推脱与班级氛围的交互作用也显著负向预测欺凌行为($p<0.05$),而内疚与班级氛围的交互作用对欺凌行为的预测作用不显著($p=0.95$)。结果表明,班级氛围的调节作用只发生在"CU 特质→内疚""道德推脱→欺凌行为""CU 特质→欺凌行为"三条路径上。

表 4-5   班级氛围对链式中介的调节效应结果

因变量	自变量	β	SE	95％置信区间
道德推脱	CU 特质×班级氛围	−0.01	0.37	[−0.07,0.07]
内疚	CU 特质×班级氛围	0.08*	0.04	[0.01,0.15]
	道德推脱×班级氛围	−0.03	0.03	[−0.10,0.04]
欺凌行为	CU 特质×班级氛围	−0.09*	0.04	[−0.15,−0.03]
	道德推脱×班级氛围	−0.07*	0.04	[−0.14,−0.01]
	内疚×班级氛围	0.01	0.04	[−0.07,0.07]

注:* 表示 $p<0.05$。

为了具体解释班级氛围所起的调节作用,本研究将班级氛围按照均值正负一个标准差分成良好班级氛围、不良班级氛围两组,采用简单斜率法检验其在三条路径上的具体调节作用。调节效应图见图4-4、图4-5和图4-6。

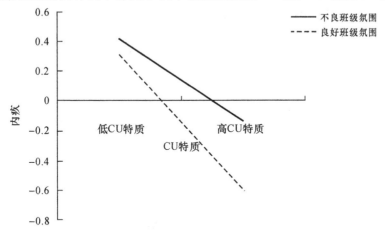

图 4-4　班级氛围在 CU 特质影响内疚中的调节作用

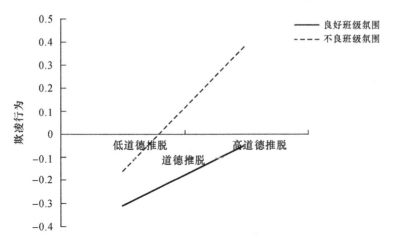

图 4-5　班级氛围在道德推脱影响欺凌行为上的调节作用

　　图 4-4 表明,随着 CU 特质水平的升高,其内疚水平呈下降的趋势,即 CU 特质对内疚有着显著的负向预测作用,但在不同的班级氛围中情况不同。在良好氛围的班级中,CU 特质对个体内疚水平具有显著的负向预测作用($B_{simple}=-0.49,t=-9.75,p<0.01$);而在不良氛围的班级中,CU 特质对个体内疚水平也具有负向预测作用($B_{simple}=-0.34,t=-6.14,p<0.01$),但其预测作用相对较小。这表明良好的班级氛围作为保护因子,减少了 CU 特质

对内疚的抑制作用。

图 4-5 表明，随着道德推脱水平的升高，其欺凌行为呈上升趋势，即道德推脱对欺凌行为有着显著的正向预测作用，但在不同的班级氛围中情况不同。具体表现为，在良好班级氛围中欺凌行为的上升趋势（$B_{\text{simple}} = 0.21, t = 3.51$，$p < 0.001$）要低于不良班级氛围中欺凌行为的上升趋势（$B_{\text{simple}} = 0.39, t = 8.15, p < 0.01$），说明良好的班级氛围作为一个缓冲因子，减少了道德推脱对欺凌行为的促进作用。

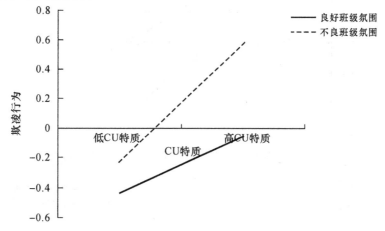

图 4-6　班级氛围在 CU 特质影响欺凌行为上的调节作用

图 4-6 表明，随着 CU 特质水平的升高，其欺凌行为呈上升的趋势，即 CU 特质对欺凌行为有着显著的正向预测作用，但在不同的班级氛围中情况不同。具体表现为，在良好班级氛围中欺凌行为的上升趋势（$B_{\text{simple}} = 0.20, t = 3.62$，$p < 0.001$）要低于不良班级氛围中欺凌行为的上升趋势中（$B_{\text{simple}} = 0.41, t = 8.16, p < 0.01$），说明良好的班级氛围作为一个缓冲因子，可以减少高 CU 特质者的欺凌行为。

三、机制形成分析

对于经过中介和调节检验，结果发现 CU 特质在正向预测欺凌行为发生的过程中，道德推脱和内疚起了链式中介作用，说明个体的道德认知和道德情绪在其中发挥了重要作用，并支持了一般攻击模型。具体来说，CU 特质作为反社会型人格特质中的一种，可以显著正向预测拥有该特质个体的道德推脱水平，与前人研究相一致（Thornberg et al. ,2017），同时道德推脱作为一种特定的认知倾向显著正向预测欺凌行为的发生，这也符合前人的研究成果（孙晓娟等,2019)。CU 特质者由于自身对不道德行为持有较大程度的可接受性,因此在面对力量弱小的个体时会认为推搡或者言语侮辱只是一种玩笑或者互动,通过道德推脱机制将伤害合理化,从而持续反复地对弱小者造成伤害。同样,CU 特质者由于自身冷漠、无情和麻木等特点,加上自身道德推脱水平较高,因此他们在欺凌弱小者时无法产生自责感和内疚感,反而会觉得愉悦有趣。

同时结果还发现班级氛围在不同的路径上起了不同的调节作用。具体发生在"CU 特质→欺凌行为""CU 特质→内疚""道德推脱→欺凌行为"三条路径上。这说明,班级氛围的好坏无法对 CU 特质者的道德推脱产生直接的影响,这与前人的研究结果不相同(王磊等,2018)。原因可能是普通学生在良好的班级中受到老师和同伴的教育、理解和支持后,道德推脱水平会慢慢下降,而 CU 特质从幼儿时期形成,一方面受到父母消极教养方式、不完整的家庭结构以及童年受虐待经历等风险因素的影响,另一方面具有较强的稳定性和遗传可能性(Viding et al.,2009)。因此 CU 特质对道德推脱的正向预测效果也具有一定的稳定性,不太容易受到环境的影响而发生改变。在"道德推脱→欺凌行为"路径上,良好的班级氛围可以降低道德推脱对欺凌行为的正向预测作用,说明班级氛围起到了一个"缓冲剂"的作用,再次强调了良好班级氛围的营造对学生心理和行为的影响。班级氛围在"道德推脱→内疚"和"内疚→欺凌行为"两条路径上的调节作用同样不显著,可能原因是无论班级氛围好与坏,个体道德推脱水平越高内疚感就越低,道德推脱对内疚的负向预测力强于班级氛围的影响,班级氛围的作用无异于"杯水车薪",因此调节作用不显著。同理,无论班级氛围是否良好,个体内疚感越强欺凌行为就会越少。

为了更好地解释冷酷无情特质者欺凌行为的发生机制,我们构建了一个综合的路径模型图(见图 4-7)。该图既说明了冷酷无情特质是校园欺凌的重要风险因素(是否有作用),又初步阐明了冷酷无情特质发挥作用的条件(何时起作用),还揭示了冷酷无情特质在不同条件下欺凌行为存在差别的重要原因(怎样起作用),这个整合模型对校园欺凌现象的解释效力要高于单纯的调节或中介模型。本研究发现,在校园欺凌的发生过程中,校园环境中的班级氛围可以直接影响冷酷无情特质个体的欺凌行为,也可以影响冷酷无情特质个体的内疚情绪,进而更容易减少欺凌行为。值得注意的是,班级氛围对冷酷无情特质个体的道德推脱影响较小,但可以降低道德推脱对欺凌行为的正向预测作用。

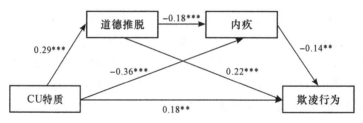

图 4-7　CU 特质影响欺凌行为发生的综合模型

注：$**$ 表示 $p<0.01$，$***$ 表示 $p<0.001$。

综上所述，一是 CU 特质与初中生道德推脱和校园欺凌行为呈显著正相关，与内疚呈显著负相关，班级氛围与 CU 特质、道德推脱和欺凌行为呈显著负相关，与内疚呈显著正相关，变量之间两两显著相关。二是本研究构建了一个有调节的链式中介模型，具体为：CU 特质在影响初中生欺凌行为的过程中，道德推脱和内疚均起部分中介作用，并且道德推脱和内疚之间链式中介作用成立。班级氛围在这个链式中介过程中起调节作用，具体作用在"CU 特质→欺凌行为""CU 特质→内疚""道德推脱→欺凌行为"三条路径上。相比于氛围不良的班级，氛围良好的班级可以显著减少 CU 特质对欺凌行为以及道德推脱对欺凌行为的正向预测作用，起到了一个缓冲剂的作用，同时也可以作为保护因子减少 CU 特质对内疚的负向预测作用。

四、总结与建议

通过问卷法研究发现，CU 特质、班级氛围、道德推脱和内疚与欺凌行为显著相关，说明人格特质、道德认知和道德情绪与欺凌行为联系紧密。通过有调节的链式中介效应检验，发现道德推脱和内疚的链式中介效应成立，验证了情绪认知理论，证明了 CU 特质者在做出欺凌行为时，道德推脱和内疚同时发挥作用，并且内疚会受到道德推脱的负向影响。道德推脱和内疚在模型中同时发挥部分中介作用，道德推脱在个体内部中发挥的作用相对较大。作为调节变量，良好的班级氛围可以减少 CU 特质对欺凌行为的负向预测作用，说明氛围越好的班级里欺凌行为越少，这与前人的研究结果相一致（李梦娜等，2015）；良好的班级氛围可以减少 CU 特质对内疚感的负向预测作用，说明良好的班级氛围可以提升个体的道德情绪，这丰富了以往研究中只探讨了班级氛围对集体内疚感的影响（李丹等，2013），实际上班级氛围对个体内疚感同样有着显著影响。因此，本研究的结果可以为学校教育提供有针对性的建议，根据 CU 特质发生欺凌行为的路径和影响因素，本研究提出以下三点建议。

（一）筛查特殊人格学生，进行针对性的预防

学校心理教育工作者应当重视对特殊人格的筛查，例如由精神静态、自恋和马基雅维利主义三种人格特质组成的黑暗人格三联征，冷酷无情特质以及攻击性倾向特质等。通过对这些特殊型人格的个体进行有针对性的观察和留意，并在学校中多给予关注和帮助，在冲突情境无法预知的情况下尽可能地减少这些学生不良行为的产生。在课间或者空闲时间，心理健康老师或者班主任可以多与特殊人格的学生交流谈心，了解其最近生活上、学习上、情感上的状况，关心其是否需要帮助以及对班级、老师和同学的看法，多与之进行真诚的交流，使之向好的方向发展。由于班级氛围与CU特质呈显著负相关，因此良好的班级氛围可能对CU特质产生改善的作用，因此提升CU特质者对良好班级氛围的感知是重要的一步，在合适的时候可以安排他们担任班级干部并给予支持和信任，增强他们对班级的认同感和归属感，从而减少欺凌行为和外化问题。

（二）营造良好班级氛围，培养学生群体道德情绪

班主任作为班集体的管理者应当致力于营造良好的班级氛围，建立良好的班级文化。首先，班主任应当恩威并施，在教学方面应当严肃严谨，对学生要求严格，保证学生的学业表现和学业成绩良好。在生活中应当和蔼可亲，与学生结成亲密的师生关系，赢得学生的信任和拥戴，拉近与学生心理上的距离。其次，多组织团体活动，减少班会次数，在活动中传达主旨思想，并促进学生之间的交往与联系，使得班级中原来的边缘群体能够真正融入班集体中，同时CU特质个体在这样的班级中可以感受到来自同伴的支持、关心和鼓励，从而在与良好同伴相处的过程中受到正向的影响，逐渐减少不良行为的发生。最后，班主任应当实施民主管理而不是专制主义，将一部分班级管理的权力交给学生，使得学生有机会参与班级管理，例如运动会让学生们负责安排节目和运动员的选拔，进一步增加学生们对班级的认同感和归属感。营造了良好的班级氛围，CU特质者可以提升自己的班级归属感和安全感，进而减少不良行为，增加助人行为等。

与此同时，通过良好班级氛围的营造，也可以增强班级的凝聚力和向心力，使学生拥有较高的班级荣辱感。例如，班集体获得了校级荣誉之后，班级成员将体验一种自豪感。当班集体在学校卫生检查时遭到通报批评，班级成员则会产生愧疚自责等情绪。可以说群体间的情绪会感染到每个个体的自我情绪，使那些原本道德情绪较低的CU特质学生在班级生活过程中慢慢地改变。

（三）依据道德推脱机制，开展系统课程训练

Bandura(2002)的道德推脱理论包括道德辩护、委婉标签、有利比较、责任分散、责任转移、忽视或扭曲结果、非人性化、责备归因八种推脱机制，由于道德推脱属于个体特定的认知倾向，因此光靠班级氛围的影响显然不够，需要系统的课程训练以达到认知重组，形成正确的道德观念，降低道德推脱水平，培养责任感和担当意识。课程训练可以采用专题授课的形式，也可以通过团体辅导的方式，包括案例呈现、角色扮演、情景讨论、后果归因、榜样示范、共情训练等内容，让成员们在八种具体的道德推脱情境下对事件进行道德判断，在一段时间的训练学习之后使得 CU 特质的学生降低较高的道德推脱水平，在做出违反道德的事情后积极面对，勇于承认自己的错误，承担起自己的责任，让不良的后果得到正面解决。值得强调的是，初中阶段培养学生的共情能力也是非常重要的任务，让学生学会站在他人的角度思考问题，体会他人的情绪情感和行为动机，通过共情可以减少学生之间的摩擦，增进相互理解和相互体谅，也可以降低道德推脱水平。

第三节　亲子依恋对欺凌行为的影响

在全球范围内，校园欺凌现象十分普遍，校园欺凌已成为需要高度重视的社会问题。校园欺凌会对受欺凌者造成严重和深远的伤害，导致其在学业表现、心理和社会交往方面也面临障碍（郭俊俏等，2019）。研究发现，受欺凌的孩子在学校适应方面也容易出现问题，体现为学习注意力易分散，对学校持有消极态度，投入学习的时间和精力缩短，学业成绩下降，逃学，等等（李晓雪，2018）。

学校作为青少年主要的活动场所，是影响其成长发展的重要微环境之一，适应学校生活是青少年社会化过程中的一个重要环节（张光珍等，2017；Henry et al.，2009）。学校适应(school adjustment)是指学生在学校背景下满足自身需求和自身能力发展，并倾向于积极表现的状况（邹泓等，2007；Ladd et al.，1997）。由于青春期心理和生理的发展不同步，青少年自身与环境、理想与现实之间经常会出现不平衡，从而导致在校时常出现各种不适应问题（张光珍等，2017）。反社会行为是学校适应不良的重要体现，而欺凌行为又是反社会行为的主要形式，陈健芷等（2013）发现青少年校园攻击性行为和欺凌行为较为普遍，并且欺凌事件的检出率高达 33.99%。因此，针对校园适应不良

对青少年的负面影响,探索并查明影响青少年校园适应不良的因素和发生机制是解决该问题的关键。已有的研究主要关注了影响学校适应的因素,主要包括家庭因素、学校因素和个体因素(张光珍等,2017;Longobardi et al.,2016;Espinoza et al.,2014)。根据生态系统理论、发展情境理论和积极青少年发展理论,青少年的社会发展可能会同时受到家庭、学校和自身因素的共同作用。因此,综合探讨三者之间的相互作用不仅有利于探讨亲子依恋对青少年欺凌行为的影响机制,而且对学校和家庭教育也有一定的启示。然而已有的相关研究只侧重于探讨以上三种因素中的某一个或某两个因素,缺乏综合考虑三者对青少年欺凌行为的影响,也未深入探讨三者影响青少年欺凌行为的机制。因此,本研究拟同时考察三者对青少年学校适应的影响,并构建一个综合模型以帮助不适应学校的学生摆脱困境从而更好地学习和生活。

一、亲子依恋与欺凌行为的关系

依恋是个体与重要他人(即依恋对象)之间形成的一种强烈、稳定、持久的情感联系,主要包含两部分,即内在的情感联结(emotional bond)和外显的依恋行为(attachment behavior)。情感联结具有持久性、特殊性、内部表征、情感体验鲜明、分离痛苦的特点。持久性意味着情感联结不是暂时的人际互动关系,而是在长期的互动交往过程中形成的深厚情感纽带;特殊性指依恋对象是影响个体的重要他人,具有不可替代性;内部表征指个体可能会对一个对他没有依恋的人产生依恋;情感体验鲜明则指个体具有迫切想要与依恋对象亲近或接触的需求;分离痛苦是指个体在与依恋对象被迫分离时产生的一种强烈的痛苦情绪。依恋行为是指个体对依恋对象表现出一系列固定的行为倾向,比如想要亲近依恋对象、分离时产生紧张不安情绪等。依恋对象既可以是如父母般的主要照料者,也可以是其他的亲人、同伴、恋人或配偶等,由于依恋对象不相同,所以依恋又可以具体化分为亲子依恋、同伴依恋、成人依恋等。亲子依恋特指孩子与父母之间持久而稳定的情感联系,又称"父母依恋"。

内部工作模型(internal working model)是描述依恋心理机制的重要概念。内部工作模型是一套包含"认知—情感—动机"的图式,不仅包含与依恋相关的知识和情境记忆,还包含依恋相关的程序性和陈述性知识,以及个体对自身和他人的认知、情感、目标结构和行为倾向等(Collins,1994)。内部工作模型包含两种互补的成分:关于他人(即依恋对象)和自己的工作模型。他人工作模型主要描述当个体产生需要时,依恋对象的可得性(available)、敏感性(sensitive)和反应性(responsive);自我模型主要涉及个体的自我认知,即我是否具有价值、值得被关爱和照顾。例如个体需要帮助时，如果依恋对象是敏感的、可得的、有反应的，个体就会产生积极的自我认知和他人认知，觉得自己是可爱的、值得被照顾的，觉得他人是可信的、值得依赖的；反之，如果依恋对象是不一致的（inconsistent）、拒绝的（refusal）或漠然的（indifferent），个体就会产生消极的自我—他人认知（如认为自己不可爱或不值得被关爱、他人不可靠或不值得信赖（李彩娜等，2014）。由此可见，拥有不同内部工作模型的个体通常具有不同的认知特点、思维模式、情绪策略、行为表现，在适应方面的表现也截然不同。

由内部工作模型可知，消极的他人模型会使得个体产生他人是不值得信任和依赖的负性认知，从而导致个体产生较多的问题行为。例如，有研究发现回避型依恋个体的问题行为发生率更高，依恋质量较低的青少年往往报告与父母缺乏沟通和信任，更可能采取违法、攻击等行为表现不满情绪，也更容易出现网络成瘾问题（陈武等，2015；邓林园等，2013）。大量研究表明，亲子依恋可以显著负向预测青少年的焦虑（吴庆等，2014）、抑郁（Restifo，Bögels，2009）、孤独感（张林等，2017）以及消极情感（王英芊等，2016）。

随着积极心理学的兴起，研究者开始关注个体的积极情绪、积极品质、积极心态与潜力开发等方面。其中，心理资本（psychological capital）作为一个增益性或保护性因素受到了越来越多的关注（王艳辉等，2017）。所谓心理资本，指的是个体在成长和发展过程中表现出的一般的、积极的心理状态或能力，包括乐观、希望、自我效能和韧性四个要素（Luthans et al.，2007）。根据积极青少年发展理论（positive youth development，PYD），拥有积极资源的青少年更有可能实现积极的发展结果，冒险行为与内外化问题发生率较少（Lerner et al.，2012）。作为人类积极的心理资源，心理资本的增加极有可能是亲子依恋调动内部资源的"重要体现"（王艳辉等，2017），也是亲子依恋影响个体学校适应行为的近端因素（Luthans et al.，2015）。一方面，拥有较高心理资本的个体往往表现出更好的学校适应水平。例如，研究表明具备良好心理资本的初中生在学校适应得较好（张效芳等，2014）。除了直接探究心理资本对学校适应的影响，研究也发现了心理资本的子成分对学校适应也产生重要影响。例如，张光珍等（2017）发现，心理韧性能积极预测青少年的学校适应水平；黄时华等（2015）发现，初中生情绪调节自我效能感正向预测初中生的学校适应水平。由此可见，心理资本对青少年的学校适应具有重要影响。另一方面，高质量的亲子依恋有助于个体形成较高的心理资本。安全依恋个体能更有效地控制自身情绪，知觉威胁性事件的敏感性较低，面对困难时更倾向于向朋友寻求帮助、对同伴的行为表现出较多的积极期待和积极归因(付佳丽等,2015)。亲子关系良好的个体通常因为能感受到父母的爱与关心从而对当前和未来充满积极信念,这些表现与"乐观"维度的内容相一致(Heinonen et al.,2004)。Steinberg 和 Silk(2003)认为,高质量的亲子依恋能促使个体产生积极的自我认知、形成较高的自我价值感和自尊进而提升自我效能感。此外,还有研究发现亲子依恋是正向预测个体自我效能感的有效指标(Parsa et al.,2014)。在"韧性"维度方面,有研究也证实了安全依恋有助于增强个体韧性(Karreman et al.,2012)。由此可见,亲子依恋对心理资本具有重要影响,并且以往研究发现父母教养方式可以通过心理资本影响青少年的学校适应(张效芳等,2014)。因此本研究推测,亲子依恋作为家庭环境中的首要因素,可能会通过影响个体心理资本这一重要的近端因素进而影响个体的学校适应。

虽然以往多数研究表明亲子依恋对青少年的积极适应具有促进作用、对消极适应具有削弱作用,但也存在一些不一致的发现。例如,亲子依恋对子女亲社会行为的影响不显著,这表明亲子依恋影响青少年社会适应的过程中可能还存在一些其他因素(Eisenberg et al.,2015)。在校园环境中,教师作为青少年学校学习生活中的主要教育者,是父母之外影响青少年成长的重要成人(赵金霞等,2017),而教师支持对学生发展起着积极促进作用(Sakiz et al.,2012)。首先,教师支持在社会支持的范畴之内(范航等,2018)。有研究发现,社会支持显著正向预测心理资本的各个维度,并且个体获得的社会支持程度越高则其心理资本水平越高(朱美侠等,2016;Maddy et al.,2015)。范航等(2018)发现,社会支持可以在父母婚姻冲突对青少年心理韧性的负向影响中起调节作用,即相对于低社会支持,高社会支持在父母婚姻冲突对子女心理韧性负面冲击中的缓冲作用更强。由于以往研究发现亲子依恋对子女的心理资本具有显著的正向影响,因此可以推测,相比于低教师支持,高教师支持在亲子依恋对子女心理资本的正向影响中的促进作用更强。其次,社会支持的主效应模型指出,无论个体是否处于负性情境中,只要增加社会支持,对个体良好心理品质和外在行为的发展都是有益的,并能减少不良行为的发生(Higgins et al.,1997)。董增云(2010)发现,获得社会支持越多的大学生在学校适应得越好。Chui 和 Chan(2017)的研究也发现,社会支持水平越高则个体的学校适应水平和心理健康水平越高。由于心理资本正向预测学校适应水平,因此本研究推测,相比于低教师支持,在高教师支持下心理资本对青少年学校适应的预测作用更强。最后,教师支持既可以缓解家庭不利因素对青少年心理发展的消极影响,也能促进家庭有利因素对青少年心理发展的积极影响(乔娜等,2013)。研究表明,亲子依恋对子女的学业效能感有显著的正向影响(Llorca et al.,2017),对于低学业效能感的学生,高教师支持可以帮助他们更好地提升学业成绩(Mercer et al.,2011),并且教师支持与学生的学业投入之间呈显著正相关(陈继文等,2015);教师支持既能降低亲子依恋较差的留守青少年的焦虑水平,也能增强安全型亲子依恋对留守青少年焦虑的保护作用(赵金霞等,2017)。因此,本研究推测教师支持在亲子依恋对青少年学校适应的过程中可能也是重要的保护因素。

二、亲子依恋作用的实证研究

(一)研究目的

本研究通过调查问卷法探讨亲子依恋对初中生校园欺凌行为的影响,进一步考察心理资本在亲子依恋对欺凌行为影响过程中的中介作用以及教师支持在其中所起的调节作用。

(二)研究方法

1. 被试

本研究采取整体随机取样的方式,选取上海市某中学发放问卷,由心理学专业研究生在课堂上集中发放问卷,并在学生完成问卷作答后统一收回。共计发放550份问卷,回收有效问卷517份,回收率为94%。其中,男生272人,女生245人;初一学生191人,初二学生163人,初三学生163人;独生子女324人,非独生子女193人;城镇户籍493人,农村户籍24人。被试的年龄分布在13到16岁之间,平均年龄为13.15±0.94岁。

2. 研究工具

(1)亲子依恋

本研究采用金灿灿等(2010)修订的父母和同伴依恋问卷精简版(inventory of parent and peer attachment)中的父母依恋分问卷,包括亲子沟通、亲子信任和亲子疏离三个维度,共计30个项目。采用李克特五点计分,1="从不",5="总是",将亲子沟通和亲子信任两个维度得分相加后,再减去亲子疏离维度得分作为青少年亲子依恋的总得分,总分越高表明亲子依恋水平越高。本研究中该问卷整体的和三个维度的内部一致性系数分别为0.87、0.93、0.86和0.88。

（2）心理资本

本研究采用张阔等（2010）编制的积极心理资本问卷（positive psychological capital questionnaire），包括希望、韧性、自我效能和乐观四个维度，共计26个项目。采用李克特七点计分，1＝"完全不符合"，7＝"完全符合"，总分越高表明心理资本越好。本研究中该问卷整体的和四个维度的内部一致性系数分别为0.90、0.86、0.92、0.89和0.93。

（3）教师支持

本研究采用欧阳丹（2005）修订的学生感知教师支持问卷（students' perception of teacher's behavioral supporting scale），包括能力支持、学习支持和情感支持三个维度，共计19个项目。采用李克特六点计分，1＝"完全不符合"，6＝"完全符合"，总分越高表明学生感知到的教师支持越多。本研究中该问卷整体的和三个维度的内部一致性系数分别为0.85、0.86、0.88和0.89。

（4）反社会行为

本研究用杨阿丽等（2007）修订的学校社会行为量表（school social behavior scale）中的"反社会行为分量表"，共计65个项目。采用本克特五点计分，1＝"从未发生"，5＝"经常发生"，包括反社会—攻击、敌意—愤怒和苛求—破坏三个维度，总分越高表明反社会行为越多。本研究中该问卷三个维度的内部一致性系数分别为0.93、0.90、0.94。

（三）结果

1. 共同方法偏差检验

由于本研究所收集的数据均为被试主观报告所得，因此所得的结果可能会受到共同方法偏差的影响。根据周浩和龙立荣（2004）的建议，我们在施测过程中采用被试匿名、部分题目反向计分等方式，并在事后采用Harman单因子检验法对原始数据进行共同方法偏差检验。结果显示，未旋转和旋转后特征值大于1的因子共有21个，未旋转得到的第一个因子解释的变异量为15.43%，旋转得到的第一个因子解释的变异量为5.37%，都远小于40%的临界值，表明本研究不存在明显的共同方法偏差。

2. 各变量的均值、标准差和相关矩阵

本研究中各变量之间的相关矩阵如表4-6所示，其中亲子依恋、心理资本、教师支持和反社会能力之间均显著相关，因此后续的分析可进行有调节的中介检验（温忠麟等，2006）。另外，男生和女生在反社会能力上存在显著的性别差异，男生的反社会行为得分（$M=1.48$，$SD=0.44$）显著高于女生（$M=$

0.56,$SD=0.26$;$p<0.01$)。因此在后续的分析中,性别将被作为控制变量来探讨亲子依恋、心理资本和教师支持对反社会能力的独立效应。

表 4-6　各变量的均值、标准差和相关矩阵($N=517$)

变量	M	SD	1	2	3	4	5	6
性别[a]	—	—	1					
年龄	13.45	0.94	-0.03	1				
亲子依恋	3.92	1.60	0.09	0.02	1			
心理资本	5.53	0.95	-0.02	0.11^*	0.60^{**}	1		
教师支持	5.02	0.75	0.12^*	0.04	0.28^{**}	0.31^{**}	1	
反社会行为	1.02	0.35	-0.13^*	-0.05	-0.27^{**}	-0.31^{**}	-0.31^{**}	1

注:[a] 表示虚拟变量,0=男性,1=女性;* 表示 $p<0.05$,** 表示 $p<0.01$。

3. 有调节的中介模型检验

根据温忠麟和叶宝娟(2014)的观点,检验有调节的中介模型需要对三个回归方程的参数进行检验:方程 1 估计调节变量对自变量与因变量之间关系的调节效应;方程 2 估计调节变量对自变量与中介变量之间关系的调节效应;方程 3 估计调节变量对中介变量与因变量之间关系的调节效应以及自变量对因变量残余效应的调节效应。根据 Muller 等(2005)的观点,如果满足方程 1 中亲子依恋对反社会能力的总效应显著,并在方程 2 和方程 3 中亲子依恋对心理资本的效应显著,心理资本与教师支持对反社会能力的交互效应显著,和/或亲子依恋与教师支持对心理资本的交互效应显著,心理资本对反社会能力的效应显著,则有调节的中介模型成立。在每个方程中对预测变量进行标准化处理,并对性别进行控制,所有预测变量的方差膨胀因子均低于1,因此不存在多重共线性问题。

如表 4-7 所示,方程 1 中亲子依恋显著负向预测青少年反社会行为,并且亲子依恋与教师支持的交互项对青少年反社会行为的预测作用同样显著,表明教师支持在亲子依恋对青少年反社会行为影响的直接效应上起调节作用。方程 2 中,亲子依恋对心理资本的预测作用显著,同时亲子依恋与教师支持的交互项对心理资本的预测效应显著。方程 3 中,心理资本与教师支持的交互项对青少年反社会行为的预测效应不显著,心理资本对青少年反社会行为的预测效应显著。这表明,亲子依恋、心理资本、教师支持和青少年反社会行为

表 4-7 有调节的中介模型检验结果

变量	方程1(Y:反社会行为)				方程2(M:心理资本)				方程3(Y:反社会行为)			
	B	SE	β	95%置信区间	B	SE	β	95%置信区间	B	SE	β	95%置信区间
X	-0.14	0.05	-0.13**	[-0.24, -0.04]	0.36	0.04	0.35***	[0.29, 0.44]	-0.11	0.06	-0.11**	[-0.17, -0.05]
U	-0.13	0.06	-0.11**	[-0.24, -0.02]	0.49	0.04	0.46***	[0.41, 0.51]	-0.01	0.06	-0.01	[-0.13, 0.11]
X×U	0.16	0.04	0.15**	[0.08, 0.23]	0.13	0.03	0.12**	[0.07, 0.18]	0.17	0.05	0.16**	[0.07, 0.27]
M									-0.22	0.06	-0.21***	[-0.34, -0.11]
M×U									0.02	0.05	0.02	[-0.07, 0.12]
R^2			0.14				0.50				0.17	
F			20.94***				76.53***				29.48***	

注:X,U,M 和 Y 分别代表亲子依恋、教师支持、心理资本、反社会行为;** 表示 $p<0.01$,*** 表示 $p<0.001$。

四者之间构成了有调节的中介效应模型。其中，心理资本在亲子依恋与青少年反社会行为之间起部分中介作用，中介效应占总效应的比例为14.5%，教师支持分别在前半路径上和直接路径上起调节作用。

为了更好地解释调节效应，将教师支持按照正负一个标准差分成高、低两组，采用简单斜率检验考察教师支持在"亲子依恋→心理资本"和"心理资本→反社会行为"路径上的调节作用，具体的调节效应如图4-8和图4-9所示。

图4-8表明，无论青少年教师支持水平是高还是低，亲子依恋对其心理资本均有较强的预测作用（$B_{simple} = 0.09$，$SE = 0.05$，$p < 0.001$；$B_{simple} = 0.04$，$SE = 0.05$，$p < 0.001$）。但相比于低教师支持个体，高教师支持个体的亲子依恋对其心理资本的预测能力更强。

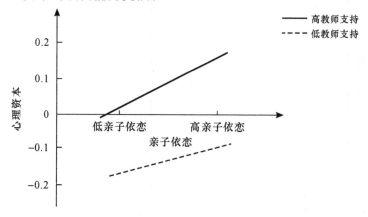

图 4-8 教师支持对亲子依恋与心理资本之间关系的调节作用

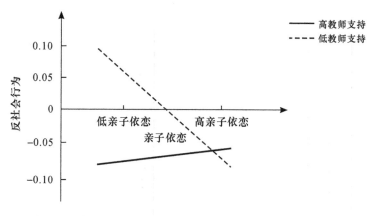

图 4-9 教师支持对亲子依恋与反社会行为之间关系的调节作用

图 4-9 表明,对于低教师支持青少年,亲子依恋对其反社会行为的预测作用显著($B_{simple} = -0.08$,SE $= 0.03$,$p < 0.001$),而亲子依恋对其反社会行为的预测作用在高教师支持下并不显著($B_{simple} = 0.009$,SE $= 0.03$,$p = 0.872$)。这表明,相比于低教师支持个体,良好的亲子依恋更有利于减少其反社会行为。

为了更清晰地解释亲子依恋对青少年学校适应不良的影响机制,我们构建了一个有调节的中介模型(见图 4-10)。结果表明,数据拟合良好($\chi^2/df = 2.97$,CFI $= 0.94$,NFI $= 0.94$,GFI $= 0.95$,RMSEA $= 0.03$)。亲子依恋与教师支持之间的交互作用对反社会行为的预测具有显著正向影响($\beta = 0.12$,SE $= 0.03$,$p < 0.01$),而心理资本与教师支持之间的交互作用对反社会行为的预测无显著性影响($\beta = 0.02$,SE $= 0.05$,$p = 0.75$)。教师支持在亲子依恋与心理资本之间具有调节作用。

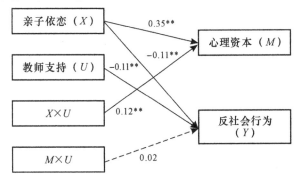

图 4-10　教师支持在中介模型中的调节作用
注:系数均为标准化回归系数,虚线表示不显著的路径;** 表示
$p < 0.01$。

三、机制形成分析

本研究发现,亲子依恋、心理资本与教师支持均与反社会行为(欺凌行为)呈显著负相关,这与已有的研究发现相一致(王艳辉等,2017;赵金霞等,2017)。这说明青少年的学校适应离不开家庭、学校以及个人的共同影响,那些拥有高质量亲子依恋的个体也更容易感知到来自教师的关怀和支持,形成良好的积极心理资本,从而表现出更少的反社会行为。另外本研究还发现,反社会行为存在显著的性别差异。具体表现为男生在反社会行为上多于女生。这一现象可能是受到传统文化观念的影响,中国文化背景下人们对男生和女

生的社会角色期待不同：人们往往倾向于认为男生应该具有冲动、好强的性格，而对女生的认知则偏向于懂事乖巧，这些典型的性别特征内化使男女产生不同的行为表现，日常生活中男生更易产生冲动偏激行为，女生则表现地相对友好。

本研究发现，心理资本在亲子依恋与反社会行为之间起部分中介作用。高质量的亲子依恋是保障青少年生理和心理健康发展的关键（Nickerson et al.，2004），本研究的发现支持了这一观点。首先，良好的亲子依恋有利于降低其欺凌行为的发生，并且个体心理资本的形成也需要良好的亲子关系作为基础，从而间接表明即使子女进入了青春期，父母依旧是影响子女发展的重要因素（张林等，2017）。其次，良好的亲子依恋意味着父母与子女之间拥有良好的互动关系，子女获得高质量的照料后容易产生积极的自我认知，有利于提升自我效能感、增强希望与韧性，而这些因素又是构成心理资本的重要成分（陈秀珠等，2017），因此良好的亲子依恋有利于个体形成更高的心理资本，而拥有较高心理资本的个体往往对自己与外界拥有更为积极的评价和较少的负面认知，在面对外界压力时能做出积极反应，从而更加从容地适应校园环境乃至社会大环境。最后，Liu等（2015）发现，心理资本在负性生活事件对中国护理生学校适应的影响中同样起中介作用，这启示我们应当注重青少年心理资本的建设，从而间接改善其消极的社会行为，促进其积极发展。

人类发展的"保护因子—保护因子"模型（protective-protective model）认为，不同保护因子在预测发展结果时可能存在交互作用，即一种保护因子（如亲子依恋）对结果变量（如学校适应）的预测作用可能随另一种保护因子（教师支持）水平的不同而有所不同。但是在具体的交互模式方面，不同研究者之间却存在明显分歧。一些研究者认为，一种保护因子可能增强另一种保护因子对结果变量的预测作用，也称为"保护因子—保护因子模型"的促进假说（王艳辉等，2009）。相反，其他一些研究者则认为，一种保护因子反而会削弱另一种保护因子对结果变量的预测作用，所谓"保护因子—保护因子"模型的排除假说（王艳辉等，2009）。已有的文献表明，教师支持作为调节因素在理论上有"美不胜收"和"锦上添花"两种模式（Li et al.，2012；Rueger et al.，2016），不同调节模式意味着不同的作用方式，对实践应用的启示作用也有所不同。具体表现为：在"美不胜收"的调节模式下，亲子依恋或心理资本的保护作用在教师支持水平高的情况下减弱，即高教师支持下亲子依恋或心理资本的保护作用相对削弱，符合"保护因子—保护因子"的"排除假说"；在"锦上添花"的调节模式下，亲子依恋或心理资本的保护作用在教师支持水平高的情况下增强，即当个体的教师支持水平较高时,亲子依恋/心理资本的保护作用相对较强,又称为"保护因子—保护因子"的"促进假说"。

本研究的发现证实,教师支持对"亲子依恋→心理资本→反社会行为"这一中介链条的前半路径和直接路径均具有调节作用。教师支持对"亲子依恋→心理资本"路径的调节类型符合"锦上添花"模式,即亲子依恋对心理资本的预测作用在高教师支持下效果更明显。教师支持对"亲子依恋→反社会行为"路径的调节类型符合"美不胜收"模式,即随着教师支持的增加,亲子依恋对反社会行为的预测作用较弱,可能是因为亲子依恋水平较高的个体自身表现出反社会行为就很少,所以教师支持的积极作用表现不明显。而教师支持与心理资本的交互项对反社会行为影响不显著,可能是因为校园中除了教师,同伴的影响也不容忽视。宋明华等(2017)发现,越轨同伴与青少年攻击性行为和反社会行为显著相关,因此教师在青少年发生反社会行为过程中的影响力不及同伴的影响力。此外,图4-9还表明,对于高教师支持的青少年,随着亲子依恋的增高,其反社会行为有增加倾向,但并未达到显著性水平。已有的研究也发现,不同背景下交互作用存在一种干涉模式,即一种关系的不同水平会导致另一种关系的作用方式发生变化。例如,张林等(2017)发现,同伴依恋对低亲子依恋个体而言是预测其抑郁程度的危险因子,本研究的这一发现可能就属于交互作用中的干涉模式。因此,这启示学校应当加强与家长之间的交流沟通,适当发挥各自的作用从而减少双方对学生成长的冲突和干扰。

因此,心理资本作为重要的个体因素在青少年欺凌行为中起着不可忽视的作用,并且学校中教师的支持在中介过程中同样发挥着不同程度的调节作用,表明教师在学生学校适应中具有重要作用。

四、总结与建议

本研究通过问卷法研究发现,亲子依恋、心理资本、教师支持与青少年反社会行为(欺凌行为)之间呈显著负相关关系,说明亲子依恋、心理资本、教师支持和青少年欺凌行为之间联系紧密,亲子依恋可以减少青少年的欺凌行为。通过有调节的中介效应检验发现,心理资本在亲子依恋发挥作用中起中介作用,并且教师支持对亲子依恋和心理资本起促进作用。这些结果不仅突出了亲子依恋对青少年欺凌行为的深刻影响,也强调亲子依恋、教师支持和心理资本可能是降低青少年欺凌行为的关键因素之一,进而为学校适应的发生提供了更为深入的理解。为减少青少年的欺凌行为,家庭、学校以及个人需要共同努力,因此本研究提出以下两点建议。

（一）建立高质量的亲子依恋关系，提高青少年的心理资本水平

首先，父母必须重视亲密关系在青少年学校适应中的作用，努力构建团结和睦的家庭氛围，让孩子在和谐的家庭氛围中成长，增强父母与孩子之间的情感连接。其次，父母应与子女进行合理高效的沟通，培养孩子和家庭成员的沟通交流能力，同时倾听、尊重子女的意见和想法，为子女提供更多的指导和帮助，提高子女的家庭归属感，建立高质量的亲子依恋关系，进而提高青少年的心理资本水平，降低青少年的反社会行为，提高青少年的学校适应水平。最后，父母应当注重青少年心理资本的建设，培养孩子积极主动地思考问题，并适时地进行鼓励教育，从而间接改善青少年的消极行为，促进青少年积极发展和提高学校适应水平。

（二）加强家校合作，促进青少年发展

教师作为青少年在学校中的主要教育者，应为学生提供力所能及的帮助和支持，不仅是学业上的帮助和指导，也可以是生活上的关心，多鼓励、表扬学生，及时了解并满足学生的需求，鼓励学生大胆表达，必要时可以与学生一对一交流，及时帮助和引导学生解决问题，让学生在心情愉悦的环境下享受校园生活并提升学校适应水平。同时教师与父母应当相互合作，协调一致，加强沟通和交流，关注青少年的学校适应状况，培养青少年的社会能力，促进青少年发展。最后，学校应当加强与家长之间的交流沟通，适当发挥各自的作用从而减少双方对学生成长的冲突和干扰。

第五章　家庭因素对校园欺凌的影响机制

　　家长是孩子的第一任老师，家庭是孩子的第一所学校。学生的行为是伴随其终身发展的，是由家庭、学校、社会等共同塑造的。将学生的身体距离和心理距离进行比较，其中家庭环境和学校对个体发展的影响占据主导地位，此外还有人际关系、社会风气、特殊经历等。在学校欺凌问题上，事前预防大于事后治理，要牢牢把握影响学生心理的重要变量，从家庭教育中寻求问题的根源，从源头预防，消除青少年产生欺凌行为的隐患。因此，本章从家庭的角度出发开展了三项实证研究，主要涉及父母婚姻冲突、父母教养方式、家庭社会经济地位以及父母婚姻冲突与学校的联结作用。第一节探讨了父母婚姻冲突对校园欺凌行为的影响，检验了情绪安全感的中介作用以及学校联结的调节作用。第二节探讨了父母教养方式对中学生欺凌行为的影响，检验了越轨同伴交往的中介作用以及自我控制的调节作用。第三节探讨了家庭社会经济地位对中学生欺凌行为的影响，检验了父母教养方式、同伴支持和心理资本的中介作用以及经济地域差异的调节作用。本章从不同的角度证明了家庭因素不仅可以直接对校园欺凌行为产生影响，还可以通过同伴因素、个体因素间接影响儿童青少年的欺凌行为。

第一节　父母婚姻冲突对欺凌行为的影响

　　近年来，无论是从调查研究还是新闻事件中均可以看出，青少年校园欺凌冲突事件频发、青少年欺凌行为呈现逐渐增多的趋势。例如，一项在40个国家开展的调查发现,约 20 万名青少年中有 10％的青少年曾有过欺凌、攻击他人的行为(张亚利等,2020)。攻击性行为会严重影响青少年的身心健康、学业成就、品质塑造和社会适应,是衡量青少年社会化发展的重要指标之一(张林等,2017)。欺凌行为属于攻击性行为的形式之一,两者之间存在共通之处,均会对青少年成长产生消极影响。然而,以往有关青少年攻击性行为的研究主要关注社会环境因素、家庭环境因素或个体因素中某个单一因素的作用,较少有研究将青少年置身于系统的环境背景下进行考察。因此,本节从青少年发展生态系统理论中的微观系统角度,考察家庭、学校与个体因素共同对青少年欺凌行为的影响。与此同时,本节还将探讨青少年欺凌行为的形成机制,进而为减少校园暴力事件的发生提供有益的借鉴。

一、父母婚姻冲突与欺凌行为的关系

一般攻击模型认为,促使攻击性行为产生的原因主要包含个体因素与外部环境因素两方面,外部环境影响主要来源于个体所接触到的消极环境刺激(宋明华等,2018;张林等,2017)。父母婚姻冲突关系作为一种不良家庭环境刺激,通常是导致儿童产生各种心理社会适应和内隐情绪问题的重要诱因(邓林园等,2016;王玉龙等,2016)。王玉龙等(2016)在有关中学生的实证研究中发现,长期处于父母婚姻冲突关系家庭中的青少年往往具有高风险的自伤行为;梁丽婵等(2015)发现,儿童早期暴露于父母冲突关系的家庭环境中,与其日后产生的心理健康(如抑郁、孤独感)问题之间密切相关。王明忠等(2013)的研究表明父母婚姻冲突能够显著正向地预测青少年社交焦虑,儿童在家庭环境中经历父母婚姻冲突的情况越多,儿童感知到的威胁知觉越强,进而影响个体日后的正常社交行为;邓林园等(2012)在有关外显问题行为网络成瘾的研究中发现,家庭环境中父母婚姻冲突越频繁的儿童更容易沉迷于网络世界,儿童通常将情感需求寄托于虚拟的网络社交环境。以上相关研究均表明,不良的家庭环境尤其是父母冲突关系往往是影响青少年产生各种社会适应性行为的风险因素,这也再次凸显了早期家庭教育环境对儿童成长的重要性。但前人研究并未深入地探讨其内在具体发生机制,无法清楚地解释父母婚姻质量到底是如何影响欺凌行为这个重大问题。

情绪安全感理论(Davies,Cummings,1994)为父母婚姻质量影响儿童适应性行为提供了新的研究视角。情绪安全感,是指儿童在经历家庭冲突情境或长期处于不良家庭环境之后,对父母关系及家庭关系稳定性的主观感知或情绪体验。情绪安全感理论(emotional security theory,EST)认为,在父母间发生争执或冲突时儿童产生的情绪感受是关键性因素,对自身情绪安全性的感受在情绪调节和行为反应中起着关键性作用,不和谐的冲突关系会给青少年带来高度的情绪压力,多频次的、对家庭关系有着破坏性的冲突争执会增加儿童的消极情绪体验和不安全感知,从而引发各种适应性问题(邓林园等,2012;王玉龙等,2016)。该理论观点也启示在教育实践方面培养儿童青少年自身的情绪管理和调节能力是增强儿童内在抵抗力的重要着力点。

通过梳理总结有关情绪安全感的研究发现,以往研究主要集中在探讨青少年的情绪情感问题、网络成瘾、问题性行为等方面。例如,王明忠等(2013)指出,情绪不安全感引起的情绪失调会引起一般性情绪调节的失效,提高其消极情绪的激活阈限,对父母冲突关系的负面认知会形成对正常人际交往的消极态度,当青少年处于人际之间冒犯或细小的冲突情境时,其负面情绪激醒阈值较高,越容易发生失控行为(王明忠等,2013)。情绪安全感的缺乏或受损也会影响个体的适应性行为。例如,美国华盛顿关于对 9 到 18 岁儿童经时两年的追踪数据结果显示,情绪安全感缺失能显著预测该阶段儿童的适应性发展问题(Cummings et al.,2006)。情绪不安全感会增强个体的情绪反应性,其消极情绪的激醒阈值较高,对负面信息线索更加敏感,越容易产生消极情绪(愤怒)感知体验,增加了个休攻击性行为发生的风险(工明忠等,2014)。也有研究显示适应不良的情绪调节能力能够显著正向预测青少年的攻击性行为(Petermann et al.,2012)。以上研究均表明情绪安全感可能在感知父母婚姻冲突与欺凌行为的关系中扮演着重要作用。

学校是儿童、青少年生活学习接触到的第二重要环境场所,对其认知能力与社会性行为发展具有重要影响,比如学生对校园环境中冲突性关系的认知与处理方式会随着教育水平的不断提高而发生变化。阶段性环境匹配理论(the stage-environment fit theory)也指出学校的内部资源与学生各个发展年龄段需求的平衡对其健康发展意义重大(鲍学峰等,2016),基于此,本研究拟重点探究学校联结作为外部资源条件在父母婚姻关系影响青少年欺凌行为间的作用模式。

学校环境微系统是家庭环境之外对儿童青少年发展影响最要紧的环境因素。学校联结（school connectedness）反映的是个体与学校以及学校环境中的单元建立起来的情感联结，是学生对学校的归属感与认同感，及感受到被关怀、认可和支持的程度（殷颗文，贾林祥，2014）。研究表明学校联结能够作为内部资源条件通过规范学生认知判断进而抑制攻击性行为的发生（李锦萍等，2016）。有关研究也发现，学校联结与青少年偏差行为呈显著负相关，高学校联结情感的青少年更少地从事负性冒险行为，如暴力攻击、麻醉药品滥用等（殷颗文，贾林祥，2014；McNeely，Falci，2004）。阶段环境匹配理论指出学校联结氛围的建立对学生发展极其重要，学校的内部资源与学生各个发展年龄段需求的平衡对其健康发展意义重大（鲍学峰等，2016）。良好的学校情感联结有助于学生感知到来自学校环境中他人的支持和认可，以及形成良好的团体归属感，有利于弥补不良家庭环境和父母冲突关系对儿童所造成的情绪安全感缺乏，进而有助于儿童青少年形成积极的人际交往模式，在一定程度上缓解情绪不安全感所产生的负面影响。美国的一项追踪研究发现，良好的学校环境（教师同学支持、学校归属感）能够减少暴露于不良家庭环境的青少年的风险行为，比如吸毒、饮酒、偷盗、反社会行为（Rovis et al.，2016）。

此外，依恋理论指出，依恋是个体发展过程中与重要他人建立的一种深层次稳固性情感联结，有着情感温暖和社会控制的功能（陈武等，2015；王英芊等，2016）。依恋伴随着个体终生发展，随着年龄的变化，依恋对象会从早期的父母过渡到青春期的同学与老师，在此阶段学校的同伴交往与师生关系则扮演着重要角色，良好的学校联结体现的是学生对学校及学校环境中他人的情感联结及归属感，是中学生适应学校的重要指标，依恋的补偿竞争机制也指出中学生在学校环境中能够通过寻求同伴友谊与老师支持，去满足那些在父母和家庭里无法得到的情感需求（王英芊等，2016）。这也说明学校联结作为积极的学校支持资源，能够在一定程度上弥补和缓解不良家庭环境父母婚姻关系对青少年发展所带来的消极影响。基于此，本研究将深入考察学校联结作为外部资源条件，在父母婚姻质量影响个体欺凌行为过程中的作用。

二、父母婚姻冲突作用的实证研究

（一）研究目的

本研究通过问卷法探讨父母婚姻冲突对初中生欺凌行为的影响，进一步考察情绪安全感在其中的中介作用以及学校联结的调节作用。

（二）研究方法

1. 被试

本研究采用整群随机抽样选取宁波市某地区两所初级中学进行问卷施测。总共发放 600 份问卷，回收有效问卷 585 份，有效率为 97.5%。其中，男生 284 人，女生 301 人；初一学生 262 人，初二学生 323 人；独生子女 375 人，非独生子女 210 人；城镇学生 464 人，农村学生 121 人；父母文化程度为小学及以下 17 人，初中 142 人，高中或中专 243 人，本科或大专及以上 183 人；被试平均年龄为 13.52±0.69 岁。

2. 研究工具

（1）父母婚姻冲突

本研究采用由 Grych 等（1992）编制、赵梅（2005）修订的儿童感知父母冲突量表（children's perception of interparental conflict scale）。共计 38 个题项，包括冲突性程度、解决情况、冲突内容、威胁程度、应对效果、三角关系和冲突归因七个维度。参照已有研究，将冲突程度（如"爸妈在争吵时，会向对方说很难听的话"）和解决程度（如"爸妈争吵完，彼此存有恨意，非常不友好"）作为父母冲突特征量表，测量青少年感知到的父母冲突水平（王明忠等，2014；王玉龙等，2016），共计 18 个题项，采用李克特五点计分，其中 1 表示"非常不符合"，5 表示"完全符合"。其中，1、2、5、8、10、11、14 和 16 为反向计分，总分越高表明父母婚姻冲突越严重。在本研究中，总量表的内部一致性系数为 0.89，冲突性和解决程度分维度的内部一致性系数分别为 0.84 和 0.81。

（2）情绪安全感

本研究采用由 Davies 等（2002）编制、王明忠等（2014）修订的情绪安全感量表（security in the interparental subsystem scale）。共计 17 个题项，包括消

极情绪反应性(如"父母发生争吵时,我感到害怕")、破坏性家庭表征(如"父母发生争吵时,我为家庭的未来感到担忧")和蔓延性家庭表征(如"父母发生争吵时,我担心他们会责备我")三个维度。采用李克特四点计分,其中 1 表示"完全不符合",4 表示"完全符合",为了方便理解,在数据处理时对项目进行反向计分,总分越高表明情绪安全感水平越高。在本研究中,该量表的内部一致性系数为 0.86,三个维度的内部一致性系数在 0.74 到 0.81 之间。

(3)学校联结

本研究采用由喻承甫等(2011)编制的学校联结量表(school connectedness scale),共计 10 个题项,包括同学支持(如"在发生困难时,我可以依靠我的同学们")、教师支持(如"我觉得老师关心我")和学校归属感(如"我觉得自己是学校的一员")三个维度。采用李克特五点计分,其中 1 表示"完全不同意",5 表示"完全同意"。其中,项目 2 和 10 为反向计分,总分越高表明学校联结水平越高。在本研究中,该量表的内部一致性系数为 0.91,三个维度的内部一致性系数在 0.76 到 0.82 之间。

(4)攻击性行为

本研究采用由 Buss 和 Perry(1992)编制的攻击性行为问卷(aggression questionnaire),共计 29 个题项,包括身体攻击(如"要是谁动手打我,我就会还击")、言语攻击(如"当别人和我意见不一致的时候,我会忍不住跟他们争辩")、愤怒(如"有时我会无缘无故地发火")和敌意(如"有时候我觉得有人在背后笑话我")四个维度。采用李克特五点计分,其中 1 表示"非常不符合",5 表示"非常符合"。其中,项目 7、15 和 18 为反向计分,总分越高表明个体的攻击性行为越强。在本研究中,该问卷的内部一致性系数为 0.89,四个维度的内部一致性系数在 0.60 到 0.81 之间。

(三)结果

本研究对中学生攻击性行为及各维度的特点进行描述性统计分析,详见表 5-1。结果表明,中学生攻击性行为总分在性别、生源地类型上差异显著;身体攻击在性别、年级、居住地类型上均存在显著性差异;言语攻击在居住地类型上存在显著差异;敌意在年级变量上存在显著差异。

对父母婚姻冲突、情绪安全感、学校联结及攻击性行为相关分析见表 5-2。

表 5-1 攻击行为及各维度的描述性分析

变量	性别				年级				生源地类型			
	男	女	t	p	初一	初二	t	p	城市	乡镇	t	p
身体攻击	18.73±5.59	16.42±5.76	4.84	0.001	17.58±5.67	18.34±5.70	−3.76	0.034	17.86±5.87	19.09±5.15	−3.28	0.001
言语攻击	16.76±4.13	17.37±4.24	−1.73	0.085	16.02±3.94	16.79±4.20	−1.35	0.179	17.64±4.11	18.38±4.14	−2.39	0.008
敌意	19.22±6.28	19.85±7.02	−1.13	0.258	18.27±6.41	20.43±6.57	−4.73	0.000	19.72±6.58	19.95±5.99	−1.14	0.163
愤怒	23.99±7.85	23.20±6.67	1.32	0.189	21.69±7.08	21.98±6.90	−1.71	0.141	22.63±7.12	22.90±6.30	−0.72	0.074
攻击行为	79.95±19.40	75.59±18.08	2.73	0.007	78.07±17.36	78.56±18.72	−0.46	0.062	78.96±18.50	80.34±16.77	−5.13	0.000

结果表明,父母婚姻冲突与攻击性行为呈显著正相关,与情绪安全感和学校联结呈显著负相关;情绪安全感、学校联结均与攻击性行为均呈显著负相关。

表 5-2　各变量的描述性统计及相关矩阵分析($N=585$)

变量	M	SD	1	2	3
父母婚姻冲突	2.42	0.75	—		
情绪安全感	2.66	0.67	-0.43^{**}	—	
学校联结	3.65	0.86	-0.40^{**}	0.27^{**}	—
攻击性行为	2.67	0.65	0.54^{**}	-0.48^{**}	-0.35^{**}

注:** 表示 $p<0.01$。

依据温忠麟和叶宝娟(2014)论证的有调节的中介检验思路,本研究采用 Hayes(2013)编制的 PROCESS 程序插件进行检验,在控制了性别、年级等变量的条件下,以情绪安全感为中介变量、学校联结为调节变量进行检验,分析结果详见表 5-3。

如表 5-3 所示,方程 2 中父母婚姻冲突显著负向预测情绪安全感。方程 3 中情绪安全感显著负向预测攻击性行为,学校联结显著负向预测攻击性行为,情绪安全感与学校联结的交互项对攻击性行为的预测显著,且父母婚姻冲突与学校联结的交互项对攻击性行为的预测显著。这说明情绪安全感在父母婚姻冲突与攻击性行为之间起中介作用。

为深入分析学校联结在父母婚姻冲突影响攻击性行为直接路径上的调节效应,本研究进行了简单效应分析,具体将学校联结按照正负一个标准差分成高低两组,考察在学校联结的不同水平上父母婚姻冲突对攻击性行为的影响。结果见图 5-1,在低学校联结水平上,父母婚姻冲突对攻击性行为的正向预测作用显著($B_{simple}=0.41,t=7.68,p<0.001$);而在高学校联结水平上,父母婚姻冲突对攻击性行为的预测作用减弱($B_{simple}=0.25,t=4.9,p<0.001$;$B_{simple}$ 由 0.41 减小为 0.25)。即相对于低学校联结水平的个体,父母婚姻冲突对高学校联结水平个体的攻击性行为影响较弱。

进一步考察在学校联结不同水平上情绪安全感对攻击性行为的影响(见图 5-2),在低学校联结上,情绪安全感对攻击性行为的负向预测作用显著($B_{simple}=-0.13,t=-2.67,p<0.01$);而在高学校联结水平上,情绪安全感对攻击性行为的预测作用增强($B_{simple}=-0.4,t=-7.92,p<0.001$;$B_{simple}$ 由 0.13 增强为 0.4)。即相对于低学校联结水平的个体,情绪安全感对高学校联结水平个体攻击性行为的影响更显著。表 5-4 的结果进一步表明,情绪安全

表 5-3　有调节的中介模型检验

变量	方程1(Y: 攻击性行为)			方程2(M: 情绪安全感)			方程3(Y: 攻击性行为)		
	β	SE	95%置信区间	β	SE	95%置信区间	β	SE	95%置信区间
X	0.43***	0.04	[0.35, 0.50]	-0.33***	0.04	[-0.41, 0.25]	0.33***	0.04	[0.26, 0.41]
U	-0.14***	0.04	[-0.21, -0.06]	0.08	0.04	[-0.00, 0.16]	-0.10**	0.04	[-0.18, -0.03]
$X \times U$	-0.04	0.04	[-0.11, 0.03]	-0.01	0.04	[-0.08, 0.07]	-0.08*	0.04	[-0.15, -0.01]
M							-0.26***	0.04	[-0.33, -0.19]
$M \times U$							-0.13***	0.03	[-0.19, -0.06]
R^2	0.35***			0.24***			0.42***		
F	43.99***			26.12***			45.53***		

注:X,U,M,Y 分别代表父母婚姻冲突、学校联结、情绪安全感、攻击性行为;*表示 $p<0.05$,**表示 $p<0.01$,***表示 $p<0.001$。

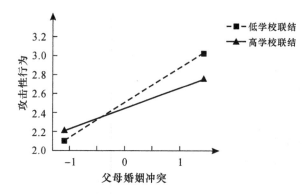

图 5-1　学校联结对 X 与 Y 关系的调节作用

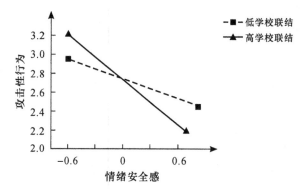

图 5-2　学校联结对 M 与 Y 关系的调节作用

感对青少年攻击性行为的中介效应,会受到学校联结的调节,具体表现为随着学校联结水平的提高,情绪安全感的中介作用显著增强。

表 5-4　学校联结不同水平上的中介效应检验

指标	学校联结	效应值	Boot SE	Boot CI 上限	Boot CI 下限
	−1.00	0.07	0.02	0.03	0.12
情绪安全感的中介作用	0.00	0.11	0.02	0.08	0.16
	1.00	0.17	0.04	0.10	0.25

　　根据本研究的理论假设,采用结构方程模型对情绪安全感的中介作用和学校联结的调节作用进行进一步检验。结果显示,模型拟合程度较好($\chi^2/\mathrm{df}=3.42$,CFI$=0.95$,NFI$=0.92$,GFI$=0.91$,RMSEA$=0.037$),见图5-3。父母婚姻冲突对青少年攻击性行为具有显著的正向预测作用($\gamma=0.33$,$p<0.001$),学校联结对青少年攻击性行为具有显著的负向预测作用

（γ＝－0.12，p＜0.01）；父母婚姻冲突对情绪安全感有显著的负向预测作用（γ＝－0.31，p＜0.001），而情绪安全感对青少年攻击性行为也有显著的负向预测作用（γ＝－0.26，p＜0.001），这说明情绪安全感在父母婚姻冲突与青少年攻击性行为之间起着部分中介作用。同时，父母婚姻冲突和学校联结的交互项对青少年攻击性行为有显著的正向预测（γ＝0.07，p＜0.05），情绪安全感和学校联结的交互项对青少年攻击性行为有显著的负向预测（γ＝－0.13，p＜0.001）。以上结果说明，学校联结对情绪安全感在父母婚姻冲突与青少年攻击性行为之间的调节作用发生在中介模型的直接路径和后半路径上，即在父母婚姻冲突与青少年攻击性行为之间，学校联结作为一个保护因子起缓冲作用，高学校联结的青少年随着父母婚姻冲突的增加，攻击性行为次数相比于低学校联结的青少年增加较为缓慢；在情绪安全感与青少年攻击性行为的关系中，高学校联结的青少年随着情绪安全感的提高，攻击性行为次数相比于低学校联结的青少年较少。

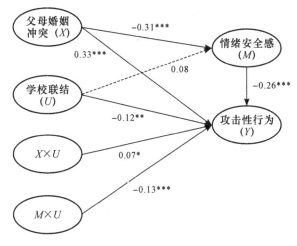

图 5-3　有调节的中介效应模型

注：* 表示 p＜0.05，** 表示 p＜0.01，*** 表示 p＜0.001。

三、机制形成分析

本研究发现，父母婚姻冲突对青少年攻击性行为具有消极作用，证实了生态系统理论中家庭因素具有重要作用的论点，这与已有研究所发现的父母婚姻冲突对青少年攻击性行为的预测作用相一致（苏萍等，2017；王玉龙等，2016）。父母婚姻冲突可以作为一种不良的外部环境刺激线索直接影响个体的攻击性行为(夏天生等,2016),也可以增加个体的消极情绪体验和不安全感,进而引发青少年的攻击性行为。在不同学校联结水平上,父母婚姻冲突通过情绪安全感对攻击性行为的预测作用不同,即在高学校联结水平时,情绪安全感的中介效应更强。这说明不仅父母应当减少家庭冲突和矛盾,为孩子提供一个温暖的成长环境;学校也应当重视校园氛围,给予学生更多的情感支持和尊重,以帮助青少年健康成长。

同时,本研究发现青少年的年级、生源地、是否独生子女和父母文化程度对其攻击性行为有影响。步入青春期之后,青少年更容易冲动,对自我的控制能力和管理能力较差,表现出更强的攻击性。与城市家庭学生相比,农村和落后偏远地区的学生从小生存的环境及父母养育观念均相对较差,因而对于行为规范的养成及偏差行为的约束性较差,从而可能产生更多的攻击性行为(马欣阳等,2017)。对于独生子女来说,他们能够得到父母更多的关爱,良好的亲子关系能够减少青少年的攻击性行为;而非独生子女可能会受到父母的区别对待,容易使青少年产生嫉妒、敌意、攻击等消极行为(陈斌斌,施泽艺,2017;Buist et al.,2013)。与高文化程度的父母相比,低文化程度水平的父母更可能采取严格的教养方式,对孩子严厉、干涉与拒绝,更多采用惩罚和恐吓(张茜洋等,2017),青少年学习到消极行为,并会在同伴交往中表现出来。

本研究发现,情绪安全感在父母婚姻冲突对青少年攻击性行为的影响过程中起部分中介作用。父母婚姻冲突既可以直接作用于青少年的攻击性行为,也可以通过情绪安全感发挥间接作用。一方面,社会学习理论指出,家庭环境中的父母婚姻冲突会给儿童青少年提供学习攻击性行为的机会,使儿童青少年逐渐形成一种错误信念,即攻击性行为是解决问题的可行方法,并用这种错误的信念指导日后的行为,从而导致更多的攻击性行为出现(夏天生等,2016)。早期研究表明,个体长期暴露在暴力环境中,会对其产生潜移默化的影响,并在无形中习得这种不合理的处理方式和观念,使其在面对矛盾冲突时容易发生攻击性行为,这种行为也会在生活实践中不断得以强化(张林等,2017)。另一方面,情绪安全感与青少年攻击性行为有着直接联系。根据情绪安全感理论,当青少年过度暴露于父母冲突的环境中,他们的情绪安全感会不断受到冲击,会对类似的压力和冲突情境产生泛化而导致情绪失调(范航等,2018)。同时,情绪不安全感会引起一般性情绪调节的失效,使愤怒、恐惧、害怕等消极情绪的激活阈限升高,消极情绪的持续时间增加(王明忠等,2013)。而一般攻击模型认为,愤怒或恐惧等消极情绪可能会导致攻击性行为的发生(Anderson,Bushman,2002),对于处于人际冒犯或细小的冲突情境中的青少年来说,他们的情绪管理能力和调节能力还不够稳定,这可能是情绪不安全感的青少年表现出攻击性行为的原因。

本研究发现,学校联结调节父母婚姻冲突通过情绪安全感影响青少年攻击性行为这一过程的后半路径和直接路径,即"情绪安全感与攻击性行为之间的关系",以及"父母婚姻冲突与攻击性行为之间的关系"均受到学校联结的调节。

相对于高学校联结的青少年,父母婚姻冲突对低学校联结个体的攻击性行为预测作用更强。学校联结作为一种重要的保护因素,个体能够从同学那里获得情感支持、尊重和包容,更好地适应学校环境,减少与同学发生冲突的可能性;且教师能够为高父母婚姻冲突的青少年提供更多的社会技能和问题解决方法,采取沟通交流等合理的方式解决矛盾,较少实施攻击性行为(王冰等,2018)。同时,当青少年面临父母婚姻冲突带来的愤怒、压力等消极情绪时,他们更可能向教师和同伴求助,拥有更多处理消极情绪的资源,采取更具适应性的方式加以应对和处理,以减少攻击性行为的发生(向伟等,2019)。此外,学校联结反映了学生对学校的归属感和认同感,感受到良好的校园氛围,从而规避了青少年偏差问题行为赖以滋生和发展的不良环境因素,有利于青少年的身心发展。因此,个体与同伴、教师和学校的联结是青少年攻击性行为的抑制因素,有助于缓解父母婚姻冲突对青少年的影响。

相对于低学校联结的青少年,情绪安全感对高学校联结个体的攻击性行为预测作用更强。情绪安全感理论认为,如果青少年感受到生活中的重要依恋对象(同伴、教师)能够满足其情绪需要,则会降低激烈的父母婚姻冲突对青少年攻击性行为的影响(Davies,Cummings,1994)。这一观点在先前的研究中得到了证实,如 Tzani-Pepelasi 等(2019)在研究中发现,同伴支持能够促进友谊、安全感和保护感,积极影响青少年的学校体验和情绪,掌握更多的社会技能,以相对合理和妥善的方式解决与他人的冲突,降低攻击性行为发生的概率。同时,依恋的竞争补偿机制指出,在高学校联结的条件下,青少年在学校环境中通过寻求同伴和教师的支持与友谊,以满足在父母和家庭中无法得到的情感需求(王英芊等,2016),缓解自己的消极情绪,进而缓解压力,使问题得到解决,避免攻击性行为的发生。因此,较高的学校联结可以提高青少年情绪安全感的水平,从而发挥其对攻击性行为的保护和调节作用。

四、总结与建议

本研究从家庭环境的角度出发，以生态系统理论为基础探讨了父母婚姻冲突对青少年攻击性行为的作用。本研究通过问卷法研究发现父母婚姻冲突、情绪安全感、学校联结和初中生欺凌行为显著相关，说明父母婚姻冲突、情绪安全感和学校联结和初中生欺凌行为之间联系紧密。此外，通过有调节的中介检验，发现情绪安全感在父母婚姻冲突和初中生欺凌行为之间起中介作用，同时学校联结在其中起调节作用。本研究证实了父母婚姻冲突作为一种不良的外部环境刺激直接影响个体的攻击性行为，也可以增加青少年的消极情绪体验和不安全感，进而引发青少年的攻击性行为。同时，本研究也为预防和干预青少年攻击性行为提供了理论与实践指导，并提出了以下两点建议。

（一）创造和谐家庭氛围，增加青少年情绪安全感

首先，父母应该有意识地对青少年的心理和行为发展给予更多的重视，培养家庭心理教育的能力，主动去学习心理学、教育学基本知识，对孩子在不同年龄、不同性别、不同学校可能面临的心理问题有所了解并给予重视，做好孩子人生的"第一任导师"，成为孩子正确价值观的引导者。同时父母可运用合适的方式与孩子沟通交流，拉近彼此之间的心理距离，增强与孩子之间的情感联系程度，提升家庭亲密度水平。其次，父母应当减少家庭冲突和矛盾，创造温馨的家庭氛围，为孩子提供一个温暖的成长环境，增加青少年的情绪安全感。最后，对于非独生子女的家庭，父母应当公平对待每个孩子，降低孩子因不公平待遇而产生攻击性行为的可能性。

（二）开设心理健康课程，引导青少年合理表达情绪

首先，学校应重视校园氛围，给予学生更多的情感支持和尊重，同时积极建设和使用心理咨询室，聘请专业的心理健康教师，开设心理健康课程，加强对学生的心理健康辅导，引导青少年正确地发泄消极情绪，合理地表达自己的情绪情感，帮助青少年健康成长。其次，教师在学生心理健康发展中起到重要作用，教师应主动提升自我核心素养，营造轻松愉悦的教育氛围、课堂氛围，同时更多地关心学生，为其提供更多的社会技能和问题解决办法，并鼓励同学之间互相帮助。最后，学校、教师、同伴与个体之间应增强联结，共同努力减少青少年的攻击性行为。

第二节　父母教养方式对欺凌行为的影响

欺凌行为是一种有意对他人的身体或心理造成伤害的行为倾向或个人特征。近年来,连续发生的校园恶性欺凌事件引发了社会各界对青少年欺凌行为的高度关注。以往众多研究也表明,欺凌行为会严重影响青少年的身心发展,如人格发展、情绪适应、心理适应和社会交往等(田梦茜,田录梅,2013),同时攻击性行为也作为衡量青少年社会化成败的重要指标之一(何一粟等,2006)。尽管目前对校园欺凌行为的成因已有大量研究,但大多是从某单一方面对青少年欺凌行为进行探讨,缺乏从家庭因素、同伴关系与个人因素对青少年欺凌行为的综合作用机制进行深入研究(刘畅,陈旭,2012;Raine et al.,2016);无法明确早期家庭因素在青少年成长过程中如何发展变化,如何影响青少年的欺凌行为,以及在何种条件下会促发这种社会行为。因此,探讨中学生欺凌行为的发生机制对于有效控制青少年的欺凌行为、减少校园恶性暴力事件发生具有非常重要的社会意义。

本研究采用问卷调查与数据模型机制探究相结合的研究方法,探究早期父母教养方式影响中学生欺凌行为的形成机理,具体主要探究三个问题:第一,中学生欺凌行为的现状及其具体特征;第二,不良同伴关系在早期家庭教养方式对中学生欺凌影响过程中的作用;第三,个体的自我控制在欺凌行为发生的过程中是否起到这种调节缓冲的作用。期望本研究成果能运用于中小学安全教育及心理健康教育的预防体系中。欺凌行为作为攻击性行为的一种表现形式和子类型,因此文中表述将欺凌行为与攻击性行为互换使用。

一、父母教养方式与欺凌行为的关系

关于中学生欺凌行为的形成机制问题,Anderson 和 Bushman(2002)提出的一般攻击模型认为,情境因素是促使攻击性行为产生的一个重要因素。其中,情境因素主要来自个体周围的环境刺激,尤其是家庭环境中父母教养方式对个体攻击性行为的形成具有极为重要的影响(Gómezortiz et al.,2015)。父母教养方式是指父母在教化和抚育孩子时所体现出来的教育观念、对待子女的态度以及在此过程中的一切言行举止(罗云等,2016)。Arrindell 等(1999)强调应考察儿童亲身感受到的父母教养方式,并将教养方式分为拒绝、过度保护和情感温暖三种类型。其中,拒绝和过度保护是消极的教养方式,情感温暖是积极的教养方式;受积极父母教养方式影响的个体攻击性行为较少,而受消极父母教养方式影响的个体攻击性行为较多(Danzig et al.,2015)。例如,情感温暖的父母教养方式有助于形成和谐的亲子关系,可减少攻击性行为的发生(邵海英,2014)。而过度保护的父母教养方式与孩子主动性攻击性行为的发生存在很高的关联性(Xu et al.,2009)。同时,与那些感到被父母接受的孩子相比,感受到被父母拒绝的孩子表现出更高水平的敌意和攻击性行为,情绪也更不稳定(Barnow et al.,2015)。可见,早期家庭环境因素特别是孩子感知到的父母教养方式(尤其是消极父母教养方式)对青少年欺凌行为模式的形成具有直接影响。

然而父母教养方式如何影响中学生欺凌行为的具体机制尚不清楚,本研究进一步探讨父母教养方式对攻击性行为的作用机制。生态系统理论认为,家庭和同伴是影响青少年发展的两个重要子系统。这两个子系统之间是相互联系而非独立发展的,其中一个子系统的风险因素会增加青少年暴露于另一个子系统的风险因素之中的可能性,进而导致青少年的不良行为(陈武等,2015)。社会学习理论认为,同伴的行为对青少年起到榜样和强化的作用(宋静静等,2014)。苏斌原等(2016)研究指出,结交不良同伴会通过社会模仿等形式对青少年产生影响,使其产生不良行为。以往研究也表明越轨同伴交往是导致青少年产生攻击性行为的风险因素,如与越轨同伴交往会对青少年的攻击性行为产生显著的直接影响(Ellis,Zarbatany,2007),甚至会增加青少年出现反社会行为的可能性(Lee,2011)。近期学者们还十分关注越轨同伴交往在父母教养方式对初中生攻击性行为间接影响中的作用。苏斌原等(2016)的研究发现,越轨同伴交往显著影响父母网络监管与青少年网络游戏成瘾的关系;陈武等(2015)的研究发现,越轨同伴交往在亲子依恋对青少年问题性网络使用影响中起显著的中介效应。由此,越轨同伴可能是引发问题行为的中介因素。然而越轨同伴交往在父母教养方式与攻击性行为之间是否具有中介作用尚未得到研究检验。另外,父母教养方式也可能会逐渐影响或改变青春期个体与不良同伴之间的交往,从而导致个体欺凌行为倾向提高,这也是本研究拟考察的主要问题。

自我控制是指个体为达到特定的目标而监控、抑制、坚持和调整自身行为、情感以及期望的能力(Duckworth,2011)。Gottfredson 和 Hirschi(1990)提出的自我控制理论认为,低自我控制是犯罪和侵犯的主要原因,相比于高自我控制能力的人,低自我控制者在一定程度上更容易出现犯罪和偏差行为。例如,岸本鹏子等(2012)发现,服刑人员的自我控制能力越高,其预谋攻击性行为则越少,且自我控制能力的高低可能在与攻击性行为相关的多重路径中扮演着特定且复杂的作用;Li 等(2013)发现,自我控制与攻击性行为倾向之间存在显著的负相关,即自我控制负向预测攻击性行为;Osgood 和 Muraven (2016)发现,较低的自我控制会直接导致攻击性行为的发生。有研究表明,低自我控制个体受越轨同伴交往的影响较大,可能更容易导致个体表现出攻击性行为;反之,高自我控制个体受越轨同伴交往的影响较小,进而很少表现出攻击性行为(Righetti et al.,2013)。由此看来,自我控制可能会调节越轨同伴交往对攻击性行为的影响。鉴于以往对于自我控制与越轨同伴交往、攻击性行为交互作用的研究不够深入,本研究拟探讨当初中生处于越轨同伴交往这种不利环境中时,自我控制是否能够调节越轨同伴交往与初中生攻击性行为的关系,是否可以作为一种保护因素,有效降低越轨同伴交往对初中生攻击性行为的影响。简言之,自我控制在越轨同伴交往与欺凌行为间可能存在调节作用,这也是本研究将要考察的主要问题。

二、父母教养方式作用的实证研究

(一)研究目的

本研究采用问卷法考察父母教养方式与初中生欺凌行为的关系,同时探讨越轨同伴交往的中介作用,以及该作用是否受自我控制的调节。

(二)研究方法

1. 被试

本研究采取整群取样方法选取宁波地区四所中学初一、初二、初三年级的学生进行调查,发放问卷 650 份,得到有效问卷 631 份,有效回收率为97.08%。其中男生 368 人,女生 263 人;七年级学生 106 人,八年级学生 220人,九年级学生 305 人;城市学生 308 人,农村学生 323 人;独生子女 242 人,非独生子女 389 人;被试年龄在 13 到 16 岁之间,平均年龄为 14.59(SD=1.10)。

2. 研究工具

(1)父母教养方式

本研究采用 Arrindell 等(1999)编制、蒋奖等(2010)修订的简式父母教养方式问卷(simple egna minnen av bamdoms uppfostran),包括拒绝、情感温暖和过度保护三个维度,共计 21 个题项。采用李克特五点计分,1 表示"从不",5 表示"总是",得分越高表示越倾向于采用这种父母教养方式。本研究从积极教养方式(情感温暖)与消极教养方式(拒绝和过度保护)两方面对父母教养方式进行探讨,其中积极教养方式分量表的内部一致性系数为 0.81,消极教养方式分量表的内部一致性系数为 0.83。验证性因素分析的结果表明该问卷结构效度良好($\chi^2/df = 2.76$,CFI $= 0.92$,NFI $= 0.94$,GFI $= 0.93$,RMSEA $= 0.041$)。

(2)越轨同伴交往

本研究采用 Li 等(2013)编制的越轨同伴交往问卷(deviant peer affiliation scale),主要考察被试与越轨同伴接触交往的频次高低。共计八个项目,采用李克特五点计分,1 表示"从不",5 表示"总是",得分越高表示个体与有越轨行为的同伴交往越多。本研究验证性因素分析结果表明该问卷的结构效度良好($\chi^2/df = 3.02$,CFI $= 0.94$,NFI $= 0.93$,GFI $= 0.94$,RMSEA $= 0.023$)。本研究中,该问卷的内部一致性系数为 0.89。另外,在这里我们使用匿名条件下青少年自我报告而不是同伴提名对该变量进行测量,这有助于收集到有代表性的大样本调查数据,而且会降低敏感问题回答时的社会赞许现象。

(3)自我控制

本研究采用由 Tangney 等(2004)编制、谭树华等(2008)修订的自我控制问卷(self-control scale)。共计 19 个项目,包含自律和冲动控制两个维度,采用李克特五点计分,其中 1 表示完全不符合,5 表示完全符合,得分越高表明个体的自我控制能力越强。本研究验证性因素分析结果表明该问卷的结构效度良好($\chi^2/df = 2.98$,CFI $= 0.93$,NFI $= 0.92$,GFI $= 0.95$,RMSEA $= 0.031$)。本研究中问卷内部一致性系数为 0.83,自律和冲动控制维度的内部一致性系数分别为 0.80 和 0.84。

(4)攻击性行为

本研究采用 Buss 和 Perry(1992)编制的攻击性问卷(aggression questionnaire),包含四个组成部分:身体攻击、言语攻击、愤怒和敌意,共计 29 个条目。问卷采用李克特五点计分,其中 1 表示完全不符合,5 表示完全符合,分数越高表明攻击性越强。此量表在国内研究使用中表现出很好的信效度(辛自强等,2007)。本研究验证性因素分析表明该问卷的结构效度良好($\chi^2/df = 3.62$,CFI $= 0.94$,NFI $= 0.93$,GFI $= 0.96$,RMSEA $= 0.034$)。在本研究中该问卷的内部一致性系数为 0.84,身体攻击、言语攻击、愤怒和敌意各维度的内部一致性系数分别为 0.81、0.82、0.83 和 0.85。

（三）数据统计分析与结果

1. 共同方法偏差的控制与检验

本研究受客观条件限制，仅采用自我报告法收集数据，可能会导致共同方法偏差。根据周浩和龙立荣（2004）的建议，从程序方面进行控制，如采用匿名方式进行测查、部分条目使用反向题等。数据收集完成后，采用 Harman 单因子检验法进行了共同方法偏差检验。结果表明，未旋转和旋转后都得到 22 个因子特征值大于 1，未旋转得到的第一个因子解释的变异量为 12.17%，旋转得到的第一个因子解释的变异量为 15.67%，都远远小于 40% 的临界值，说明共同方法偏差不明显。

2. 相关分析及模型检验

对攻击性行为及各维度的特点分析发现，在初中生的攻击性行为总分上，不同性别的差异边缘显著（$t=-1.80$，$p=0.073$），男生（$M=66.87$，$SD=1.20$）略高于女生（$M=64.27$，$SD=1.20$）；在家庭居住地上没有显著差异 [$F(2,628)=0.34$，$p=0.71$，$\eta_p^2=0.02$]；在是否为独生子女上也没有显著差异（$t=-0.22$，$p=0.83$，$d=0.02$）。其中，在身体攻击维度上性别差异显著（$t=16.74$，$p<0.001$，$d=0.46$），男生（$M=17.46$，$SD=4.0$）高于女生（$M=15.64$，$SD=4.06$）；在是否为独生子女上差异显著（$t=-1.98$，$p<0.05$，$d=0.22$）；在父母是否离异上也有显著差异（$t=-2.45$，$p<0.05$，$d=-0.48$）。敌意在母亲文化程度上差异显著 [$F(3,627)=3.01$，$p<0.01$，$\eta_p^2=0.01$]。言语攻击在父亲文化程度上差异显著 [$F(3,627)=3.28$，$p<0.05$，$\eta_p^2=0.03$]。

各变量的平均数、标准差和相关系数见表 5-5。积极父母教养方式与敌意有显著负相关，而与其他各主要变量之间相关均不显著。消极父母教养方式与各主要变量之间有显著正相关（$p<0.01$），因此本研究仅探讨消极父母教养方式对欺凌行为的预测作用。消极父母教养方式与越轨同伴交往、攻击性行为、身体攻击、言语攻击、愤怒和敌意之间均呈显著的正相关（$p<0.05$），而与自我控制呈显著负相关（$p<0.05$）。越轨同伴交往与攻击性行为、身体攻击呈显著正相关（$p<0.01$），而与自我控制呈显著负相关（$p<0.05$）。另外，自我控制与攻击性行为、身体攻击、言语攻击、愤怒和敌意均呈显著负相关（$p<0.01$）。

表5-5 各变量的均值、标准差与相关系数（N=631）

变量	M	SD	1	2	3	4	5	6	7	8	9	10
性别ª	—	—	1									
年龄	15.00	1.01	-0.09	1								
积极父母教养方式	2.56	0.61	-0.00	0.15*	1							
消极父母教养方式	2.02	0.46	-0.07	0.08	-0.24**	1						
越轨同伴交往	1.53	0.55	-0.11*	0.08	-0.05	0.16**	1					
自我控制	3.13	0.45	-0.07	-0.04	0.04	-0.24**	-0.11*	1				
身体攻击	2.08	0.51	-0.22**	-0.09	-0.10	0.25**	0.25**	-0.43**	1			
言语攻击	2.37	0.45	0.03	0.01	-0.07	0.15**	0.05	-0.37**	0.33**	1		
敌意	2.42	0.64	0.09	0.01	-0.11*	0.31**	0.10	-0.30**	0.25**	0.28**	1	
愤怒	2.28	0.57	0.12*	0.07	-0.01	0.11*	0.07	-0.51**	0.38**	0.40**	0.28**	1
攻击性行为	2.28	0.38	-0.10*	0.06	-0.07	0.30**	0.20**	-0.61**	0.70**	0.64**	0.68**	0.76**

注：ª表示虚拟变量，男生=0，女生=1；*表示 $p < 0.05$，**表示 $p < 0.01$。

根据温忠麟和叶宝娟(2014)的建议,检验有调节的中介模型需要分别检验直接路径、中介链条的前半段和中介链条的后半段是否受到调节变量的调节效应。本研究仅检验中介链条的后半段是否受到调节变量的调节效应。如果回归检验既证明了中介作用,又证明了中介链条上的调节效应,则说明有调节的中介效应存在。本研究有调节的中介效应分析见表5-6。

如表5-6所示,方程1中消极父母教养方式正向预测攻击性行为,消极父母教养方式与自我控制的交互项对攻击性行为的预测作用不显著。方程2和方程3中,消极父母教养方式对越轨同伴交往的效应显著,同时越轨同伴交往与自我控制的交互项对攻击性行为的预测效应显著。这表明,消极父母教养方式、越轨同伴交往、自我控制和攻击性行为四者之间构成了有调节的中介效应模型,越轨同伴交往在消极父母教养方式与攻击性行为之间具有中介作用。

为了更清楚地解释越轨同伴交往与自我控制对攻击性行为影响的交互效应的实质,将自我控制按照正负一个标准差分成高、低组,采用简单斜率检验考察在不同自我控制能力水平上越轨同伴交往对攻击性行为的影响,具体的调节效应如图5-4,对于高自我控制能力的个体,越轨同伴交往对攻击性行为的预测作用不显著($B_{simple}=0.01$,$SE=0.01$,$p>0.05$),即中介效应不成立;而对于低自我控制能力的个体,越轨同伴交往对攻击性行为的预测作用显著($B_{simple}=0.03$,$SE=0.01$,$p<0.01$),即中介效应成立。即对高自我控制的个体而言,消极父母教养方式直接影响个体的攻击性行为,越轨同伴交往不起中介作用;而对于低自我控制个体,个体的攻击性行为既受到消极父母教养方式的直接影响,也受到越轨同伴交往的间接影响。

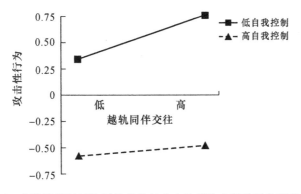

图5-4　自我控制对越轨同伴交往与攻击性行为之间关系的调节作用

表5-6 有调节的中介效应分析

变量	方程1(Y:攻击性行为)				方程2(M:越轨同伴交往)				方程3(Y:攻击性行为)			
	B	SE	β	95%置信区间	B	SE	β	95%置信区间	B	SE	β	95%置信区间
X	0.17	0.05	0.18***	[0.09,0.27]	0.14	0.05	0.14**	[0.05,0.25]	0.15	0.05	0.15**	[0.07,0.25]
V	−0.53	0.05	−0.54***	[−0.63,−0.42]	−0.08	0.07	−0.08	[−0.20,0.08]	−0.52	0.05	−0.52***	[−0.61,−0.42]
X×V	−0.02	0.04	−0.02	[−0.08,0.06]	−0.06	0.06	−0.07	[−0.19,0.07]	−0.01	0.04	−0.01	[−0.08,0.08]
M									0.10	0.05	0.10*	[0.01,0.20]
M×V									−0.06	0.04	−0.09*	[−0.12,−0.001]
性别	−0.02	0.08	−0.01	[−0.19,0.16]	−0.22	0.11	−0.11*	[−0.42,−0.02]	0.001	0.09	0.001	[−0.16,0.18]
R^2	0.36				0.04				0.38			
F	65.80***				4.29**				41.68***			

注:X、V、M和Y分别代表消极父母教养方式、自我控制、越轨同伴交往和攻击性行为;所有预测变量的95%置信区间采用Bootstrap方法得到;*表示$p<0.05$,**表示$p<0.01$,***表示$p<0.001$。

进一步对整合模型进行检验的结果表明,模型拟合程度较好($\chi^2/\mathrm{df}=3.02$,CFI$=0.92$,NFI$=0.95$,GFI$=0.94$,RMSEA$=0.032$),见图5-5。其中,消极父母教养方式对个体攻击性行为具有显著的正向预测($\gamma=0.17$,$p<0.001$),自我控制会对攻击性行为有显著的负向预测($\gamma=-0.54$,$p<0.001$);消极父母教养方式对越轨同伴交往有显著的正向预测($\gamma=0.13$,$p<0.01$),而越轨同伴交往对攻击性行为也有显著的正向预测($\gamma=0.10$,$p<0.05$),这说明越轨同伴交往在消极父母教养方式与攻击性行为之间起着部分中介作用。同时,越轨同伴交往和自我控制的交互项对攻击性行为有显著的负向预测($\gamma=-0.09$,$p<0.05$)。以上结果表明,自我控制对越轨同伴交往在消极父母教养方式与攻击性行为之间的间接效应存在显著的调节作用,调节作用的发生在中介模型的后半段,即越轨同伴交往对攻击性行为的影响过程受到初中生自我控制能力高低的调节。

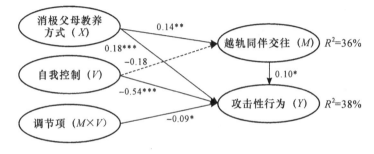

图5-5　有调节的中介效应模型

注:R^2 表示方差解释;虚线表示不显著;* 表示 $p<0.05$,** 表示 $p<0.01$,
*** 表示 $p<0.001$。

三、机制形成分析

本研究发现,青少年的身体攻击在是否为独生子女、父母是否离异上表现出差异,其中独生子女表现出更多的身体攻击,这可能是由于父母的溺爱会使得孩子易形成蛮横骄纵、唯我独尊的心理(陈洪岩等,2013)。父母离异的个体也会表现出更多的身体攻击,言语攻击和敌意在父母文化程度上表现出差异,离异家庭存在父母争吵甚至暴力冲突的现象,父母文化程度低也更容易出现言语攻击和敌意行为,在这样的家庭环境中长大的青少年也更容易出现攻击性行为(王菁等,2016),这充分说明不良家庭环境因素对青少年欺凌行为的形成和发展具有重要影响。相关分析的结果表明,消极父母教养方式与越轨同伴交往、欺凌行为都呈显著正相关,越轨同伴与初中生攻击性行为呈显著正相关，表明消极父母教养方式可能会导致初中生与越轨同伴交往以及攻击性行为的出现，这一结果与已有研究相一致（吴安，陈杰，2016）。本研究还发现，自我控制与初中生攻击性行为呈显著负相关，这与以往的研究结果相一致（O'Donnell et al.，2013）。高自我控制能力的个体往往有更好的情绪调节能力，能更好地应对生活压力，具有更强的适应能力。相反，低自我控制能力的个体，喜欢获得及时满足，更容易被短期利益迷惑，产生犯罪或越轨行为。

对越轨同伴交往中介作用的检验表明，越轨同伴交往在消极父母教养方式与初中生欺凌行为的关系中起部分中介作用，即消极父母教养方式通过越轨同伴交往影响初中生欺凌行为。这表明，同伴因素（如越轨同伴交往）相对于家庭因素（如消极父母教养方式）是青少年问题行为（如攻击性行为）的近端因素，这与前人研究结果一致（van Ryzin et al.，2012）。长期受消极父母教养方式影响的青少年更容易结交越轨同伴，从而增加出现攻击性行为的可能性。这可从以下几个方面来进行解释：首先，父母教养方式会影响孩子对同伴的选择。青少年正处于渴望自我独立的"分离—个体化"时期，但由于其本身的不成熟性，仍不能完全脱离父母，就容易产生一种矛盾的逆反心理。父母教养方式会影响亲子关系的建立（兰文凤等，2023），当亲子之间缺乏沟通和信任，甚至关系淡漠时，孩子会认为父母并不在意自己，不能从家庭享受到安全基地的保护，他们就可能通过结交不良同伴来引起注意或进行反抗（陈武等，2015；苏斌原等，2016）。其次，同伴聚集理论认为，不良同伴间形成的规范促进了青少年不良行为的发生和持续发展，为了获得同伴群体的接受和认可，会进一步强化青少年的问题行为（苏斌原等，2016）。最后，社会发展模型和初级社会化理论均指出，个体发展的背景因素（如家庭、同伴）之间存在密切联系，不良的社会联结会促进青少年与不良同伴交往，进而更容易产生问题行为（Hawkins，Weis，1985）。当消极父母教养方式会促使青少年发展出不良的人际关系以及较难适应学校，更容易结交越轨同伴从而增加了出现欺凌行为的可能性。可见，消极父母教养方式可能会增加个体与不良同伴交往的风险，而与不良同伴的交往又会进一步导致青少年形成欺凌行为。

本研究发现，个体的自我控制对消极父母教养方式与欺凌行为之间的间接效应存在调节作用，具体的调节作用发生在中介路径的后半段，即越轨同伴交往与欺凌行为之间的关系受到初中生自我控制能力的调节。具体而言，相对于自我控制能力高的初中生，自我控制能力低的个体的越轨同伴的中介效应更明显。自我控制作为个体按照社会标准或自己的意愿，约束和管理自己的行为、情绪和认知活动等的能力，不仅是个体的心理社会适应能力的重要影响因素,也是各种问题行为的重要预测变量——自我控制能力低是不良行为产生的重要心理机制(牛更枫等,2015)。Gottfredson 和 Hirschi(1990)所提出的自我控制理论在一定程度上也佐证了这一观点,该理论认为,相比于高自我控制能力的人,低自我控制者在一定程度上更容易出现犯罪和偏差行为。本研究也进一步证实了这一观点,自我控制不仅对攻击性行为有显著的负向预测作用,还能在越轨同伴交往对攻击性行为的影响中起调节作用,并且越轨同伴交往和攻击性行为对低自我控制个体的攻击性行为有更大的影响。这也进一步表明,自我控制不仅可以直接对攻击性行为产生影响,它还是其他因素对个体的不良行为产生影响的关键中介变量,能够缓释外界风险因素对个体不良行为的消极影响(牛更枫等,2015)。

四、总结与建议

本研究基于一般攻击模型,考察了家庭环境中的父母教养方式对初中生欺凌行为的影响,同时探讨了当初中生处于越轨同伴交往这种不利环境中时,自我控制是否能够调节越轨同伴交往与初中生欺凌行为的关系,是否可以作为一种保护因素,有效降低越轨同伴交往对初中生欺凌行为的影响。本研究结果发现消极父母教养方式显著正向预测青少年的欺凌行为;越轨同伴交往在消极父母教养方式与初中生欺凌行为之间起部分中介作用;自我控制在越轨同伴交往和初中生欺凌行为之间起调节作用。根据父母教养方式、越轨同伴交往和自我控制对初中生欺凌行为的影响,本研究提出以下三点建议。

(一)采取科学教养方式,增强情感交流

父母在教育子女的过程中应采取科学的教养方式,为子女的健康成长提供一个良好的家庭环境。首先,不能因担心子女受挫而给予太多的保护,应注重培养孩子的独立性,让孩子对自己的行为负责。其次,父母应多与其进行情感交流,学会倾听子女的想法,并给予正确的引导,以帮助其形成正确的认知模式。积极的教养方式会帮助青少年在进入学校以后自然而然地发展出良好的人际关系。最后,父母可以通过鼓励孩子增强个人技能,参与各种积极、友爱和合作的活动,以减少他们与不良同伴结交的可能性来避免校园暴力事件的发生。

(二)提高自控能力,减少不良同伴交往

为提高青少年的自我控制能力,首先,家庭应创设积极和谐的家庭氛围,沟通支持并正确引导孩子,给予孩子温暖。其次,学校应加强对高中生的心理

健康教育，重视相关心理课程的开设和实施，同时教师也可以借助学生同伴力量，鼓励学生向优秀同伴学习，相互监督、共同进步，对于班级学生的课余生活要多多关注，关注学生是否与越轨同伴有过多接触。最后，对于那些自控力水平差的初中生，更应该多加关注，减少他们同越轨同伴的交往，加强正确社会行为规范的教育，以避免其对不良榜样的模仿而习得欺凌行为。

（三）个人合理调节情绪，减少攻击性行为

只有控制住自己的情绪，才能控制住自己的行为，进而避免攻击性行为的发生。首先，可以给予自己一些心理暗示，尽量使自己保持清醒和冷静。其次，青少年应学会换位思考，推己及人，进而有效避免产生攻击他人的行为。最后，青少年应学会合理的情绪管理，同时提升自我觉察能力和意志力，及时调整情绪并提高自控能力。

第三节　家庭社会经济地位对欺凌行为的影响

2021年，世界卫生组织发布的报告显示，暴力行为是全球青少年和青年死亡的第四大原因，尤其是在美洲区域的低收入和中等收入国家，将近三分之一的男性青少年死于暴力行为。不但在新闻中能经常看到美国、巴西等国家的贫民窟不断发生暴力、攻击事件，而且调查研究也发现低档社区（Hamner et al.，2015）和农村（马欣阳等，2017）的青少年有更多的攻击性行为。这似乎表明，落后的经济水平和生活条件影响了青少年的发展，不利的社会环境容易导致青少年出现攻击性行为。然而，已有的研究大多关注父母、同伴等微观环境系统对青少年社会行为的影响（Khoury-Kassabri et al.，2020；Sun，2021），而经济文化条件如何影响青少年社会行为的发展，以及如何实现从经济文化水平、家庭和同伴环境到个体发展的理论整合，是目前尚未解决的问题。基于此，本研究拟在生态系统理论和累积风险模型的框架下，聚焦宏观环境因素（经济地域差异）、外层环境因素（家庭社会经济地位）、微观环境因素（父母教养方式和同伴关系）和个体因素（心理资本），探讨青少年欺凌行为的发生机制，确定欺凌行为发生的条件和个体差异，明确各层级系统之间的作用关系。由于欺凌行为是攻击性行为的一种表现形式和子类型，因此文中表述将欺凌行为与攻击性行为互换使用。

一、家庭社会经济地位与欺凌行为的关系

家庭是儿童青少年社会化的起点,也是影响其发展的重要社会生态系统;家庭社会经济地位(family socioeconomic status)作为重要的外层环境系统,是对学生家庭成员、社会和经济地位的度量(Bradley,Corwyn,2002)。家庭社会经济地位包括主观家庭社会经济地位和客观家庭社会经济地位两种,其中,主观家庭社会经济地位强调个体的主观感知,即认为自己处于社会等级的哪一级(Aydin,Vera,2020);而客观家庭社会经济地位则是通过个体的家庭资源而获得的,常用的衡量指标包括受教育水平、职业、家庭收入等(Zwar et al.,2020)。研究表明,家庭社会经济地位可以有效地负向预测青少年的攻击性行为(Chen et al.,2018;Prendergast,MacPhee,2020),即不利的家庭社会经济地位是预测青少年攻击性行为产生的风险因素。然而,目前有关家庭社会经济地位与青少年欺凌行为的关系仍有待进一步探讨。

父母是子女的第一任老师,父母的教养方式对青少年欺凌行为具有显著的影响。Arrindell 等(1999)将父母教养方式分为情感温暖、过度保护和父母拒绝,其中,情感温暖是积极的教养方式,在这种积极教养方式下成长的儿童和青少年有较少的攻击性行为(Masud et al.,2019);而在消极教养方式下成长的儿童和青少年则有较多的攻击性行为(Mukhtar,Mshmood,2018)。根据家庭压力模型(the family stress model),家庭社会经济地位落后无法满足家庭的日常物质需求,会使个体产生心理压力,妨碍父母的健康情绪以及教养方式(Gudmunson et al.,2007)。Rubin 和 Kelly(2015)同样证实了家庭社会经济地位会影响父母的教养方式。根据生态系统理论,外层系统(家庭社会经济地位)要通过微观系统(父母教养方式)才能作用于青少年(Bronfenbrenner,1992)。已有的研究也经常将父母教养方式作为家庭社会经济地位与社会行为的中介变量,例如 Boe 等(2014)发现,父母教养方式在家庭社会经济地位与青少年外化行为之间起中介作用。

同伴作为重要的微观环境系统,可为青少年提供在家庭中无法获得的重要信息,对青少年心理和行为的发展具有重要意义(杨继平等,2021)。不良的同伴关系(同伴侵害、越轨同伴交往)使青少年感受到来自同伴更多的敌意与排斥,并寻找不良同伴与之建立关系,这是青少年攻击性行为的重要风险因素(宋明华等,2017;McQuade,2017)。而高同伴支持的青少年可获得更多的情感支持,能以合理方式解决与他人的冲突,表现出较少的攻击性行为(王冰等,2018;Lansford et al.,2020)。根据家庭压力模型,低家庭社会经济地位会使

父母压力升高,进而引发抑郁等消极情绪,影响子女身心发展及环境适应能力(Conger et al.,2010)。来自低家庭社会经济的青少年,相对来说成长环境恶劣,在人格发展中也会产生价值观扭曲,他们往往会更加悲观、充满敌意,面对环境时,会感觉到更缺乏控制感,不能很好地处理与同伴的关系(Li et al.,2020),人际之间的矛盾增多,更容易触发欺凌行为。

在探讨风险因素对青少年发展造成不良影响的同时,我们也要关注青少年自身对风险的抵抗能力,积极寻找和培养能够抵御累积风险的保护因素。对于青少年而言,心理资本(psychological capital)是重要的个体保护因素,意味着其拥有更多的心理能量和资源,帮助其缓冲不利环境带来的影响(王艳辉等,2017)。心理资本可以界定为心理资本状态论、心理资本特质论和心理资本综合论,包括乐观、希望、自我效能和韧性四个要素(Luthans et al.,2007)。攻击性行为的发生与焦虑、抑郁、压力等负性情绪密切相关(Bhardwaj et al.,2019;Tarlow,La Greca,2021),而乐观、自我效能感等作为人类积极的心理资源,能缓冲生活压力带来的不利影响以减少攻击性行为的发生(Coneo et al.,2017)。例如,Valois等(2017)发现,自我效能感可负向预测攻击性行为,即自我效能感的提高可能会降低攻击性行为发生的可能性。此外,根据心理资本综合论和关于心理资本的实证研究,心理资本作为一个综合体,既具备稳定的特质性,也具备受环境和时间而变化的状态性(Luthans et al.,2007)。高家庭社会经济地位可以为儿童和青少年提供丰富的物质资源和情感支持,当其获得充足的资源时,往往能够拥有更好的应对能力、清晰的自我认识,体验到更高水平的自我效能感和乐观的心态(欧阳智,范兴华,2018)。

根据生态系统理论(ecological systems theory)和累积风险模型(cumulative risk model),青少年的行为发展受社会环境、家庭、同伴等多个子系统的影响,不同系统的风险因素往往具有协同发生性(李董平等,2016),个体面临一个系统的风险因素的同时,也面临另一个领域的风险因素,构成了累积生态风险,影响青少年攻击性行为的发展(Evans et al.,2013)。因此,家庭社会经济地位、父母教养方式、同伴关系的累积作用可能会增加青少年攻击性行为发生的概率,而心理资本可能会在其中起到保护作用,降低青少年攻击性行为发生的风险。

虽然中国社会经济迅速发展,已经实现了全面脱贫。但地理位置、政策等方面的原因使得地区之间、城乡之间在经济、文化、教育等多方面仍存在巨大差异(李萱等,2021)。各区域之间社会经济文化发展的不平衡(宏观系统),可能导致青少年的心理品质及行为受其影响而产生相应的差异。一项关于暴力行为的元分析表明,发展中国家的青少年暴力行为的影响因素与发达国家的影响因素类似,比如父母监管不力、亲子冲突、低家庭社会经济地位、不良同伴交往等(Ribera et al.,2019)。但总体来说,发展中国家青少年的暴力水平和发生率仍高于发达国家(Murray et al.,2008)。基于此,经济地域差异可能在家庭社会经济地位预测青少年欺凌行为的过程中起调节作用。

二、家庭社会经济地位作用的实证研究

(一)研究目的

本研究采用问卷调查法考察家庭社会经济地位与青少年欺凌行为的关系,同时探讨父母教养方式、同伴关系和心理资本的中介作用以及经济地域差异的调节作用。

(二)研究方法

1. 被试

本研究采用整群随机抽样,根据 2020 年中国各省市人均 GDP 排行榜(国家统计局,2020),面向安徽省(代表经济欠发达地区)和上海市(代表经济发达地区)的两所中学进行问卷调查。共发放问卷 1300 份,删除不认真作答问卷,最终得到有效问卷 1271 份,有效回收率为 97.8%。其中,男生 665 人,女生 606 人;初一学生 254 人,初二学生 218 人,初三学生 205 人,高一学生 251 人,高二学生 251 人,高三学生 128 人;经济发达地区 677 人,经济欠发达地区 594 人;被试平均年龄为 14.64 岁(SD=1.96)。

2. 研究工具

(1)家庭社会经济地位

本研究采用主观家庭社会经济地位 Mac Arthur 量表(the mac arthur scale of subjective)来测量主观家庭社会经济地位,含一个题项,通过一个阶梯代表 10 个层级,从低到高代表不同家庭在社会职能所处的位置,要求被试根据题项描述评定自己属于梯子的哪一层级。个体评分越高,表明其主观社会经济地位越高(Adler,Stewart,2000)。

客观家庭社会经济地位常有的测量指标主要有收入、教育和职业,参考陈冰和赵玉芳(2017)的方法,本研究调查了被试的父母受教育程度(如"请问您父/母亲的受教育情况是?")、职业(如"请问您父/母亲的职业是?")和平均月收入(如"请您估计您父/母亲的平均月收入是多少?"),共计六个题项,父母双方各三个题项。该量表采用李克特七点计分,最后,计算被试在这六个题项上

的总分作为衡量其客观家庭 SES 的指标,总分越高表明客观家庭社会经济地位越高。

(2)父母教养方式

本研究采用蒋奖等(2010)修订的简式父母教养方式问卷(short-form egna minnen av barndoms uppfostran),共 42 个题项,父母两个版本各 21 个题项,包括父母拒绝(如"父/母亲经常当着别人的面批评我既懒惰又没用")、父母过度保护(如"我觉得父/母亲干涉我做任何一件事")、父母情感温暖(如"父/母亲赞美我")三个维度。该问卷采用李克特四点计分,其中 1 表示"从不",4 表示"总是"。参照彭自芳等(2020)的方法,综合考虑父亲和母亲的教养方式,总分越高表明教养方式越消极。在本研究中,总问卷的内部一致性系数为 0.91,三个维度的内部一致性系数分别为 0.91、0.82和 0.85。

(3)心理资本

本研究采用张阔等(2010)编制的心理资本问卷(the positive psycap questionnaire),共计 26 个题项,包括乐观(如"我总能看到事物好的一面")、希望(如"我积极地学习和工作以实现自己的理想")、自我效能(如"不少人欣赏我的才干")和韧性(如"我遇到挫折时我很快能恢复过来")四个维度。该问卷采用李克特七点计分,其中 1 表示"完全不符合",7 表示"完全符合"。得分越高表明心理资本越高。在本研究中,总问卷的内部一致性系数为 0.91,四个维度的内部一致性系数分别为 0.76、0.74、0.77 和 0.81。

(4)同伴关系

本研究采用 Rowe 等(2010)编制的课堂气氛量表(student personal perception of classroom climate)中的同伴支持分量表,共计八个题项,反映青少年感受到自己与同伴的关系,如"您从同学或朋友那里得到的支持和照顾"。该问卷采用李克特四点评分,其中 1 表示"无",4 表示"全力支持",得分越高表明同伴关系越好。在本研究中,该量表的内部一致性系数为 0.78。

(5)攻击性行为

本研究采用由 Buss 和 Perry(1992)编制的攻击性行为问卷(aggression questionnaire),共计 29 个题项,包括身体攻击(如"要是谁动手打我,我就会还击")、言语攻击(如"当别人和我意见不一致的时候,我会忍不住跟他们争辩")、愤怒(如"有时我会无缘无故地发火")和敌意(如"有时候我觉得有人在背后笑话我")四个维度。该问卷采用李克特五点计分,其中 1 表示"非常不符合",5 表示"非常符合",得分越高表明攻击性行为越多。在本研究中,该问卷的内部一致性系数为 0.85，四个维度的内部一致性系数分别为 0.75、0.60、0.67 和 0.79。

（三）结果

1. 共同方法偏差检验

由于所有数据均来自青少年自我报告，本研究通过问卷匿名、问卷分开排版、部分题目反向计分等方式控制共同方法偏差的影响。此外，本研究采用 Harman 单因子检验法进行共同方法偏差事后的统计检验（Podsakoff et al.，2003）。结果表明，旋转得到 33 个因子特征值大于 1，第一个因子解释率的变异量为 12.46%，均远小于 40% 的临界值，表明不存在明显的共同方法偏差。

2. 相关分析及模型检验

本研究中各变量的描述性统计和相关分析的结果如表 5-7 所示，性别与攻击性行为呈显著负相关，男生的攻击性行为显著多于女生（$t=2.10, p<0.05, d=0.12$）；年龄与攻击性行为呈显著正相关；经济地区差异、家庭社会经济地位、父母教养方式、同伴关系、心理资本和攻击性行为两两之间存在显著相关，所得相关均与预期一致。由于性别和年龄与研究变量之间存在显著相关，后续的分析中将性别和年龄作为控制变量。

由于相关分析结果符合进一步对父母教养方式、同伴关系和心理资本的中介效应的统计学要求（温忠麟，叶宝娟，2014），因此接下来使用 PROCESS 执行基于 Bootstrap 中介效应检验。

回归分析的结果显示：首先，客观和主观家庭社会经济地位显著负向预测攻击性行为（$p<0.001, p<0.001$）[1]，显著负向预测父母教养方式（$p<0.001, p<0.001$），显著正向预测同伴关系（$p<0.001, p<0.001$），显著正向预测心理资本（$p<0.001, p<0.001$），其次，父母教养方式显著负向预测同伴关系（$p<0.001, p<0.001$），显著负向预测心理资本（$p<0.001, p<0.001$），显著正向预测攻击性行为（$p<0.001, p<0.001$），再次，同伴关系正向预测心理资本（$p<0.001, p<0.001$），显著负向预测攻击性行为（$p=0.004, p=0.003$），最后，心理资本显著负向预测攻击性行为（$p<0.001, p<0.001$）。

---

① 括号内第一个 p 值为客观家庭社会经济地位条件下，第二个 p 值为主观家庭社会经济地位条件下。

表 5-7 各变量的平均值、标准差和相关系数（N=1271）

变量	M	SD	1	2	3	4	5	6	7	8
性别ᵃ	0.48	0.50	—							
年龄	14.64	1.96	—	—						
经济地域差异ᵇ	0.53	0.50	—	—	—					
客观家庭社会经济地位	25.39	7.92	-0.03	-0.67***	0.77***	—				
主观家庭社会经济地位	5.07	1.74	-0.01	-0.40***	0.48***	0.58***	—			
父母教养方式	79.69	16.16	-0.07*	0.04	-0.06	-0.12***	-0.15***	—		
同伴关系	23.37	4.03	0.02	-0.12***	0.14***	0.20***	0.23***	-0.37***	—	
心理资本	124.52	23.33	-0.08**	-0.13***	0.14***	0.21***	0.24***	-0.43***	0.52***	—
攻击行为	73.72	15.50	-0.06*	0.09**	-0.11***	-0.11***	-0.11***	0.33***	-0.31***	-0.43***

注：ᵃ表示虚拟变量，0=男生，1=女生；ᵇ表示虚拟变量，0=经济欠发达地区，1=经济发达地区；*表示 $p<0.05$，**表示 $p<0.01$，***表示 $p<0.001$。

中介效应结果表明,父母教养方式、同伴关系和心理资本在家庭社会经济地位与攻击性行为之间起显著的中介作用。中介效应具体由间接效应的七条路径组成:家庭社会经济地位→父母教养方式→攻击性行为;家庭社会经济地位→同伴关系→攻击性行为;家庭社会经济地位→心理资本→攻击性行为;家庭社会经济地位→父母教养方式→同伴关系→攻击性行为;家庭社会经济地位→父母教养方式→心理资本→攻击性行为;家庭社会经济地位→同伴支持→心理资本→攻击性行为;家庭社会经济地位→父母教养方式→同伴关系→心理资本→攻击性行为。表5-8的中介效应分析结果显示,客观家庭社会经济地位预测路径的中介效应值分别为−0.026、−0.012、−0.023、−0.005、−0.015、−0.019和−0.008,且95%的置信区间均不包含0,表明七个间接效应均达到显著水平。表5-9的中介效应分析结果显示,主观家庭社会经济地位预测路径的中介效应值分别为−0.024、−0.013、−0.030、−0.004、−0.014、−0.020和−0.007,且95%的置信区间均不包含0,表明七个间接效应均达到显著水平。因此,父母教养方式、同伴支持和心理资本均在客观和主观家庭社会经济地位与攻击性行为之间起部分中介作用,并且构成了一个多重链式中介模型。

表 5-8　中介模型路径系数分析(客观家庭社会经济地位)

中介路径	中介效应值	标准误	95%置信区间
$X_1 \to M_1 \to Y$	−0.026	0.008	[−0.042,−0.012]
$X_1 \to M_2 \to Y$	−0.012	0.006	[−0.026,−0.002]
$X_1 \to M_3 \to Y$	−0.023	0.010	[−0.043,−0.006]
$X_1 \to M_1 \to M_2 \to Y$	−0.005	0.002	[−0.010,−0.001]
$X_1 \to M_1 \to M_3 \to Y$	−0.015	0.004	[−0.024,−0.008]
$X_1 \to M_2 \to M_3 \to Y$	−0.019	0.006	[−0.030,−0.009]
$X_1 \to M_1 \to M_2 \to M_3 \to Y$	−0.008	0.002	[−0.012,−0.004]
总间接效应	−0.108	0.019	[−0.146,−0.072]
直接效应	0.027	0.033	[−0.037,0.091]
总效应	−0.081	0.036	[−0.151,−0.010]

注:X_1=客观家庭 SES,M_1=父母教养方式,M_2=同伴关系,M_3=心理资本,Y=攻击性行为。

表 5-9　中介模型路径系数分析（主观家庭社会经济地位）

中介路径	中介效应值	标准误	95％置信区间
$X_2 \to M_1 \to Y$	−0.024	0.007	[−0.039,−0.013]
$X_2 \to M_2 \to Y$	−0.013	0.006	[−0.025,−0.002]
$X_2 \to M_3 \to Y$	−0.030	0.009	[−0.049,−0.013]
$X_2 \to M_1 \to M_2 \to Y$	−0.004	0.002	[−0.009,−0.001]
$X_2 \to M_1 \to M_3 \to Y$	−0.014	0.004	[−0.022,−0.008]
$X_2 \to M_2 \to M_3 \to Y$	−0.020	0.005	[−0.030,−0.011]
$X_2 \to M_1 \to M_2 \to M_3 \to Y$	−0.007	0.002	[−0.011,−0.004]
总间接效应	−0.112	0.016	[−0.144,−0.081]
直接效应	0.032	0.027	[−0.021,0.084]
总效应	−0.081	0.029	[−0.138,−0.024]

注：X_2＝主观家庭 SES，M_1＝父母教养方式，M_2＝同伴关系，M_3＝心理资本，Y＝攻击性行为。

　　为了更清楚地解释经济地区差异的调节作用，本研究按照地区的经济发展水平分成经济发达地区组和经济欠发达地区组，进行简单斜率检验并绘制简单效应分析图（见图 5-6 至图 5-8）。结果表明，相对于经济欠发达地区，经济发达地区的主观家庭社会经济地位对父母教养方式的预测作用增强（从 B_{simple}＝−0.04，t＝−1.00，p＝0.32，到 B_{simple}＝−0.28，t＝−6.41，p＜0.001），父母教养方式对攻击性行为的预测作用减弱（从 B_{simple}＝0.28，t＝5.78，p＜0.001，到 B_{simple}＝0.08，t＝−2.37，p＝0.018），心理资本对攻击性行为的预测作用增强（从 B_{simple}＝−0.19，t＝−4.08，p＜0.001，到 B_{simple}＝−0.42，t＝−10.62，p＜0.001）。

三、机制形成分析

　　本研究发现，家庭社会经济地位对青少年欺凌行为具有积极作用，证实了生态系统理论中外层环境系统发挥着重要作用的观点。与已有研究所发现的家庭社会经济地位对欺凌行为的预测作用一致，即家庭社会经济地位越低则攻击性行为就越高（Chen et al.，2018；Greitemeyer，Sagioglou，2017）。而在本研究中，与已有研究不同的是，无论是客观家庭社会经济地位，还是主观家庭社会经济地位，两者对攻击性行为有着同样的预测效度（陈冰，赵玉芳，

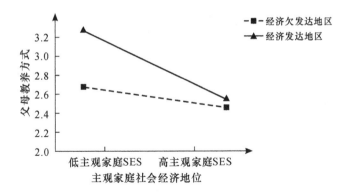

图 5-6 经济地域差异在主观家庭社会经济地位与父母教养方式关系中的调节效应

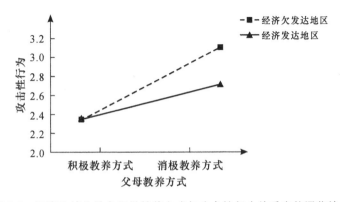

图 5-7 经济地域差异在父母教养方式与攻击性行为关系中的调节效应

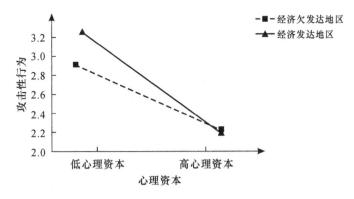

图 5-8 经济地域差异在心理资本与攻击性行为关系中的调节效应

2017）。本研究推测这可能是因为主、客观家庭社会经济地位之间具有较高程度的相关，且与父母教养方式、同伴关系、心理资本、攻击性行为的相关系数相差较小,进而对攻击性行为的预测效度相同。

本研究发现,家庭社会经济地位可分别通过父母教养方式、同伴关系和心理资本的独立中介作用预测青少年的欺凌行为。首先,家庭社会经济地位与父母教养方式存在着密切的相关,父母的职业、受教育水平等因素不仅影响其自身的能力,也会影响其养育子女的方式和行为。根据家庭压力模型,低家庭社会经济地位的父母具有较大的经济压力和社会压力,这些压力又会引发情感和行为问题,而父母通常也会把压力转移到对待子女的教养方式和行为上(Conger et al.,2010)。他们更可能采取严格的教养方式如惩罚和恐吓,这会导致青少年的社会适应水平更差,进而表现出一系列问题行为,如攻击性行为(张茜洋等,2017)。

其次,不同家庭社会经济地位为青少年人际交流和学习提供了不同的环境。高家庭社会经济地位的青少年有更多的机会跟随父母参加活动,他们的社会交往和人际互动相对频繁。青少年在生活中能学习到一些人际交往的知识,进而潜移默化地会更懂得如何与同伴相处,更容易融入同伴群体。而低家庭社会经济地位的青少年往往无法参加集体活动,可能在学校里会受到孤立;而且他们的自尊心水平较低,对同伴拒绝会更加敏感,在人际冲突发生后倾向于退缩和减少人际亲密度,表现出更多的破坏关系行为(Bai et al.,2021)。

最后,本研究的发现也证实了外部环境变量(家庭社会经济地位)需要通过个体变量(心理资本)才能发挥作用,对青少年行为的影响随着个体特征的发展变化而变化(罗世兰等,2021)。较低家庭社会经济地位的父母将主要精力集中在满足家庭基本生活需求方面,不能为青少年提供较多的物质支持与情感支持。而对于青少年,体验到物质匮乏所带来的不公平,对现实的事件产生不良的认知方式和应对方式,对未来缺乏积极的评价,这些都不利于其心理资本的发展。同时,低心理资本的青少年更倾向于采用消极的心态和方式处理问题,缺乏自信心和自我效能感,遇到困难或挫折容易放弃,无法很好地适应环境,从而产生或表现出更多的攻击性行为(张羽等,2017)。

本研究还发现,家庭社会经济地位可以通过父母教养方式、同伴关系和心理资本的多重链式中介作用预测青少年欺凌行为,揭示了影响青少年欺凌行为的环境因素和个体因素存在一定的顺序性特征,同样支持了生态系统理论和累积风险模型的观点,即个体的发展不是由单一的风险因素所决定,而是各种环境因素、人际关系和个体因素间交互作用的结果,不同的风险因素彼此之间协同发挥着作用。较低家庭社会经济地位的父母的经济压力大,没有充足的时间和精力培养子女,会让青少年在家庭环境中感受到了拒绝、冷漠和权威的施压,直接导致亲子关系不良。由于得不到父母应有的关心和爱护,青少年对当前和未来缺乏积极的信念。在面对困难和挑战时显得信心不足、悲观等,不愿意付出坚持和努力,心理韧性较差,容易表现出高度的愤怒和攻击性行为。

高家庭社会经济地位的青少年有更多的机会参与社交活动,学习到合理的交往方式和技能,能更积极地融入同伴群体。当同伴关系较好时,会获得来自同伴的心理和情感支持,能满足青少年的心理需求,促进心理资本的发展。同时,良好的同伴关系会提高青少年对群体、班级和学校的归属感与认同感,倾向于使自己的言行符合学校和班级的规范,更加适应学校环境。

受过高等教育的父母对如何促进孩子的发展有着更好的理解,能选择更合适的教养方式,也更有经济条件为青少年提供充满爱和温暖的家庭环境。他们能及时感受到孩子产生的消极情绪,并提供安慰和建议来帮助孩子缓解这种情绪,避免其转变为问题行为(Wang,Fletcher,2015)。通过与父母的积极互动,青少年学习社会规则和行为,养成尊重他人、信任他人的良好习惯,有助于他们在学校中与同伴交流,获得良好的同伴关系。而良好的同伴氛围会降低滋生不良环境的风险,避免产生欺凌行为。

根据累积风险模型的观点,低家庭社会经济地位、消极的教养方式和不良的同伴关系等多个风险因素累积,使得青少年所处的环境中充斥着大量的不利因子,对个体的影响极为严重。这些风险因素的累积会导致青少年的心理资本得不到良好发展,进而形成"梯度效应"(李董平等,2016)。也就是说,随着风险因素数量的增加,青少年心理资本的水平也会随之下降。心理资本的不足会导致其保护作用下降,容易产生负面情绪,进而增加攻击性行为发生的概率。

经济地域差异在家庭社会经济地位与攻击性行为之间的多重链式中介过程中起到调节作用。以上海为代表的经济发达地区,政府和社会注重教育,有更多的经济条件和物质条件投入家庭教育和学校教育。经济发达地区的父母即使自身的家庭社会经济地位不高,但依然会受到整个社会环境的影响,并且可以从社区或专业机构得到指导,有更多的机会学习和接触到先进的教育观念,弥补自身教养方式中存在的不足。相反,经济欠发达地区相关的家庭教育服务存在不足,无法为父母提供教育指导。此外,经济欠发达地区的青少年缺乏法律教育,导致其法律意识薄弱,而且在家庭中学习到的不合理认知行为方式,使其倾向于使用攻击性行为解决问题。而经济发达地区的青少年有更多的机会和途径了解法律知识,形成法律思维,即使在家庭中受到父母消极教养方式的影响,学习到父母的问题行为,但他们依然会遵守规则。同时,经济发展水平是学校教育资源和开展心理健康教育工作的基础和保障,经济发达地区能够为学校的心理健康教育提供更多的资源,如心理健康教师、心理辅导室等,进而为心理资本水平低的青少年解决学业压力、不良情绪等身心问题提供途径(彭玮婧等,2021)。这启示我们,对于经济和教育发展欠缺的地区和家庭,政府应采取帮扶政策或资源倾斜措施,提高经济欠发达地区的教育投入,完善相关服务机制,加快中小学心理健康教师配备。学校不仅应重视对学生书本知识的教育,也要注重培养学生法律意识、道德水平和人际交往方式等方面,从思想和认知上改变学生。

四、总结与建议

本研究在生态系统理论和累积风险模型的指导下,发现影响青少年欺凌行为的环境因素和个体因素存在一定顺序性特征,即家庭社会经济地位通过父母教养方式、同伴关系和心理资本的多重链式中介作用,对青少年欺凌行为产生影响;而经济地域差异作为宏观系统,在外层系统、微观系统和个人特质影响欺凌行为的过程中起调节作用。以上海为代表的经济发达地区,政府和社会注重教育,有更多的经济条件和物质条件投入家庭教育和学校教育。经济发达地区的父母即使自身的家庭社会经济地位不高,但依然会受到整个社会环境的影响,并且可以从社区或专业机构得到指导,有更多的机会学习和接触到先进的教育观念,弥补自身教养方式中存在的不足。经济欠发达地区的青少年缺乏法律教育,参加相关法制活动较少,导致其法律意识薄弱,而且在家庭中学习到的不合理认知行为方式,使其倾向于使用攻击性行为解决问题。而经济发达地区的青少年有更多的机会和途径了解法律知识,形成法律思维,即使在家庭中受到父母消极教养方式的影响,学习到父母的问题行为,但他们也会遵守规则。同时,经济发展水平是学校教育资源和开展心理健康教育工作的基础和保障,经济发达地区能够为学校的心理健康教育提供更多的资源,如心理健康教师、心理辅导室等,进而为心理资本水平低的青少年解决学业压力、不良情绪等身心问题提供途径。心理健康教育也能够让青少年感受到更多的关爱和支持,积极促进青少年心理品质的发展,更加积极地面对生活的困难和挑战,避免欺凌行为的发生。

第六章　班级规范对群体欺凌行为的影响机制

　　伴随《悲伤逆流成河》《少年的你》等影视作品的热映,游走于灰色边缘的校园欺凌再度引起了人们的热议,校园欺凌行为已成为无法忽视的社会问题。根据来自全国 29 个县市 104825 名中小学生的抽样调查结果发现,校园欺凌发生率为 33.36%,大概有三分之一的学生都有过被校园欺凌的经历(姚建龙,2016)。校园欺凌不仅会对受欺凌者的身体和心灵造成伤害,甚至会影响到其未来的工作和生活(Chan,Wong,2015;Olweus,2013)。近年来,权威电台记者对百部以上有关校园欺凌的视频进行对比后发现,大部分的校园欺凌主要表现为两人及两人以上的欺凌者对受欺凌者进行欺凌。同样相关研究也证实,欺凌者为两人及以上的校园欺凌事件接近欺凌事件总数的 90%,群体性校园欺凌已经成为校园欺凌的主要表现形式(杨书胜,2017)。因此,探讨如何减少群体欺凌行为已成为急需解决的现实问题。

　　欺凌群体不是一个正式的群体组织,在群体里没有明确的分工,群体结构也十分不稳定(汪文杰,杨春磊,2019)。不同群体成员之间的关系虽不确定(同班、同届或来自一个学校),但成员之间会彼此相互影响。群体成员所表现出的行为具有不确定性,群体成员会受到来自群体内部不同方面的压力,从而会产生与个体意愿相违背的行为(宋仕婕等,2020)。群体动力学指出,个体在群体环境中会受到其他成员的影响,进而表现出与独处时不同的行为(樊建芳等,2009)。有研究发现,学生遭遇群体性欺凌事件要比遭遇个体性欺凌行为有着更为消极的影响(Marino,2000),有些群体性校园欺凌事件甚至会引发犯罪(李爱,2016)。但目前对于校园群体欺凌行为的发生过程及内在机制的相关研究还比较少(Evans et al.,2014;Menesini,Salmivalli,2017;Olweus,2013),所以只有弄清群体欺凌背后的形成机制,才能有针对性地制定干预方案,减少群体欺凌行为的发生。

本章从集群行为的发生模型和班级欺凌规范的角度出发,通过三项研究深入探讨了群体欺凌行为的发生机制。一方面,本研究扩充了有关群体欺凌行为的实证研究,为减少群体欺凌行为提供科学的研究结果和理论依据;另一方面,本研究扩充了校园欺凌中群体欺凌行为的影响机制,丰富了反群体欺凌行为的理论基础,研究结果所提出的反群体欺凌行为发生机制的理论模型将为学校减少群体欺凌行为提供科学的理论依据。

第一节　班级欺凌规范感知对欺凌行为的影响

群体欺凌作为校园欺凌中的一个特殊表现形式,是指多个学生对一个学生实施欺凌行为。但目前有关校园欺凌的研究大部分基于个体层面,很少有从群体性欺凌的角度进行探讨。在学校中,班级群体是以班级目标和班级各项活动为中介而结合起来的最基本单位,其学生受共同的班级规范所制约。当班级内的大部分学生接受了不被社会所认可的欺凌行为时,班级内就形成了"欺凌规范"。欺凌规范越强,班级内学生越认为这种行为是合理的,就会产生更多的群体欺凌行为。但班级欺凌规范是"如何影响"群体欺凌行为,以及会受到"何种条件"限制仍需深入探讨。因此本研究在集群行为发生机制模型的基础上,采用问卷法和实验法相结合的方式,研究班级欺凌规范对中学生群体欺凌行为的影响机制。

一、班级欺凌规范感知与群体欺凌行为的关系

研究者基于群体规范的背景提出了班级欺凌规范的概念,班级欺凌规范会严重影响班级内中学生的态度和行为(Henry et al.,2011)。根据规范影响理论(normative social influence),个体为了融入群体并得到群体内部成员的认可,会努力使自己的行为符合该群体内部规范(Pettigrew,1991)。Nesdale和Ojala(2010)指出,班级欺凌规范会使班级中形成一种欺凌风气。受班级欺凌规范的影响,学生会愿意去接纳和包容这种欺凌行为(Beullens,Vandenbosch,2015)。相关研究证实,在欺凌规范水平高的班级中,个体为了不被班级内其他同学所排斥,会做出与班级欺凌规范相一致的行为,以期得到其他同学的认可(Sentse et al.,2015)。同样,受追捧的个体为了维持自己在同伴中的地位,也会做出更多的欺凌行为。此外,欺凌旁观者会因班级欺凌规范的影响,进而加入欺凌行为,形成群体欺凌行为(Espelage et al.,2012;

Peets et al. ,2015)。

王二平等(2010)的研究发现,群体认知和群体情绪会影响集群行为的发生,群体欺凌作为典型的集群行为,必然也会受到这两个因素的影响。班级规范属于群体规范的一种形式(Cialdini et al. ,1991),当班级中大部分同学对欺凌行为持认可态度且班级经常发生欺凌行为时,这种班级规范也被细化为班级欺凌规范。研究表明不同类型的班级规范会产生不同水平的群体道德推脱(Henry et al. ,2000),而不同水平的班级欺凌规范也会影响班级同学的道德认知。在欺凌规范强的班级中,学生会根据其他同学的行为来选择自己是否要加入欺凌行为或者视而不见,从而影响了整个班级的道德推脱水平(Pouwels et al. ,2019)。以往的研究已经证实道德推脱是可以发生在群体层面,且会受群体道德推脱的影响,从而发生更多的攻击性行为(Caravita et al. ,2014)。同伴的攻击性行为会因群体道德推脱的改变而变化(Gini et al. ,2014),群体道德推脱也显著解释了同伴攻击性行为的产生(Barchia, Bussey,2011;Caravita et al. , 2012)。当班级群体道德推脱较高时(Gini et al. ,2016),会有更多的学生出现欺凌行为(Menesini,Salmivalli,2017)。群际情绪理论(intergroup emotions theory)认为,群体情绪是当个体认同某一社会群体,群体特征成为自我概念的一部分时,个体对内群体和外群体的情绪体验。当个体做出与群体规范不一致的行为时,个体会产生较强的内疚情绪(Jones et al. ,2009),而消极的内群体事件能够预测群体内疚情绪(Lickel et al. ,2004)。群体情绪对校园欺凌行为有着重要的影响(Hamarus, Kaikkonen,2008)。尽管先前的研究并未指出群体内疚与群体欺凌行为之间的具体关系,但有研究指出群体内疚能够改变群体内的态度,使其采用更为积极的态度来面对受害者,从而减少消极行为的发生(Powell et al. ,2005;Stewart et al. ,2010)。例如柴民权和赵文珺(2016)的实验研究发现,当一些暴力、打斗等群体事件发生时,与其具有相同身份的个体的群体内疚感降低,从而选择做出与打斗视频中表现出暴力行为的人物相一致的行为。另外,在群体冲突无法避免时,群体内疚也可作为引发攻击性行为的动因之一。例如,在发生群体冲突时,对于那些群体内疚感较低的成员来说,冲突会促使他们选择与群体内其他成员相一致的攻击性行为(Spanovic et al. ,2010)。

另有研究证实,个体层面所产生的道德推脱和内疚感存在显著的负相关(安连超等,2018),且道德认知也会影响道德情绪(谭文娇等,2012)。也就是说个人的道德推脱越高所产生的内疚感越低。当个体产生了道德推脱去做不道德行为时,其内疚感会明显降低(Caprara et al. ,2009)。以往的研究也证实了道德推脱高的学生会产生较低的内疚感,进而发生了更多的欺凌行为(张林等,2020)。因此,在群体层面的群体道德推脱、群体内疚以及群体欺凌行为之间是否有相类似的发生机制,有待于进一步探究。

班级认同是个体对自身属于班级成员这一身份的认可,并感受到自身与班级之间紧密相关。基于元分析的社会认同整合模型(van Zomeren et al.,2008),班级认同不仅可以直接预测班级中学生的行为,也可通过改变群体认知和群体情绪间接影响班级内学生的行为。此外,班级认同会促进班级内的学生产生亲班级行为,班级认同程度高的个体会把班级的荣誉视为自己的荣誉,从而为班级的荣誉贡献自己的一份力量(崔丽娟等,2013)。而班级认同也会使一些学生的情绪感染到其他同学(Yzerbyt et al.,2003),在面对班级的负性事件时,班级认同高的个体会对事件做出与班级其他成员相一致的行为(van Zomeren et al.,2008)。班级认同与道德推脱存在显著正相关(Chen et al.,2016),高班级认同的学生会产生更多的道德推脱(Detert et al.,2008),但在群体层面班级认同是否对群体道德推脱有着同样的影响需要进一步研究。此外,班级认同和群体内疚也存在显著正相关(王兴超,杨继平,2013;Dumont,Waldzus,2014),Jelic等(2013)的研究证实了班级认同可以显著正向预测群体内疚,也就是说,班级认同越强,产生的群体内疚越强。Schori-Eyal等(2015)发现当诱发被试做一些消极行为后,高班级认同者要比低班级认同者产生更高的群体内疚。

基于此,本研究认为班级认同在班级欺凌规范对群体欺凌行为的影响中起到了重要的调节作用,并且可能会通过影响群体道德推脱和群体内疚进而影响群体欺凌行为。

二、班级欺凌规范感知作用的实证研究

(一)研究目的

本研究旨在探讨班级欺凌规范对群体欺凌行为的影响,考察群体道德推脱、群体内疚的链式中介作用和班级认同的调节作用。

(二)研究方法

1. 被试

本研究采用整群抽样法,选取浙江省五所中学29个班级进行问卷调查,共发放1100份问卷,本次数据回收有效问卷1025份,有效回收率为93.2%。其中,男生517人,女生508人。初一学生148人,初二学生328人,初三学生

100人，高一学生278人，高二学生171人。被试平均年龄为14.82±1.58岁。

2. 研究工具

（1）班级欺凌规范

本研究采用Perkin等（2011）编制曾欣然等（2019）修订的群体规范量表作为测量班级欺凌规范的指标。共计八个题项，其中测量个体感知班级欺凌行为包括五个题项，如"你班上有多少同学会给别人起令人讨厌的外号"。对于个体所感受到的周围同学对欺凌行为态度这一维度包括三个题项，如"班上的同学都认为自己不应该打其他同学"。题目均采用李克特五点计分。班级内所有同学报告的班级欺凌规范的均值代表了实际的班级欺凌规范。均值越高代表班级欺凌规范越强，即班级学生主观感受到的班级欺凌氛围越浓。本研究中，量表整体的内部一致性系数为0.70，KMO值为0.74，Bartlett球形度检验值为2501.35，df=28，$p<0.001$，说明该问卷具有良好的信效度。

（2）群体道德推脱

本研究采用Gini等（2014）编制的集体道德推脱量表（the classroom collective moral disengagement scale），共计30个题项。该量表要求被试评估"你觉得在你的班级中会有多少学生这么想/做？"（例如"为保护同学而发生争斗是可以的"）。题目均采用李克特五点计分，1分代表"没有人"，5分代表"所有人"，所有班级成员的平均分数提供了一个衡量群体道德推脱的尺度，分数越高表示该班级道德推脱水平越高。本研究中，该量表整体的内部一致性系数为0.94。

（3）群体内疚

本研究采用Nyla等（2004）编制的群体内疚问卷（the measurement of collective guilt），共有12个题项，例如"我所在的班级同学会为过去对其他人造成的伤害感到遗憾"。题目均采用李克特五点计分，从1到5分别代表"非常不符合""比较不符合""不确定""比较符合""非常符合"。平均分越高代表个体感知的群体内疚感越强。所有班级成员的平均分数提供了一个衡量群体内疚的尺度，分数越高表示该班级内疚水平越高。本研究中，该问卷的内部一致性系数为0.91。

（4）班级认同

本研究采用石晶等（2012）改编的组织认同量表（organizational identification questionnaire），共六个题项。题目均采用李克特五点计分，从1到5分别代表"非常不赞同""比较不赞同""不确定""比较赞同""非常赞同"。例如，"当有人批评我们班或班级同学时，同学们会觉得简直就像是自己受到了侮辱"，平均分越高，代表个体的班级认同水平越高。所有班级成员的平均分数提供了一个班级认同的尺度，分数越高表示该班级认同水平越高。本研究中，该量表的内部一致性系数为0.87。

（5）群体欺凌

本研究采用 Olweus(1994)编制、张文新(1999)修订的欺凌问卷(bullying questionnaire)，共八个题项。被试要求回答"在班级中你的身边是否发生过下列事情，频率是怎样的？"例如，"几个同学打、踢、推、撞或者辱骂某个同学"。该量表采用李克特五点计分，1分代表"无"，5分代表"每星期几次"。平均分越高表示个体感知群体欺凌行为越严重。所有班级成员的平均分数提供了一个班级欺凌行为的尺度，分数越高表示该班级欺凌行为越多。本研究中，该量表的内部一致性系数为0.82。

（三）数据统计分析与结果

1. 共同方法偏差检验

由于本研究的数据主要通过被试自我报告得来，可能存在共同方法偏差。因此根据汤丹丹和温忠麟(2020)的建议，我们事先在问卷设计上对部分题目进行反向计分，在施测的过程中让被试匿名回答，并且在事后采用 Harman 单因子检验法进行共同方法偏差检验。结果显示，未旋转和旋转后特征值共有12个因子大于1，未旋转和旋转后的第一个因子解释的变异量分别为14.43%和9.09%，小于40%的临界值，表明本研究不存在明显的共同方法偏差。

2. 各变量的描述性统计和相关分析

本研究是在班级层面上考察班级欺凌规范对群体欺凌行为的影响，群体道德推脱和道德内疚的中介作用以及班级认同的调节作用，因此在正式分析前将个体报告每个变量的数据加总并计算均值转变为班级层面上的数据。例如，班级内所有同学报告的班级欺凌规范的均值，代表了实际的班级欺凌规范(曾欣然等，2019)。

各变量的描述统计和相关系数见表6-1。班级欺凌规范与群体道德推脱、群体欺凌行为呈正相关($p<0.01$)，与群体内疚、班级认同呈负相关($p<0.01$)；群体道德推脱与群体内疚、班级认同呈负相关($p<0.01$)，与群体欺凌行为呈正相关($p<0.01$)。群体内疚与班级认同呈显著正相关，与群体欺凌行为呈负相关($p<0.01$)；班级认同和群体欺凌行为呈负相关($p<0.01$)。结果表明，变量之间的关系满足进行有调节的链式中介模型检验的条件。

表 6-1　各变量的平均值、标准差和相关系数（$N=1025$）

变量	M	SD	1	2	3	4	5
班级欺凌规范	2.55	0.40	1				
群体道德推脱	1.73	0.27	0.85**	1			
群体内疚	3.11	0.49	−0.45**	−0.51**	1		
班级认同	3.79	0.26	−0.58**	−0.48**	0.18**	1	
群体欺凌行为	1.45	0.26	0.63**	0.70**	−0.73**	−0.31**	1

注：** 表示 $p<0.01$。

3. 有调节的链式中介模型检验

关于有调节的链式中介模型检验，本研究使用 SPSS 25 的 PROCESS 插件（Hayes，2013）中的模型 85 来全面检验班级欺凌规范、群体道德推脱、群体内疚、班级认同和群体欺凌行为之间的关系。

链式中介模型检验结果显示：班级欺凌规范正向预测群体道德推脱（$\beta=0.64$，SE$=0.01$，$t=47.33$，$p<0.001$），班级欺凌规范（$\beta=-0.25$，SE$=0.07$，$t=-3.37$，$p<0.001$）和群体道德推脱（$\beta=-0.79$，SE$=0.10$，$t=-8.15$，$p<0.001$）均负向预测群体内疚，班级欺凌规范（$\beta=0.07$，SE$=0.03$，$t=2.62$，$p<0.01$）和群体道德推脱（$\beta=0.36$，SE$=0.04$，$t=10.31$，$p<0.001$）均正向预测群体欺凌行为，而群体内疚负向预测群体欺凌行为（$\beta=-0.26$，SE$=0.01$，$t=-23.28$，$p<0.001$）。

最后，本研究采用偏差校正的百分位 Bootstrap 法对间接效应进行检验（见表 6-2）。群体道德推脱和群体内疚在"班级欺凌规范→群体欺凌行为"的影响过程中产生的总间接效应值为 0.337。其中，共有三条路径产生的间接效应组成了总的中介效应，即路径 a"班级欺凌规范→群体道德推脱→群体欺凌行为"，路径 b"班级欺凌规范→群体内疚→群体欺凌行为"，路径 c"班级欺凌规范→群体道德推脱→群体内疚→群体欺凌行为"。

表 6-2　中介效应分析

效应类型	效应值	SE	95% 置信区间
总效应	0.41	0.02	[0.38，0.44]
直接效应	0.07	0.02	[0.03，0.11]
总间接效应	0.34	0.02	[0.31，0.37]
间接效应 a	0.19	0.01	[0.17，0.22]
间接效应 b	0.01	0.01	[−0.01，0.00]
间接效应 c	0.13	0.01	[0.10，0.16]

为了验证班级认同在链式中介模型中的作用，对研究假设的三条路径进行回归预测分析，结果见表 6-3。班级欺凌规范与班级认同的交互效应显著正向预测群体道德推脱（$p<0.001$）；班级欺凌规范与班级认同的交互效应显著负向预测群体内疚（$p<0.001$），班级欺凌规范与班级认同的交互效应显著正向预测群体欺凌行为（$p<0.05$）。结果表明，班级认同的调节作用发生在"班级欺凌规范→群体内疚""班级欺凌规范→群体道德推脱""班级欺凌规范→群体欺凌行为"三条路径上。

表 6-3　班级认同的调节效应结果

因变量	自变量	β	SE	95%置信区间
群体道德推脱	班级欺凌规范×班级认同	0.49***	0.05	[0.39，0.59]
群体内疚	班级欺凌规范×班级认同	−0.76***	0.17	[−1.10，−0.43]
群体欺凌行为	班级欺凌规范×班级认同	0.15*	0.06	[0.03，0.27]

注：* 表示 $p<0.05$，*** 表示 $p<0.001$。

为了具体解释班级认同所起的调节作用，将班级认同按照均值正负一个标准差分成高班级认同、低班级认同两组，采用简单斜率法检验其在三条路径上的具体调节作用。调节效应图见图 6-1、图 6-2 和图 6-3。

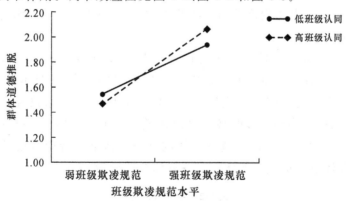

图 6-1　班级认同在班级欺凌规范对群体道德推脱影响中的调节作用

随着班级欺凌规范水平的升高，其群体道德推脱呈上升趋势，即班级欺凌规范对群体道德推脱有着显著的正向预测作用。具体表现为，相比于低班级认同（$B_{simple}=0.38, t=32.17, p<0.001$），在高班级认同下（$B_{simple}=0.64, t=33.48, p<0.001$），班级欺凌规范对群体道德推脱的正向预测作用显著，即相对于低班级认同的班级，班级欺凌规范在高班级认同的班级中对群体道德推

脱的预测作用较强。

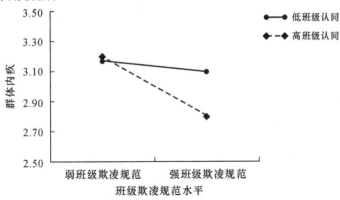

图 6-2　班级认同在班级欺凌规范影响群体内疚中的调节作用

随着班级欺凌规范水平的升高,其群体内疚呈下降趋势,即班级欺凌规范对群体内疚有着显著的负向预测作用。具体表现为,相比于低班级认同($B_{simple}=-0.37, t=-9.80, p<0.001$),在高班级认同下,班级欺凌规范对群体内疚的负向预测作用显著($B_{simple}=-0.85, t=-14.22, p<0.001$),说明在高班级认同下随着班级欺凌规范的增强群体内疚会显著减少。

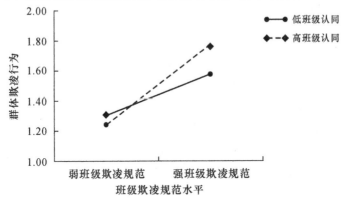

图 6-3　班级认同在班级欺凌规范影响群体欺凌行为中的调节作用

随着班级欺凌规范水平的升高,其群体欺凌行为呈上升趋势,即班级欺凌规范对群体欺凌行为有着显著的正向预测作用。具体表现为,相比于低班级认同($B_{simple}=0.28, t=15.99, p<0.001$),在高班级认同下,班级欺凌规范对群体欺凌行为有着显著的正向预测作用($B_{simple}=0.53, t=19.53, p<0.001$),说明低班级认同作为一个缓冲因子,可以减少在强班级欺凌规范班级中学生的群体欺凌行为。

最终,本研究采用 Mplus7 软件进一步对整合模型进行检验。结果显示模型为饱和模型($\chi^2/df=0$,CFI$=1$,NFI$=1$,GFI$=1$,RMSEA$=0$)。结果说明了群体道德推脱和群体内疚在整合模型中均起部分中介作用,同时二者在其中的链式中介效应也成立。班级认同调节了整个模型的三条路径,具体可以解释为:班级认同会影响群体道德推脱、群体内疚以及群体欺凌行为。具体如图6-4所示。

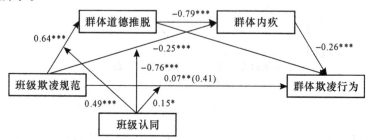

图 6-4　班级欺凌规范、群体道德推脱、群体内疚、班级认同和群体欺凌行为构成的有调节的链式中介模型

注:* 表示 $p<0.05$,** 表示 $p<0.01$,*** 表示 $p<0.001$。

三、机制形成分析

研究结果显示,班级欺凌规范与群体道德推脱和群体欺凌行为呈显著正相关,与群体内疚和班级认同呈显著负相关,说明班级欺凌规范与群体内成员的认知、情绪和群体欺凌行为紧密联系,具体表现为当班级欺凌规范越强时,会引发更强的班级认同感,从而产生更显著的群体欺凌行为,也会提升学生们的道德推脱水平,降低他们的内疚感。由于班级欺凌规范的影响,学生为了融入班级并得到班级成员的认可或维持自己在班级同伴中的地位,会努力使自己的行为符合班级欺凌规范,从而导致群体欺凌行为的增加。

研究结果显示,班级认同和群体道德推脱存在显著的负相关,与以往的研究结果不一致(Chen et al.,2016),这可能是因为研究对象所在的班级本身班级欺凌规范较弱,学生也十分认同自己的班级,班级认同感较强,从而使学生们产生较低的群体道德推脱,即班级认同与群体道德推脱存在显著的负相关。

研究结果显示,群体道德推脱越高,群体欺凌行为越多,群体内疚与群体欺凌行为呈显著负相关,即群体内疚越高,群体欺凌行为越少,这个结果也验证了集群行为的双路径模型(张书维等,2012),即集群行为的发生会受到群体认知和群体情绪两个方面的影响。研究结果显示,群体道德推脱和群体内疚会在班级欺凌规范影响群体欺凌行为的过程中起到部分中介的作用,并且群体道德推脱对群体内疚有着负向的影响。即群体道德推脱水平提高,会减少班级群体对欺凌行为的负罪感和责任感,而负罪感和责任感的减少会导致群体认为欺凌行为是可接受的,从而导致群体内疚的减少,最终导致群体欺凌行为增多。

研究结果显示,群体道德推脱在群体内部中发挥的作用与群体内疚相比较大。班级认同的调节作用发生在"班级欺凌规范→群体欺凌行为""班级欺凌规范→群体道德推脱""班级欺凌规范→群体内疚"三条路径上。结果说明,相比于低班级认同,在高班级认同下的班级欺凌规范更强,会产生更多的群体欺凌行为、更高的群体道德推脱以及较低的群体内疚;高班级认同的学生参与班级集体行动的意愿更加强烈,更倾向与群体其他成员做出一致的行为,同时高班级认同也会使学生更袒护群体内成员,从而导致更多的群体欺凌行为。

四、总结与建议

本研究构建了一个有调节的链式中介模型,具体为:班级欺凌规范在影响群体欺凌行为的过程中,群体道德推脱和群体内疚起链式中介作用。班级认同在这个链式中介过程中起调节作用,具体在"班级欺凌规范→群体欺凌行为""班级欺凌规范→群体道德推脱""班级欺凌规范→群体内疚"路径上起到调节作用。

结果说明,相比于低班级认同,在高班级认同下班级欺凌规范越强,会产生更多的群体欺凌行为和更高的群体道德推脱,还会产生较低的群体内疚。因此,首先学校和教师应当提高教育敏感度,重视树立学生们正确的价值观,培育学生对群体欺凌行为的正确认识,引导学生认识到群体欺凌行为对受欺凌者的伤害以及群体欺凌行为的严重性,降低学生们的道德推脱水平,减少欺凌行为,帮助学生树立正确的班级认同意识,同时要告诫学生在班级中什么样的行为是应该提倡的,而哪些不好的行为是应该被大家所拒绝的。其次在学校或班级加强管理,避免欺凌行为的隐秘空间无人管理,学校或班级内部制定明确合理的规章制度,并在遇到他人做出临时性欺凌行为时及时制止,以减少欺凌事件的发生。最后在日常学习生活中学校或班级要注重发挥榜样示范作用,及时奖励乐于助人的同学,增加学生做出利他行为的倾向,引导学生在认识到群体中的不正当、不道德行为时勇于发声,培养学生的责任心和道德感,强化学生的是非观以及班级同伴的交往方式。

第二节　班级欺凌规范水平对欺凌行为的影响

一、班级欺凌规范水平与群体欺凌行为的关系

依据社会规范焦点理论,班级欺凌规范是在班级成员普遍认可欺凌行为时形成的(Cialdini et al.,1991),包括强弱两个水平。弱班级欺凌规范对群体欺凌行为有着强烈的反对态度、包容度很低,群体欺凌行为也较少,而强班级欺凌规范对群体欺凌行为有着较弱的反对态度且具有一定的包容度,存在着相对较多的群体欺凌行为。

群体行为也可以树立公众信念,使公众认识到当弱势群体遭遇不公正的对待时,他们可以从旁观者转变为支持者,并对弱势群体采取保护行动(Doosje et al.,2002)。班级认同是反映学生以班级身份定义自我的程度,同时也反映了学生与班级联系的密切程度(殷融等,2017;Tajfel,Turner,1979)。不同身份的旁观者对于是否参与群体行为的活动,会考虑此事件是否与自己的利益有关,当此次事件与自己利益相关时会以类似的行为参与当中,或者阻止自己的利益受损害(殷融,2018)。欺凌是一个团体动力发挥作用的过程,其发生时大都有旁观者在场,旁观者的行为反应会影响欺凌行为是持续还是终止(Trach,2019)。研究发现,旁观者与受欺凌者关系越近,越有更大的可能性去制止群体欺凌行为从而保护受欺凌者;而旁观者与欺凌者关系比较近时,就会帮助欺凌者从而加入群体欺凌行为(弋英,曹睿昕,2019)。

二、不同水平的班级欺凌规范作用的实证研究

(一)研究目的

本研究采用情境启动范式,通过随机启动强/弱班级欺凌规范,进一步考察在不同类型的班级认同下,强/弱班级欺凌规范对群体道德推脱、群体内疚和群体欺凌行为的影响。

(二)研究方法

1. 被试

本研究采用整群抽样法,从某初、高中随机选取了 440 名中学生,通过启动不同水平班级欺凌规范进行施测,在剔除无效问卷后,共得到有效问卷 400

份,有效率为90.9%。其中,男生202人,女生198人,平均年龄为14.32±1.94岁,强、弱班级欺凌规范组被试各200人。在强、弱班级欺凌规范组中又各自随机分成与欺凌者是同班同学和与受欺凌者是同班同学,共四组,每组各100人。

2. 实验设计

本研究采用2(班级欺凌规范:强班级欺凌规范、弱班级欺凌规范)×2(班级认同:与欺凌者是同学、与受欺凌者是同学)的被试间实验设计。自变量为班级欺凌规范和班级认同。因变量为群体欺凌行为、群体道德推脱和群体内疚。

3. 研究工具

(1)班级欺凌规范

本研究参考Ojala等(2011)对情境进行操纵的做法,结合调查结果编写了强、弱班级欺凌规范材料,例如强班级欺凌规范材料中"目前很多班级中存在校园欺凌的现象,例如嘲笑和欺凌别的同学、给同学起难听的外号,多个学生一起欺凌或打骂、抢夺其他同学的财物,如果你所在的班级也存在类似现象,在这个班级中大多数同学对欺凌事件持有漠不关心的态度,仅有27.5%的同学认为班级中不应该发生多个学生对一个同学殴打、辱骂、抢夺同学物品、给同学起侮辱性外号的行为"(在弱班级欺凌规范中将数据改为76.8%以及对欺凌事件持有反对的态度)。每则材料后有六道题目,用来检验被试阅读完材料后对该班级欺凌规范的内在感受。题目采用李克特五点计分,总得分越高代表班级欺凌规范越强,表明班级中群体欺凌行为越多,同学对群体欺凌行为的反对态度较弱。经检验,该问卷的内部一致性系数为0.98,KMO值为0.93,通过Bartlett球形度检验值为4189.17,$p < 0.001$,说明该问卷具有良好的信效度。

(2)群体道德推脱量表

本研究采用Gini等(2014)编制的集体道德推脱量表(the classroom collective moral disengagement scale),共有30个题项。该量表要求被试评估"你觉得在你的班级中会有多少学生这么想/做?"(例如"为保护同学而发生争斗是可以的"),题目均采用李克特五点计分,从1到5分别代表"没有人""大约四分之一""大约二分之一""大约三分之二""所有人",所有班级成员的平均分数提供了一个衡量群体道德推脱的尺度,分数越高表示该班级道德推脱水平越高。本研究中,该量表的内部一致性系数为0.97。

（3）群体内疚量表

本研究采用 Nyla 等（2004）编制的群体内疚问卷（the measurement of collective guilt），共有 12 个题项，例如"我所在的班级同学会为过去对其他人造成的伤害感到遗憾"。题目均采用李克特五点计分，从 1 到 5 分别代表"非常不符合""比较不符合""不确定""比较符合""非常符合"。平均分越高代表个体感知的群体内疚感越强。所有班级成员的平均分数提供了一个衡量群体内疚的尺度，分数越高表示该班级内疚水平越高。本研究中，该问卷的内部一致性系数为 0.97。

（4）群体欺凌行为量表

本研究借鉴 Demaray 等（2014）编写的《青少年欺凌角色行为量表》，编写群体欺凌行为情境和群体欺凌行为题目。题目采用李克特五点计分。在本研究中，该量表的内部一致性系数为 0.97。

（三）数据统计分析与结果

1. 班级欺凌规范水平启动材料的有效性检验

首先对班级欺凌规范水平启动材料的有效性进行检验（见表 6-4）。以班级欺凌规范水平分组为自变量，对班级欺凌规范进行独立样本 t 检验。结果发现，强班级欺凌规范组得分显著高于弱班级欺凌规范组（$p<0.001$），结果说明本研究两种班级欺凌规范水平启动材料均有效。

表 6-4　班级欺凌规范水平的启动有效性检测（$M\pm SD$）

变量名称	强班级欺凌规范	弱班级欺凌规范
班级欺凌规范水平	4.62±0.34	1.58±0.41

检验启动有效后，分别以群体欺凌行为、群体道德推脱和群体内疚作为因变量，以班级认同类型和班级欺凌规范水平分组为自变量进行方差分析。

2. 在不同类型班级认同下，不同水平班级欺凌规范对群体欺凌行为的影响

数据结果显示：在群体欺凌行为上，班级欺凌规范水平的主效应显著 [$F(1,399)=942.96$，$p<0.001$，$\eta_p^2=0.70$]，班级认同类型的主效应显著 [$F(1,399)=830.52$，$p<0.001$，$\eta_p^2=0.68$]，班级认同类型与班级欺凌规范水平的交互效应显著 [$F(1,399)=725.21$，$p<0.001$，$\eta_p^2=0.65$]。两种班级欺凌规范在不同班级认同类型中的群体欺凌行为得分见表 6-5。

表 6-5　不同类型班级认同下群体欺凌行为得分统计（M±SD）

班级欺凌规范水平	与欺凌者是同学	与受欺凌者是同学
弱班级欺凌规范	1.15±0.20	1.07±0.15
强班级欺凌规范	3.40±0.70	1.22±0.26

通过简单效应分析结果发现（如图 6-5），当被试处于弱班级欺凌规范水平时，与欺凌者是同学和与受欺凌者是同学之间的差异不显著$[F(1,399)=1.78,p=0.18]$，研究结果表明无论是与欺凌者是同学还是与受欺凌者是同学，在弱班级欺凌规范水平下都有较低的群体欺凌行为。当被试处于强班级欺凌规范水平下，两组之间差异显著$[F(1,399)=1553.94,p<0.001,\eta_p^2=0.80]$，具体表现为与欺凌者是同学（$M=3.40,SD=0.70$）的群体欺凌行为显著高于与受欺凌者是同学（$M=1.22,SD=0.26$）。

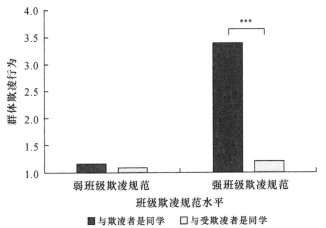

图 6-5　不同水平班级欺凌规范的群体欺凌行为在不同班级认同中的差异

注：*** 表示 $p<0.001$。

3. 在不同类型班级认同下，不同水平班级欺凌规范对群体道德推脱的影响

在群体道德推脱上，班级欺凌规范水平主效应显著$[F(1,399)=461.71,p<0.001,\eta_p^2=0.54]$，班级认同类型的主效应显著$[F(1,399)=17.38,p<0.001,\eta_p^2=0.04]$，班级欺凌规范水平与班级认同类型的交互效应显著$[F(1,399)=9.07,p<0.01,\eta_p^2=0.02]$。两种班级欺凌规范在不同班级认同类型中的群体道德推脱得分见表 6-6。

表 6-6 不同类型班级认同下群体道德推脱得分统计（$M\pm SD$）

班级欺凌规范水平	与欺凌者是同学	与受欺凌者是同学
弱班级欺凌规范	1.23±0.21	1.17±0.15
强班级欺凌规范	2.54±0.63	2.16±0.82

通过简单效应分析结果发现（如图 6-6），当被试处于弱班级欺凌规范水平时，与欺凌者是同学和与受欺凌者是同学之间群体道德推脱的差异不显著[$F(1,399)=0.67,p=0.41$]，研究结果表明无论是与欺凌者是同学还是与受欺凌者是同学，在弱班级欺凌规范水平中都有较低的群体道德推脱。当被试处于强班级欺凌规范水平时，两组之间差异显著[$F(1,399)=25.78,p<0.01$，$\eta_p^2=0.06$]，具体表现为与受欺凌者是同学相比（$M=2.16,\mathrm{SD}=0.82$），与欺凌者是同学（$M=2.54,\mathrm{SD}=0.63$）有着更高的群体道德推脱。

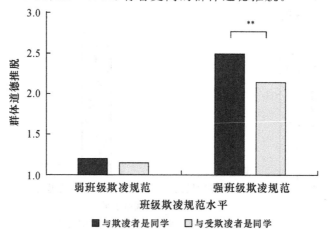

图 6-6 不同水平班级欺凌规范的群体道德推脱在班级认同中的差异

注：** 表示 $p<0.01$。

4. 在不同类型班级认同下，不同水平班级欺凌规范对群体内疚的影响

在群体内疚上，班级欺凌规范水平的主效应显著[$F(1,399)=1229.15$，$p<0.001,\eta_p^2=0.76$]，班级认同类型的主效应显著[$F(1,399)=9.38,p<0.01,\eta_p^2=0.02$]，班级认同类型与班级欺凌规范的交互效应显著[$F(1,399)=5.63,p<0.05,\eta_p^2=0.01$]。两种班级欺凌规范在不同班级认同类型中的群体内疚得分见表 6-7。

表 6-7　不同类型班级认同下群体内疚得分统计（M±SD）

班级欺凌规范水平	与欺凌者是同学	与受欺凌者是同学
弱班级欺凌规范	4.27±0.57	4.32±0.59
强班级欺凌规范	1.93±0.50	2.27±0.81

通过简单效应分析结果发现（如图 6-7），在不同班级欺凌规范水平上，当被试处于弱班级欺凌规范水平时，与欺凌者是同学和与受欺凌者是同学之间差异不显著[$F(1,399)=0.24,p=0.63$]，研究结果表明无论是与欺凌者是同学还是与受欺凌者是同学，在弱班级欺凌规范水平中都有较高的群体内疚。

当被试处于强班级欺凌规范水平时，两组之间差异显著[$F(1,399)=14.77,p<0.01,\eta_p^2=0.03$]，具体表现为与欺凌者是同学相比（$M=1.93$，$SD=0.50$），与受欺凌者是同学（$M=2.27,SD=0.81$）的群体内疚得分更高。

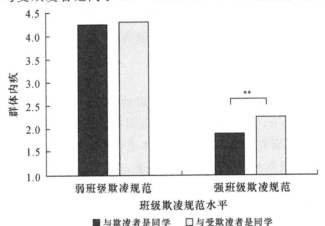

图 6-7　不同水平班级欺凌规范的群体欺凌行为在不同班级认同中的差异

注：** 表示 $p<0.01$。

三、机制形成分析

本研究通过启动不同水平的班级欺凌规范，考察在与欺凌者是同学和与受欺凌者是同学的两种情况下，在不同水平的班级欺凌规范中群体道德推脱、群体内疚和群体欺凌行为的差异。结果发现，在群体欺凌行为、群体道德推脱和群体内疚上班级认同类型的主效应显著，班级欺凌规范水平的主效应显著，班级欺凌规范水平和班级认同类型的交互作用显著，说明在不同类型的班级认同下，不同水平的班级欺凌规范会影响群体欺凌行为、群体道德推脱和群体内疚。结果表明，无论在什么样的班级认同类型下，弱班级欺凌规范对群体欺凌行为、群体道德推脱和群体内疚都不会有显著的差异影响，这说明了当班级内学生对群体欺凌行为持有强烈的反对态度时，就会降低群体欺凌行为的发生率以及产生较高的群体内疚和较低的群体道德推脱；而在强班级欺凌规范中，与欺凌者是同学相比，与受欺凌者是同学时会出现较少的群体欺凌行为，较低的群体道德推脱和较高的群体内疚。这说明了虽然班级中存在强班级欺凌规范，但学生会依据不同类型的班级认同，选择不同的身份从而做出相应的行为，研究结果验证了班级认同的重要作用（方乐，2019；Chen et al.，2016；Dumont，Waldzus，2014；van Zomeren et al.，2008）。研究也证明了"班级欺凌规范→群体欺凌行为""班级欺凌规范→群体道德推脱""班级欺凌规范→群体内疚"这三条路径上确实存在调节效应，研究结果不仅验证了研究一中班级认同的调节作用，也证实了不同类型班级认同会改变群体欺凌行为（弋英，曹睿昕，2019），以及群体道德推脱（Detert et al.，2008）和群体内疚，同时学生也会根据不同的身份关系选择自己的行为（殷融等，2017）。

四、总结与建议

本研究采用情境启动范式，通过随机启动强/弱班级欺凌规范来探究在不同类型的班级认同下，强/弱班级欺凌规范对群体道德推脱、群体内疚和群体欺凌行为的影响。研究结果验证了以群体道德推脱、群体内疚和群体欺凌行为为因变量时，班级欺凌规范的主效应显著，班级认同类型的主效应显著，二者的交互作用显著。

简单效应分析表明，无论是与欺凌者是同学还是与受欺凌者是同学，在弱班级欺凌规范的班级中都有着较低的群体道德推脱、群体欺凌行为以及较高的群体内疚，不同类型的班级认同对其没有显著的影响，因此学校和教师在预防和制约班级欺凌行为的过程中，应当重视班级欺凌规范的作用，培养学生树立正确的价值观，正确认识班级欺凌行为，鼓励班级成员团结友爱的同时适当构建命令性规范，禁止班级欺凌行为以及强调其危害，减少学生们为了"求同"、维护自身在同伴中的地位时所做出的欺凌行为。而与受欺凌者是同学相比，与欺凌者是同学在强班级欺凌规范的班级中，会产生较高的群体道德推脱、较多的群体欺凌行为和较低的群体内疚。研究证明在培育学生时，要注重培养学生共情能力、人际交往能力，通过教育活动提升学生的自尊、自信感和安全感，提升班级凝聚力和同学之间互帮互助的意识。教师要多关注和支持那些容易成为受欺凌者的学生，帮助学生融入班级环境，构建友爱的班级氛围。引导容易成为欺凌者的学生采用恰当的方式与同学进行交流,及时发现班级欺凌行为的苗头,避免欺凌事件发生。

第三节 班级欺凌规范类型对欺凌行为的影响

一、班级欺凌规范类型与群体欺凌行为的关系

群体规范是指使该群体成员紧密联系在一起的,群体内成员所共有的行为、态度、价值观及信念(Brenick,Romano,2016;Ojala,Nesdale,2004)。班级欺凌规范的定义由群体欺凌规范引申而来,即班级欺凌规范包括班级中实际欺凌行为频率和班级成员对欺凌行为的态度两方面。

根据规范影响理论(theory of normative social influence),个体为了能被其他个体接受和喜爱,会跟随群体规范做出符合该群体所期待的行为(Pettigrew,1991)。许多研究发现,不良的群体规范会促使个体问题行为的发生,如青少年酗酒、排挤行为(Beullens,Vandenbosch,2015;Brenick,Romano,2016)。因此,如果这个规范是容许甚至鼓励欺凌行为的,那么欺凌现象很有可能就不是一时一事了,而是一个稳定存在的"场",即个体所处环境中班级欺凌规范越强,产生的群体欺凌行为就越多。

在社会规范焦点理论下班级欺凌规范可以分为两种类型(Reno et al.,1993),描述性班级欺凌规范和命令性班级欺凌规范。描述性班级欺凌规范是指班级中存在着群体欺凌行为并且班级的大多数学生会模仿这样的行为,在描述性班级欺凌规范下,学生倾向于模仿身边的欺凌行为,班级间的群体欺凌行为会显著增加。而命令性班级欺凌规范是指班级的学生反对群体欺凌行为,并且群体欺凌行为是禁止发生的,当班级中发生了群体欺凌行为时会受到一定的惩罚(陈思静等,2015),命令性班级欺凌规范会减少学生们的群体欺凌行为。

二、不同类型班级欺凌规范作用的实证研究

(一)研究目的

本研究采用情境启动,通过随机启动描述性、命令性和对照组班级欺凌规范,进一步考察在不同类型的班级认同下,描述性和命令性班级欺凌规范对群体道德推脱、群体内疚和群体欺凌行为影响。

(二)研究方法

1. 被试

本研究采用整群抽样法,从某初、高中随机选取了 660 名中学生,通过启动不同类型班级欺凌规范进行施测,在剔除无效问卷后,共得到有效问卷 600份,有效率为 90.9%。其中,男生 300 人,女生 300 人,平均年龄为 14.23±1.28 岁,描述性班级欺凌规范组被试 191 人,命令性班级欺凌规范组被试 210人,对照组被试 199 人。在不同类型班级欺凌规范组中又各自随机分成与欺凌者是同班同学和与受欺凌者是同班同学,共六组。在描述性班级欺凌规范组,与欺凌者是同学组 96 人,与受欺凌者是同学组 95 人;命令性班级欺凌规范组,与欺凌者是同学组 104 人,与受欺凌者是同学组 106 人。在对照组中,与欺凌者是同学组 99 人,与受欺凌者是同学组 100 人。

2. 实验设计

本研究采用 3(班级欺凌规范:描述性班级欺凌规范、命令性班级欺凌规范和对照组)×2(班级认同:与欺凌者同学、与受欺凌者同学)的被试间实验设计。自变量为班级欺凌规范和班级认同。因变量为群体欺凌行为、群体道德推脱和群体内疚。

3. 研究工具

(1)班级欺凌规范

本研究借鉴了 Smith 和 Louis(2012)对社会规范的启动方法,同时借鉴Ojala(2011)的班级欺凌规范题目作为有效性检验的依据、欺凌调查报告及教育部最新印发的《中小学教育惩戒规则(试行)》作为背景材料以提升材料的可信度。例如命令性班级欺凌规范:《中国校园欺凌调查报告》指出 2015 年至2017 年,在中国大约有 45% 的学生受到了校园欺凌。中国司法大数据研究院公布的一则报告显示,从 2015 年至 2020 年,中国校园欺凌案件呈逐年下降趋势。教育部出台《中小学教育惩戒规则(试行)》后,很多学校都制定了针对欺凌行为的明确班级规范和惩罚机制。例如:有辱骂同学行为,班主任进行批评教育,在全班同学面前道歉;有抢夺同学财物的行为,必须进行书面检讨,并全校通报批评;有殴打其他同学的行为,轻则停课处理,重则送至公安机关。经检验,该问卷的内部一致性系数为 0.95,通过 Bartlett 球形度检验值为4089.64,KMO 值为 0.88,$p < 0.001$,说明该问卷具有良好的信效度。

(2)群体道德推脱量表

本研究采用 Gini 等(2014)编制的集体道德推脱量表(the classroom

collective moral disengagement scale),共有 30 个题项。该量表要求被试评估"你觉得在你的班级中会有多少学生这么想/做？"(例如"为保护同学而发生争斗是可以的")。题目均采用李克特五点计分，从 1 到 5 分别代表"没有人""大约四分之一""大约二分之一""大约三分之二""所有人"，所有班级成员的平均分数提供了一个衡量群体道德推脱的尺度，分数越高表示该班级道德推脱水平越高。本研究中，该量表的内部一致性系数为 0.96。

（3）群体内疚量表

本研究采用 Nyla 等（2004）编制的群体内疚问卷（the measurement of collective guilt），共有 12 个题项，例如"我所在的班级同学会为过去对其他人造成的伤害感到遗憾"。题目均采用李克特五点计分，从 1 到 5 分别代表"非常不符合""比较不符合""不确定""比较符合""非常符合"。平均分越高代表个体感知的群体内疚感越强。所有班级成员的平均分数提供了一个衡量群体内疚的尺度，分数越高表示该班级内疚水平越高。本研究中，该问卷的内部一致性系数为 0.95。

（4）群体欺凌行为量表

本研究借鉴 Demaray 等（2014）编写的《青少年欺凌角色行为量表》，编写群体欺凌行为情境和群体欺凌行为题目。题目采用李克特五点计分。在本研究中，该量表的内部一致性系数为 0.82。

（三）数据统计分析与结果

1. 班级欺凌规范类型启动材料的有效性检验

以启动分组为自变量，对班级欺凌规范类型进行方差分析检验。结果发现，班级欺凌规范类型主效应显著[$F(2,597)=1850.84, p<0.001$]，见表 6-8。事后检验发现，命令性班级欺凌规范得分显著高于描述性班级欺凌规范和对照组（$p<0.001$），对照组得分显著低于描述性班级欺凌规范（$p<0.001$），结果说明本研究三种班级欺凌规范类型启动材料均有效。

表 6-8　不同类型班级欺凌规范启动的有效性检测（$M \pm SD$）

变量名称	对照组	描述性班级欺凌规范	命令性班级欺凌规范
班级欺凌规范类型	1.34±0.31	2.25±0.73	4.37±0.45

2. 在不同类型班级认同下，不同类型班级欺凌规范对群体欺凌行为的影响

分别以群体欺凌行为、群体道德推脱和群体内疚作为因变量，以班级认同类型和不同类型班级欺凌规范分组为自变量进行方差分析。

数据结果显示：在群体欺凌行为上，班级认同类型的主效应显著[$F(2, 598)=45.72, p<0.001, \eta_p^2=0.07$]，班级欺凌规范类型的主效应显著[$F(1, 599)=102.46, p<0.001, \eta_p^2=0.26$]，班级认同类型与班级欺凌规范的交互效应显著[$F(2,598)=12.17, p<0.001, \eta_p^2=0.04$]。不同班级认同类型在三种不同类型班级欺凌规范下的群体欺凌行为得分见表6-9。

表 6-9　不同类型班级认同下群体欺凌行为得分统计($M\pm SD$)

班级欺凌规范类型	与欺凌者是同学	与受欺凌者是同学
对照组	1.70±0.53	1.58±0.14
描述性班级欺凌规范	1.58±0.46	1.16±0.23
命令性班级欺凌规范	1.15±0.48	1.06±0.21

通过简单效应分析结果发现（见图6-8），在班级欺凌规范类型上，当被试处于描述性班级欺凌规范时，与欺凌者是同学和与受欺凌者是同学之间差异显著[$F(1,599)=60.79, p<0.001, \eta_p^2=0.10$]，具体表现为当与欺凌者是同学相比（$M=1.58, SD=0.46$），与受欺凌者是同学（$M=1.16, SD=0.23$）参与群体欺凌行为的可能性更小。

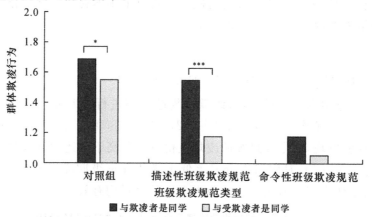

图 6-8　不同类型班级欺凌规范的群体欺凌行为在不同班级认同中的差异

注：* 表示 $p<0.05$，*** 表示 $p<0.001$。

当被试处于命令性班级欺凌规范时，与欺凌者是同学和与受欺凌者是同学之间的差异不显著[$F(1,599)=3.08, p=0.080$]。研究结果表明无论与欺凌者是同学还是与受欺凌者是同学，在命令性班级欺凌规范的影响下加入群体欺凌行为的可能均比较低。

当被试处于对照组时,与欺凌者是同学和与受欺凌者是同学之间差异显著$[F(1,599)=4.1,p<0.05,\eta_p^2=0.01]$,具体表现为当与欺凌者是同学相比$(M=1.70,SD=0.53)$,与受欺凌者是同学$(M=1.58,SD=0.14)$参与群体欺凌行为的可能性更小。

3. 在不同类型班级认同下,不同类型班级欺凌规范对群体道德推脱的影响

在群体道德推脱上,班级认同类型的主效应显著$[F(1,599)=13.74,p<0.001,\eta_p^2=0.02]$,班级欺凌规范的主效应显著$[F(2,598)=168.92,p<0.001,\eta_p^2=0.36]$,班级认同类型与班级欺凌规范的交互效应显著$[F(2,598)=3.15,p<0.05,\eta_p^2=0.01]$。不同班级认同类型在三种不同类型班级欺凌规范中的群体道德推脱得分见表6-10。

表 6-10 不同类型班级认同下群体道德推脱得分统计$(M\pm SD)$

班级欺凌规范类型	与欺凌者是同学	与受欺凌者是同学
对照组	2.20 ± 0.31	1.93 ± 0.49
描述性班级欺凌规范	1.70 ± 0.66	1.56 ± 0.59
命令性班级欺凌规范	1.20 ± 0.46	1.18 ± 0.26

通过简单效应分析结果发现(见图6-9),在班级欺凌规范类型上,当被试处于描述性班级欺凌规范时,与欺凌者是同学和与受欺凌者是同学之间差异显著$[F(1,599)=4.22,p<0.05,\eta_p^2=0.01]$,具体表现为当与欺凌者是同学$(M=1.70,SD=0.66)$的群体道德推脱高于与受欺凌者是同学$(M=1.56,SD=0.59)$。

当被试处于命令性规范时,与欺凌者是同学和与受欺凌者是同学之间的差异不显著$[F(1,599)=0.17,p=0.68]$。研究结果表明无论与欺凌者是同学还是与受欺凌者是同学,在命令性班级欺凌规范下均不会产生很强的群体道德推脱。

当被试处于对照组时,与欺凌者是同学和与受欺凌者是同学两组之间差异显著$[F(1,599)=15.32,p<0.001,\eta_p^2=0.03]$,具体表现为当与欺凌者是同学$(M=2.20,SD=0.31)$的群体道德推脱高于与受欺凌者是同学$(M=1.93,SD=0.49)$。

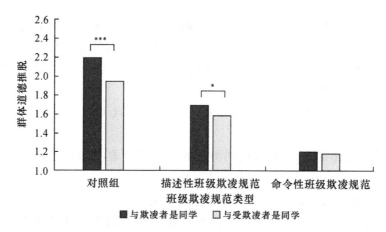

图 6-9　不同类型班级欺凌规范的群体道德推脱在不同班级认同中的差异

注：* 表示 $p < 0.05$，*** 表示 $p < 0.001$。

4. 在不同类型班级认同下，不同类型班级欺凌规范对群体内疚的影响

在群体内疚上，班级认同类型的主效应显著 $[F(1,599) = 88.27, p < 0.001, \eta_p^2 = 0.13]$，班级欺凌规范的主效应显著 $[F(2,598) = 331.66, p < 0.001, \eta_p^2 = 0.53]$，班级认同类型与班级欺凌规范的交互效应显著 $[F(2,598) = 22.73, p < 0.001, \eta_p^2 = 0.07]$。不同班级认同类型在三种不同类型班级欺凌规范中的群体内疚得分见表 6-11。

表 6-11　不同类型班级认同下群体内疚得分统计（$M \pm SD$）

班级欺凌规范类型	与欺凌者是同学	与受欺凌者是同学
对照组	1.74 ± 0.46	2.82 ± 0.49
描述性班级欺凌规范	3.04 ± 0.89	3.52 ± 0.76
命令性班级欺凌规范	4.08 ± 0.83	4.20 ± 0.82

通过简单效应分析结果发现（见图 6-10），在班级欺凌规范类型上，当被试处于描述性班级欺凌规范时，与欺凌者是同学和与受欺凌者是同学之间差异显著 $[F(1,599) = 21.07, p < 0.001, \eta_p^2 = 0.03]$，具体表现为与受欺凌者是同学（$M = 3.52, SD = 0.76$）比与欺凌者是同学（$M = 3.04, SD = 0.89$）具有更高的群体内疚。

当被试处于命令性规范时，与欺凌者是同学和与受欺凌者是同学之间的差异不显著 $[F(1,599) = 1.29, p = 0.26]$。研究结果表明在命令性班级欺凌规范影响下无论与欺凌者是同学还是与受欺凌者是同学，均会产生很强的群体内疚。

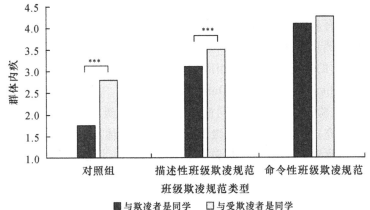

图 6-10　不同类型班级欺凌规范的群体内疚在不同班级认同中的差异

注：***表示 $p < 0.001$。

当被试处于对照组时，与欺凌者是同学和与受欺凌者是同学之间差异显著$[F(1,599)=109.45, p<0.001, \eta_p^2=0.16]$，具体表现为当与受欺凌者是同学$(M=2.82, SD=0.49)$比与欺凌者是同学$(M=1.74, SD=0.46)$有更高的群体内疚。

三、机制形成分析

当因变量是群体道德推脱、群体内疚和群体欺凌行为时，班级欺凌规范的主效应显著，班级认同类型的主效应显著，二者的交互作用显著。简单效应分析表明，无论是与欺凌者是同学还是与受欺凌者是同学，在命令性班级欺凌规范的班级中都不会发生较多的群体欺凌行为，并且会产生较低的群体道德推脱以及较高的群体内疚。和与受欺凌者是同学相比，与欺凌者是同学在描述性班级欺凌规范的班级中会发生较多的群体欺凌行为，也会产生较高的群体道德推脱和较低的群体内疚。

结果发现，在群体欺凌行为、群体道德推脱和群体内疚上班级认同类型的主效应显著，班级欺凌规范类型的主效应显著，班级欺凌规范类型和班级认同类型的交互作用也显著，说明在不同类型的班级认同下，不同类型的班级欺凌规范会影响群体欺凌行为、群体道德推脱和群体内疚。结果表明，无论在何种班级认同类型下，命令性班级欺凌规范对群体欺凌行为、群体道德推脱和群体内疚都没有显著的影响差异，这说明了班级中有明确的行为规范和惩罚机制时，学生会因为害怕受到相应的惩罚而减少自己错误的行为（Cialdini et al.,

1991）。而在描述性班级欺凌规范中，和与欺凌者是同学相比，个体与受欺凌者是同学时会有较少的群体欺凌行为，较低的群体道德推脱和较高的群体内疚。这说明虽然班级中存在描述性欺凌规范，但学生会依据不同类型的班级认同，选择不同的身份进而做出相应的行为，再次验证了班级认同的重要作用（方乐，2019；Chen et al.，2016；Dumont，Waldzus，2014；van Zomeren et al.，2008）。结果也验证了在班级认同视角下学生对班级中自己身份的认可（殷融等，2017）。研究再次证明了"班级欺凌规范→群体欺凌行为""班级欺凌规范→群体道德推脱""班级欺凌规范→群体内疚"这三条路径上确实存在调节效应。

四、总结与建议

本研究通过启动不同类型的班级欺凌规范，探究了在与欺凌者是同学和与受欺凌者是同学的情况下，不同类型的班级欺凌规范中群体道德推脱、群体内疚和群体欺凌行为上的差异。研究发现，无论在何种班级认同类型下，命令性班级欺凌规范对群体欺凌行为、群体道德推脱和群体内疚的影响都没有显著的差异，研究结果不仅丰富了社会规范在校园班级环境中的应用，也验证了命令性规范确实会限制不良行为的发生。

研究启示我们在管理班级时，首先要从预防和控制欺凌问题的角度出发，一定要构建命令性班级欺凌规范，使学生明白触碰了相关行为，如欺凌同学将会受到什么样的惩罚，利用明确的行为规范和惩罚机制减少学生的欺凌行为。其次教师应该多与学生交流，尤其是情感方面的交流，不仅要对欺凌者进行教育，减少他们的欺凌行为，还要给予受欺凌者支持和安慰，帮助他们融入班集体。最后，可通过一定的活动，如开展有关班级认同的主题班会、组织相应的班级活动，促进学生之间的交流与沟通，对学生进行自信心训练或社会交往技能的培养，提高其应对欺凌的能力并引导学生学会尊重他人以及如何与他人进行合作，加强培养学生明辨是非的能力，增强班级凝聚力，减少班级欺凌行为的发生。

第七章　群体成员属性对群体欺凌行为的影响机制

　　由于互联网与社交媒体的普及以及被广泛使用,网络集群攻击已十分常见,现实中的群体攻击性行为虽受限制与约束,但仍屡见不鲜,其带来的惨重损失与不良后果也让人万分痛心。有效抑制群体攻击事件是国家社会民众均关心的问题,然而事件发生后的惩罚措施对于抵制群体攻击事件只起到部分作用,只有事前预防与事后惩罚双管齐下,才能有效避免悲剧的发生。因此探讨网络集群攻击性行为与现实中的集群攻击性行为的发生机制,从发生机制入手预防群体欺凌事件的发生十分必要。

　　本章从网络集群攻击性行为与现实集群攻击性行为两类群体欺凌行为层面,通过两项实证研究探讨群体欺凌行为发生机制。一方面本章探讨了在网络环境背景下,集群攻击性行为与现实中替代性攻击性行为的发生机制,解释群体认同在群体欺凌行为发生过程中的重要作用,探讨了个体间的欺凌如何转换为群体间的欺凌,为个体间攻击升级为群际冲突提供了新的思路;另一方面本章也为更好地了解和减少群际冲突的蔓延与升级提供了建设性的意见。

第一节　群体相对剥夺感对欺凌行为的影响

　　近年来,互联网的飞速发展与普及,使得网络成为人们日常生活中的一个重要活动场域,它在给人们生活带来便捷的同时,也常发生无组织性和匿名性的集群行为,而群体的攻击性言论和情绪宣泄会对社会安全造成不利影响。网络集群攻击性行为(cyber collective aggressive behavior)指一定数量的相对无组织的社会群体成员针对某一事件或刺激在互联网上参与表达时所产生的攻击性行为,如谩骂、诋毁、威胁、公布隐私信息、人肉搜索等(Li,2014;Festl et al. ,2013)。这种网络上发起的欺凌行为不仅严重影响网络环境秩序,也更容易引发社会公众的情绪失控、态度表达偏激等(李明军,王振宏,2015)。随着网络集群攻击性行为的频发,探讨该行为的发生过程对我们理解网络情境中的群体欺凌行为有着重要帮助。

网络社会是一个可创造、可直接参与和完全虚拟的社会环境,其最重要的特点就是匿名性与虚拟性,就像是使个体拥有了一个面具。因此,网络群体欺凌行为的发生相比于现实群体行为具有更便利的环境条件。以网络为媒介的社会互动,因缺乏情境线索更容易造成社会规范和社会控制的缺失,网络的匿名性也使个体感受到更大的自由,使他们会做出一些在现实中不会做的行为(Helm et al. ,2013;Utz,2015)。研究表明,匿名性会降低个体的责任感、自控力,导致情绪失控、态度表达偏激、攻击性增强等现象(Cho,Kwon,2015;Li,2014;Patton et al. ,2014)。另外,在网络环境下的虚拟互动使个体更易受其他网民舆论的整体氛围影响,在表达意见时更易表现出一定程度的群体一致性,更易出现群体极化现象(Vilanova et al. ,2017)。现实生活中的集群行为更多聚焦于现实问题的解决,而网络集群攻击性行为的发生往往更侧重于愤怒情绪的发泄,二者在达成的目标和发生的条件上存在着很大的差异。集群行为背后的人往往是一群有着相似性特征的潜在群体,但是以往对群体行为的研究更多的是针对现实环境中的群体行为,而针对虚拟环境中的研究较少,因此本研究主要针对网络集群攻击性行为的发生过程展开探讨,从而为网络中的群体欺凌行为带来启发与思考。

一、群体相对剥夺感与群体欺凌行为的关系

针对集群行为的发生过程,张书维等(2012)提出跨情境下集群行为动因模型(the motivation model of collective action in different contexts),认为群体相对剥夺是集群行为的有力预测变量。所谓相对剥夺感(relative deprivation),是指与参照群体相比,个体对自己处于不利地位的感知(Smith et al. ,2012)。个体相对剥夺易引发一些消极情绪和行为反应(如沮丧、压力等),甚至影响个体往更高的社会地位群体流动(Osborne et al. ,2012);而群体相对剥夺则易引发集群行为,如群体抗议、群体攻击等(Smith et al. ,2012)。已有研究指出,群体相对剥夺可以显著正向预测群体攻击性行为(熊猛,叶一舵,2016)。社会不公正所导致的相对剥夺心态促使人们出于自我压力释放的需求,更倾向于通过网络寻求归属、实现自我,从而更容易产生网络集群攻击性行为(刘悦,王效柳,2015)。可以说,群体相对剥夺是集群行为发

生的前提(张书维,王二平,2011),但群体相对剥夺与集群行为之间的相关仅在中度水平(Islam,2021;van Zomeren et al.,2008)。仅有群体相对剥夺,仍然不足以立刻发动集群行为,其需要通过群体认同、群体愤怒、群体效能等其他变量的中介作用(张书维,2013)。因此,本节探讨群体相对剥夺、群体愤怒、群体效能和群体认同对网络集群攻击性行为的影响,并进一步考察群体愤怒和群体效能在网络集群攻击性行为中的中介作用,以及群体认同在这两个中介路径中起到的调节作用,以期为网络集群攻击性行为和网络群体欺凌行为提供实证依据和干预思路。

二、群体相对剥夺感作用的实证研究

(一)研究目的

本研究采用问卷法考察群体相对剥夺与网络集群攻击性行为的关系,检验以群体愤怒和群体效能为中介变量的双路径模型及群体认同在双路径模型中所发挥的调节作用。

(二)研究方法

1. 被试

本研究向在校大学生发放问卷 700 份进行施测,回收有效问卷 598 份,有效率为 92.57%。其中,男生 278 人,女生 320 人;大一学生 234 人,大二学生 174 人,大三学生 86 人,大四学生 104 人;被试年龄在 17 到 27 岁之间($M=22.4$,$SD=2.12$);被试的专业涉及生物技术、地理科学、机械工程等 16 个专业。

2. 研究工具

(1)群体相对剥夺

本研究参考郭星华(2001)、马皑(2012)编制的相对剥夺感量表(relative deprivation scale),首先结合"2002 年中国社会科学院提出的我国社会阶层的划分(包括顶层与上层、中上层与中层、中下层与下层、底层)"来测量被试的"主观阶层感知",了解被试主观上对自己所属群体的划分;然后以"处于上层的人"作为参照群体,对"普通大众"在经济条件、社会地位、社会保障、人际资源、未来发展这五个因素,分别从有利程度和满意度进行李克特七点评分,其中 1 表示"非常不利/不满意"、7 表示"非常有利/满意",共计 10 个题项,得分越高表示群体相对剥夺程度越高(反向计分)。本研究中,该量表的内部一致性系数为 0.89。

（2）群体认同

本研究参照之前同类研究的测量方式（Smith et al.，2007），给出一段材料，测量被试属于"普通大众"的群体认同程度。根据初测结果对条目进行删除和修改，形成五个条目，评分方式为李克特七点计分，1 代表"非常不符合"，7 代表"非常符合"，分值越高代表群体的认同程度越高。本研究中，该问卷的内部一致性系数为 0.88。

（3）群体愤怒

本研究参照之前同类研究的测量方式（Shi et al.，2015；van Zomeren et al.，2004，2008），包含三个题项，如"对于该事件中某人的做法，您作为一名普通大众是否感到愤怒？"评分方式为李克特七点计分，其中 1 表示"没有"，7 表示"特别"，得分越高表示越愤怒。本研究中，该问卷的内部一致性系数为 0.91。

（4）群体效能

本研究参照之前同类研究的测量方式（van Zomeren et al.，2004；van Zomeren et al.，2008），选择并修改了四个题项测量群体效能，采用李克特七点计分方式，其中 1 表示"非常小"，7 表示"非常大"，得分越高表示群体效能越强。本研究中，该问卷的内部一致性系数为 0.89。

（5）网络集群攻击性行为

本研究选取的事件蓝本为虚拟社区页面帖子，其中涉及人们对该事件的主观意愿和客观实际行为，因此将其分为两个维度：主观意愿参照已有研究（薛婷等，2013），采用四个题项测量网络集群攻击性行为意向，如"看到网上如果有很多抨击某某的评论，您参与网络跟帖讨伐的可能性有多大"，选项从"1＝非常不愿意"到"7＝非常愿意"；客观实际行为主要是向某事件中主人公砸臭鸡蛋的数量，臭鸡蛋数量为 1 到 7 之间的任意整数。计算各维度平均分，分值越高代表被试网络集群攻击性行为意向越强。本研究中，该问卷的内部一致性系数为 0.83。

3. 施测程序

主试通过阅读大量网络集群攻击性事件，经过预测评定，选取在义乌真实发生的"奔驰男打人"事件为考察蓝本，在问卷中将此事件设置为虚拟社区页面帖子。被试首先填写人口学变量（如性别、年龄等）和群体相对剥夺感量表，然后阅读"奔驰男打人"网络帖子，回答有关群体愤怒情绪、群体效能、群体认同和网络集群攻击性行为的测量问题。最后，主试收回问卷，向被试表达感谢（赠送礼品）并说明研究意图。

(三)研究结果

1. 共同方法偏差控制与检验

本研究为避免共同方法偏差采用匿名施测、部分条目使用反向题等。除此之外,Harman 单因子检验结果发现,特征根大于 1 的公因子有 26 个,第一个因子解释率为 26.67%,表明本研究不存在共同方法偏差。

2. 描述性统计结果

各变量的平均数、标准差和相关系数见表 7-1,群体相对剥夺与群体认同、群体愤怒、群体效能、网络集群攻击性行为呈显著正相关,群体认同与群体效能呈显著负相关,群体愤怒和群体效能均与网络集群攻击性行为呈显著正相关。

表 7-1   各变量均值、标准差与相关系数($N=598$)

变量	M	SD	1	2	3	4	5
群体相对剥夺	5.42	0.73	1				
群体认同	5.67	0.10	0.20**	1			
群体愤怒	4.62	1.68	0.34**	0.03	1		
群体效能	4.91	1.36	0.13**	−0.14*	0.11	1	
网络集群攻击性行为	4.05	1.34	0.23**	−0.02	0.43**	0.14*	1

注:* 表示 $p<0.05$,** 表示 $p<0.01$。

3. 群体相对剥夺与网络集群攻击性行为意向的关系

按照温忠麟和叶宝娟(2014)提出的建议,对本研究的模型进行检验(见图 7-1)。结果表明,群体相对剥夺显著正向预测对网络集群攻击性行为($\beta=0.24, p<0.001$),群体相对剥夺与群体认同的交互项对网络集群攻击性行为的预测作用不显著($\beta=0.13, p=0.122$)。群体相对剥夺与群体认同的交互项对群体愤怒的预测效应显著($\beta=0.17, p<0.01$),同时群体愤怒显著正向预测网络集群攻击性行为($\beta=0.37, p<0.001$);同样地,群体相对剥夺显著正向预测群体效能($\beta=0.14, p<0.05$),同时群体效能与群体认同的交互项对网络集群攻击性行为的预测效应显著($\beta=-0.13, p<0.05$)。这表明,群体相对剥夺、群体愤怒、群体效能、群体认同和网络集群攻击性行为之间构成了有调节的双中介模型,群体认同在群体相对剥夺与网络集群攻击性行为之间起不同的调节作用。

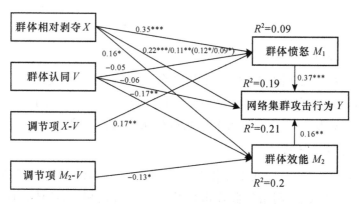

图 7-1　有调节的双中介模型检验结果

注：系数均为标准化回归系数，括号内为加入分别以群体愤怒和群体效能为中介时，群体相对剥夺预测网络集群攻击性行为的系数。主观阶层感知在方程中作为控制变量，出于简洁目的未在图中显示；* 表示 $p < 0.05$，** 表示 $p < 0.01$，*** 表示 $p < 0.001$。

为了进一步考察交互效应模式，本研究进行了简单斜率检验，并依据回归方程取群体相对剥夺/群体效能和群体认同平均数正负一个标准差的值绘制了简单效应分析图（图 7-2 和图 7-3）。结果显示，对于群体认同水平高的成员而言，群体相对剥夺对群体愤怒的预测作用显著（$B_{simple} = 1.18$，$SE = 0.17$，$p < 0.01$）；对于群体认同水平低的成员而言，群体相对剥夺对群体愤怒的正向预测作用减弱（$B_{simple} = 0.42$，$SE = 0.18$，$p < 0.01$）。同样，当群体认同水平较高时，群体效能对网络集群攻击性行为的预测作用不显著（$B_{simple} = 0.06$，$SE = 0.07$，$p = 0.379$）；而当群体认同水平较低时，群体效能对网络集群攻击性行为有显著的影响（$B_{simple} = 0.32$，$SE = 0.11$，$p < 0.01$），即当群体认同水平较低时，群体成员的网络集群攻击性行为既受群体相对剥夺的直接影响，也受群体效能的间接影响。

三、机制形成分析

本研究发现，群体相对剥夺显著正向预测群体愤怒、群体效能和网络集群攻击性行为。当前我国正处于社会发展的重要转折期，贫富差距对比越来越明显，人们很容易将自己或自己所属群体与其他群体进行比较，尤其是进行上行比较，从而产生相对剥夺感，引发消极情绪如愤怒、沮丧等，并影响群体成员信念（Goldenberg et al. , 2014）。而人们更倾向于通过网络寻求归属、实现自我，这会更容易导致网络攻击性行为。因此，网络集群攻击性行为发生过程的探讨对有效减少网络暴力、维护社会安全具有重要意义。

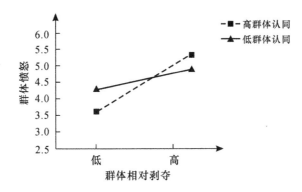

图 7-2 群体认同在群体相对剥夺与群体愤怒之间的调节作用

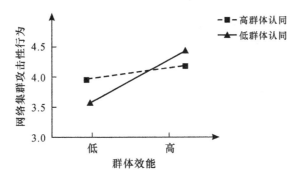

图 7-3 群体认同在群体效能与网络集群攻击性行为之间的调节作用

此外,群体愤怒、群体效能在群体相对剥夺和网络集群攻击之间起中介作用,即群体相对剥夺通过群体愤怒和群体效能影响网络集群攻击性行为。而以往研究也表明,网络群体在感受到相对剥夺的条件下,可以经由群体情绪和群体效能这两条路径来进一步引发网络群体表达攻击性行为的意愿(张书维等,2012;Shi et al.,2015)。当群体成员认为和其他群体相比,自己群体所处劣势状况或者不公平时,就容易产生群体愤怒情绪,从而导致集群行为倾向提升(熊猛,叶一舵,2016;Smith et al.,2008)。也有研究表明,弱势群体相对剥夺感越高,群体效能感水平也越高,从而更愿意参与集群行动(Cohen-Chen et al.,2014)。可见,群体相对剥夺会影响群体愤怒情绪和群体效能,从而进一步引发网络群体表达攻击性行为的意愿。

再者,群体认同调节群体愤怒中介链条的前半段和群体效能中介链条的后半段。群体成员对本群体的认同程度越高,将群体身份整合成自我概念的程度越高,就越能体会相对剥夺给其带来的愤怒情绪,也就越有可能发生网络集群攻击性行为;对于低群体认同的成员而言,体验到该群体不公平、不满意等相对剥夺感带来的愤怒体验越少,就越会降低网络集群攻击性行为发生的可能,这与以往研究结果基本一致(熊猛,叶一舵,2016;Smith et al.,2008)。同样,在群体相对剥夺条件下,个体也可由群体效能路径表达集群行为的意愿。当群体成员存在较低的社会认同但显示出较高的效能感时,该群体参与网络集群攻击性行为的可能性就会增加。这是因为群体效能作为集群行为的外部动机,在低群体认同条件下发挥了重要作用。相对于高群体认同者的群体目标使命感,低群体认同者参与该行为的高群体效能显示了其更加实际和功利的动机(张书维等,2012;Shi et al.,2015;van Zomeren et al.,2012)。

总而言之,本研究提出的有调节的双中介模型进一步表明,在网络集群攻击性行为的发生过程中,群体愤怒和群体效能这两条路径是相对独立的,但其效应的发生都会受群体认同的调节。对于群体认同感较高的成员,其在背叛群体时的心理成本会有所提高,损益理性计算过程也会受到影响,此时问题聚焦路径的预测力就会降低,群体愤怒在网络集群攻击性行为中所发挥的作用就会比较大;而对于群体认同感较低的成员来说,问题聚焦路径的预测作用凸显出来,因为群体遭遇不公事件可能并不会使个体体验到强烈愤怒感,只有在预期群体行为结果比较满意的情况下,群体成员参与网络集群行动的积极性才会大大提升(殷融,张菲菲,2015;Shi et al.,2015;van Zomeren et al.,2012)。

四、总结与建议

总体而言,本研究将现实集群行为的理论与研究推广到网络环境中,探明网络群体在感受到相对剥夺时,可以经由群体情绪和群体效能这两条路径来进一步引发网络群体表达攻击与欺凌行为的意愿,且这两条路径都受群体认同的调节。这不仅可以丰富和深化集群行为理论,还进一步提示相关部门要加强对网络和社会安全问题的重视,尤其是对那些遭遇不公正待遇的弱势群体进行情绪疏导,对群体认同程度不同的个体进行改进。

(一)网络实名制

网络群体攻击与欺凌行为发生的原因之一是匿名性,个体认为对方并不知道自己的身份,而且个体常常湮没于评论群体之中,有时自我认同会被团体认同暂时取代,从而说出很多在现实生活中不会说出的攻击性语言。实行网络实名制,可以消除网络群体发言的匿名性,因为摘掉"面具"后,个体需要为自己的言论负一定的责任。尤其当言论超出某种范围时(如恶意造谣、中伤),个体需承担法律责任,因此这可以让网络群体在发言时更加理智与慎重。

(二)增强个体责任感与自控力

网络群体应宣扬积极的网络发言价值观,在发言时要弘扬正能量,并发表合适、恰当的语言。可采取播放公益广告的方式提高网络群体的责任感与自控力,使用现实的例子让网络群体知晓网络欺凌的危害,并知晓言语会给他人造成不容小觑的伤害。创造一个和谐、良好的网络环境,是每个人应负的责任。此外,还应该积极赞扬敢于为正义发声、保护那些被无端网络欺凌的群体的勇敢网民,展示语言助人的力量,让更多的人愿意在网络欺凌发生时,做出保护行为。

(三)重视对弱势群体的情绪疏导

对于在社会中处于弱势的群体,由于福利待遇或许无法满足内心的需要,有时会有不满情绪,因此应注重定期走访和收集意见。一方面普及国家各项惠民以及共同富裕的政策,可以让弱势群体了解到国家为了增加百姓收入做出了很多的努力,生活也在一天天变好;另一方面要了解弱势群体的需求,采纳建设性建议,将人民的意愿规划到未来布局当中,展示人民当家作主的制度优势。同时,要注重疏导弱势群体的情绪,保障社会的安定与和谐。

第二节　群体成员典型性对欺凌行为的影响

在社会心理学中,群际冲突被称为"世纪问题"(Fiske,2002)。群际冲突可以表现为不同的形式,如日常生活中对外群体成员的歧视、政治群体之间的大规模争端,甚至是国家之间的暴力冲突(Böhm et al.,2021)。群际冲突(intergroup conflict)是指由两个或两个以上群体,因目标或价值观的不相容而产生的冲突与矛盾(Böhm et al.,2020)。当群体之间发生冲突时,往往以群体欺凌的形式展现出来,有时甚至会带来严重后果,威胁社会稳定。因此,群际冲突的研究对我们理解并干预群体欺凌行为有着十分重要的现实意义。以往研究将群体作为整体,探讨群际冲突产生的前因和后果,或群体间相互关系的作用(Hames,2020;Kelber et al.,2020;Rovenpor et al.,2019),但忽视了群体内部的异质性带来的影响。群体内部差异不仅对发起和维持有风险的集体行动具有重要作用(Gavrilets,Fortunato,2014),还会影响群体的凝聚力、满意度和绩效等(Vergauwe et al.,2021)。基于此,本研究主要探讨群体成员的异质性在群际冲突中的作用,进而揭示群际冲突的发生机制,为解决群际冲突与减少群体欺凌行为提供理论借鉴。

一、群体成员典型性与群体欺凌行为的关系

群体成员的异质性可体现在多个方面,包括成员的群体地位、认知和动机等,这些差异都会影响群体成员参与群体活动的程度(Jasko,LaFree,2020;Landmann,Rohmann,2020),其中典型性便是群体成员异质性的一个重要方面。典型性(prototypicality)是指群体成员与群体中具有代表性的典范的相符程度,根据典型性分为典型群体成员(prototypical group members)和边缘群体成员(peripheral group members)(张冀琦等,2018)。典型性的差异已被证明会影响感知的身份安全(Jetten et al.,1997)、群体间歧视(Noel et al.,1995)和自尊(Jetten et al.,2002)。典型群体成员更有可能成为团队的领导者(Hais et al.,1997),可成功地诱导他人改变态度(Van Knippenberg et al.,1994),获得比其他群体成员更积极的评价(Hogg et al.,1993),且更有可能定义群体的规范并使其按照规范行事(Oakes et al.,1998)。例如,Kleef 等(2007)发现,相较于边缘群体成员,典型群体成员更倾向于参与群际冲突并试图对外群体造成伤害,其更加注重内群体利益。相比之下,边缘群体成员的行为反应可能更有趣,因为他们的行为被证明比典型群体成员更难预测,反应也更加多变(Masson,Fritsche,2018)。边缘地位可以导致群体成员偏离群体规范,也可以使群体成员进行群体外贬损和极端群体间行为(Goldman,Hogg,2016)。即在不同条件下,边缘群体成员参与内群体活动的行为存在差异。那么,边缘群体成员参与群际冲突的行为差异会受到哪些因素的影响呢?

基于马斯洛需要层次理论(hierarchical theory of needs),渴望被某个群体或社团所接纳,维持一种积极、稳定和长久的社会关系,是人类最普遍、最基本的需要之一(Baumeister,Leary,1995)。群体接纳(group acceptance)是指个体受到群体成员的欢迎、认可以及积极的评价,而使个体的人际关系需求、归属需求得到满足的社会现象(Joardar,Matthews,2010)。Cremer 和Leonardelli(2003)发现,当群体处于社会困境中,具有高归属感倾向的成员更关注群体利益。即被群体接纳的成员在群际冲突情境中更可能维护内群体的利益,攻击外群体。同时,当个体拥有被群体接受的动机时,他们会按照群体规范行事,做出符合群体期望的行为。此外,典型群体成员具备内群体的典型特征和核心属性,是内群体独特性和同质性的象征,因而更容易被内群体所接纳和支持,其归属感需求已经得到了充分满足(van Knippenberg,2011)。在年龄、种族等特征上与典型群体成员不同的边缘群体成员,他们更不确定采取

何种行动,因为他们担心自己在群体中是否被接纳,并且需要通过努力才能满足自身的归属感(Baumeister,Leary,1995)。与典型群体成员相比,边缘群体成员在群体间谈判时更倾向于关注、搜索、处理和使用相关信息,以确保其获得群体成员身份和接纳(van Kleef et al. ,2013)。相比于感知被拒绝的边缘群体成员,相信自己可以提高在群体内地位的边缘群体成员更可能显示出对群体的忠诚(Jetten et al. ,2003)。典型群体成员可能不关注其在内群体成员中的"印象"(他们已经得到了群体成员的认可和信任),而更多地关注内群体与其他群体的差异,塑造并传播内群体的形象。边缘群体成员可能更关注其给群体成员的"印象",他们通过极端、公开的民族中心主义和竞争性的群际行为,努力赢得内群体的认可和接受(Jetten et al. ,2003;Noel et al. ,1995)。

不确定性—认同理论(uncertainty-identity theory)是群际关系研究中最成熟的理论之一,可解释产生特定形式群体行为的条件(Hogg,Adelman,2013)。自我不确定性(self-uncertainty)是个体在遇到认知、情感和行为间不一致或冲突,并对重要的心理品质产生困惑或怀疑时,体验到的一种一致性和连续性缺乏的状态(杨庆等,2017)。Hogg 和 Adelman(2013)发现,自我不确定性是导致部分成员参与群体极端行为的重要因素,会促使群体成员参与对外群体的暴力攻击活动。而且高自我不确定性的个体认为外群体更具有威胁性,并对违反价值观的群体持有更多的偏见(Sekerdej et al. ,2018)。降低自我不确定性的动机增加了群体认同和内群体偏爱(Hohman,Hogg,2011;Hohman,Hogg,2015),并推动群体成员与他们的群体紧密团结,即使他们的群体会做出威胁他人健康、安全和福祉的行为(Hogg et al. ,2011)。典型群体成员在群体中的地位通常高于边缘群体成员,他们在群体中的地位相对稳定和安全;边缘群体成员被置于群体外围,会质疑自己和自己的未来,并经历更高的自我不确定性(Hohman et al. ,2017)。自我不确定性的增加会激励群体成员通过参与亲群体行为来提高他们在群体中的地位(Hohman et al. ,2017)。根据不确定性—认同理论,自我不确定性将激励群体成员寻找关于群体原型的信息,并准备好接纳和支持拥有这些信息的个体(Rast et al. ,2012)。当边缘群体成员感到不确定时,尤其是关于自我概念的不确定,他们会求助于典型群体成员并会寻求典型群体成员的支持和接纳,以此来定义自己的群体身份(Hogg,Adelman,2013)。Jetten 等(2003)发现,在群体接纳的情况下,边缘群体成员通过获得群体支持的认可方式,减少自身所处地位带来的不确定性。相反,在群体拒绝条件下,边缘群体成员的自我不确定性越高,会迫使其对内群体表现出更多不忠诚,参与群体冲突的可能性就越低(Steinel et al. ,2010)。我们推测,当处于高自我不确定性时,被群体接纳的成员会表现出更强的群际冲突水平来维护他们的群体归属感,以此来争取在更大程度上缓解自身的不确定性,因而典型群体成员与边缘群体成员参与群际冲突的水平不存在差异;而高自我不确定性可能会加强群体拒绝对典型群体成员的影响,使其与边缘群体成员一样背叛内群体。

二、群体接纳与不确定性作用的实证研究

(一)群体接纳调节作用的实验研究

1. 研究目的

本实验探讨不同成员类型(典型群体成员和边缘群体成员)对群体欺凌行为的影响,并考察群体接纳在其中的作用。

2. 研究方法

(1)被试

本实验招募大学生被试71人(女43人,男28人),被试年龄在18到24岁之间($M=18.99$,SD$=1.43$)。为了保证较高的统计效能,在实验实施前我们采用 G* Power 3 分析方法对样本量进行估计,根据中等效应量为 0.35,α水平为 0.05,统计检验力为 0.80,以及当前实验设计来确定样本,G* Power分析结果建议此实验需要 67 名被试可使统计效能达到 0.80。所有被试自愿参与实验,实验结束后可获得一定报酬。

(2)实验材料

群际冲突的测量方式采用群际囚徒困境最大化模型(Intergroup prisoner's dilemma-maximizing difference game,IPD-MD)(Bornstein,1992),包含三种选择,每个被试分别独立地决定如何在三种选择之间进行有价值的捐赠。第一种选择,在个人账户中保存的每一张游戏券都给自己带来两元的好处,而对其他玩家没有影响。第二种选择,每一张游戏券都捐献给内群体的组内公用基金,每名内群体成员获得一元。组内捐献不会对外群体成员产生负面影响,因此表明与内群体的合作和对外群体的忽视甚至对外群体收益的积极关注。第三种选择,每一张游戏券捐献给组间公用基金,每名内群体成员获得一元,同时每名外群体成员损失一元。组间捐献不仅彰显了内群体的合作,还揭示了减少外群体绝对或相对收益的意图。被试在保留、组内公用基金和组间公用基金三种选择之间进行金币投资,对组间公用基金投资的金币数目越大,就代表对外群体的攻击性就越明显。

（3）实验设计

本实验采用 2（典型性：典型组、边缘组）×2（群体接纳：群体接纳、群体拒绝）的被试间设计。因变量以被试在 IPD-MD 中组间公用基金的金额表示被试的群际冲突水平。

3. 实验程序

首先，根据 Jetten 等（2003）采用的方法对典型性进行操纵，被试完成大学生价值观量表，告知被试本研究是为了测量本校学生价值观的差异性。根据结果告知被试他们的价值观与本校大多数学生价值观的差异有多大，边缘群体成员被告知他们的价值观与本校其他学生差异较大，典型组被告知他们的价值观与本校其他学生的价值观差异较小。在此之后，完成典型性量表，共三道题目，例如"我与本校其他学生有很多共同点"（Jetten et al.，1997）。随后，采用 Jetten 等（2003）研究中的方法进行群体接纳操纵，呈现给被试一份是否被学校其他同学接受的信息，接纳组收到被本校同学认可的信息，拒绝组收到被本校同学不认可的信息，随后完成情绪体验测验，共八道题目。最后，告知被试和其他两名本校同学与另外一所学校的三位同学进行投资交易，该校是与被试所在学校竞争篮球赛冠军的对手学校。被试每轮共有 10 元钱，且每轮都需要把这 10 元完全投资，共有 10 轮决策。

4. 实验结果

（1）操纵检验结果

典型性操纵检验：共三个项目，内部一致性系数为 0.77。独立样本 t 检验的结果表明，典型组与边缘组之间差异显著（$t = -18.81, p < 0.001, d = 4.53$），表明典型性操纵有效。

群体接纳操纵检验：共八个项目，其中积极情绪包括四个项目，内部一致性系数为 0.91；消极情绪包括四个项目，内部一致性系数为 0.88。独立样本 t 检验的结果表明，接纳组与拒绝组在积极情绪（$t = 4.29, p < 0.001, d = 1.03$）和消极情绪（$t = -4.61, p < 0.001, d = 1.11$）上均存在显著差异，表明群体接纳操纵有效。

（2）描述统计

对边缘组和典型组在群体接纳条件下的组间公用基金进行统计分析（见表 7-2）。

表 7-2 群体接纳条件下组间公用基金描述统计($M\pm SD$)

典型性	群体接纳	$M\pm SD$
边缘组	拒绝	1.77±1.25
	接纳	4.97±1.46
典型组	拒绝	4.24±1.98
	接纳	5.79±1.51

（3）各变量的主效应及交互效应分析

对被试的组间公用基金进行方差分析的结果表明，典型性的主效应显著 $[F(1,67)=18.43,p<0.001,\eta_p^2=0.216]$，群体接纳的主效应显著 $[F(1,67)=38.27,p<0.001,\eta_p^2=0.364]$，典型性和群体接纳的交互作用显著 $[F(1,67)=4.59,p=0.036,\eta_p^2=0.064]$。简单效应分析发现，在群体接纳条件下，边缘组的组间公用基金（$M=4.97$，$SE=0.29$）与典型组（$M=5.79$，$SE=0.36$）不存在显著差异 $[F(1,67)=3.27,p=0.075]$；在群体拒绝条件下，边缘组的组间公用基金（$M=1.77$，$SE=0.39$）显著低于典型组 $[M=4.24$，$SE=0.48;F(1,67)=16.02,p<0.001,\eta_p^2=0.193]$，见图 7-4。

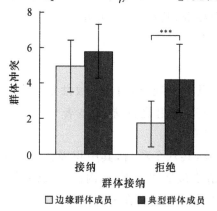

图 7-4 成员典型性和群体接纳对群际冲突的交互作用

注：*** 表示 $p<0.001$。

5. 小结

本实验检验了一个假设，即在群体接纳条件下，边缘群体成员和典型群体成员参与群际冲突的水平不存在显著差异；在群体拒绝条件下，边缘群体成员参与群际冲突的水平显著低于典型群体成员。本实验的结果支持了这一假设，即群体接纳是一种潜在的调节机制，群体接纳满足了边缘群体成员的归属感需要,使其愿意为维护内群体利益,积极参与群际冲突。本实验检验了群体接纳这一外在因素对边缘群体成员参与群际冲突的影响。接下来的实验增加了另一种可能的影响因素——自我不确定性,探讨自我不确定性与群体接纳的交互作用会共同影响不同典型性群体成员在群际冲突中的作用。

(二)不确定性调节作用的实验研究

1. 研究目的

本实验探讨群体接纳与不确定性在群体成员典型性对群体欺凌行为影响中的作用,给减少群体欺凌行为的方法带来启发与依据。

2. 研究方法

(1)被试

本实验招募大学生被试 101 人(女 57 人,男 44 人),被试年龄在 17 到 26 岁之间($M=20.73,\mathrm{SD}=2.25$)。为了保证较高的统计效能,在实验实施前我们采用 G*Power 3 分析方法对样本量进行估计,根据中等效应量为 0.35,α 水平为 0.05,统计检验力为 0.80,以及当前实验设计来确定样本量,G*Power 分析结果建议本实验需要 67 名被试可使统计效能达到 0.80。所有被试均自愿参与实验,实验结束后均可获得一定的报酬。

(2)实验材料

大学生价值观量表采用辛志勇(2002)的《大学生价值观量表》,用李克特五点计分方式计分,从非常不同意"1"到非常同意"5"。

典型性量表采用 Jetten 等(1997)的感知典型性操作检验问卷,共三道题目:"我与本校其他学生有很多共同点""我是本校一个好的学生代表""我是本校一个具有代表性的学生"。

群体接纳的测量方式采用 Jetten 等(2003)研究中的方法进行群体接纳操纵,呈现给被试一份是否被学校其他同学接受的信息,接纳组收到被本校同学认可的信息,拒绝组收到被本校同学不认可的信息,随后完成情绪体验测验,共八道题目。

自我不确定性的测量方式采用 Grant 和 Hogg(2012)的自我不确定性操纵方法,并使一个项目对自我不确定性的操纵进行检验,"确切地说,这让你感觉对自己有多不确定/多确定"(Hogg et al.,2010)。

(3)研究设计

本实验采用 2(典型性:典型组、边缘组)×2(自我不确定性:高不确定性、低不确定性)×2(群体接纳:群体接纳、群体拒绝)被试间设计。因变量以被试在 IPD-MD 中组间公用基金的金额表示被试的群际冲突水平。

3. 实验程序

首先,被试完成大学生价值观量表(同第一个实验)。然后,完成典型性量表,紧接着采用 Grant 和 Hogg(2012)研究中的方法进行自我不确定性操纵,在高自我不确定性条件下,被试被问道:"请花几分钟时间想一想你生活中那些让你对自己、未来或你在世界上的位置感到最不确定的几个方面。请列出/写下其中的三个。"在低自我不确定性条件下,被试被问道:"请花几分钟时间想一想,你生活中哪些让你对自己、你的未来或你在世界上的位置感到最确定的几个方面。请列出/写下其中的三个。"然后完成自我不确定性操纵检验问题,"确切地说,这让你感觉对自己有多不确定/多确定"(Hogg et al.,2010)。随后,被试完成群体接纳的操纵。最后,被试进入投资交易阶段,与第一个实验相同。

4. 实验结果

(1)各变量的操纵检验结果

典型性操纵检验:共三个项目,内部一致性系数为 0.83。独立样本 t 检验的结果表明,典型组与边缘组之间差异显著($t=-26.88, p<0.001, d=5.39$),表明典型性操纵有效。

自我不确定性操纵检验:独立样本 t 检验的结果表明,高自我不确定性组与低自我不确定性组之间差异显著($t=-4.10, p<0.001, d=0.82$),表明自我不确定性操纵有效。

群体接纳操纵检验:共八个项目,其中积极情绪包括四个项目,内部一致性系数为 0.94;消极情绪包括四个项目,内部一致性系数为 0.97。独立样本 t 检验的结果表明,接纳组与拒绝组在积极情绪($t=19.28, p<0.001, d=3.88$)和消极情绪($t=-19.54, p<0.001, d=3.93$)上均存在显著差异,表明群体接纳操纵有效。

(2)描述统计结果

对边缘组和典型组在群体接纳和自我不确定性共同影响下组间公用基金的统计结果如表 7-3。

表 7-3　群体接纳和自我不确定性条件下组间公用基金的描述统计($M\pm$SD)

典型性	群体接纳	自我不确定性	$M\pm$SD
边缘组	拒绝	高	1.42±0.98
		低	1.83±1.72
	接纳	高	5.86±1.99
		低	5.73±1.57
典型组	拒绝	高	2.57±1.78
		低	4.60±0.71
	接纳	高	6.53±1.78
		低	5.07±1.35

（3）各变量的主效应及交互效应结果

对被试的组间公用基金进行的方差分析结果表明,典型性的主效应显著 $[F(1,93)=9.86,p=0.002,\eta_p^2=0.096]$,群体接纳的主效应显著 $[F(1,93)=104.49,p<0.001,\eta_p^2=0.529]$,自我不确定性的主效应不显著 $[F(1,93)=0.47,p=0.496]$,典型性和自我不确定性的交互作用不显著 $[F(1,93)=0.06,p=0.809]$,典型性和群体接纳的交互作用显著 $[F(1,93)=9.81,p=0.002,\eta_p^2=0.095]$,群体接纳和自我不确定性的交互作用显著 $[F(1,93)=10.40,p=0.002,\eta_p^2=0.101]$,典型性、群体接纳和自我不确定性三者交互作用显著 $[F(1,93)=5.56,p=0.020,\eta_p^2=0.056]$。

典型性和群体接纳的交互作用显著,进一步简单效应分析发现,在群体接纳条件下,边缘组的组间公用基金($M=5.80$,SE$=0.30$)与典型组($M=5.80$,SE$=0.33$)不存在显著差异 $[F(1,93)<0.01,p=0.995]$;在群体拒绝条件下,边缘组的组间公用基金($M=1.62$,SE$=0.32$)显著低于典型组 $[M=3.58$,SE$=0.31;F(1,93)=19.69,p<0.001,\eta_p^2=0.175]$。

最重要的是,典型性、群体接纳和自我不确定性三者交互作用显著(见图7-5)。在高自我不确定性条件下,典型性与群体接纳的交互作用不显著 $[F(1,93)=0.05,p=0.084]$。对于群体拒绝的成员而言,边缘组的组间公共基金($M=1.42$,SE$=0.49$)与典型组($M=2.57$,SE$=0.44$)不存在显著差异 $[F(1,93)=3.05,p=0.084]$;对于群体接纳的成员而言,边缘组的组间公共基金($M=5.86$,SE$=0.43$)与典型组($M=6.53$,SE$=0.54$)不存在显著差异 $[F(1,93)=0.927,p=0.338]$。在低自我不确定性条件下,典型性与群体接纳的交互作用显著[$F(1,93)=21.64, p<0.001, \eta_p^2=0.286$]。对于群体拒绝的成员而言,边缘组的组间公共基金($M=1.83, SE=0.41$)显著低于典型组[$M=4.60, SE=0.43; F(1,93)=22.02, p<0.001, \eta_p^2=0.191$];对于群体接纳的成员而言,边缘组的组间公共基金($M=5.73, SE=0.41$)与典型组($M=5.07, SE=0.37$)不存在显著差异[$F(1,93)=1.41, p=0.237$]。

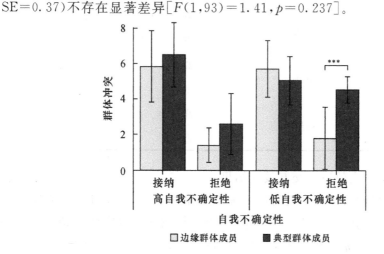

图 7-5　自我不确定性条件下典型性与群体接纳的交互作用

注：*** 表示 $p<0.001$。

5. 小结

本实验的结果显示,相较于在高自我不确定性条件下,群体接纳在低自我不确定性条件下会调节典型性与群际冲突的关系。当遭受群体拒绝时,不仅会对边缘群体成员产生负面影响,也会使高自我不确定性的典型群体成员做出不忠诚行为。而低自我不确定性的典型群体成员即使遭受到了群体拒绝,但其依然能够确定自己是群体中的一员,并愿意参与群际冲突。

三、机制形成分析

两个实验均证明典型群体成员参与群际冲突的水平显著高于边缘群体成员,这与已有研究的发现一致(van Kleef et al.,2007)。因为在群体中,典型群体成员往往处于群体的中心地位,更能够代表群体最典型的特征,并能区别于其他群体。当群体面临威胁或竞争时,典型群体成员更可能选择维护内群体利益;而边缘群体成员由于其地位的特殊性,他们更注重其自身利益,可能不会代表内群体的利益而参与群际冲突。然而也有研究发现,边缘群体成员有时也可能会在面临威胁时表现出与典型群体成员一样的忠诚,会为群体利益而斗争(Ellemers,Jetten,2013)。

第一个实验的结果发现,群体接纳影响群体成员参与群际冲突,群体接纳的成员参与群际冲突的水平显著高于群体拒绝的成员。根据马斯洛需要层次理论,群体接纳能够满足群体成员的归属感需要,激发其努力建立和维护与群体中其他成员的关系,遵守群体规范并表现出群体服务行为。群体拒绝威胁到群体成员的归属感、自尊心、安全感和存在的意义,并引发其消极的心理体验和情绪体验(Williams,Nida,2011),进而影响其行为反应。经历群体拒绝后的群体成员可能会对群体感到失望,从而做出违反群体规范的行为(DeBono,Muraven,2014),包括拒绝参与内群体行动。此外,第一个实验的结果显示,不同典型性的群体成员参与群际冲突的水平受到群体接纳的影响。在群体拒绝条件下,边缘群体成员参与群际冲突的水平显著低于典型群体成员;在群体接纳条件下,两者参与群际冲突的水平并不存在显著差异。这可能是由于边缘群体成员的地位更加不安全和不确定,会表现出更强的动机来维护他们的群体归属感,并争取更大程度上被其他群体成员接受(van Kleef et al.,2013)。以往研究也证实,为了融入群体,边缘群体成员被发现是最忠诚的群体成员,更符合刻板的群体特征(Pickett et al.,2002)。其会更批判其他边缘群体成员(Schmitt,Branscombe,2001),并比典型群体成员更强调群体边界条件(Pickett,Brewer,2001),也更容易通过群体间的竞争行为来获取内群体的信任和认可,进而巩固自己在该群体中的地位(Ellemers,Jetten,2013)。如果边缘群体成员感知到群体拒绝后,其可能会表现出退缩行为(Ren et al.,2018),不参与群体冲突。

第二个实验的结果,不仅验证了第一个实验的结果,也在第一个实验的基础上进一步探讨了群体接纳发挥调节作用的边界条件。即在低自我不确定条件下,群体接纳调节典型性与群际冲突的关系;在高自我不确定条件下,群体接纳不具有调节作用。在群体接纳和自我不确定性的共同影响下,群体成员参与群际冲突的水平有所变化。这可能是由于群体成员得知自己获得其他成员的认可和信任时,高自我不确定性会促使其为群体利益考虑,并会积极参与群际冲突,增强与内群体之间的联系,进而降低自我不确定性。Baumeister 和 Leary(1995)也证实了,群体为个体的存在提供了基础,并通过接纳和接受为其提供一种身份感和安全感,满足了他们的归属需要,尤其是对于边缘群体成员而言。这本身就可以成为增进幸福感的来源,也可以缓冲边缘地位带来的不确定性(Ellemers,Jetten,2013)。本研究发现,典型群体成员参与群际冲突的水平也会发生变化,他们并不是在任何条件下都会维护内群体利益,这与以往相关研究的结果不一致(van Kleef et al.,2007)。这可能是因为高自我不确定性加剧了群体拒绝对群际冲突的影响,使典型群体成员和边缘群体成员一样展现出较低的群际冲突水平。而在低自我不确定性条件下,边缘群体成员明确了其他成员对自己持有拒绝和排斥的态度后,可能会选择背叛或离开群体,从而不会为内群体做出贡献。

本研究发现,在群体拒绝条件下,高自我不确定性不仅不会增加边缘群体成员参与群际冲突的可能性,还可能导致典型群体成员背叛内群体。而不确定性—认同理论认为,自我不确定性是群体成员参与群际冲突的重要原因,并且自我不确定性会激励群体认同,进而能非常有效地缓解不确定性,使群体成员明白应该如何思考、感知和行动(Choi,Hogg,2020)。也就是说,高自我不确定性会激励边缘群体成员寻求群体接纳或参与群际冲突,进而降低不确定性,但自我不确定性的激励作用只发生在群体接纳的条件下。因此,本研究进一步深化了"不确定性—认同"模型,明确了自我不确定性对群体行为的驱动作用存在一定边界条件。

四、总结与建议

在群际冲突中,群体成员的异质性会影响其行为表现。结果表明,群体接纳是导致不同典型性群体成员行为差异的重要原因,边缘群体成员需要通过参与群际冲突而获得其他群体成员的认可和接纳,满足归属需要。自我不确定性是群体接纳发挥调节作用的边界条件,高自我不确定性既可以激励被群体接纳的边缘群体成员积极参与群际冲突,也可以抑制遭受群体拒绝的典型群体成员参与群际冲突。

针对群体成员典型性和群体欺凌行为问题,有如下建议。

(一)识别群体成员类型,给予正向价值观引导

想要预测群体成员会采取何种行动,首先就要识别群体成员属于哪种成员类型。因此只有准确地识别成员类型,对群体成员所采取的行动才会有准确干预的可能性,针对典型群体成员和边缘群体成员的不同特点给予不同的干预措施。研究发现典型群体成员更容易参与群体欺凌行为,原因是典型群体成员更关心内群体的利益。因此我们可以促进典型群体成员树立建设性地对待外群体的信念,培养其积极正向的价值观以引导群体成员与外群体成员和谐相处,并让他们掌握更多建设性的手段与措施去保障和收获更多内群体的利益,比如可以提倡合作优先的相处模式。

（二）提高群体接纳度

研究结果发现，群体接纳影响群体成员参与群际冲突，群体接纳的成员参与群际冲突的水平显著高于群体拒绝的成员。即受到群体接纳的成员更愿意关心内群体的利益，为保障内群体的利益付出自己的努力。在群体拒绝的情况下，不仅会更容易对边缘群体成员产生负面影响，使得他们背离群体规范而行事，也会使高不确定性的典型成员做出不忠诚的行为。因此，要提高群体的接纳程度，并对所有成员均持有包容、开放的心态，尤其是在对待边缘群体上。这样才能增强群体凝聚力和群体成员的归属感与幸福感，并使整个群体更加团结。

（三）提升群体认同感

如果成员有高群体认同感，会更容易让成员产生群体归属感动机，并更愿意以群体信念作为自己的信念，为之付出自己的努力，且优先为内群体的利益做出考虑。因此，建立公正的群体规范，共享群体资源，让每位成员均拥有成长与追求自我实现的机会，这可以使群体内部更加和谐与稳定。例如对儿童的爱国教育，应让儿童自小就树立对自己国家群体的认同，产生归属感，因而长大后也更愿意努力为国家做出贡献。

（四）降低群体成员的自我不确定性

研究发现，对于群体接纳情况下，高自我不确定性的个体之所以会更容易参与群体欺凌行为，是因为想通过这种方式增强与内群体之间的联系，从而降低自我的不确定性。因此，降低个体的不确定性，可以减少群体欺凌行为发生的可能性。对于低自我不确定性的典型群体成员，即便是知觉到了群体的排斥，也依然会努力维护内群体的利益。因为他们自我概念清楚，知道自己是群体当中的一员，且知道自己在群体当中是何种角色，也知道自己在群体当中应该做什么，明白这么做的意义是什么。在群体中，可以通过将任务可视化、明晰化，并进行合理的分配让每个成员都能够参与群体事务，以此来降低群体成员的不确定性。

第三节　群体成员身份对欺凌行为的影响

"一个在单位被老板严厉斥责的人，由于害怕丢掉工作而选择忍气吞声，当他回到家看到门口大叫着欢迎他的狗时，却不像平常一样友好地对待他的狗,反而使劲踢开他",这种现象被称为"踢吠犬效应"(kicking the barking dog effect)(喻丰等,2011)。在该现象中,被老板斥责在前是一种强激惹,狗吠发生在后是一种弱触发,因无法直接对老板发泄情绪而选择踢开了吠叫的狗,这是一种触发性替代攻击。

触发性替代攻击是指在现实生活中,个体在激惹情境中由于某些原因无法对激惹源进行直接反应,随后在另一种相对较弱的触发情境中对触发者实施与其冲突不匹配的攻击性行为。触发性替代攻击常常以严重的欺凌行为形式出现在生活中,给受害方造成难以弥补的身心创伤。触发性替代攻击在生活中随处可见,如家庭暴力、虐杀动物、虐待儿童等(Denson et al.,2009;Pedersen et al.,2008),其甚至会导致群体冲突的爆发与升级(Effron,2018;Han et al.,2020),从而影响社会稳定。以往研究大多关注其外部影响因素,如触发者、触发者与替代者之间的相似性等(Reijntjes et al.,2013;Vasquez,Howard-Field,2016),而很少关注触发性替代攻击发生的内部过程。因此,本研究分别从个体和群体视角考察触发性欺凌行为替代攻击发生的内在机制,为我们理解群体欺凌行为并预防和减少群体欺凌行为提供一定的借鉴。

一、群体身份与欺凌行为的关系

根据一般攻击模型,情绪和认知作为内部因素均会影响攻击性行为的表达(Anderson,Bushman,2002)。触发性替代攻击作为攻击性行为的一种特殊形式,也会受情绪的影响(Vasquez et al.,2018;Wang et al.,2018)。有研究表明,愤怒、沮丧等负性情绪常被看作攻击性行为的预测因子(Berkowitz,2012;Ghim et al.,2015;Greitemeyer,Sagioglou,2017;Smith et al.,2012)。也有研究发现,激惹的愤怒情绪是引发触发性替代攻击的前提条件(Pedersen et al.,2000;Pedersen et al.,2008)。自我损耗理论认为,自我控制资源的总量是有限的,个体经过一段需要自我控制资源的活动之后,自我控制能力会出现耗竭,这种损耗会影响随后的自我控制任务的表现(赵国瑞,2019;Haggeer et al.,2010)。换言之,先前激惹情境中的愤怒情绪产生后,个体通过自我控制使自己的言行举止符合社会规范或准则,主观认知、情绪等因素都会造成自我损耗(丁倩等,2020),这会导致个体在随后的触发情境中做出不道德和冒险行为(Joosten et al.,2014)。

此外,人们的大多数活动都处在其特有的群体背景之下,且近年来不断发展变化的社会背景使得群际间的关系日益复杂。社会矛盾的不断增加,使民众心态产生了急剧变化,随之也增加了群体间爆发冲突的风险(王芳等,

2012)。现实生活中群体欺凌行为往往并非发生于两个群体间的直接暴力对抗,多是由两个群体内部个体间的暴力冲突升级所致。群际冲突引发的愤怒、羞辱等群体情感作为群体受到侵犯后的一种功能性反应,会对替代性报复起到重要的作用。按照社会认同模型的群体身份理论和群际社会关系模型,每个群体成员都会存在内群体偏好,对内群体认同水平越高,对外群体便会存在更多的厌恶和贬低,因为外群体身份对其构成了威胁,因此群体会采取防御性的应对(如攻击性行为)(宋仕婕等,2020;Kenny et al.,2015)。且当个体得到消极评价即被激惹时,相较于内群体,个体会对外群体的替代攻击目标表现出更强的攻击性;而当个体未被激惹时,个体对内外群体替代攻击目标的攻击性无显著差异(Reijntjes et al.,2013)。然而以往的攻击理论很难解释群体间冲突是如何由个体扩散升级到群体的,而触发性替代攻击恰好为解决这一问题提供了方向。因此本研究还将在群体框架下对群体欺凌行为进行探讨,一方面将进一步对触发性替代攻击的发生过程进行验证,另一方面将从触发性替代攻击的角度探讨群体欺凌行为的扩散与升级。

二、群体成员的身份与角色作用的实证研究

(一)个体框架下触发性欺凌行为的实验研究

1. 研究目的

本实验通过改进情境的操作及攻击的测量,系统地考察了通过激惹诱发的愤怒情绪、对触发者的故意归因以及攻击强度三者之间的关系,从而进一步验证触发性欺凌行为的发生。

2. 研究方法

(1)被试

本实验随机选取 90 名在校大学生(男 38 人,女 52 人),剔除未完成完整的实验或猜测到实验目的 5 名无效被试,得有效被试 85 人(男 35 人,女 50 人)。被试年龄在 18—25 岁,平均年龄为 19.36 岁(SD=1.30)。

(2)材料

①愤怒情绪

根据彭小凡等(2013)的研究,本实验采用情绪状态自评量表中的愤怒题项测量愤怒情绪。考虑到评分的一致性,本实验将原量表中的五点计分改为七点计分,从 1="一点也不"到 7="非常强烈",分数越高表示愤怒情绪越强烈。

②敌意归因

本实验采用 Topalli 和 O'Neal(2003)的敌意归因偏差量表,共计五道题目,如"想象你在学校的走廊上走着,迎面有两个同学向你走来。当你从他们身旁经过时,他们看着你,相互说着悄悄话,然后大笑起来。请回答:为什么这两个同学从你身旁走过时会大笑起来?"题目采用李克特七点计分,从 1＝"完全不符合"到 7＝"完全符合",分数越高表明敌意归因越强。在本研究中,该量表的内部一致性系数为 0.88。

③攻击性

根据 Reijntjes 等(2013)的研究,本实验要求被试以决定他人所获报酬等级的方式来测量个体对他人的攻击性,从少到多总共分为七个等级,被试所选择的报酬等级越低则表示攻击性越强。

(3)实验设计

本实验采用 2(激惹情境:有激惹,无激惹)×2(触发情境:有触发,无触发)的被试间设计,因变量为愤怒情绪、敌意归因与攻击性得分。所有被试被随机分配到四种条件中,其中有激惹有触发组 20 人、有激惹无触发组 18 人、无激惹有触发组 21 人、无激惹无触发组 26 人。

(4)情境操纵

根据触发性替代攻击的经典研究范式,本实验通过给予被试不同类型的反馈来操纵先前的激惹情境与随后的触发情境(Pedersen et al.,2000;Vasquez et al.,2005)。

激惹情境:让被试在规定的时间内解决一个相对困难的问题,然后实验助手 A 给予被试反馈并根据反馈的内容进行激惹情境的操作。激惹情境中被试得到的反馈为"你写的答案也太无根据了!我本来以为来参加实验的人至少是差不多的水平……而你的回答……呵呵……";非激惹情境中被试得到的反馈为"总分是 10 分的话可以得 6.7 分,超过了平均水平"。

触发情境:选取宇航员选拔任务作为表面任务,要求被试在有限的时间内尽可能多地列举作为宇航员所必备的品质并说明理由。实验助手 B 通过创意、质量、努力程度、多样性以及合理性这几个方面来对被试的答案进行评分,每个方面的评分为 1 到 7 分,得分越高表明在该方面完成地越好。在触发情境中,被试在每个方面及总分上的得分分别为 1、2、3、1、3、2,并会得到反馈"就我的观点来说,完成的并不好,个人认为作为一个具备了独立思考能力的人来说,应该要表现地更好一点";在非触发情境中,被试相应的得分分别为6、5、6、5、5、5,并会得到反馈"在有限的时间内完成的还可以"。

(5)程序

首先,主试告知被试这是一个关于问题解决能力的研究,需填写基础信息与情绪前测问卷。其次,被试和实验助手 A 合作解决第一个问题。解决后被试会得到实验助手 A 的反馈(通过不同的反馈来进行激惹情境的操作),通过电脑反馈,被试无法就反馈内容对实验助手 A 进行攻击相关的内容,得到反馈后被试完成情绪后测。再次,被试和实验助手 B 合作解决另一个问题。解决后被试会得到实验助手 B 的反馈(通过不同的反馈来进行触发情境的操作),得到反馈后被试完成对实验助手 B 的敌意归因测量,以及决定实验助手 B 应获得的报酬等级(用作攻击性的测量)。最后,主试询问被试是否猜到实验真实目的,并对实验内容进行讲解,安抚被试的情绪,给予其相应的实验报酬。实验流程如图 7-6 所示。

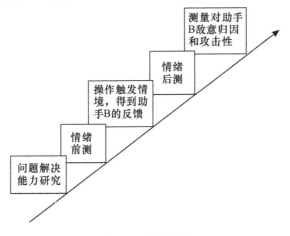

图 7-6　实验流程

3. 结果与分析

首先检验愤怒情绪诱发操纵的有效性,独立性样本 t 检验发现,有激惹情境组的愤怒情绪后测($M = 3.58$,SD $= 1.64$)显著强于前测($M = 1.05$,SD $= 0.32$;$t = -9.59$,$p < 0.001$,$d = 1.64$),无激惹情境组的愤怒情绪前测($M = 1.06$,SD $= 0.32$)和后测($M = 1.15$,SD $= 0.42$)无显著差异($t = -1.66$,$p = 0.10$)。此外,两组被试在愤怒情绪前测无显著差异[$t(83) = 0.16$,$p = 0.87$],表明本实验的愤怒情绪诱发操作有效。

(1)不同情境下被试的敌意归因与攻击性差异

方差分析的结果见表 7-4。

表 7-4　不同情境类型下被试的敌意归因与攻击性($M\pm SD$)

情境类型		敌意归因	攻击性
无激惹	无触发($N=26$)	9.77 ± 3.72	2.19 ± 0.90
	有触发($N=21$)	10.76 ± 4.10	2.38 ± 1.16
有激惹	无触发($N=18$)	11.44 ± 3.18	2.00 ± 1.03
	有触发($N=20$)	21.10 ± 4.81	4.20 ± 1.01

对于敌意归因，激惹情境主效应显著[$F(1,81)=47.12$，$p<0.001$，$\eta_p^2=0.37$]，有激惹情境显著高于无激惹情境；触发情境主效应显著[$F(1,81)=37.02$，$p<0.001$，$\eta_p^2=0.31$]，有触发情境显著高于无触发情境；交互作用显著[$F(1,81)=24.50$，$p<0.001$，$\eta_p^2=0.23$]。简单效应分析发现，在有激惹情境下，有、无触发之间在敌意归因上差异显著($p<0.001$)，有触发情境下的个体会产生更强的敌意归因；在触发情境下，有、无激惹之间在敌意归因上差异显著($p<0.001$)，有激惹情境的个体会产生更强的敌意归因；在无激惹($p=0.40$)和无触发($p=0.18$)情境下，均无显著差异(见图 7-7)。这表明，当激惹情境与触发情境同时存在时，被试会表现出最强烈的敌意归因。

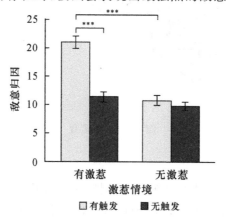

图 7-7　对触发者的敌意归因

注：*** 表示 $p<0.001$。

对于攻击性，激惹情境的主效应显著[$F(1,81)=13.29$，$p<0.001$，$\eta_p^2=0.14$]，有激惹情境下的攻击性显著高于无激惹情境下的攻击性；触发情境的主效应显著[$F(1,81)=28.64$，$p<0.001$，$\eta_p^2=0.26$]，有触发情境下的攻击性显著高于无触发情境下的攻击性；交互作用显著[$F(1,81)=20.31$，$p<$

$0.001, \eta_p^2 = 0.20$]。简单效应分析发现,在有激惹情境下,有、无触发之间在攻击性上差异显著($p < 0.001$),有触发情境下的个体会产生更强的攻击性(见图 7-8);在有触发情境下,有无激惹之间在攻击性上差异显著($p < 0.001$),表现为受到激惹的个体会产生更强的攻击性;在无激惹($p = 0.53$)和无触发($p = 0.54$)情境下,均无显著差异(见图 7-8)。这表明,当激惹情境与触发情境同时存在时,被试会表现出最强烈的攻击性。

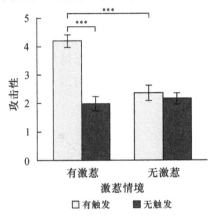

图 7-8 对触发者的攻击性

注:*** 表示 $p < 0.001$。

(2)敌意归因的中介作用和触发情境的调节作用

为进一步探讨愤怒情绪、敌意归因及攻击性之间的关系,首先对愤怒情绪、敌意归因和攻击性进行相关分析,结果表明三者之间均呈显著正相关($p < 0.01$),这也为后续的分析提供了可能。为进一步探讨触发性替代攻击的发生过程,本实验采用 Bootstrap 法将愤怒情绪作为自变量,敌意归因作为中介变量,攻击性作为因变量进行中介分析。结果显示,"愤怒情绪→敌意归因→攻击性"路径的 95% 置信区间为[0.21,0.64],不包括 0。而"愤怒情绪→攻击性"路径的 95% 置信区间为[−0.15,0.24],包括 0。因此,敌意归因在愤怒情绪影响攻击性的过程中起完全中介作用。

由于本实验中的攻击指的是触发性替代攻击,因此进一步分析触发情境可能发挥的作用。由于触发情境是分类变量(有触发/无触发),因此将其转化为虚拟变量(有触发=1,无触发=0),再对各变量进行标准化处理以避免多重共线性,并采用分层回归法检验调节效应(Baron,Kenny,1986)。将愤怒情绪与触发情境纳入回归方程;再将两者的交互项纳入回归方程,若交互项显著预测因变量,则表明触发情境在愤怒情绪与敌意归因间的调节效应显著。结果显示,愤怒情绪($\beta=0.36,p<0.001$)和触发情境($\beta=0.37,p<0.001$)均可显著预测敌意归因,且愤怒情绪与触发情境的交互项显著($\beta=0.36,p<0.001$),表明触发情境在愤怒情绪对敌意归因的影响中起调节作用。为进一步对该调节效应进行分析,本实验采取触发情境正负一个标准差时愤怒情绪对敌意归因的效应值进行简单斜率分析,并根据愤怒情绪和触发情境正负一个标准差的值绘制了分析图(见图 7-9)。当高触发情境即有触发时,愤怒情绪显著正向预测敌意归因($B_{simple}=0.72,SE=0.09,p<0.001$);当低触发情境即无触发时,愤怒变化量对敌意归因的预测作用不显著($B_{simple}=-0.01,SE=0.13,p=0.970$)。这表明,当有触发时,个体随着愤怒情绪的增强对触发者的敌意归因显著增强;而当无触发时,愤怒情绪的变化对敌意归因无显著影响。

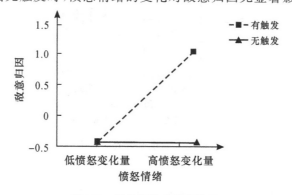

图 7-9　触发情境的调节效应

(二)群体框架下触发性欺凌行为的实验研究

1. 研究目的

本实验通过操作触发情境及触发者身份,探讨激惹引发的愤怒情绪,并探讨个体对于触发者的敌意归因在触发性替代攻击发生过程中的作用,以及触发者身份在其中产生的影响。

2. 研究方法

(1)被试

本实验随机选取 85 名在校大学生(男 32 人,女 53 人),剔除猜测到本实验意图的三名无效被试,获得有效被试 82 人(男 30 人,女 52 人)。被试年龄在 18 到 22 岁,平均年龄为 19.49 岁(SD=0.95)。

(2)材料

①愤怒情绪

根据彭小凡等(2013)的研究,本实验采用情绪状态自评量表中的愤怒题项测量愤怒情绪。考虑到评分的一致性,本实验将原量表中的五点计分改为七点计分,从1＝"一点也不"到7＝"非常强烈",分数越高表示愤怒情绪越强烈。

②敌意归因

本实验采用 Topalli 和 O'Neal(2003)的敌意归因偏差量表,共计五道题目,如"想象你在学校的走廊上走着,迎面有两个同学向你走来。当你从他们身旁经过时,他们看着你,相互说着悄悄话,然后大笑起来。请回答:为什么这两个同学从你身旁走过时会大笑起来?"题目采用李克特七点计分,从1＝"完全不符合"到7＝"完全符合",分数越高表明敌意归因越强。在本研究中,该量表的内部一致性系数为 0.88。

③攻击性

根据 Reijntjes 等(2013)的研究,本实验要求被试以决定他人所获报酬等级的方式来测量个体对他人的攻击性,从少到多总共分为七个等级,被试所选择的报酬等级越低则表示攻击性越强。

④群体认同

本实验采用 Yzerbyt 等(2003)的群体认同量表,包括五个题目,如"我是我们小组的成员""我和小组成员的关系很紧密"等。题目采用李克特七点计分,1＝"非常不认同"到7＝"非常认同"。在本研究中,该量表的内部一致性系数为 0.71。

(3)实验设计

本实验采用 2(触发情境:有触发,无触发)×2(触发者身份:内群体,外群体)的被试间设计,因变量为愤怒情绪、敌意归因与攻击性得分。

(4)情境操纵

群体形成:采用最简群体范式操纵群体形成,主试将画家 A 和画家 B 的作品成对地同时呈现给被试,共 28 对,让被试在每对作品中挑选出自己喜爱的作品,最后根据被试选择画家 A 或 B 作品的数量将被试分为偏爱画家 A 的群体和偏爱画家 B 的群体,以此实现群体的形成(Tajfel,1979)。在本实验中,主试还让被试完成一份虚假的人格问卷,并告知被试会将结果相近的个体分到同一个小组,以此最终形成群体。

激惹情境:让被试在规定的时间内解决一个相对困难的问题,然后实验助手 A 给予被试反馈并根据反馈的内容进行激惹情境的操作。激惹情境中被试得到的反馈为"你写的答案也太无根据了！我本来以为来参加实验的人至少是差不多的水平……而你的回答……呵呵……"；非激惹情境中被试得到的反馈为"总分是 10 分的话可以得 6.7 分,超过了平均水平"。

触发情境:选取宇航员选拔任务作为表面任务,要求被试在有限的时间内尽可能多地列举作为宇航员所必备的品质并说明理由。实验助手 B 通过创意、质量、努力程度、多样性以及合理性这几个方面来对被试的答案进行评分,每个方面的评分为 1 到 7 分,得分越高表明在该方面完成地越好。在触发情境中,被试在每个方面及总分上的得分分别为 1、2、3、1、3、2,并会得到反馈"就我的观点来说,完成的并不好,个人认为作为一个具备了独立思考能力的人来说,应该要表现地更好一点";在非触发情境中,被试相应的得分分别为 6、5、6、5、5、5,并会得到反馈"在有限的时间内完成的还可以"。

(5)程序

首先,主试告知被试这是一项人格测验,要求被试在每对作品中挑选一位的作品,并完成一份虚假的人格问卷。实验以群体为单位进行,包括 A 和 B 两个群体,所有的被试被分到 B 群体(其中一部分组员为假被试),A 群体则均为假被试。正式实验前,主试安排两个群体的成员短暂互相见面以使得 B 群体相信这个实验是真实的。实验中的交流内容提前设定好,随后完成愤怒情绪自评量表和群体认同量表。其次,采用与第一个实验相同的操作方式进行激惹情境的操作(所有被试均被激惹),并诱发被试的愤怒情绪,激惹者均来自外群体 A 的成员。再次,采用与第一个实验相同的操作方式进行触发情境的操作,触发者随机分为外群体成员(A 组成员)和内群体成员(B 组成员)。最后,被试完成敌意归因的测量及触发者应拿到的报酬等级。实验结束后询问被试是否猜到实验目的,安抚被试情绪并给予相应报酬。

3. 结果与分析

(1)群体形成和愤怒情绪的操纵有效性检验

参照 Yzerbyt 等(2003)的标准,本实验将群体认同量表的评分"4(中立)"作为参照值,当评分大于 4 且分数越高时,表示内群体认同感越强,因此将被试对内群体认同感的分数与 4 进行差异比较。结果发现,被试对内群体的认同($M=5.31, SD=0.77$)显著大于 4($t=15.40, p<0.001, d=1.70$),表明通过最简群体范式形成了内外群体。被试的愤怒情绪在受激惹后($M=3.15, SD=1.64$)显著大于受激惹前($M=1.04, SD=0.19; t=-11.81, p<0.001, d=1.29$),表明本实验中愤怒情绪的诱发有效。

(2)不同实验操作下被试敌意归因与攻击强度的差异比较

方差分析的结果见表 7-5。

表 7-5　愤怒情绪、敌意归因和触发性替代攻击($M\pm SD$)

情境类型	触发者身份	敌意归因	触发性替代攻击
无触发	内群体($N=21$)	9.05 ± 3.01	2.14 ± 0.79
	外群体($N=21$)	9.29 ± 3.89	2.24 ± 1.14
有触发	内群体($N=18$)	12.72 ± 6.14	2.61 ± 1.42
	外群体($N=22$)	20.23 ± 5.84	4.68 ± 1.29

对于敌意归因,触发情境主效应显著[$F(1,78)=46.13,p<0.001,\eta_p^2=0.37$],有触发情境显著高于无触发情境;触发者身份主效应显著[$F(1,78)=12.95,p<0.001,\eta_p^2=0.14$],对外群体显著高于对内群体;交互作用显著[$F(1,78)=11.40,p<0.001,\eta_p^2=0.13$]。简单效应分析发现,在无触发情况下,内外群体之间无显著性差异($p=0.85$);在有触发情况下,被试对外群体成员的敌意归因显著高于内群体成员($p<0.001$)。对于内群体成员,有、无触发情境之间差异显著($p<0.05$),有触发情境下的敌意归因显著大于无触发情境的敌意归因;对于外群体成员,有触发情境下的敌意归因同样显著大于无触发情境的敌意归因($p<0.001$;见图 7-10)。这表明,无论触发者身份是内群体成员还是外群体成员,有触发情境下的敌意归因均大于无触发情境下的敌意归因,但当触发者身份为外群体成员时敌意归因更强。

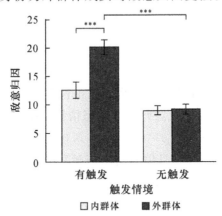

图 7-10　个体对内外群体目标的敌意归因

注:***表示 $p<0.001$。

对于攻击性,触发情境主效应显著[$F(1,78)=33.90,p<0.001,\eta_p^2=0.30$],有触发情境显著高于无触发情境;触发者身份主效应显著[$F(1,78)=18.75,p<0.001,\eta_p^2=0.19$],对外群体显著高于对内群体;交互

作用显著$[F(1,78)=15.60, p<0.001, \eta_p^2=0.17]$。简单效应分析发现,在无触发情况下,内外群体之间无显著性差异$(p=0.79)$;在有触发情况下,被试对外群体成员的攻击性显著高于对内群体成员的攻击性$(p<0.001)$。对于内群体成员,有、无触发之间无显著性差异$(p=0.20)$;对于外群体成员,触发情境下的攻击性显著大于无触发情境的攻击性$(p<0.001)$(见图 7-11)。这表明,有触发情境下,触发者身份为外群体成员时会表现出更强的攻击性。

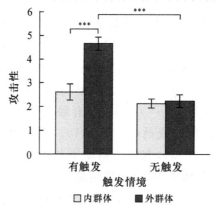

图 7-11　个体对内外群体目标的攻击性

注:*** 表示 $p<0.001$。

(3)敌意归因的中介作用和触发情境的调节作用

同个体框架下的分析思路一样,愤怒情绪、敌意归因和攻击性之间呈显著正相关$(p<0.01)$。"愤怒情绪→敌意归因→攻击性"路径的 95% 置信区间为$[0.09,0.54]$,不包括 0。而"愤怒情绪→攻击性"路径的 95% 置信区间为$[-0.06,0.27]$,包括 0。因此,敌意归因在愤怒情绪影响攻击性的过程中起完全中介作用。此外,愤怒情绪$(\beta=0.25, p<0.01)$和触发情境$(\beta=0.52, p<0.001)$可显著预测敌意归因,且愤怒情绪与触发情境的交互项显著$(\beta=0.28, p<0.01)$,表明触发情境在愤怒情绪对敌意归因的影响上起调节作用。为进一步对调节效应进行分析,采取触发情境正负一个标准差时愤怒情绪对敌意归因的效应值进行简单斜率分析,并根据愤怒变化量和触发情境分组正负一个标准差的值绘制了分析图(见图 7-12)。结果发现,当高触发情境即有触发时,愤怒情绪显著正向预测敌意归因$(B_{\mathrm{simple}}=0.53, \mathrm{SE}=0.14, p<0.001)$;当低触发情境即无触发时,愤怒情绪对敌意归因的预测作用不显著$(B_{\mathrm{simple}}=-0.03, \mathrm{SE}=0.11, p=0.762)$。这表明,当有触发时,个体随着愤怒情绪的增强会对触发者的敌意归因显著增强;而当无触发时,愤怒情绪对敌意归因无显著影响。

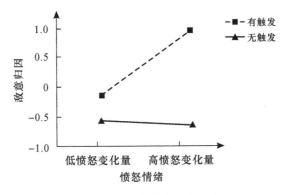

图 7-12　触发情境的调节效应

（4）触发者身份的调节作用

为进一步探究触发者身份的影响，本实验对上述模型进行有调节的中介效应检验。首先将触发者身份转化为虚拟变量，然后对所有变量进行标准化处理以避免多重共线性。根据温忠麟和叶宝娟（2014）建议，检验有调节的中介模型需要对三个回归方程的参数进行检验，本实验中有调节的中介模型检验结果见表 7-6。由第一个实验可知，仅在有触发情境的条件下，愤怒情绪会影响随后个体对触发情境的敌意归因，因此这里仅考虑触发情境。在每个方程中对预测变量进行标准化处理，所有预测变量的方差膨胀因子均低于 1，因此不存在多重共线性问题。其中，方程 1 中愤怒情绪显著正向预测触发性替代攻击，愤怒情绪与触发者身份的交互项显著预测触发性替代攻击；方程 2 和 3 中，愤怒情绪与触发者身份的交互项对敌意归因和触发性替代攻击的预测效应显著，敌意归因显著正向预测触发性替代攻击。这表明，愤怒情绪、敌意归因、触发者身份和攻击性四者之间构成了有调节的中介模型，敌意归因介导了愤怒情绪与触发性替代攻击之间的关系，触发者身份调节了"愤怒情绪→敌意归因→触发性替代攻击"这一中介过程的前半路径和直接路径。

为进一步分析触发者身份的调节作用，本实验采用触发者身份正负一个标准差，利用愤怒情绪对触发性替代攻击的效应值进行简单斜率分析，并绘制了简单效应图见图 7-13。结果发现，当触发者为外群体成员时，愤怒情绪显著正向预测触发性替代攻击（$B_{simple} = 0.44$，$SE = 0.13$，$p < 0.001$）；当触发者为内群体成员时，愤怒情绪对触发性替代攻击的预测作用不显著（$B_{simple} = 0.01$，$SE = 0.16$，$p = 0.35$）。这表明，对于触发者外群体而言，个体随着愤怒情绪的增强，触发性替代攻击也随之而增强；而对于触发者内群体而言，个体在愤怒情绪和触发性替代攻击的表现上不存在显著差异。

表 7-6 有调节的中介模型检验

变量	方程 1（Y：触发性替代攻击）				方程 2（M：敌意归因）				方程 3（Y：触发性替代攻击）			
	B	SE	β	95%置信区间	B	SE	β	95%置信区间	B	SE	β	95%置信区间
X	0.23	0.10	0.23*	[0.03, 0.43]	0.26	0.10	0.26*	[0.05, 0.46]	0.08	0.09	0.08	[0.09, 0.25]
U*	0.35	0.10	0.35**	[0.15, 0.54]	0.29	0.10	0.29**	[0.08, 0.49]	0.19	0.09	0.19*	[0.02, 0.36]
X×U	0.22	0.10	0.22*	[0.02, 0.42]	0.15	0.11	0.15*	[0.05, 0.36]	0.13	0.09	0.13*	[0.02, 4.23]
M									0.55	0.10	0.55**	[0.36, 0.74]
M×U									0.04	0.10	0.03	[-0.16, 0.23]
R^2			0.22				0.17				0.47	
F			8.77***				6.44**				15.47***	

注：X，U，M 和 Y 分别代表愤怒情绪，触发者身份，敌意归因和触发性替代攻击；* 表示触发者身份为虚拟变量，内群体=1，外群体=2；所有预测变量的 95%置信区间采用 Bootstrap 法得到。* 表示 $p<0.05$，** 表示 $p<0.01$，*** 表示 $p<0.001$。

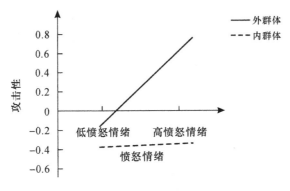

图 7-13　触发者身份的调节效应

三、机制形成分析

(一)触发性替代攻击发生的内部过程

本研究从情绪—认知—行为的连续性视角出发,分别从个体和群体两方面探讨触发性欺凌行为发生的内部过程。首先,实验就情绪影响认知进行了初步验证,发现愤怒情绪会对随后的模糊情境产生更强的敌意归因,也正是情绪对认知的这种影响,成为触发性欺凌行为中联结先前激惹与随后触发情境的桥梁。其次,综合考察了先前的激惹情境及其诱发的情绪状态、随后触发情境及个体对其的认知加工以及最后个体攻击性行为的表达,结果发现激惹情境诱发的愤怒情绪通过影响个体对触发者的敌意归因进而影响触发性欺凌行为。即触发性欺凌行为发生的关键在于先前的状态对随后认知加工的影响,先前的激惹情境及其诱发的愤怒情绪是触发性欺凌行为发生的前提,而随后的触发情境则是攻击性行为发生的关键诱因。最后,在群体框架下研究群体欺凌行为,结果同样发现敌意归因在愤怒情绪与攻击性之间起中介作用,这也进一步验证了触发性欺凌行为与群体欺凌行为的发生源于激惹诱发的状态影响了个体对触发情境的认知加工。但实验也同时发现,当触发对象为内群体成员时,个体也会对其产生一定的敌意归因,但却并不会对其表现出攻击性,即在敌意归因到攻击性的表达之间还有其他因素的影响,这需要后续的研究进一步探讨。

(二)触发者身份在触发性替代攻击性行为发生过程中的作用

现实生活中群体欺凌行为往往是由两个群体内部成员间暴力攻击性行为的扩散升级所致,并非两个群体间的直接暴力对抗,这便涉及攻击性行为由两个个体向多个个体间的传播。然而已有的研究对该问题的研究还不够深入,如一般攻击模型更多是针对个体攻击性行为的产生与发展（Anderson et al.，2002），而触发性欺凌行为由于涉及攻击对象的转移，从而为更好的群体欺凌行为的升级带来了突破口。实验在群体框架下探讨群体欺凌行为的发生过程，综合考虑触发者身份的作用。结果发现，个体对外群体的触发者会表现出更强的敌意归因与攻击性行为，这与以往的研究发现一致。根据社会认同理论，个体由于自尊提升的需要会表现出对内群体的偏好和对外群体的排斥（Tajfel，1979）。因此，当外群体做出不好的行为时，人们更倾向于做出稳定的、内部的归因，并产生更强的攻击性行为（Pedersen et al.，2008）。由此，触发性欺凌行为可能通过两方面导致群体欺凌行为的升级：一方面，当个体受到激惹时，若此时刚好由外群体成员触发，个体很可能将怒火转而发泄在这个外群体成员身上，这为群际间的暴力冲突埋下了隐患；另一方面，当个体受到外群体成员激惹时，更可能对外群体的其他成员进行替代攻击，这使得攻击性行为从两个个体扩散为三个个体。若替代攻击的受害者同样采取触发性替代攻击的行为模式，则可能将攻击扩散至更多的个体，进而引发两个群体间的暴力冲突。现实生活中人们往往无法避免最初的激惹情境与随后的触发情境，那么应该如何减少冲突升级的可能呢？实验结果发现，在群体框架下激惹引起的愤怒情绪同样会通过敌意归因影响随后的攻击性行为，即可以像在个体框架下一样，通过尽快消散激惹情境引发的愤怒情绪以达到减少攻击性的效果。此外，实验结果还发现群体身份调节了敌意归因对攻击性的影响，具体表现为当触发者为内群体成员时，个体对其攻击性行为会随着敌意归因的升高而升高；而当触发者为外群体成员时，即使个体没有对其产生强烈的敌意归因，也可能会对其表现出更强的攻击性行为。

四、总结与建议

实验在个体框架下综合考察了激惹情境以及诱发的情绪状态、触发情境及个体对其敌意归因以及攻击性之间的关系，从而探讨触发性替代攻击的发生过程。就激惹和触发情境的交互作用而言，对于敌意归因，先前的激惹情境和随后的触发情境交互作用显著；对于攻击强度，先前的激惹情境和随后的触发情境同样存在交互作用。随后，实验在群体情境下探讨群体欺凌行为发生的内部过程以及触发者身份在其中的作用。中介效应检验发现，敌意归因在愤怒情绪影响群体欺凌行为的过程中起完全中介作用，触发情境则在愤怒情绪影响敌意归因的过程中起调节的作用。无论是敌意归因还是攻击性，触发者身份与触发情境的交互作用均显著。但有调节的中介效应检验发现，敌意归因部分中介了愤怒情绪与群体欺凌行为之间的关系,触发者身份调节了"愤怒情绪→敌意归因→群体欺凌行为"这一中介过程的前半路径和直接路径。综上所述,本研究提出如下建议。

(一)降低由激惹所诱发的情绪

由于现实生活中人们并不能避免先前的激惹情境,因此当愤怒情绪产生后,尽快消散由激惹所诱发的情绪可以破坏群体欺凌行为发生的前提。成员可以通过合理的途径宣泄情绪或者找家人、朋友倾诉心声来降低情绪的强烈程度。此外,成员也可采用正念呼吸的方法,以此平复植物性神经系统,在情绪与反应之间找到一个空间,从而减少不受控的欺凌行为。

(二)认知重评策略

成员可以采取认知重评的策略,来减弱对触发者的敌意归因。认知重评是一种先行的关注策略,它通过改变对情绪性事件的理解来调节对事件的情绪反应。个体通过认知重评可以对事件形成新的认识,从而减少敌意性的解释,进而降低攻击性表达的可能。通常情况下,个体可能会发生基本归因偏差,容易将个体行为尽数归因于对方的内在特质。因此可以把环境以及其他不确定因素纳入归因范围之内,减少敌意归因。

(三)改变群体身份的觉知

在群体框架下,仅仅减少敌意归因可能并不是一种有效减少群体欺凌行为的方式。在改变群体身份知觉的基础上减少敌意归因,能够在很大程度上降低欺凌行为从个体间上升为群体间的可能性。比如将小群体认同上升为大群体认同,比如把不同地区都看作整个国家群体的一个部分,那么就会增强对其他群体的认同从而减少敌意归因。

第八章 校园欺凌中旁观者行为的影响因素

近年来,群体欺凌事件频发。如何正确处理好欺凌事件,是众多学者十分关注的问题。根据芬兰学者基瓦(Kiva)的反欺凌项目研究发现,在校园欺凌事件中,欺凌者与受欺凌者约占总人数的20%,旁观者约占80%。而在处理欺凌事件中,多数学者着眼于欺凌者与受欺凌者,对于旁观者这一群体的深度分析较少。但事实上,群体欺凌作为一种社会性背景下的群体行为,旁观者在其中扮演的角色十分重要。有研究将旁观者分为三类,分别是协同者、强化旁观者、冷漠旁观者(李天航,2017)。还有研究的分类方法将旁观者群体更精准地分为积极旁观者和消极旁观者(张荣荣,2019)。积极旁观者就是在欺凌过程中或欺凌后给予受欺凌者帮助的人,而消极的旁观者是在欺凌发生时不作为,或者煽风点火,助长欺凌者气焰的人。有研究发现,消极旁观者行为会强化欺凌行为。相反,只要采取任意一种积极的行动都能在一定程度上制止欺凌行为并减少其带来的不良影响(Salmivalli,2010)。国外学者从不同角度分析了旁观者行为的影响因素,国内也有类似研究,其主要从个人原因、家庭原因、学校原因、群体原因等方面展开。

本章通过多项实证研究探讨旁观者因素对群体欺凌行为中的作用机制。基于此,如何发挥旁观者因素在欺凌事件中的积极作用,遏制欺凌事态走向恶化,是防止群体欺凌的新思路。

第一节 公正世界信念对欺凌保护行为的影响

在全世界范围内,约32%的儿童青少年遭受过他人欺凌,超过三分之二的学生曾经在学校目睹过欺凌事件(Midgett,Doumas,2019)。当欺凌事件发生时,旁观者可能选择站在受害者一边替其发声,也可能积极参与欺凌或置身事外,他们的行为会影响欺凌事件的发生和发展过程(Pozzoli et al.,2017)。欺凌保护行为(defending behavior)是一种积极的旁观行为,指旁观者主动对抗欺凌者、安慰和支持受害者的行为,也包括间接告知老师、学校保安或社会其他个体来阻止欺凌等积极干预行为,欺凌保护行为在减少和阻止欺凌行为方面发挥了关键作用(Lambe et al.,2019)。然而,尽管有研究发现大多数学生不支持欺凌行为,但却只有少数学生在欺凌事件发生时做出了保护行为(Lambe et al.,2017)。因此,探讨在欺凌事件发生过程中影响旁观者做出保护行为的因素及内在机制,这对于有效遏制欺凌行为的发生以及帮助欺凌受害者具有重要的现实意义。

一、公正世界信念与欺凌保护行为的关系

公正世界信念(belief in a just world)理论指出,个体需要相信自己生活在一个公正的世界里,并且相信每个人都会得到公正的对待(Lerner,Miller,1978)。然而,世界并不总是公正的,个体在面对不公正事件时会威胁到自身的公正世界信念,产生信念冲突。为了维护公正信念,个体会从认知层面(贬损或责备受害者)或行为层面(帮助或补偿受害者)来重建内心的公正感(Dalbert,Donat,2015),以缓解信念冲突,维护心理健康。近年来,研究较多关注公正世界信念的积极功能,围绕公正世界信念如何维护心理健康和促进亲社会行为等方面展开(Bartholomaeus,Strelan,2019;Donat et al.,2016)。有研究发现,持更高水平公正世界信念的个体有着更强的助人意愿(Igou et al.,2021),更高水平的公正世界信念与更强的反欺凌态度(Fox et al.,2010)以及更少的欺凌行为有关(Correia,Dalbert,2008)。校园欺凌作为一种力量不均衡、非公正的行为,无疑会对青少年的公正世界信念造成严重威胁,从而违背个体的公正世界信念规范。面对校园欺凌这一不公正事件,一部分青少年会做出欺凌保护行为,阻止欺凌事件的发生发展(Lim,Park,2020),这不仅维护了自身的公正世界信念,也对欺凌事件起到了有效干预的作用。综上可知,个体的公正世界信念对于促进旁观者做出欺凌保护行为具有积极作用。

欺凌保护行为不同于一般情境的助人行为,在欺凌情境中帮助受害者存在一定的风险,所以持有高公正世界信念的个体在做出欺凌保护行为之前可能还需要经过某种认知过程。根据旁观者干预模型(bystander intervention model,BIM)的观点,个体在紧急助人情境中提供帮助需要经历"注意到事件、

解读为紧急事件、承担责任、评估自我效能感以及提供帮助"这五个阶段（Latané，Darley，1968），干预模型可以为欺凌保护行为的发生过程提供有效指导（Nickerson et al.，2014）。结合干预模型与已有的实证研究结果（Jenkins，Nickerson，2017；Lihnou，Antonopoulou，2016），可以发现责任感（responsibility）和自我效能感（self-efficacy）在欺凌保护行为中具有关键作用。

一方面，报告高水平责任感的学生更可能在校园欺凌中做出保护行为，而低水平的责任感与学生的消极旁观行为相关（Jenkins，Nickerson，2017）。公正世界信念与个体责任感也密切关联，个体的公正世界信念能引起其产生世界是否公正、可控的感知，作为一种解释框架去影响个体对环境的感知和对生活事件的解读，进而激发其对目标的追求和亲社会行为的努力，从而更加积极、主动地承担责任。所以持高公正世界信念水平的个体具有更高的责任感，并且更愿意帮助他人（易梅等，2019）。另一方面，自我效能感也具有明显的亲社会特性，影响着个体的态度与行为模式。在特定领域具有高水平自我效能的人更倾向于以亲社会的方式处理紧急事件（Bandura，1982）。有研究指出，自我效能感可以显著预测青少年的助人行为、网络利他行为等（邓林园等，2018；郑显亮，赵薇，2015）。在欺凌事件中帮助受害者是一种存在风险的行为，如果一个人缺乏自己能成功干预的强烈信念，其保护行为就会受到抑制，而高水平自我效能感可以正向预测欺凌保护行为（Lihnou，Antonopoulou，2016）。此外，根据社会认知的观点，如果个体认为世界并非公正的，即使付出努力也不会成功，就可能会逃避执行任务，并降低自我效能感（Bandura，1986）。较高水平的公正世界信念则有利于个体建立自我控制感和自我效能感，并推动个体按照社会规范行事（Lerner，Miller，1978）。

在"旁观者五阶段干预模型"的基础上，Casey 等（2017）提出的青少年旁观者行为情境—认知模型（situational-cognitive model of adolescent bystander behavior）指出，影响个体干预欺凌事件的因素之间可能还会相互作用，例如个体的责任感会受到个人态度或自我效能感的影响。个体实施责任行为时，可能需要对自身是否具备承担责任的能力进行一定评估。当个体认为自己有能力解决更多问题，即自我效能感水平较高时，往往愿意承担更多的社会责任。已有研究也表明自我效能是责任情境中的一个重要的影响因素，在中学生和大学生群体中均发现了自我效能感对责任感具有显著的正向预测作用，当个体的自我效能感水平越高，越可能以积极的认知和行为方式来应对困境，承担社会责任，采取切实行动以使社会变得美好（沈倩如，李岩梅，2020）。因此可推断,当个体相信世界公正有序,持较高公正世界信念时,可以提升自己完成任务的信心。这种信心进而会激发其对社会的高水平责任感,最终在欺凌情境中做出更多保护行为。即自我效能感和责任感在公正世界信念与欺凌保护行为之间起链式中介作用。

二、公正世界信念作用的实证研究

(一)研究目的

本研究探讨公正世界信念对欺凌保护行为的影响及其发生机制,具体考察了自我效能感和责任感在公正世界信念对欺凌保护行为的影响过程中的中介作用,检验所提出的有调节的中介模型。

(二)研究方法

1. 被试

本研究采取整群抽样方法,选取浙江省三所初级中学的学生进行调查,共发放问卷 850 份,得到有效问卷 837 份,有效回收率为 98.47%。其中,男生421 人,女生 416 人;独生子女 325 人,非独生子女 512 人;被试年龄在 12 到16 岁,平均年龄为 13.6 岁(SD=0.79)。

2. 研究工具

(1)公正世界信念

本研究采用苏志强等(2012)修订的来自 Dalbert(1999)的公正世界信念量表(belief in a just world scale)。该量表包含一般公正世界信念和个人公正世界信念两个维度,共计 13 个题项。其中,一般公正世界信念维度包含六个题目,题目如“我认为,这个世界对其他人而言基本上是公正的”。个人公正世界信念维度包含七个题项,题目如“我通常会得到公平的对待”。题目采用李克特五点计分,1=完全不符合,5=完全符合,总得分越高表示个体整体公正世界信念水平越高。本研究中,该量表的整体内部一致性系数为 0.85。

(2)自我效能感

本研究采用王才康等(2001)修订的一般自我效能感量表(general self-efficacy scale),单维量表,包括 10 个题项,题目如“我自信能有效地应对任何突如其来的事情”。题目采用李克特五点计分,1=完全不符合,5=完全符合,总得分越高表示个体的一般自我效能感的水平越高。本研究中,该量表的内部一致性系数为 0.86。

（3）责任感

本研究采用 Singg 和 Ader（2001）编制的学生责任感问卷（student personal responsibility scale），参考黄四林等（2016）的翻译版本进行修订。本问卷为单维度量表，总计九个题项，题目如"当我答应完成某件事情，我会持续跟进直到完成"。题目采用李克特五点计分，1＝完全不符合，5＝完全符合，总得分越高表示责任感越强。本研究中，该量表的内部一致性系数为 0.72。

（4）欺凌保护行为

本研究采用 Demaray 等（2016）编制的欺凌参与者行为问卷（bullying participant behaviors questionnaire），包含欺凌者（bully）、协助者（assistant）、受害者（victim）、保护者（defender）和局外者（outsider）几个角色行为分量表。本研究使用保护者行为分量表，即学生在实际目睹欺凌的过程中安慰和保护受害者，努力阻止欺凌行为的频率。保护者行为分量表共计 10 个题项，题目如"当看到某同学受到其他同学伤害时，我会告诉老师或其他大人"。题目采用李克特五点计分，0 到 4 分别代表"从来没有""1 到 2 次""3 到 4 次""5 到 6次""7 次或更多"，总得分越高表示个体的实施欺凌保护行为的频次越多。本研究中，该量表的内部一致性系数为 0.93。

（三）数据统计分析与结果

1. 共同方法偏差检验

本研究采用 Harman 单因子检验法来考察研究是否存在共同方法偏差（周浩，龙立荣，2004），即整合问卷所有项目在 SPSS 22.0 中进行主成分因素分析，结果显示未旋转时共有八个因子的特征值大于 1，解释了 55.84％的变异，析出的第一个公因子的解释率为 20.62％，远小于 40％ 的临界值（Podsakoff et al.，2003）。因此，可以认为本研究中共同方法偏差问题不明显。

2. 描述分析与相关分析

独立样本 t 检验结果发现，责任感（$t=-5.71,p<0.001$）、自我效能感（$t=4.60,p<0.001$）和欺凌保护行为（$t=2.52,p<0.05$）均存在显著的性别差异。年龄也与欺凌保护行为呈显著相关（$t=-0.11,p<0.01$）。利用偏相关法控制年龄和性别后对各变量进行相关分析，得到表 8-1 所示的结果。其中，公正世界信念与责任感、自我效能感、欺凌保护行为呈显著正相关（$p<0.001$），责任感与自我效能感、欺凌保护行为呈显著正相关（$p<0.001$），自我效能感与欺凌保护行为呈显著正相关（$p<0.001$）。

表 8-1　各变量的均值、标准差与相关系数($N=837$)

变量	M	SD	1	2	3	4
公正世界信念	3.40	0.70	—			
责任感	4.29	0.47	0.24***	—		
自我效能感	3.37	0.69	0.42***	0.33***	—	
欺凌保护行为	1.58	1.04	0.13***	0.25***	0.28***	—

注:*** 表示 $p<0.001$。

3. 自我效能感和责任感在公正世界信念与欺凌保护行为之间的链式中介效应

多重共线性检验发现,预测变量的容忍度在 0.70 到 1.29 之间(均大于 0.10),方差膨胀因子在 1.00 到 1.35 之间(均小于 10),表明本研究中不存在多重共线性问题。本研究控制性别和年龄,将各变量标准化,采用 SPSS 宏程序 PROCESS 模型 6(Hayes,2013)对公正世界信念、自我效能感、责任感、欺凌保护行为进行回归分析,所得结果见表 8-2。

表 8-2　回归分析

回归方程		整合拟合指数			回归系数显著性	
结果变量	预测变量	R	R^2	F	β	t
自我效能感		0.44	0.19	68.47***		
	性别				−0.15	−5.13***
	年龄				−0.04	−1.33
	公正世界信念				0.41	13.33***
责任感		0.40	0.16	39.91***		
	性别				0.23	7.38***
	年龄				0.01	0.41
	公正世界信念				0.12	3.60***
	自我效能感				0.28	7.98***
欺凌保护行为		0.35	0.12	23.69***		
	性别				−0.08	−2.63**
	年龄				−0.10	−3.28**
	公正世界信念				0.003	0.08
	自我效能感				0.21	5.83***
	责任感				0.17	5.02***

注:** 表示 $p<0.01$,*** 表示 $p<0.001$。

由表 8-2 可知,公正世界信念显著正向预测自我效能感($\beta = 0.41, p < 0.001$)和责任感($\beta = 0.12, p < 0.001$),但是对欺凌保护行为没有直接预测作用($p = 0.929$);自我效能感显著正向预测责任感($\beta = 0.28, p < 0.001$)和欺凌保护行为($\beta = 0.22, p < 0.001$);责任感显著正向预测欺凌保护行为($\beta = 0.18, p < 0.001$)。进一步采用偏差校正的非参数百分位 Bootstrap 方法检验中介效应,重复抽取 5000 次样本计算 95% 置信区间发现,三条中介路径 95% 置信区间均不包括 0(效应值见表 8-3),即自我效能感和责任感在公正世界信念与欺凌保护行为之间的单独中介效应与链式中介效应均显著。

表 8-3 各路径中介效应

路径	效应值	SE	95% 置信区间
公正世界信念→欺凌保护行为	0.003	0.03	[−0.06, 0.07]
公正世界信念→自我效能感→欺凌保护行为	0.09	0.02	[0.05, 0.13]
公正世界信念→责任感→欺凌保护行为	0.02	0.01	[0.01, 0.03]
公正世界信念→自我效能感→责任感→欺凌保护行为	0.02	0.01	[0.01, 0.03]
总间接效应	0.13	0.02	[0.09, 0.18]

三、机制形成分析

公正世界信念与欺凌保护行为呈正相关,这与以往研究结果一致(Lim,Park,2020)。当学生的公正世界信念越强,即越是相信所处世界的稳定与有序性,就越倾向于在欺凌情境中通过保护受欺凌同伴来维持校园的秩序感和安全感。这在一定程度上符合道德价值保护模型的观点,该模型主张人们会普遍追求道德信念与态度和行为间的一致,缺乏一致性将导致个体的认知失调(胡金生,王鸽,2015)。因此,持较强公正世界信念的青少年面对校园欺凌这一不公正事件时,可能是通过制止欺凌事件来保持信念与态度和行为一致,以避免认知失调与内心冲突,并维持内心的公正感。

虽然公正世界信念对欺凌保护行为没有直接预测作用,但可通过两个中介变量间接起作用。这也许是因为在欺凌情境中帮助受害者需要承担一定风险,所以在做出行为前还必须经过某种认知中介过程。一方面,公正世界信念可以通过责任感的中介作用预测欺凌保护行为。公正世界信念正向预测责任感,这与已有研究一致,即个体的公正世界信念越强,责任感越强。建构公正的社会结构和秩序,能够促使人们相信每个人都会被公正对待,进而推动人们表现出高度社会责任感和助人行为(Igou et al.,2021)。而责任感的提升促进了个体的欺凌保护行为,这与旁观者干预模型的观点及已有研究一致。持高责任感的个体把欺凌情境中的保护行为看作道德的行为,如果不行动可能会引发他们内心的羞愧感和内疚感,所以他们更愿意承担阻止欺凌的责任,进而更可能实施保护行为(Pozzoli et al.,2016)。另一方面,研究发现公正世界信念可以通过自我效能感的中介作用预测欺凌保护行为。在欺凌情境中,个体做出保护欺凌受害者的行为需要对自己的能力持有足够的信心,这种信心使得旁观者敢于与欺凌者抗衡,阻止欺凌事件的继续。然而,如果处于一个不公正的世界,个体难以相信自己的努力会有所回报,长此以往容易产生习得性无助。相反地,只有当个体认为自己所处环境是公正的、稳定有序的,相信自己努力投入并遵循社会规范就能获取应得的结果,才会激发其追求长远目标的信心和高水平自我效能感,进而做出更多亲社会行为。

研究还发现,个体的自我效能感与责任感在公正世界信念与欺凌保护行为之间起着链式中介的作用。自我效能感与责任感呈正相关,这与已有的研究发现一致(沈倩如,李岩梅,2020),表明自我效能感水平高的个体认为自己有能力解决更多问题、可以承担更多的社会责任。易梅等(2019)认为承担社会责任与助人都存在一定的风险性,尤其在风险情境下助人且可能损害自己利益时,更需要一定的安全感作为保障。这种安全感的来源之一就是公正社会秩序,对秩序与规范的信任使其降低对潜在风险的预期。因此,如果个体相信社会公正,相信好人会有好报,就会对未来有更高的期望,从而激发更高的自我效能感和更高的社会责仼意识,进而在欺凌事件中会做出更多保护行为。研究结果进一步深化了旁观者五阶段干预模型和青少年旁观者行为情境—认知模型,在校园欺凌旁观者进行干预决策的过程中,较高的自我效能感可以激发个体的感知责任,进而做出积极干预行为。

最后,性别在"自我效能感→责任感"这条路径中存在调节作用,相较于女生,自我效能感对责任感的促进作用在男生群体中更强烈。根据性别角色观念,在某一社会文化中有一套大众公认的男性或女性应该具有的行为模式。个体在性别角色社会化的过程中,会习得相应的性别角色行为规范,然后将其内化,并表现出性别角色规范行为,也就是按照适合自己性别的行为方式来认知和行动(Lam et al.,2012)。中国是具有几千年农耕文明和深受儒家传统文化影响的国家,"男强女弱""男主外,女主内"这样的性别角色观念以及由此产生的性别刻板印象对国人的影响较为深远。男性通常被期望拥有更强的能力、地位,承担更多的家庭和社会责任,这一定程度上与自我效能感对责任感的促进作用在男生群体中相对更强烈的研究发现一致。然而,在中介模型其他影响路径上则未发现性别的调节作用,这也再次表明个体的自我效能感和责任感在欺凌保护行为的实施过程中确实是关键的共同因素。无论是男生还是女生,对自己实施欺凌保护的能力有足够的信心和高度责任感时,更容易在欺凌事件中做出保护行为。

四、总结与建议

本研究基于公正世界信念理论和旁观者五阶段干预模型,考察了自我效能感和责任感在初中生公正世界信念与欺凌保护行为之间的中介作用,研究结果在一定程度上回答了公正世界信念与欺凌保护行为之间的认知中介过程,丰富了校园欺凌情境中保护行为的相关研究,具有一定的理论借鉴价值。研究结果对学校及家庭教育也具有重要现实意义。基于此,有如下建议。

(一)培养青少年的公正世界信念

公正世界信念有诸多的积极功能,是促进责任感与自我效能感的关键因素。拥有强烈公正世界信念的青少年会相信自己所处的世界是公正且有序的,这类青少年不会欺凌他人甚至还会在校园欺凌情境中做出更多保护他人的行为。因此,父母和教师应当重视为青少年创造公正公平的生活与学习环境,如分数公正、道德赏罚公正等。在对待不同的孩子与不同的学生时要尽量做到“一碗水端平”,塑造与增强青少年的公正世界信念,激发其追求长远目标的信心,进而培养高自我效能和责任感,以促进学生在欺凌情境中乃至更多其他助人情境中做出更多助人行为。

(二)培养青少年的责任感

责任感是在公正世界信念对欺凌保护行为的影响中十分重要的中介变量,个体的公正世界信念越强,自身感受到的责任感就越强,因而也更愿意做出欺凌保护行为。公正世界信念是我们对世界的看法,但这种看法与认知必须和自身相联系起来才能够驱动个体的行为。可以通过开展主题活动班会、团体活动等培养青少年的责任感,让青少年了解到公正的世界正是依靠着每一个世界成员的付出与坚守,才得以形成与维持。每个人都是这个集体中的一员,都有责任为周围的世界做一些力所能及的事情。自身采取的积极行为、欺凌保护行为等助人行为都在或多或少地推动这个世界向着更加公平的方向发展。

(三)培养青少年的自我效能感

在公正世界信念对欺凌保护行为的影响中,另一重要的中介变量是自我效能感。高自我效能感不仅能促进欺凌保护行为,还能促进个体责任感的增加。父母与老师可以通过营造高支持感的家庭环境和学校环境,经常给予青少年一些正强化与积极反馈,让青少年相信自己是有能力的,从而在一些校园欺凌情境中勇敢做出保护行为。但培养高自我效能感的同时,也要教给青少年保护自己的方法与适当的助人技能。欺凌情境毕竟有风险因素存在,积极的认知模式下要匹配实用有效的行为,这样才能在保护好自己的同时做出欺凌保护行为等助人行为。

第二节　依恋风格对欺凌保护行为的影响

根据联合国教科文组织发布的一项数据,在全球范围内,近三分之一的青少年遭受过欺凌。同时,初中生的欺凌行为和受欺凌行为发生率均高于高中生(茹福霞等,2018)。面对校园欺凌,大多数青少年选择忽视、沉默或冷眼旁观(Bistrong et al.,2019),但旁观者做出保护行为却可使得欺凌在 10 秒内停止,从而有效降低校园欺凌的发生率(Patterson et al.,2017)。欺凌保护行为是指劝阻那些正在欺凌他人的学生,以减少欺凌事件的持续时间或阻止欺凌的发生,并给予受欺凌者支持和安慰的行为(任萍等,2018)。欺凌保护行为作为一种亲社会行为可以促进学生社会性发展,也可以对其人际关系、学习成绩等产生积极影响(王艳辉等,2017)。有研究表明情境因素会影响个体的亲社会行为(王秀娟等,2018),目前对亲社会行为的探讨大多基于安全情境,如错失情境对亲社会行为的影响(夏晓彤等,2021),而风险情境(欺凌情境)下的亲社会行为却很少受到关注。以往关于欺凌保护行为的机制研究大多基于旁观者五阶段干预模型(Latané,Darley,1968)和青少年旁观者情境认知模型(Casey et al.,2017),从欺凌的情境因素出发进行探讨,而缺乏对旁观者人格特质的关注。当前,依恋风格对个体的身心、行为等方面有着深刻的影响,而且这种影响相对稳定(张鹏等,2017)。已有研究考察了依恋风格对亲社会行为、利他行为等的影响(张鹏等,2018),由于保护行为属于亲社会行为的范畴,因此本研究将在欺凌情境下探讨初中生依恋风格与保护行为之间的关系,从而为提出科学有效的欺凌干预手段提供理论依据。

一、依恋风格与欺凌保护行为的关系

根据依恋理论，个体天生具有为暂时或长期需要帮助的他人提供保护和帮助的行为系统——照料系统（赵凯莉等，2017），该系统可能是保护行为发生的内在基础。已有研究发现，依恋风格是影响个体助人行为的重要因素（王艳辉等，2017）。依恋风格是个体依据过往经历，产生不同的情绪、情感、期望和需要，并逐渐形成的稳定而独特的风格，一般可分为依恋焦虑和依恋回避（Hazan，Shaver，1987）。初中生已经进入青少年期，依恋行为发生快速变化，最初个体与父母建立依恋关系，随后个体的依恋对象会可以扩展到同伴、朋友，依恋风格在人际、行为、社会适应中发挥着重要作用（钟韵等，2014）。不同依恋风格对个体行为的影响方式不同：依恋焦虑个体倾向于夸大潜在关系中的威胁信息，缺乏足够的心理资源为他人提供帮助，从而阻碍其助人行为（Li et al. ，2021）；依恋回避个体视困难情境为一种威胁，对他人的需求缺乏同理心，从而表现出较少的助人行为（Robinson et al. ，2015）。由此看来，依恋焦虑和依恋回避均具有消极的工作模式，会妨碍个体在欺凌情境中的助人态度和倾向，因此往往表现出较少的保护行为。

旁观者在做出保护行为之前，会对所处环境进行评估。根据社会支持和不支持框架，社会支持与否会对青少年的旁观者行为产生一定的影响（Wood et al. ，2017）。例如，Jenkins 和 Fredrick（2017）发现，获得同伴支持和教师支持较多的学生更有可能在校园欺凌中表现出亲社会行为。同时，根据依恋的内部工作模式，个体对社会支持的感知可以在依恋影响个体的心理社会适应的过程中发挥中介作用（Bowlby，1982）。依恋焦虑个体由于内部工作模式中存在对自己的消极评价，妨碍了人际交往，因而很难获得较多的社会支持；而依恋回避个体由于对他人持有消极评价，在人际交往中采取回避的态度，同样难以获得较多的社会支持（Cökdag，2021）。此外，相较于安全型依恋，不安全型依恋个体感受到的和实际得到的社会支持更少（Dark-Freudeman et al. ，2020）。由此看来，依恋焦虑和依恋回避的个体均可能存在消极的人际交往方式，且难以获得他人的支持，因而欺凌保护行为较少。

除了社会支持，自我效能感作为影响个体行为的重要内部因素同样值得关注，尤其是在自我效能感形成的初级阶段。根据社会认知理论，个体行为、主体认知和环境三者之间动态交互影响（Bandura，1986）。其中，自我效能感是三者交互作用的核心，它影响个体采取的行动、努力程度以及行为方式（刘勤学等，2015），自我效能感越高的个体会表现出越多的亲社会行为（Leng et al.,2020)。高自我效能感与积极的旁观者行为(如保护行为)有关,而低自我效能感与消极的旁观者行为(如不作为)有关(Gini et al.,2008)。因此,通过提高自我效能感可能会增加个体的保护行为。此外,建立在不同内部工作模式基础上的依恋风格及其水平都会影响个体的能力和社会表现(Mikulincer,Shaver,2007)。例如,Mallinckrodt和Wei(2005)发现,依恋焦虑和依恋回避均与社交自我效能感相关,并且会导致社交自我效能感不足。由此看来,在校园欺凌中,当依恋焦虑和依恋回避个体感到欺凌应对效能水平较低时,可能难以实施积极的保护行为。

此外,本研究还进一步关注了社会支持与欺凌应对效能的关系。根据社会认知理论,个体的自我效能感受到他人期望、引导和给予的社会支持影响,良好的社会关系能促进自我效能感的发展(Bandura,1977)。已有的研究发现,社会支持与自我效能感呈正相关,个体获得的社会支持越多,自我效能感水平便越高(Bai et al.,2018)。另一方面,社会支持作为一种保护性因素,需要通过个体因素发挥中介作用(Fang et al.,2021)。例如,社会支持可以为青少年提供多种资源,增强个体应对创伤事件的能力,提升个体的自我效能感,促进个体实现创伤后的恢复和成长(周宵等,2019)。根据依恋理论(Bowlby,1982;Mikulincer,Shaver,2007),由于依恋焦虑和依恋回避的初中生对自己和他人存在消极的评价模式,阻碍了其形成良好的人际关系,因而难以获得有效的社会支持,无法为个体的自我效能感的提升创造资源和环境,进而导致其保护受欺凌者的意愿和能力较低,从而更倾向于采取消极的旁观者行为。社会支持和欺凌应对效能可能在初中生依恋风格与保护行为的关系中起链式中介作用。

二、依恋风格作用的实证研究

(一)研究目的

本研究探讨依恋风格对欺凌保护行为的影响及其发生机制,具体考查了社会支持和自我效能感在依恋回避对欺凌保护行为影响中起中介作用,检验所提出的链式中介模型。

(二)研究方法

1. 被试

本研究采用整群随机抽样,面向某省三所初级中学发放问卷施测。本研究在取得学校、相关教师和学生的同意后,在课堂上发放纸质版问卷,完成后随即回收。测试遵循自愿原则,学生可随时退出作答。共发放问卷 600 份,剔除不认真作答等无效问卷,最终得到有效问卷 565 份,有效回收率为 96.7%。其中,男生 307 人,女生 258 人。被试平均年龄为 13.96 岁(SD=0.62)。

2. 研究工具

(1)依恋风格

本研究采用李同归和加藤和生(2006)修订的中文版亲密关系经历量表(experiences in close relationships inventory)。根据研究对象的情况,将原量表中的"恋人"改为"家人、朋友和同学",共计 36 个项目,包括焦虑依恋和回避依恋两个维度,如"我很担心我的人际关系状况"。题目采用李克特七点计分,1 表示"完全不同意",7 表示"完全同意",得分越高表明个体焦虑或回避的程度越高。本研究中,总量表和分维度的内部一致性系数分别为 0.78、0.80 和 0.82,结构效度良好($\chi^2/df=4.64$,CFI=0.90,IFI=0.90,TLI=0.85,RMSEA=0.08)。

(2)社会支持

本研究采用肖水源(1994)编制的社会支持评定量表(social support rating scale)。共计 10 个题项,包括客观支持、主观支持和对支持的利用度三个维度,如"您有多少关系密切并且可以得到支持和帮助的朋友"。第 1 至 5 题和第 8 至 10 题采用李克特四点计分,第 6 至 7 题根据选择个数计分,得分越高表明个体感受的社会支持水平越高。本研究中,该量表的内部一致性系数为 0.69,结构效度良好($\chi^2/df=2.19$,CFI=0.95,IFI=0.95,TLI=0.93,RMSEA=0.05)。

(3)欺凌应对效能

本研究采用由 Schwarzer 等(1999)编制、王才康等(2001)修订的中文版一般自我效能感量表(general self-efficacy scale)。根据校园欺凌情境,对问卷进行相应的修改。该量表共 12 个题项,反映青少年在遇到欺凌情境时个体的欺凌应对效能,如"即使别人反对我,我仍有办法阻止欺凌事件发生"。题目采用李克特五点计分,其中 1 表示"完全不符合",5 表示"完全符合",得分越高表明其自我效能感水平越高。本研究中,该量表的内部一致性系数为 0.81,结构效度良好($\chi^2/df=5.04$,CFI=0.91,IFI=0.91,TLI=0.87,RMSEA=0.08)。

(4)保护行为

本研究采用 Demaray 等(2016)编制的欺凌参与者行为问卷(bullying participant behaviors questionnaire)中的保护者分量表,共计 10 个题项,如

"我为被推、搡或扇耳光的同学辩护"。题目采用李克特五点计分，1＝从不，2＝1到2次，3＝3到4次，4＝5到6次，5＝7次或更多，得分越高表明保护行为越多。本研究中，该分量表的内部一致性系数为0.83，结构效度良好（$\chi^2/\mathrm{df}=$ 2.06，CFI＝0.97，IFI＝0.97，TLI＝0.96，RMSEA＝0.04）。

（三）数据统计分析与结果

1. 共同方法偏差检验

由于本研究所有数据均来自初中生自我报告，结果可能存在共同方法偏差的影响。因此，本研究在问卷设计和数据收集过程中采用问卷分开排版、问卷匿名、部分题目反向计分等方法进行事前的程序控制。此外，本研究采用Harman 单因子检验法进行共同方法偏差进行事后的统计检验（Podsakoff et al.,2003）。结果表明，旋转得到21个因子的特征值大于1，第一个因子解释率的变异量为9.69%，均远小于40%的临界值，表明不存在明显的共同方法偏差。

2. 相关分析与模型检验

本研究中各变量的描述性统计和相关分析的结果如表 8-4 所示，性别与欺凌保护行为呈显著正相关，男生的欺凌保护行为显著多于女生（$t=3.19$，$p<0.01$，$d=0.27$）；依恋焦虑与欺凌保护行为呈显著正相关；依恋回避与社会支持、欺凌应对效能与欺凌保护行为呈显著负相关；社会支持、欺凌应对效能与欺凌保护行为呈显著正相关；欺凌应对效能与欺凌保护行为呈显著正相关。除了依恋焦虑与欺凌保护行为的相关关系与预期相反，其余所得相关均与预期一致。由于性别与欺凌保护存在显著正相关，以下分析将对性别进行控制。

表 8-4 各变量的平均值、标准差和相关系数（$N=565$）

变量	M	SD	1	2	3	4	5	6
性别[a]	1.46	0.50						
年龄	13.96	0.62	−0.12**					
依恋焦虑	49.90	10.51	0.08	−0.10				
依恋回避	47.69	10.53	−0.05	0.06	−0.01			
社会支持	38.52	5.77	−0.07	−0.08	−0.03	−0.43***		
欺凌应对效能	36.01	7.18	−0.06	0.01	−0.07	−0.16***	0.27***	
欺凌保护行为	21.92	7.32	−0.13**	−0.02	0.12**	−0.15***	0.26***	0.18***

注：[a] 为虚拟变量（0＝男生，1＝女生）；** 表示 $p<0.01$，*** 表示 $p<0.001$。

相关分析结果表明,依恋焦虑只与欺凌保护行为相关,具有直接预测作用($\beta=0.14, p<0.01$),与其他变量不相关,因此在之后的中介分析中不予考虑。接下来采用协方差结构模型的极大似然比检验社会支持和欺凌应对效能在依恋回避与欺凌保护行为之间的中介作用(见图8-1)。结果显示,模型拟合指数良好($\chi^2/df=1.61, p<0.001$,CFI=0.94,IFI=0.94,TLI=0.93,GFI=0.96,RMSEA=0.033)。依恋回避显著负向预测社会支持($\gamma=-0.32, p<0.001$),社会支持显著正向预测欺凌保护行为($\gamma=0.40, p<0.001$);社会支持显著正向预测欺凌应对效能($\gamma=0.48, p<0.001$),欺凌应对效能显著正向预测欺凌保护行为($\gamma=0.10, p<0.05$)。

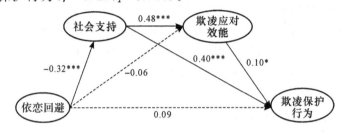

图 9-1 链式中介检验模型

注:虚线表示不显著路径;* 表示 $p<0.05$,*** 表示 $p<0.001$。

本研究采用 Bootstrap 法进行显著性检验,有放回地重复抽样 5000 次,根据 95% 的置信区间是否包含 0 来检验中介效应是否显著,若置信区间不包含 0,则表示中介效应显著。结果如表 8-5 所示,除了欺凌应对效能的中介路径不显著,其他路径均显著。以上均表明,社会支持和自我效能感在依恋回避与欺凌保护行为的关系中发挥了链式中介作用。

表 8-5 中介模型路径系数分析

中介路径	中介效应值	标准误	95%置信区间
依恋回避→社会支持→欺凌保护行为	−0.08	0.02	[−0.13，−0.05]
依恋回避→欺凌应对效能→欺凌保护行为	−0.01	0.01	[−0.02，0.01]
依恋回避→社会支持→欺凌应对效能→欺凌保护行为	−0.01	0.01	[−0.02，−0.01]
总间接效应	−0.10	0.02	[−0.15，−0.06]
直接效应	−0.05	0.04	[−0.14，0.03]
总效应	−0.15	0.04	[−0.23，−0.07]

三、机制形成分析

本研究发现，男生的欺凌保护行为显著多于女生，这与已有的研究发现不一致。本研究猜测这可能是由于男生希望通过欺凌保护行为体现自己的勇敢和英雄主义，从而收获荣誉和地位；而女生更易受助人情境的影响，当情境风险较高（即欺凌情境具有一定的风险性）时，女生会表现出更多的回避行为（Eckel，Grossman，2008）。本研究还发现，不同依恋风格的初中生在欺凌保护行为的表现上存在差异，证实了依恋理论中个体的内部工作模式对其行为具有重要作用（Li et al.，2021）。一方面，依恋焦虑正向预测欺凌保护行为。这一结论与假设相反，可能是因为依恋焦虑的初中生更倾向于采用过度激活策略，在认知加工早期就对冲突情境中的潜在威胁信息表现出高度警觉（马原啸等，2016）。依恋焦虑个体具有更低的痛阈、更大的主观疼痛和夸张性，可以更早察觉到受欺凌者的痛苦，并且体验到更多来自同伴和他人的压力和需求，从而增强其解决冲突的倾向。这或许意味着除了安全型依恋具有优势，依恋焦虑在某些方面也是具有优势的一种依恋类型。另一方面，依恋回避负向预测欺凌保护行为。依恋回避的初中生偏好采取消极的冲突解决策略，会使自己远离冲突事件，将他人的需求和冲突的严重性降低至最小（Creasey et al.，1999）。因此，依恋焦虑和依恋回避的初中生在欺凌情境中可能会有不同的行为反应。

本研究发现，初中生的依恋回避能通过社会支持的中介作用对欺凌保护行为进行预测。根据依恋理论，高依恋回避个体拥有消极他人——积极自我的内部工作模式，该个体经历过他人拒绝、否定等，导致对他人信任感较低，因此避免建立亲密关系，并难以获得社会支持（张林等，2017）。另外，依恋回避水平高的个体喜欢独来独往，不愿意或者害怕与人建立亲密的情感联系，不主动寻求社会支持，也更少在社会支持中获得满意的体验（谢其利等，2018）。当初中生拥有不稳定的人际关系时，就感受不到他人的关爱，促使人际信任感下降，更倾向于使用消极的或敌意的心态来解读周围的环境，将整个世界都想象成是充满恶意的，从而导致其助人动机不强，进而在欺凌事件中常常表现出回避或退缩行为（Twenge et al.，2007）。

本研究还发现，初中生的依恋回避无法通过欺凌应对效能的中介作用对欺凌保护行为进行预测。这可能是因为，尽管依恋回避个体在人际交往中经历过他人拒绝，应该会导致低自我效能感，然而防御姿态、对弱点的批判和强迫性的自力更生使他们塑造了主导、自觉的经验从而掩盖低自我效能感

(Kogut,2016)。因此,依恋回避并不能直接显著预测欺凌应对效能。然而,初中生的依恋回避可以通过社会支持和欺凌应对效能的链式中介预测欺凌保护行为。社会支持和自我效能感都是身心发展的保护性因素(Fan et al.,2021),并且社会支持是影响自我效能感发展的重要因素。根据 Bandura (1977)的自我效能感理论,在社会环境作用下提升自我效能感的途径包括他人评价劝说、自身情绪和生理状态等。社会支持水平较高的初中生往往能更多地接受来自同学、教师的帮助,不仅可以听取到更多的正面评价和劝说,也可以提升自身的情绪安全感和保持良好的生理状态,促进欺凌应对效能的发展,进而做出更多的欺凌保护行为。然而,从整体来看依恋回避的初中生在与他人交往过程中采取回避态度,不信任他人,也不愿意表露自己的真实想法,往往处于被动的状态。他们会怀疑自己处理人际关系的能力,且认为自己无力解决与他人在实际交往中产生的矛盾冲突,进而难以获得稳定的人际关系和人际支持。较低水平的社会支持导致依恋回避的初中生无法有效提升自身的欺凌应对效能,使其认为自己没有能力和信心应对校园欺凌事件,也无法阻止欺凌者的行为,最终在面对欺凌情境时倾向于选择逃避。

四、总结与建议

本研究根据依恋理论,从个体与环境因素的视角探讨了欺凌保护行为的内部机制。依恋焦虑和依恋回避的初中生会表现出不同程度的欺凌保护行为,并且社会支持、自我效能感在依恋回避与欺凌保护行为之间起链式中介作用。本研究强调了社会支持和欺凌应对效能可能是预防和干预欺凌事件的关键因素之一,进而为欺凌保护行为的发生提供了一个更为深入的理解。针对依恋风格与欺凌保护行为,本研究有如下建议。

(一)建立良好的依恋风格

让个体形成安全型的依恋风格,个体就更容易感知到外界的社会支持,欺凌应对的效能感也会比较高,从而会更多表现出欺凌保护行为等助人行为。而依恋风格主要是在家庭环境中形成的,青少年和父母的关系模式可能只占青少年整个人生中人际关系的 1%,但正是这 1% 决定了剩下 99% 关系模式的雏形。因此父母与孩子建立依恋关系的过程就显得尤为重要。当个体还处于婴幼儿时期时,父母要对孩子的需求保持较高的敏感性,多一点耐心去理解他们想要表达的意思,让孩子相信这个世界是安全可信的,是有人支持自己的,这样在未来孩子才更容易相信他人,并表现出更多的助人行为。

(二)给予青少年更多的社会支持

社会支持能带给青少年足够的安全感与力量感,让他们在面对欺凌情境时更愿意做出保护行为。高社会支持一方面能让青少年相信他人并愿意共情他人,另一方面则让他们相信自己是被支持、保护着的个体。依恋回避的个体从外表看起来往往较为冷漠,不需要较多的社会支持,其实质可能是一种防御和伪装的表现,源于长期的"求而不得"。因为依恋回避个体在亲密关系中被拒绝过,所以害怕、抗拒与他人形成亲密关系。本研究发现,依恋回避个体获得的社会支持和拥有的自我效能感都是偏低的,所以不能被他们"不需要"的假象所"蒙蔽",而应该为他们提供更多的社会支持。学校可以开展团体活动增进学生们之间的情感,时常进行师生沟通来了解学生内心,让青少年可以慢慢敞开心扉,信任他人;父母平时应多鼓励孩子,让他们明白父母是坚实的依靠。这样青少年感知到的社会支持水平才会升高,才能有效地增加其保护受欺凌者的行为。

(三)提高青少年欺凌应对效能感

在欺凌情境当中,存在很多的威胁信息以及风险因素,因此青少年可能会因为惧怕而选择回避。父母与老师要教给青少年自我保护与帮助他人的方法,比如见到欺凌行为要及时联系在校老师、父母或在场的大人等,让他们知道自己具有合理有效的技能来帮助他人,进而增加欺凌情境中的保护行为。此外本研究猜测,男生的欺凌保护行为之所以显著多于女生,可能是由于男生希望通过欺凌保护行为体现自己的勇敢和英雄主义,因此通过宣传英雄助人榜样来提高青少年欺凌效能感并树立其责任感,可以更有效地激发青少年的欺凌保护行为。

第三节 父母教养方式对欺凌保护行为的影响

校园欺凌会严重威胁校园环境安全并对学生的身心健康造成消极影响。2021年,中华人民共和国教育部印发了《防范中小学生欺凌专项治理行动工作方案》,再一次强调了防治校园欺凌的必要性。在校园欺凌发生时,除欺凌者与受害者双方之外,近90%的学生曾在校园欺凌事件中扮演过旁观者的角色(Salmivalli,Poskiparta,2012)。有研究表明,欺凌事件中旁观者采取何种行为会对欺凌事件及其后果产生最直接的影响(付美云等,2014)。因此,亲欺凌行为作为一种消极的旁观者行为，近年来引起了研究者的关注。

亲欺凌行为（pro-bullying behavior）是指在欺凌事件发生时，协助欺凌者一同参与欺凌行为或在一旁实施围观、鼓噪等煽动性的行为的总称（Salmivalli，Poskiparta，2012）。作为旁观者行为中的一种，亲欺凌行为在中学生校园欺凌事件中通常起到一种推波助澜的作用，容易激发欺凌者的表现欲，使一些原本可规避的欺凌事件变得不可逆转。以往研究多从个人角度探究亲欺凌行为产生的相关因素，如个体的道德推脱水平（Caravita et al.，2012）、共情水平（王兴超，杨继平，2013）、责任分散（高玲，张舒颉，2017），而鲜有研究从中学生重要他人的角度来探究这一问题。根据生态系统理论（ecological systems theory），家庭和同伴是个体接触最频繁、联系最密切的重要他人（Bronfenbrenner，1986），其会对中学生的社会行为产生重要影响。以往研究表明，初中阶段的青少年，尚未对欺凌事件形成清楚的认知，最容易产生欺凌行为（Caravita et al.，2012）。因此，从重要他人的角度探讨亲欺凌行为的内在发生机制，对初中生亲欺凌行为早期预防与干预具有重要意义。

一、父母教养方式与亲欺凌行为的关系

家庭是影响儿童、青少年身心发展的重要微观环境，父母对子女的教育方式影响着他们的外部行为。父母的教养方式，即父母教养态度、行为的集合，具有跨情境的稳定性（蒋奖等，2010）。"父母接纳—拒绝"理论（parental acceptance-rejection theory）认为，当子女从父母那里获得较多的情感温暖时，其卷入欺凌行为的概率较低；而子女被父母拒绝或者受到父母过度保护时，其卷入欺凌行为的可能性较大（Nocentini et al.，2019）。以往研究证实，父母教养方式与青少年攻击性行为显著相关，且可以显著预测个体的攻击性行为（罗贵明，2008）。父母使用更多拒绝或者过度保护这类消极的教养方式会使子女更容易对他人产生敌意与攻击性行为（Barnow et al.，2015），而使用情感温暖这类积极的父母教养方式则有利于和谐亲子关系的培养，并进一步减少攻击性行为的产生（刘广增等，2018）。以上研究表明，消极的父母教养方式会诱发攻击性行为，而积极的教养方式则相反。亲欺凌行为作为一种特殊类型的攻击性行为，可能与父母教养方式存在密切的联系。

在学校生活中，同伴群体作为儿童青少年另一重要他人，同样起着不可忽视的作用。有研究表明，同伴是青少年产生攻击性行为最有力的预测因素（Espelage et al.，2003）。中学生会在相对亲密、定期互动且有类似行为的同伴之间形成同伴团体，在团体中个体间的行为相似性将变得更强，这种动态过

程会产生行为同质性现象(Shin,Ryan,2014)。同质性假说(homophily hypothesis)指出,同伴影响过程和同伴选择过程是构成同伴团体同质性的两个主要过程(Shin,Ryan,2014)。有关行为同质性的实证研究均发现,青少年欺凌行为、攻击性行为、反社会行为的产生与同伴影响和同伴选择有关(Festl et al.,2013;Sentse et al.,2013)。因此,本研究将从同伴选择和同伴影响角度出发,探讨同伴这一重要团体在父母教养方式与亲欺凌行为之间所起的作用。

同伴影响(peer influence)过程,即团体成员相互影响、内化内部建立的准则,随着成员之间频繁的互动,团体内成员的行为、态度等特点日渐变得一致的过程(Shin,Ryan,2014)。同伴关系是指同龄人或心理成熟程度相仿的个体在交往中形成的一种人际关系(崔颖等,2018),其关系质量的好坏能从侧面反映出同伴影响的程度。研究表明,父母的教养方式会影响子女的人际交往,例如积极温和的教养方式会帮助青少年建立良好的同伴关系,消极放任的教养方式则有碍于青少年的同伴关系和交往(卢富荣等,2015)。另有研究指出,同伴关系可以显著影响个体社会行为发展,中学生同伴关系对校园欺凌有着显著的负向预测作用(朱丹等,2013)。换句话说,同伴关系质量越好,校园欺凌的发生频率会越低。

同伴选择(peer selection)过程,是指具有相同特征(行为、态度或价值观)的个体之间互相选择并建立同伴团体(Shin,Ryan,2014)的过程。越轨同伴交往作为一种典型的同伴选择过程,是指个体与具有偏离主流观点的行为(如打架、盗窃等)的伙伴的交往(Li et al.,2013)。研究表明,父母教养方式会影响子女对同伴的选择。例如,父母消极的教养方式(如严厉惩罚、过度保护等)会导致青少年对爱与归属的需要得不到满足,从而促使其与越轨同伴交往(李蒙蒙等,2020)。此外,青少年表现出的问题行为可能是由于他们结交了更多的越轨同伴。Fuemmeler等(2002)在对美国非洲裔学龄儿童问题行为的研究中发现,当学龄儿童结交的越轨同伴越多时,儿童所表现出的攻击性行为越多;Kliewer等(2018)的追踪调查中也发现越轨同伴交往可以预测青少年的问题行为。

Brechwald等(2011)认为选择和影响并不是两个互相排斥、非此即彼的过程,二者可能是共同导致同质性的原因。以往研究发现,团体中朋友之间的相似性之所以会发生,可能是由于随着时间的流逝,青少年会受到同伴团体的影响使得与其行为相类似(影响过程),而那些相似的个体慢慢成为朋友后,那些不相似的个体就会逐渐结束友谊关系(选择过程)(Brechwald,Prinstein,

2011)。青少年同伴关系不良，其受到的同伴影响减弱，就会渐渐脱离原同伴团体，进而选择其他同伴。研究表明，不良的同伴关系对于青少年来说是一种压力性体验，这种体验本身及相伴随的社会支持的缺乏会使得青少年在面对其他生活压力时更加脆弱，而长期处于这种压力体验下的青少年会更容易结交越轨同伴以获得其支持(Fuemmeler et al. ,2002)。

二、父母教养方式作用的实证研究

(一)研究目的

为探讨父母教养方式对校园欺凌旁观者行为的影响及其发生机制，本研究具体从家庭环境因素出发，分别从同伴选择过程和同伴影响过程考查亲欺凌行为发生的内在机制，检验所提出的链式中介模型。

(二)研究方法

1. 被试

本研究采取整群随机抽样，从浙江省某市三所普通初级中学选取 900 名学生作为调查对象，回收有效问卷 886 份，有效回收率为 98.44%。其中，男生 452 人，女生 434 人。被试平均年龄为 13.56 岁(SD=0.78)。

2. 研究工具

(1)父母教养方式问卷

本研究采用蒋奖等(2010)修订的《简式父母教养方式问卷》，包含拒绝、情感温暖和过度保护三个维度。将父母拒绝和过度保护反向计分，与情感温暖共同组成积极的父母教养方式，问卷采用李克特五点计分法，"1＝完全不符合""5＝完全符合"，总得分越高代表父母的教养方式越积极。本研究中父母情感温暖问卷的内部一致性系数为 0.80，父母拒绝与父母过度保护问卷的内部一致性系数分别为 0.79 和 0.78。

(2)同伴关系量表

本研究采用郭伯良(2004)编制的《儿童青少年同伴关系量表》，该量表采用李克特四点计分法，"1＝不是这样""4＝总是这样"，得分越高代表同伴关系越好，一共有 22 个项目，该量表的内部一致性系数为 0.79。

(3)越轨同伴交往问卷

本研究采用 Li 等(2013)编制的《越轨同伴交往问卷》，询问被试的好朋友中有多少人经常出现偏差行为。该问卷共包含八个项目，例如"你的好朋友中有多少人受学校处分"。该问卷采用李克特五点计分，"1＝没有""5＝全部"，分数越高表示个体结交的越轨同伴越多,该问卷的内部一致性系数为 0.83。

(4)亲欺凌行为量表

本研究采用 Demaray 等(2003)编制的《欺凌参与者行为问卷》中的亲欺凌者行为分量表,共 10 个题目。例如,"我曾取笑那些被推倒、被击打或挨耳光的学生"。该量表采用李克特五点计分,"1＝没有""5＝7 次或更多",得分越高表明亲欺凌行为越多。本研究中,该分量表的内部一致性系数为 0.83。

(三)数据统计分析与结果

1. 共同方法偏差检验

本研究采用 SPSS 26.0 进行描述统计和相关分析,并根据温忠麟和叶宝娟(2014)推荐的 Bootstrap 方法、应用 SPSS 宏程序 PROCESS 进行链式中介效应分析。采取 Harman 单因子检验进行了共同方法偏差的检验,结果显示第一个因子解释的累计变异量为 16.32%,小于 40%,表明本研究不存在严重共同方法偏差问题(周浩,龙立荣,2004)。

2. 描述统计和相关分析

青少年父母教养方式、同伴关系、越轨同伴交往以及亲欺凌行为的描述统计结果见表 8-6。结果显示,各变量之间两两呈显著相关。具体而言,父母教养方式与同伴关系呈显著正相关,与越轨同伴交往、亲欺凌行为呈显著负相关;同伴关系与越轨同伴交往、亲欺凌行为呈显著负相关;越轨同伴交往与亲欺凌行为呈显著正相关。

表 8-6　各变量的描述统计结果和相关系数矩阵($N=886$)

变量	M	SD	1	2	3	4
父母教养方式	70.67	9.89	—			
同伴关系	76.11	13.94	0.43***	—		
越轨同伴交往	11.64	5.48	−0.29***	−0.27***	—	
亲欺凌行为	12.23	4.47	−0.21***	−0.24***	0.36***	—

注:*** 表示 $p<0.001$。

本研究采用 Hayes 开发的 PROCESS 程序中的模型 6 检验同伴关系和越轨同伴交往在父母教养方式与亲欺凌行为中的中介效应。检验中使用偏差校正的百分位 Bootstrap 方法来确定中介效应的显著性,结果见图 8-2 和表 8-7。在控制了年龄和性别变量后,父母教养方式对亲欺凌行为的负向预测作用边缘显著($\beta=-0.02$,$p=0.051$)。同伴关系和越轨同伴交往中介作用的 95%

的置信区间分别为[−0.09,−0.02]、[−0.11,−0.03]，均不包含0，说明同伴关系和越轨同伴交往的中介效应均显著，并且同伴关系显著负向预测越轨同伴交往（$\beta = -0.32$，$p < 0.01$），二者的链式中介效应的95%的置信区间为[−0.04,−0.01]，不包含0，说明同伴关系与越轨同伴交往的链式中介效应显著。

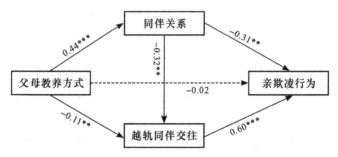

图 8-2 　同伴关系和越轨同伴交往在父母教养方式与亲欺凌行为间的链式中介模型
注：图中所列路径系数均为未标准化系数，控制变量未在模型中显示；** 表示 $p < 0.01$，*** 表示 $p < 0.001$。

表 8-7 　各路径的中介效应

路径	效应值	SE	95%置信区间
直接效应	−0.07	0.04	[−0.14, 0.10]
父母教养方式→同伴关系→亲欺凌行为	−0.05	0.02	[−0.09, −0.02]
父母教养方式→越轨同伴交往→亲欺凌行为	−0.07	0.02	[−0.11, −0.03]
父母教养方式→同伴关系→越轨同伴交往→亲欺凌行为	−0.02	0.01	[−0.04, −0.01]
总中介效应	−0.14	0.03	[−0.21, −0.08]

三、机制形成分析

　　虽然父母是个人成长中的第一导师，其教养方式会对子女以后的思想和行为产生深刻影响，但是中学阶段中学生的寄宿制生活使其在校时间增加，独立感也随之增强，其对父母的依赖性逐渐减弱，进而转向了对同伴群体的依赖（卢富荣等，2015）。伴随着同伴之间交往的加深，同伴的行为和认知对初中生的影响相比父母会更大一些。同时，中学时期也是初中生自我意识不断发展的时期（朱丹等，2013），他们开始对父母的一些叮嘱与限制表现出强烈的不满,甚至反抗父母,并致力于摆脱他们的束缚。因此,父母对子女行为的影响力大大降低。

一方面,父母教养方式可以分别通过同伴关系和越轨同伴交往两条间接路径预测青少年亲欺凌行为。父母积极温和的教养方式会帮助青少年建立良好的人际交往和同伴关系,消极放任的教养方式则会有碍于青少年的同伴关系和交往(李蒙蒙等,2020)。同伴关系还可以显著影响学生的社会行为发展(Brechwald,Prinstein,2011),青少年同伴关系越差越容易产生亲欺凌等问题行为。同时,父母越倾向于使用拒绝和过度保护等消极的教养方式,会使青少年的归属需要以及社会支持需要得不到满足,越容易结交越轨同伴(Fuemmeler et al.,2002),从而越容易卷入亲欺凌行为等不良行为中。

另一方面,父母教养方式可以通过同伴关系与越轨同伴交往的链式中介作用间接预测青少年亲欺凌行为。青少年同伴关系越差导致其所交往的越轨同伴越多(朱丹等,2013),从而也越容易产生亲欺凌行为。积极的父母教养方式可以通过改善中学生同伴关系从而减少其越轨同伴交往的数量,从而减少中学生的亲欺凌行为。研究结果表明若要降低初中生亲欺凌行为发生的可能性,不仅要从总体上改善家庭中父母教养方式的运用,还需要关注同伴团体的重要作用。青少年会通过观察学习习得一些同伴团体的行为,且青少年的同伴影响及同伴选择都会影响到青少年的行为。因此,只有同时关注父母和同伴两个方面才能更好地预防青少年亲欺凌行为的产生。

四、总结与建议

本研究根据父母接纳—拒绝理论和差别交往理论,深入了解父母教养方式对亲欺凌行为的复杂发生机制,为青少年亲欺凌旁观者行为的干预提供了具有针对性的理论基础,这对于亲欺凌行为早期预防与干预具有重要借鉴意义。该研究结果表明若要降低初中生亲欺凌行为发生的可能性,不仅要从总体上改善家庭中父母教养方式的运用,还需要关注同伴团体的重要作用,具体建议如下。

(一)父母采用积极的教养方式

家庭一直都是影响儿童、青少年身心发展的重要微观环境,父母采取的教育方式影响着子女们的外部行为,比如影响儿童、青少年的同伴关系与同伴选择。采取积极教养方式如民主型教养方式的父母,不仅会以身作则地教给孩子各种规矩,同时还能够关心孩子的成长,给予孩子温暖与爱护。与拒绝孩子的父母相比,积极教养方式的父母会更接纳孩子,并能让青少年感知到自己被爱护着且值得被爱护，其内心就会被安全感充盈。因此其可以与同伴建立良好的友谊，在面对欺凌情境时，也能做出更多保护行为、助人行为；与溺爱孩子的父母相比，积极教养方式的父母会给孩子树立做事的原则，鼓励孩子独立做事，尊重父母、老师和同伴。因此，父母如果能够采取积极的教养方式，在此环境下成长的青少年就更可能在面临欺凌情境时，愿意去制止越轨的欺凌行为并保护他人。

(二)谨慎进行同伴选择

个体在进入青春期之后，与父母的交往变少，而与同伴的联系日益紧密，因此同伴行为对青少年的影响力度不断变大。在同伴团体当中，青少年会通过观察学习习得一些同伴团体的行为，有可能是出于模仿，也有可能是出于团体压力的约束。如果选择了好的同伴，自然是"近朱者赤"；但如果选择了越轨同伴作为朋友，那么越轨同伴的不良行为就会对青少年产生一些负面影响，甚至是增加亲欺凌行为发生的概率。父母、老师要教会青少年甄别、选择积极向上的同伴，并经常关注青少年的交友动向，及时沟通，帮助他们建立良好的同伴圈子。

(三)培养青少年积极习惯与建设性爱好

Shin 和 Ryan(2014)认为具有相同特征(行为、态度或价值观)的个体之间会互相选择并建立同伴团体。因此青少年会选择和自己兴趣爱好等方面相似的人做朋友。如果青少年自身有许多行为问题，比如亲欺凌行为，那么他们也会更倾向于寻找同样有这样行为问题的青少年做同伴，而同伴之间的影响又会加深他们的问题行为。因此，培养青少年积极向上的爱好如看书、运动等，可以使青少年去寻找更多拥有同样积极爱好的同伴。两者在一起可以变得越来越好，以此也可以减少亲欺凌行为发生的概率。

(四)增进同伴关系

学校可以开展集体活动比如拔河比赛、篮球比赛等，这些比赛都是以一个集体为单位，集体内的成员必须相互合作、互相鼓励才能够赢得比赛。在进行这些活动的过程中，青少年之间的友谊即同伴关系会变得更好，同伴之间联系会更紧密，感情也会变得更深。在这种积极紧密的联结之下，青少年之间就会更多地互帮互助，从而出现欺凌行为或亲欺凌行为的概率也会降低。

第九章　社会支持因素在校园欺凌行为中的阻断作用

近年来,校园欺凌逐渐上升为社会热点话题,引起社会各界的关注与重视。面对校园欺凌事件的不断曝光,众多学者对此展开了研究。根据 Chan 和 Wong(2015)针对儿童受欺凌现象所开展的深入研究表明,儿童遭受欺凌的经历能够成为显著预测其未来两年内出现外化问题行为、内化问题行为、社交障碍以及学业困扰的重要因素。国内学者纪林芹等(2011)发现,遭受过校园欺凌的个体更容易在同伴群体中受到排挤、被边缘化,这会导致受欺凌者在身体伤害的基础上进一步产生心理上的不适,从而引发不同程度的情绪适应问题、行为适应问题以及内外化问题。以往青少年的追踪研究显示,受欺凌者在缺乏有效解决策略的情境下易受到欺凌以及在日后做出进一步的极端报复行为(Sentse et al.,2015)。因此,如何通过增强中小学生的欺凌应对能力来减轻其受欺凌程度是值得探讨的一个现实问题。

2021 年 1 月,教育部印发《防范中小学生欺凌专项治理行动工作方案》(简称《方案》),启动开展防范中小学生欺凌专项治理行动。《方案》中鼓励家长、学校、社会多方联合做好中小学生欺凌防范工作。那么,来自家人、教师、同伴的支持是否可以减轻校园欺凌中受欺凌者的受欺凌程度呢?社会支持的缓冲器模型(Miloseva et al.,2017)指出,在个体面对同伴侵害等压力事件的情况下,从所处近端社会关系中获得的社会支持是最重要的保护性资源之一(Lee,Goldstein,2016)。以往研究发现,经历过校园欺凌的学生通常会拥有较少的家庭、教师以及同伴支持(Eşkisu,2014)。同时杨岭和毕宪顺(2016)的研究表明,通过加强学生与家人、教师、同伴等之间的沟通,可以使学生获得更多相关方面的支持,进而建立良好的人际关系,从而降低校园欺凌的发生风险。

因此,本章第一节和第二节从社会支持的角度出发,通过问卷法和实验法探讨社会支持如何影响受欺凌者的应对机制及欺凌行为的内在动因,第三节探讨了父母婚姻质量对校园欺凌行为的影响,检验了学校联结在此过程中的调节作用,以期为减少校园欺凌事件提供帮助,为学校、家庭提供对策和建议。

第一节 社会支持对个体受欺凌程度的缓解作用

面对校园欺凌,无效的应对往往会增加个人的抑郁以及随后的负面情绪(Yin et al.,2017)。因此,受欺凌者若做出有效应对,则更可能降低欺凌事件所造成的伤害。具有高应对效能的个体倾向于将潜在的压力情境视为挑战而非威胁(Liu,Li,2018),这种倾向使得其比应对效能低的个体更能做出有效应对(Salas et al.,2017)。此外,有效应对还可以被定义为一种特定而又有效的应对策略,它能减少相关的情绪痛苦(Nixon et al.,2020)。因此,有效提高受欺凌者的应对效能和应对策略,或许可以减轻受欺凌程度,并为校园欺凌防治提供理论依据。

一、社会支持与个体受欺凌程度的关系

面对校园欺凌,社会支持对于受欺凌者仍然是一个重要的保护因素。社会支持指接受者与提供者之间的交流和相互作用,可以增强个体处理压力事件的能力;同时还能使个体拥有更好的人际关系,从而促进其心理健康发展(Zhou et al.,2017)。社会支持的缓冲作用模型认为,社会支持会通过个体的内部认知系统,缓解应激事件对个体的冲击以及消极影响,从而维护和提升个体的身心健康,为处于压力状态的个体提供一个有益的"缓冲器"(Cohen,Wills,1985)。多项实证研究也表明,若青少年能够获得家庭成员、朋友以及重要他人提供的物质和心理资源,那么青少年的健康状况会更好(Arikan et al.,2019;Wilson et al.,2020;Šmigelskas et al.,2018)。

校园欺凌作为一种压力因素,个体的有效应对是缓解校园欺凌的关键因素。素质—压力模型指出,在该模型中,受欺凌被定义为一种有压力的生活事件,对学生造成许多负面影响,并且受到个体内部(如应对效能和应对方式)和环境因素(如社会支持)的影响(Swearer,Hymel,2015)。一方面,社会支持是影响个体自我效能感的重要因素,社会支持与个体的自我效能感之间存在显著的正相关关系(叶鸣等,2022)。拥有高水平自我效能感的个体通常能够更有信心地面对各种困难和挑战;反之,缺乏自我效能感的个体通常在遇到困难

时表现出消极和被动状态(谢寒,李斌,2020)。因而自我效能感越高,越有可能成为受校园欺凌负面影响相对较小的群体(Cao,Yang,2018)。谢寒和李斌(2020)的研究发现,学生的受欺凌经历与自我效能感总分及各个类型的自我效能感均呈现显著的负相关。因此,当个体受到来自各方面的社会支持时,有助于其提高自我效能来应对环境所带来的压力,降低个体的受欺凌程度。另一方面,受欺凌青少年之所以长期处于被欺凌的地位,是因为他们缺乏正确的解决问题的策略(Didaskalou et al.,2015)。心理弹性理论认为,如果个体要降低受欺凌程度,个体必须对环境风险进行抵抗,克服压力或逆境结果(Rutter,2006),也就是需要形成积极的应对方式。研究发现,较高水平的社会支持也与消极应对方式的使用显著负相关,与积极应对方式呈显著正相关(Chen et al.,2019)。在校园欺凌中,积极的应对方式可以减少欺凌问题发生的可能;相反,消极的应对方式不仅无法解决受欺凌问题,还会导致欺凌问题的产生(或加重)(Potard et al.,2022)。此外,面对欺凌选择沉默、不反抗等方式的学生很容易再次受到欺凌(Juvonen,Graham,2014)。

应对方式和应对效能作为心理素质的重要方面,与受欺凌程度有着密不可分的关系。研究表明,社会支持能提高个体的应对效能,个体所受到的社会支持的水平越高,其应对效能越高(叶宝娟等,2014)。高应对效能的个体更多地采用积极的应对策略,而低应对效能的个体则会表现出消极的退缩行为(Benight et al.,2000)。应对自我效能感会影响个体的应对方式,具有较强应对自我效能感的个体比那些应对自我效能感较弱的个体经历了较少的威胁情绪,形成积极的应对方式(Delahaij,Van Dam,2017)。Kokkinos等(2015)的一项研究表明,具有较高自我效能信念的青少年会更多地使用适应性的方式(即积极的自我指导、社会支持)去应对欺凌。因此,本研究推测,在社会支持影响中小学生受欺凌的过程中,可能依次通过自身高应对效能从而优化其应对方式,最终降低个体的受欺凌程度。

二、社会支持缓冲作用的实证研究

(一)研究目的

素质—压力模型为研究青少年受欺凌程度提供了一个新的视角,本研究以此为理论基础对社会支持与青少年受欺凌程度的关系进行深入的探讨。以青少年为研究对象,通过问卷法,探讨社会支持与受欺凌程度之间的关系,并考察应对效能和应对方式的中介作用以及链式中介作用(假设模型见图9-1),从而为降低青少年受欺凌程度提供更多可能的方式方法。

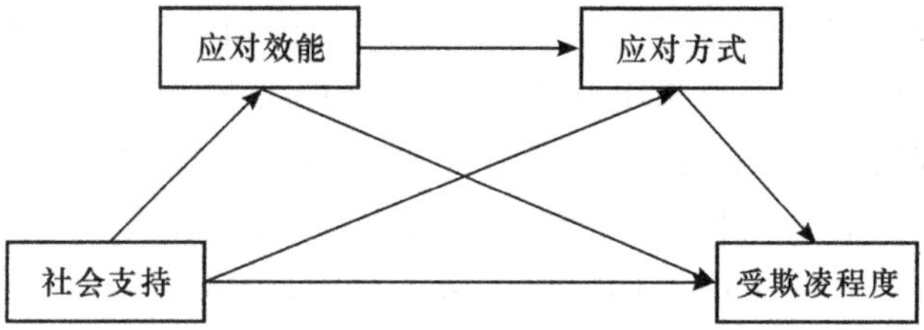

图 9-1　假设模型

(二)研究方法

1. 被试

本研究采用整群随机抽样选取某市某地区 4 所学校进行问卷施测。总共发放 1100 份问卷,回收有效问卷 992 份,有效率为 90.18%。其中,男生 483 人,女生 509 人;小学生 194 人,初中生 188 人,高中生 629 人。被试平均年龄为 14.76 ± 2.36 岁。

2. 研究工具

(1)社会支持

本研究采用改编自 Lu 和 Argyle(1994)修订的社会支持行为量表(inventory of socially supportive behavior),包括家庭支持、教师支持和同伴支持三个分量表,每个分量表分为两个维度,分别是情感性支持、工具性支持。问卷共 24 道题目,采用李克特五点计分。经检验,家庭、教师、同伴社会支持分量表的内部一致性系数分别是 0.91、0.95、0.95,该量表整体内部一致性系数为 0.95。

(2)受欺凌

本研究采用张文新等(1999)修订的 Olweus(1993)欺凌/受欺凌问卷(bully/victim questionnaire),原问卷包括欺凌问卷和受欺凌问卷两个分量表,本研究使用其中的受欺凌问卷(victim questionnaire)。该问卷共有六道题目,采用李克特五点计分,分别测量身体受欺凌、言语受欺凌和关系受欺凌。被试将被问及他们在过去几个月中受到不同欺凌行为的频率。该问卷各维度的内部一致性系数分别为 0.80、0.84、0.87,整体内部一致性系数为 0.83。

(3)应对效能

本研究采用改编自童辉杰教授(2005)编制的应对效能量表,包括胜任力、自信程度、认知水平三个维度。该量表共有 17 道题目,采用李克特四点计分。在本研究中,各维度的内部一致性系数分别为 0.90、0.84、0.77,整体内部一致性系数为 0.82。

（4）应对方式

本研究采用史丹丹（2019）改编的校园欺凌应对方式量表（Jacobs et al.，2015），包括"心理应对"（在心理上处理或者解决欺凌问题的尝试）、"被动应对"（并没有解决问题或扭转局面的应对方式）、"社交应对"（指一个人遭受欺凌之后积极主动以建设性的方式解决问题）和"对抗性应对"（面对欺凌的应对策略，可以帮助解决欺凌问题）四个维度。该量表共 17 道题目，采用李克特五点计分。在本研究中，各维度的内部一致性系数分别为 0.72、0.79、0.78、0.74，整体内部一致性系数分别为 0.78。

3. 施测过程和数据处理

本研究在征得了施测学校相关领导、班主任老师和学生同意后，由心理学专业研究生作为主试，在班级中发放纸质版测量问卷并阅读指导语。之后让被试填写问卷题目，约 15 分钟后被试结束填写，问卷当场回收并编号。最后，主试向被试解释研究目的，询问其是否猜到研究目的，并发放小纪念品作为答谢。

（三）结果与分析

1. 共同方法偏差的控制

由于本研究的数据主要通过被试自我报告得来，可能存在共同方法偏差。因此根据汤丹丹和温忠麟（2020）的建议，我们事先在问卷设计上对部分题目进行反向计分，在施测的过程中让被试匿名回答，并且在事后采用 Harman 单因子检验法进行共同方法偏差检验。结果显示，未旋转和旋转后特征值共有 12 个的因子大于 1，第一个因子解释的变异量为 22.91%，小于 40% 的临界值，表明本研究不存在明显的共同方法偏差。

2. 描述统计与相关分析

如表 9-1 所示，被试的应对效能在不同性别上存在差异，男生显著高于女生（$t = 2.71, p < 0.01, d = 0.46$）；被试的受欺凌程度在不同性别上也存在差异，男生显著高于女生（$t = 3.37, p < 0.01$）。年级与应对效能呈显著的正相关，与应对方式、受欺凌程度呈显著负相关。社会支持、应对效能、应对方式均与受欺凌程度显著相关，且两两之间也相关显著（$p < 0.01$），其中社会支持与受欺凌程度呈显著负相关，与应对效能、应对方式呈显著正相关；应对效能、应对方式均与受欺凌程度呈显著负相关。说明这四个变量之间存在密切的联系，因此接下来将进一步探讨这几个变量之间的关系。

表 9-1　各变量的均值、标准差与相关系数（$N=1100$）

变量	M	SD	1	2	3	4	5	6
性别[a]	—	—						
年级	2.75	1.12	0.03	—				
社会支持	3.91	0.72	0.03	0.07*	—			
应对效能	2.99	0.43	−0.09**	0.08*	0.44***			
应对方式	3.44	0.66	0.03	−0.33***	0.20***	0.29***	—	
受欺凌程度	0.37	0.64	−0.10**	−0.10**	−0.30***	0.28***	−0.20***	—

注：[a] 为虚拟变量（0＝男生，1＝女生）；* 表示 $p<0.05$，** 表示 $p<0.01$，*** 表示 $p<0.001$。

3. 应对方式和应对效能在社会支持与受欺凌程度之间的链式中介效应

本研究通过简单回归和使用 SPSS20.0 中的 PROCESS 插件来检验社会支持、应对效能、应对方式和受欺凌程度之间的关系（见图 9-2）。

链式中介模型检验结果显示：社会支持显著负向预测受欺凌程度（$\beta=-0.13,t=-4.81,p<0.001$），社会支持显著正向预测应对效能（$\beta=0.45,t=15.97,p<0.001$），应对效能显著负向预测受欺凌程度（$\beta=-0.17,t=-5.72,p<0.001$），社会支持显著正向预测应对方式（$\beta=0.08,t=2.45,p<0.05$），应对方式显著负向预测受欺凌程度（$\beta=-0.19,t=-6.94,p<0.001$）。由此可以证明应对效能和应对方式在社会支持影响受欺凌程度中均起部分中介作用。最后，应对效能显著正向预测应对方式（$\beta=0.28,t=8.86,p<0.001$），说明本研究中应对效能和应对方式的链式中介效应成立，社会支持、应对效能、应对方式和受欺凌程度四者之间构成了一个链式中介模型。

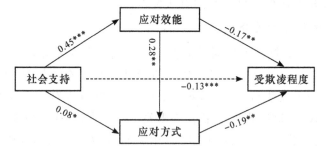

图 9-2　应对效能和应对方式在社会支持与受欺凌程度之间的链式中介效应

注：* 表示 $p<0.05$，** 表示 $p<0.01$，*** 表示 $p<0.001$。

进一步采用偏差校正的百分位 Bootstrap 法对间接效应进行检验,结果见表 9-2。应对效能和应对方式在"社会支持→受欺凌程度"的影响过程中产生的总间接效应值为 -0.11。其中,共有三条路径产生的间接效应组成了总的中介效应,即路径 a"社会支持→应对效能→受欺凌程度",路径 b"社会支持→应对方式→受欺凌程度",路径 c"社会支持→应对效能→应对方式→受欺凌程度"。三条中介路径的 95% 置信区间均不包括 0(效应值见表 9-2),即应对效能和应对方式在社会支持与受欺凌程度之间的单独中介与链式中介效应均显著。

表 9-2 各路径中介效应

中介路径	间接效应值	SE	95% 置信区间
总间接效应	-0.11	0.018	[-0.14, -0.08]
间接效应 a	-0.08	0.015	[-0.11, -0.05]
间接效应 b	-0.02	0.007	[-0.02, -0.003]
间接效应 c	-0.03	0.005	[-0.02, -0.007]

三、机制形成分析

研究发现,社会支持显著负向预测受欺凌程度,在青少年向成年过渡的过程中,家庭和同伴的支持对青少年的发展至关重要,来自家庭和朋友的支持关系可以降低欺凌受害的风险(Shaheen et al.,2019)。这提示在教育实践中,父母、教师应加大对学生的关心,通过支持适应性解决问题的策略,包括被重视、关心和理解,以降低子女或者学生受欺凌程度(Guo et al.,2020)。

同时,根据相关研究,我们可以看到被试的应对效能在不同性别上存在差异,男生显著高于女生。这种差异可能源于中国传统文化中的性别刻板印象,一般都认为男性有主导力、权威感、掌控感,是霸权型男性气质的基本特点,而女性则相对力量不如男性强大(裴谕新,陈静雯,2021),所以就导致男性的应对效能会比女性高。因此,男性能更好地抵御受欺凌现象的发生,并做出一些有效的应对策略。此外,被试的受欺凌程度在不同性别上存在差异。相比于女生,男生更容易受到欺凌,这与以往的结果一致(Casper,Card,2017)。随着孩子的成长和认知能力的发展,他们可以通过观察不同的男性和女性模式的行为来学习性别刻板价值观,具有攻击性的女孩可能被认为是不成熟和打破常规,而男孩攻击性则更容易被接受。所以在一定程度上要警惕男孩欺凌攻击性行为的发生,对其进行严肃的教育。

应对效能在社会支持和受欺凌程度之间起到中介作用。社会支持的水平会显著影响到个体的应对效能(Olenik-Shemesh, Heiman, 2017)，即个体拥有更多的社会支持时，其自身的自我效能感显著提升。Fitzpatrick和Bussey(2014)发现，在澳大利亚青少年中，较高的自我效能感与较低的抑郁、社交焦虑和社会受害相关。在教育实践中，来自成人有效的社会支持被证明是有益处的，可以显著地提升个体的应对效能，认为自己有能力去应对诸如欺凌事件的发生，来降低个体的受欺凌程度。

研究发现，应对方式在社会支持和受欺凌之间也起到中介作用。社会支持正向预测应对方式，这与以往的研究结果一致(Chen et al., 2019)，也就是说，拥有较高社会支持水平的个体在遇到问题时倾向于使用更积极的应对方式和策略(Lin, 2016)。做出积极应对方式能有效降低个体的受欺凌程度，而那些避免冲突的应对方式在降低受欺凌程度方面则被认为是无效的(Nixon et al., 2020)。家长和老师应给予青少年更多的关心和支持，教导他们面对欺凌事件时能形成积极的应对方式，来有效降低个体的受欺凌程度。

本研究还发现，应对效能和应对方式在社会支持与受欺凌之间起着链式中介的作用。应对效能通过影响应对方式进而影响了青少年的受欺凌程度，这与前人的研究一致(张丽等，2016)。Šmigelskas(2018)等认为为了有效降低个体的受欺凌程度，个体必须持有来自家庭或者是朋友的高水平社会支持，高社会支持可以保护青少年免受由于受到欺凌而可能面临的心理健康困难。外部的社会支持对于降低受欺凌程度来说固然重要，但是为了有效降低受欺凌程度还需要提高个体自身的应对效能和应对方式。应对效能调节了受欺凌程度和应对方式之间的联系，在应对效能水平较低的个体中，更多地使用无效应对方式去应对欺凌；应对效能水平较高的个体，更多地使用有效应对方式去应对欺凌(Kokkinos et al., 2015)。如果个体面对欺凌事件的时候，能有更高的社会支持水平，以及拥有对自身应对能力的信心、良好的应对方式，便能有效缓解个体的受欺凌程度。

四、总结与建议

本研究基于素质—压力模型以及社会支持的缓冲作用模型，考察了社会支持与受欺凌之间的关系，并发现了应对效能和应对方式的中介作用以及链式中介作用。研究结果在一定程度上回答了社会支持与受欺凌程度之间的个体中介过程，丰富了欺凌相关研究的内容，强调了社会支持、应对效能与应对方式均为预防和干预欺凌事件的重要性因素，这对如何减少受欺凌现象提供了理论借鉴,让我们对此有了更加深入的理解,对学校和家庭采取干预措施来减少欺凌现象也有着现实的指导意义。

(一)建立完善的社会支持体系

具体措施包括:一是全力促使欺凌受害者获得实际的社会支持,包括批评教育欺凌参与者、告知家长等。二是保障欺凌受害者体验到各种情感支持,欺凌受害者在校园环境中感受到受尊重、被理解、被支持。三是通过增强社会支持来预防和应对校园欺凌事件的发生,引导学生积极利用社会支持资源,来阻止校园欺凌事件的发生。具体措施包括看见欺凌事件发生时告知教师、家长等。

(二)增强学生自身的应对效能感

自我效能感其实就是指一个人对自己的能力认识。第一,老师或者家长可以给学生制定一些目标,让其能够达成既定目标,看到自己是有一些能力的。第二,当学生达成此目标时给予其及时的支持与鼓励,强化他现在已经具有的能力。第三,逐步提高目标和要求。如果达成目标,则回到第二步,继续给予及时的支持与鼓励。如此循环。这可以增强学生面对欺凌事件时的自我效能感,认为自己有能力去阻止欺凌事件的发生,以此来减少欺凌事件所带来的危害。

(三)引导学生形成合理的应对方式

具体措施包括:一是老师在上课时可以教导学生面对受欺凌时正确的应对方式,包括告知教师或家长等,让其形成合理科学的应对方式,降低欺凌事件的危害或者阻止欺凌事件的发生。二是学校可通过电影等宣传方式帮助学生形成正确的欺凌应对方式,让学生对合理科学的欺凌应对方式产生印象,以此来降低欺凌事件的危害。

第二节　社会支持对个体欺凌应对能力的提升作用

2020 年 10 月,十三届全国人大常委会第十四次会议审议《未成年人保护法(修订草案)》《预防未成年人犯罪法(修订草案)》等,其中新增设的校园欺凌防控措施引发了公众的深入思考。目前国内外针对校园欺凌行为也采取了一些干预措施,但多数都是针对欺凌者(Bucur et al., 2020;Moore, Woodcock, 2017;Travlos et al., 2021)和旁观者的(游志麒等,2020;Troop-Gordon et al.，2019；Wu，Wu，2018），缺乏对受欺凌者自身如何应对欺凌的研究。欺凌应对是指在校园欺凌背景下，个体为减轻欺凌所带来的负面影响，而做出的认知和行为上的调节和反应（Ju et al.，2020），可分为应对效能和应对方式两个方面。拥有较高的欺凌应对能力能够使个体在认知和行为上主动寻求解决问题的方案来对抗欺凌，缓冲和减少受欺凌带来的负面影响，进而维护青少年的身心健康。研究表明，社会支持与个体的欺凌应对之间存在密切联系（Liu et al.，2020；Merluzzi et al.，2019；Reid et al.，2016）。社会支持是指当个体面临各种压力和困境时，社会各方给予的帮助和支持（Ozbay，2008）。以往研究仅仅是简单地将社会支持看作一个单维概念进行分析，而社会支持是一个复杂的系统，不同类型的社会支持对欺凌应对的作用可能存在差异。因此，本研究将针对不同类型的社会支持展开探讨，考察不同内容和来源的社会支持与欺凌应对之间的关系，旨在揭示对青少年欺凌应对能力的提升更为有效的支持类型，以期为干预和减少校园欺凌事件提供理论依据和借鉴。

一、不同类型社会支持与欺凌应对的关系

在面对校园欺凌时，个体是否能够有效应对是防御欺凌所造成的伤害的关键，而构建良好的社会支持系统可以有效提高青少年的欺凌应对能力（Khalid，Dawood，2020）。社会支持的缓冲器模型（Miloseva et al.，2017）指出，个体通过得到来自父母、亲戚、朋友等的精神或物质的帮助，能够缓解负性事件带来的消极影响。已有研究表明社会支持能够提高个体的应对效能，即个体领悟到的社会支持水平越高，则其应对效能水平越高（Fort，Murariu，2018）。而当个体领悟到的社会支持水平越低时，个体则越容易采用相对消极的应对方式（Rahat，İlhan，2016）。此外，依据不同的标准和侧重点，研究者对社会支持有着不同的划分。从内容的角度来看，社会支持可以分为情感支持和工具支持（Morelli et al.，2015）。情感支持可以帮助个体缓解负性生活事件导致的消极情绪，获得情感支持的个体更容易采取积极的应对方式（Wang et al.，2022）；工具支持则会减弱个体的不安全感（Xing et al.，2021）。研究表明，相比于工具支持，情感支持更能促使个体采取积极的应对方式（Liu et al.，2020）。从来源的角度进行分类，社会支持可以分为家庭支持、同伴支持和教师支持（Torres，Hernandez，2009）。研究表明，教师和同伴对青少年的支持程度越高，其自我效能感水平越高（Hamilton et al.，2017）；儿童感知到的家长支持与自我效能感之间不存在显著联系（Sha et al.，2016）。然而Guerra等（2018）对初中生进行调查发现，家庭给予的支持水平越高，其自我

效能感水平越高。造成上述分歧的原因可能是大多数研究并未将教师、同伴和家庭三种来源的支持同时考虑,且在个体成长的不同阶段,不同来源的支持对个体的重要性存在差异。对于幼儿阶段来说,父母的支持是最为重要且稳定的(庄鸿娟等,2016)。随着年龄的增长,来自学校中同伴和教师的社会支持会增多,而来自家庭的社会支持就会有所下降(Siu et al.,2021)。因此,在校园生活中,教师对青少年的鼓励与积极关注可能有助于学生提高自信,提升应对效能,进而促使其采取积极的方式处理问题。相较于工具支持,情感支持高的个体欺凌应对能力更强;相较于家庭支持和同伴支持,教师支持高的个体欺凌应对能力更强。

个体得到来自外界的社会支持仅仅是影响其应对能力的一个重要因素,还需要对个体内在的心理活动进行调节(Zhou et al.,2017)。个体—环境交互作用模型(Lerner et al.,2006)指出,人与环境之间的关系是一个动态相互作用的过程。个体的认知与行为既受外部环境因素的影响,也会受到内部因素的影响。因此,个体的求助意愿可能是提高个体的欺凌应对能力的另一个突破口。求助意愿是指个体向特定的对象寻求帮助的主观可能性(Nieuwenhuijsen et al.,2018)。研究发现,若受欺凌者在欺凌情境中有口头求助的行为时,会更容易得到他人的帮助(Midgett,Doumas,2019)。个体的求助意愿越强烈,获得社会支持的可能性也会增加(高斌等,2020)。这说明在欺凌情境中,受欺凌者的求助行为是获取社会支持的重要影响因素。同时有研究表明,高求助意愿的个体在求助行为上拥有更高的自我效能感(Bradshaw et al.,2018;Wachs et al.,2018)。采取积极应对方式的大学生对向他人求助有更加正面的认识,更倾向于选择求助他人,以便更加及时地解决自身面临的问题(Rodgers et al.,2017)。向他人求助是个体面对应激事件所采用的一种积极手段和策略,能够有效地调节应激事件给个体带来的消极影响(Shea et al.,2017)。即求助意愿高的个体在面对欺凌情境时,可能更愿意去寻求他人的支持,从而增强成功应对困难的自信心,提高欺凌应对能力。

二、不同类型社会支持作用的实证研究

(一)研究目的

本研究以社会支持的缓冲器模型和个体—环境交互作用模型为基础,目的是考察不同内容和来源的社会支持与欺凌应对之间的关系,以及求助意愿在其中的作用。拟解决的问题主要包括:第一,考察不同类型的社会支持对欺凌应对的影响是否有所不同;第二,考察求助意愿是否在社会支持影响欺凌应

对的过程中起调节作用，从而为青少年欺凌应对能力的提升提供理论借鉴和指导。

（二）研究方法

1. 被试

本实验采用整群抽样法在安徽省某地区三所初级中学的三个年级随机选取了 900 名初中生，按照社会支持来源和社会支持内容，将被试随机分成家庭情感支持组、家庭工具支持组、教师情感支持组、教师工具支持组、同伴情感支持组和同伴工具支持组，每组 150 人。在剔除不认真作答以及无效问卷后，共得到有效问卷 829 份，有效率为 92.11%。将所有被试根据求助意愿得分从高到低排序，选取得分排在前 27% 的作为高求助意愿组，后 27% 的作为低求助意愿组，筛选出符合实验要求被试 434 人。其中，低求助意愿组被试 217 人，高求助意愿组被试 217 人；女生 250 人，男生 184 人。被试平均年龄为 14.11 岁（SD＝1.27）。

2. 实验设计

本实验采用 3（来源：家庭支持、教师支持、同伴支持）×2（内容：情感支持、工具支持）×2（求助意愿：高、低）的被试间实验设计。自变量为不同来源、不同内容的社会支持和求助意愿，因变量为欺凌应对。

3. 实验材料

（1）社会支持

以 Schulz 和 Decker（1985）使用的回忆启动任务为基础编制情景实验材料，操纵不同类型的社会支持。六组被试根据不同的指导语回忆并说出曾经受到过重要社会支持的经历。例如，家庭工具支持组的指导语为"请回忆当你遇到挫折或者困难时，你的父母是如何帮助你或教会你解决问题的，请列举五条他们教你解决问题的具体方式"；同伴情感支持组的指导语为"请回忆当你遇到挫折或者困难时，你的朋友是如何安慰你或鼓励你的，请列举五条他们曾经安慰过你的话"。最后被试填写由张芳华等（2021）改编自 Lu 和 Argyle（1994）的社会支持行为量表（inventory of socially supportive behavior），以检验实验操纵的有效性。该量表共四道题目，测量个体感受到的社会支持，例如"当你做某件事时，你觉得你的家人/教师/同伴有多大可能会向你提供所需的信息？"题目使用李克特五点计分方式，得分越高代表所感受到的社会支持越高。

（2）求助意愿

本实验采用 Eliot 等（2010）编制、敖成等（2021）年修订的求助意愿量表（willingness to seek help scale），修订后的量表共六道题目，测量校园欺凌中个体的求助意愿，例如"当你在学校中受到了别人的踢、打、推或撞时，你会希望得到他人的帮助吗？"。题目采用李克特五点计分，从 1 到 5 分别代表"非常不愿意""有点不愿意""一般""有点愿意""非常愿意"，得分越高求助意愿越强烈。在本研究中，该量表的内部一致性系数为 0.92。

（3）应对效能

本实验采用童辉杰（2005）编制、张琳若（2018）修订的应对效能量表（coping efficacy questionnaire）。该量表共有 10 道题目，包括胜任力（如"请问你觉得面对这件事你的坚强度有多大？"）、自信程度（如"请问你觉得你有多大的勇气面对这件事情？"）、认知水平（如"你觉得你自己面对欺凌事件时的脆弱度是多少？"）三个维度。题目采用李克特五点计分，从 1 到 5 分别代表"完全不符合""不太符合""不确定""有些符合""完全符合"。该量表用以考察个体对自己能否处理好应激情境的需求所持有的信念，得分越高，代表个体越认为自己能应对好所遇到的应激事件。在本研究中，该量表的内部一致性系数为 0.82。

（4）应对方式

本实验采用 Jacobs（2015）编制、史丹丹（2019）改编的校园欺凌应对方式量表（cyberbullying coping questionnaire）。该量表共 12 道题目，包括被动应对（如"请问你觉得你有多大可能性会表现地像这件事没有发生一样？"）、社交应对（如"请问你觉得你有多大可能性会向别人（你的家人、老师、朋友、同学）求助？"）和对抗性应对（如"请问你觉得你有多大可能性会对欺凌者表现出不满？"）三个维度。题目采用李克特五点计分，从 1 到 5 分别代表"从不""很少""有时""经常""总是"，其中"被动应对"维度进行反向计分，总分越高表示应对方式越积极。在本研究中，该量表的内部一致性系数为 0.76。

4. 实验程序

本实验征得学校、班主任和学生同意后，采用情境回忆法让六组被试分别根据提示回忆并描述自己曾经受到过的社会支持经历，然后回答实验材料中的四道题目，以检验情境启动是否有效。最后，让所有被试阅读校园欺凌情境材料，并填写应对效能和应对方式量表。全部问卷回答结束后当场收回，同时向被试解释实验目的，询问被试是否猜到实验的目的。

(三)结果

1. 社会支持启动材料的有效性检验

本实验选取宁波市某中学初一、初二80名学生对社会支持启动材料的有效性进行检验,其中男生42人,女生38人,平均年龄为13.27±0.63岁。将被试随机分为情感支持组、工具支持组和对照组,其中28名学生评定情感支持启动材料,28名学生评定工具支持组材料,24名学生评定中性对照组材料。以启动情感支持组、工具支持组与对照组为分组变量,社会支持得分为因变量,进行单因素方差分析检验。

结果发现,不同分组的被试在社会支持得分上差异显著[$F(2,77)=1146.551, p<0.001, \eta_p^2=0.158$],情感支持组得分($M=19.57, SD=0.63$)显著高于对照组($M=10.71, SD=1.08$)的得分($t=8.862, p<0.001$),工具支持组得分($M=19.61, SD=0.50$)也显著高于对照组($t=8.896, p<0.001$),结果说明本研究社会支持启动材料有效。

2. 不同类型社会支持与求助意愿对欺凌应对效能的影响

以应对效能为因变量,以社会支持类型和求助意愿分组为自变量进行方差分析。数据结果见表9-3。

表 9-3　不同社会支持与求助意愿个体应对效能的描述统计($M\pm SD$)

求助意愿	家庭		教师		同伴	
	情感支持	工具支持	情感支持	工具支持	情感支持	工具支持
求助意愿低	33.86±6.66	31.75±4.27	33.56±3.36	32.77±3.93	31.78±5.68	33.90±5.63
求助意愿高	37.28±6.01	36.86±3.86	39.47±5.41	39.69±4.01	33.72±3.86	38.30±3.66

在应对效能上,支持来源、支持内容与求助意愿三者之间的交互效应不显著[$F(2,422)=0.206, p=0.814$]。支持来源与支持内容的交互效应显著[$F(2,422)=9.443, p<0.001, \eta_p^2=0.043$];支持来源与求助意愿的交互效应显著[$F(2,422)=4.192, p=0.016, \eta_p^2=0.019$];支持内容与求助意愿的交互效应边缘显著[$F(1,422)=3.439, p=0.064, \eta_p^2=0.008$]。支持来源的主效应显著[$F(2,422)=6.253, p=0.002, \eta_p^2=0.029$],获得教师支持的个体应对效能最高,其次是家庭支持,同伴支持最低;支持内容的主效应不显著[$F(1,422)=1.679, p=0.196$];求助意愿的主效应显著[$F(1,422)=99.372, p<0.001, \eta_p^2=0.191$],求助意愿高的个体应对效能高于求助意愿低的个体。

支持来源与支持内容的交互效应显著(见图9-3)。简单效应分析发现,当被试获得情感支持时,三者之间的差异显著[$F(2,422)=11.683$,$p<0.001$,$\eta_p^2=0.052$],具体表现为:受到同伴支持($M=32.75$,$SE=0.57$)的个体的应对效能显著低于受到来自教师($M=36.52$,$SE=0.59$)和家庭($M=35.57$,$SE=0.57$)支持个体的应对效能,教师支持与家庭支持之间不存在显著差异($p=0.247$)。当被试获得工具支持时,三者之间的差异显著[$F(2,422)=3.617$,$p=0.028$,$\eta_p^2=0.017$],具体表现为:受到家庭支持($M=34.31$,$SE=0.57$)的个体的应对效能显著低于受到来自教师($M=36.23$,$SE=0.58$)和同伴($M=36.10$,$SE=0.54$)支持个体的应对效能,教师支持和同伴支持之间的不存在显著差异($p=0.871$)。

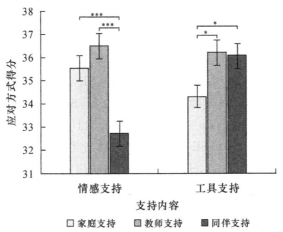

图 9-3 支持来源与支持内容对应对效能的影响

注:* 表示 $p<0.05$,*** 表示 $p<0.001$。

3. 不同类型社会支持与求助意愿对欺凌应对方式的影响

不同类型社会支持与求助意愿对欺凌应对方式的影响以应对方式为因变量,以支持来源、支持类型和求助意愿分组为自变量进行方差分析。数据结果见表 9-4。

表 9-4 不同社会支持与求助意愿个体应对方式的描述统计($M\pm SD$)

求助意愿	家庭		教师		同伴	
	情感支持	工具支持	情感支持	工具支持	情感支持	工具支持
求助意愿低	39.58±5.10	42.14±6.46	37.88±7.51	39.14±5.96	39.67±7.47	39.18±7.05
求助意愿高	45.22±6.63	45.22±5.79	45.53±5.28	47.77±5.12	43.08±6.06	48.10±6.93

在应对方式上，支持来源、支持内容与求助意愿三者之间的交互效应显著 $[F(2,422)=3.748,p=0.024,\eta_p^2=0.017]$。支持来源与求助意愿的交互效应显著 $[F(2,422)=3.116,p=0.045,\eta_p^2=0.015]$，支持内容的主效应显著 $[F(1,422)=8.351,p=0.004,\eta_p^2=0.019]$，获得工具支持的个体欺凌应对方式更积极。求助意愿的主效应显著 $[F(1,422)=103.962,p<0.001,\eta_p^2=0.198]$，求助意愿越高的个体应对方式越积极，其余均不显著。

最重要的是，支持来源、支持内容与求助意愿三者之间的交互效应显著。在情感支持条件下，支持来源与求助意愿的交互作用不显著 $[F(2,206)=1.907,p=0.151]$，支持来源的主效应不显著 $[F(2,206)=0.481,p=0.619]$，求助意愿的主效应显著 $[F(1,206)=39.938,p<0.001,\eta_p^2=0.162]$，求助意愿高的个体应对方式更积极。如图 9-4 所示，在工具支持条件下，支持来源与求助意愿的交互作用显著 $[F(2,216)=5.010,p=0.007,\eta_p^2=0.044]$，当个体的求助意愿高时，获得同伴支持（$M=48.10,SE=1.00$）的个体比获得家庭（$M=45.22,SE=1.03$）和教师支持（$M=47.77,SE=1.05$）个体的应对方式更积极 $[F(2,422)=2.264,p=0.049,\eta_p^2=0.011]$；当个体的求助意愿低时，获得家庭支持（$M=42.14,SE=1.03$）的个体比获得教师（$M=39.14,SE=1.05$）和同伴支持（$M=39.18,SE=0.98$）个体的应对方式更积极 $[F(2,422)=2.677,p=0.043,\eta_p^2=0.013]$。

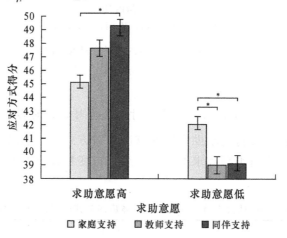

图 9-4　工具支持条件下社会支持与求助意愿对应对方式的影响

注：* 表示 $p<0.05$。

三、机制形成分析

本研究基于个体—环境交互作用模型与社会支持的缓冲器模型,考察了不同类型的社会支持与欺凌应对之间的关系模式,以及求助意愿在其中起到的调节作用。研究结果表明,青少年获得的教师支持和工具性支持越多,面对欺凌时就会产生更高的自我效能感和采取更积极的应对方式。随着个体求助意愿的改变,社会支持类型对欺凌应对的影响会发生变化,当个体求助意愿高时,获得同伴工具支持的学生会采取更加积极的应对方式,当个体求助意愿低时,获得家庭工具支持的学生更容易采取积极的应对方式。

(一)不同类型的社会支持对个体欺凌应对能力的影响

本研究发现,不同来源的社会支持对欺凌应对效能会产生不同的影响。其中,获得教师支持的青少年应对效能更高,其次是家庭支持,获得同伴支持的青少年应对效能最低。该结果说明,在个体处于应激状态时,社会支持能够缓减应激事件(如欺凌事件)对个体的冲击以及消极影响,提高其应对效能,进而维护和提升个体的身心健康(Miloseva et al.,2017)。这一结果切合了社会支持的缓冲器模型的观点,并与前人的研究结果一致(黄亮,赵德成,2018;Siu et al.,2021)。青少年时期,教师对学生的支持有助于提升学生的同伴接纳度和社会胜任力,体验到更多的正向情绪,使学生相信自己在面对欺凌时有足够的能力应对,从而免受或者少受校园欺凌的侵害(Troop-Gordon,Kopp,2011)。在校园中当欺凌事件发生时,寻求教师的帮助是最直接、有效的方式,虽然青少年往往愿意相信自己的同伴,但同龄人的力量是有限的,难以提供有效的帮助,因此拥有教师支持的青少年应对效能相比之下更高一些。

除此之外,不同内容的社会支持对欺凌应对方式会产生不同的影响。具体来说,工具性社会支持对于个体应对方式的影响显著高于情感性社会支持的影响,这与已有研究的结果并不一致(Liu et al.,2020;Wang et al.,2022)。可能的原因是,工具支持会减弱个体的不安全感知。当个体处在欺凌情境中时,个体会利用获得的工具支持进行自我保护,提高自身能力(Kouvonen et al.,2012)。在身处困境时,获得物质、工具等实质性的帮助更加有助于个体学会正确的应对方式,能够快速地促使他们摆脱困境,减少身体受到的伤害(张莉等,2014)。这启示学校要设置专门的求助渠道,如求助信箱、电话等,并安排专门的负责人及时处理,让受欺凌者能够第一时间寻求学校的帮助,及时发现,尽早干预。一旦发现有欺凌现象,要尽快介入治理,避免对欺凌双方产生更加严重的影响。

（二）求助意愿在社会支持影响个体欺凌应对能力中的调节作用

随着个体求助意愿的改变，社会支持类型对欺凌应对的影响会发生显著的变化，该结果支持了以往研究结果的观点（Shea et al.，2017）。具体来说，当个体求助意愿高时，获得同伴工具支持的学生会采取更加积极的应对方式面对欺凌。这一结果契合了个体—环境交互作用模型的基本观点（Lerner et al.，2006），即个体因素（求助意愿）和环境因素（社会支持）共同对个体的行为（欺凌应对）起作用。求助意愿高的个体在面对欺凌情境时，更愿意去寻求他人的支持，从而增强成功应对困难的自信心，提高欺凌应对能力。中小学生的自我保护能力比较差，而家长受到时间、能力等方面的制约，不能及时、有效地提供帮助，同伴就成为青少年寻求帮助时的第一选择。在遭受校园欺凌时，支持性同伴就充当了保护者的角色，会尽可能维护青少年免受伤害（孙芳等，2021）。相比于情感上给予支持，在欺凌事件发生时，如果同伴能够及时上前制止，会让受欺凌者感受到更加直接、强烈的支持力度（Kouvonen et al.，2012）。本研究还发现，当个体的求助意愿低的时候，获得家庭工具支持的学生更容易采取积极的应对方式。研究表明，低人际依赖是个体不愿意寻求帮助的一个重要因素（Vogel，Wester，2003）。求助意愿低的青少年往往表现出对他人的不信任，拒绝向他人表露自己当前的痛苦（纪骁纹等，2013）。父母作为与青少年关系最密切的人，他们的积极关注更有利于及时发现问题，并提供有效的帮助。父母不仅要给予子女足够的关心，观念方面给予正确的引导，采取积极、理性的沟通方式，提供一个温暖的家庭环境，父母还要提供物质支持，教会子女正确的欺凌应对方法，有效提升其应对问题的能力。

此外，研究结果发现调节效果量较小。这说明社会支持对欺凌应对能力的作用可能会受到多种因素的共同影响，并不能由一个变量完全解释。但这并不能忽视这一研究结果带来的实践意义。校园欺凌不仅会造成身体伤害，还会给青少年带来严重的心理问题（Olweus，2013），因此，面对求助意愿不同的学生，我们应该"对症下药"，有选择、有针对性地提供不同类型的支持来帮助其更好地提高应对能力。

四、总结与建议

本研究结果重在揭示社会支持具体"如何影响"和在"何种条件下"对中小学生欺凌应对能力发生作用的问题。本研究从不同支持来源以及不同支持类型出发，探究社会支持对中小学生欺凌应对的影响以及个人求助意愿在其中的作用。对家庭以及学校提高中小学生面对校园欺凌的应对能力，预防校园欺凌的发生具有重要的理论引导与实践借鉴价值,具体体现在如下几个方面。

（一）提供有效社会支持,提升中小学生欺凌应对能力

面对不同类型的社会支持,如何提供才能为中小学校园欺凌带来有效的预防作用,针对本研究结果给出以下建议。

1. 积极给予情感支持

中小学生的健康成长离不开身边的人给予的情感温暖,尤其是父母带来的温情。家庭方面,作为孩子最亲的人和最有力的支持,父母有责任对孩子在学校的状况进行了解,并予以关心,建立良好的亲子沟通,让子女得到充足的关爱;教师方面,与学生间建立良好联系与信任,信任是确保发生欺凌时学生会告诉教师的基础,良好联系是为学生告诉教师欺凌发生提供了可能,要鼓励、支持、引导受欺凌学生勇于表达和正确应对;同伴方面,朋友间要努力成为彼此最好的倾听者,相互分享经历与感受,及时排解内心的消极情绪,避免欺凌他人等过激行为的发生。

2. 提供针对性的社会支持

研究结果表明,教师以及同伴的工具支持对于中小学生欺凌应对能力的影响要显著优于父母的工具支持。因此,我们应当充分利用教师和同伴的潜在力量,构建一个坚实而有效的支持体系。教师应利用班会等时间教会学生们在校园欺凌"发生前应当如何正确预防？""发生时应当如何正确应对？""发生后应当如何正确处理？"。同时教师要了解学生的特性、性格,对于性格内向的学生应给予更多情感温暖和支持,从而使得学生在面对校园欺凌时能够相信自己可以应对当前的情况,不畏惧欺凌者,减少欺凌带来的伤害;对于愿意求助的学生则应在给予情感温暖的同时,也要教会其正确的应对方式,使得中小学生在面对校园欺凌时能够更好地应对。当遇到受欺凌情况时,朋友间也应相互扶持、相互鼓励,积极寻求父母、教师等外界力量的帮助。

（二）促进个人动机因素,提高中小学生受欺凌求助意愿

本研究发现,求助意愿可以有效缓减缺乏社会支持对中小学生欺凌应对的负面影响。因此,提高中小学生的求助意愿也是有效预防校园欺凌的重要途径。在中小学生发展过程中应引导孩子树立求助意识,培养孩子养成主动求助行为可以从以下几方面着手。一是榜样示范。通过榜样示范让孩子认识到向他人求助并不是丢人的事,是保护自己的正确选择。二是尊重接纳。面对孩子的求助,无论是家人还是教师,都应该充分尊重和理解,无论大事小事,都应积极指导或协助解决问题。三是建立依靠。与孩子建立良好的关系,让

孩子能够知道在遇到困难时向谁求助，为孩子建立坚实的依靠，提高孩子的安全感。

1. 家庭层面

强化欺凌认知，提高认识水平。研究表明，高质量的父母沟通，包括情感上和行动上的支持能减少欺凌行为的发生或是缓冲受欺凌学生的受伤心灵（Bowes et al.，2010；Ledwell，King，2015）。父母作为孩子最有力的支持，有责任了解孩子在学校的状况，并注意孩子的异常行为，认清校园欺凌的严重性和危害性。当孩子遇到校园欺凌时，及时帮助孩子面对、分析和解决问题，成为孩子坚实的后盾。

了解子女特性，有效进行支持。在日常生活中，家长应给予子女充分的关怀和爱护。在工作之余，应当在与子女的相处中投入足够的时间和精力，让子女得到充足的关爱，在物质和精神层面上的需求得到满足。要了解子女的特性、性格，给予孩子情感温暖支持，从而使得孩子在面对校园欺凌时能够相信自己可以应对当前的情况，减少欺凌带来的伤害。在欺凌发生后，应采用科学的方式对孩子进行教育，帮助孩子疏导心理问题，从而减轻校园欺凌对孩子身心带来的伤害。

2. 学校层面

注重反欺凌建设，优化心理课程设置。学校作为校园欺凌发生的主要场所，应高度重视校园欺凌的防控问题。对于学生、教师以及家长，应加强有关校园欺凌知识的普及，并且定期举办有关反对校园欺凌的活动。从而让学生从中了解到应有的人际交往界限，意识到校园欺凌带来的对大众不同程度的影响，以达到预防和减少校园欺凌事件发生的效果。学校还应将校园欺凌列入心理教学大纲，对课程的设置不应流于形式，可以通过系列性的德育和心理健康辅导，引导学生培养积极向上、与人为善的美好品质。

正确处理欺凌事件，强化受欺凌者的心理辅导与建设。学校对于校园欺凌的处理应制定相关制度，在对校园欺凌事件进行处理时，除了对欺凌者的惩罚与教育，还应格外关注受欺凌者的情绪及其行为变化，并及时对其进行心理上的疏导和干预，减少校园欺凌带来的伤害。对于受欺凌者，应在日常的生活与学习中给予其更多的支持和鼓励，帮助他们看到自身的优点，提升自信心，并鼓励他们当再次遇到欺凌时要勇于采用正确的方式进行反抗，学会向外界求助。

3. 个体层面

改善沟通方式，提升人际交往技能。中小学生需要对自身有一个客观的认识，了解自身存在的优点以及问题，做到扬长避短，不断改善自我，为良好人际交往打下基础。在与他人的交往中应当真诚以待，以积极饱满的热情创造与他人之间的和谐相处，从而为自身能够获得更多的社会支持奠定基础。

提高求助意愿，积极寻求外界帮助。中小学生在日常生活中应加强与父母、教师以及同伴之间的沟通，建立良好的信任基础。遇到校园欺凌时，向外界积极寻求帮助，最大可能利用外界的帮助来减少校园欺凌对自身带来的伤害。

第三节　社会支持对欺凌行为的缓冲作用

学校是影响儿童青少年成长的关键环境因素，对于在校时间相对更长的高中学生群体而言更是如此。为了预防和干预欺凌行为，学校联结是备受关注的因素之一。较高水平的学校联结预示着孩子能够积极主动地参与学校活动，并获得充足的归属感和安全感，这能够促进积极的发展适应结果，并降低各种内外化问题的风险(殷颗文，贾林祥，2014)。生态系统理论指出，各环境系统因素的交互作用是影响个体发展的关键(Bronfenbrenner，1986)。相关研究证明，良好的学校联结，尤其是积极的师生和同伴关系以及学校归属感不仅能够缓解不良家庭坏境对儿童青少年发展适应的影响，还能促进积极教养方式对青少年心理素质的积极影响(Fite et al.，2014)。在生态系统理论视角下，结合当前家校协同的教育实践导向。因此，本研究拟通过干预研究探讨学校联结和父母婚姻冲突对初中生欺凌行为的影响，揭示学校联结作为一种社会支持因素，对初中生欺凌行为的缓冲作用。

一、父母婚姻质量和学校联结与欺凌行为的关系

根据一般攻击模型，诱发攻击性行为产生的因素主要包括个体的自身特征及内在状态和外部环境，外部环境的影响主要源自个体所接触到的消极环境刺激(宋明华等，2017；张林等，2017)。家庭是青少年接触的首要和主要的环境系统，对青少年早期行为品质的养成与塑造具有深远影响(苗灵童等，2018)，而父母关系作为家庭环境的重要组成部分也是影响整个家庭及青少年健康成长的重要因素，其中父母婚姻质量则为父母关系的主要体现。在以往

关于青少年群体的研究中,研究者大多使用父母婚姻冲突作为父母婚姻质量的测量指标(邓林园等,2016;王玉龙等,2016)。父母婚姻冲突是指父母间因观点差异或其他原因而引发的言语争吵或身体冲击,一般用冲突发生的频率、强度或矛盾化解程度等特点来定义(夏天生等,2016)。在以往有关父母婚姻冲突关系的研究中,父母婚姻冲突多采用中学生主观感知到的冲突程度来进行量化研究(池丽萍,辛自强,2003)。父母婚姻冲突关系作为一种不良家庭环境刺激,通常是导致青少年产生各种心理社会适应和内隐情绪问题的重要诱因(邓林园等,2016;王玉龙等,2016)。已有的研究发现,不良的家庭环境尤其是父母婚姻冲突关系往往是影响青少年产生各种社会适应性行为及不良情绪的风险因素(梁丽婵,2015;王明忠,2013),这也再次凸显了早期家庭教育环境在青少年成长过程中的重要性。

青少年在进入学校后,学校环境的微系统成为家庭环境之外对其发展影响最要紧的环境因素。对于不良家庭环境给青少年攻击性行为倾向带来的负面影响,是否可以在学校环境中得以缓解,这是一个值得探讨的问题。学校联结反映的是个体与学校以及学校环境中的单元建立起来的情感联结,是学生对学校的归属感与认同感,及感受到被关怀、认可和支持的程度(殷颢文,贾林祥,2014)。研究表明,学校联结可作为内部资源条件通过规范学生认知、判断进而抑制攻击性行为的发生(李锦萍等,2016),且高学校联结情感的青少年更少地从事负性冒险行为(殷颢文,贾林祥,2014;McNeely,Falci,2004)。依恋理论认为,依恋是个体在发展过程中与重要他人建立的一种深层次的、稳固的情感联结,具有情感温暖和社会控制的功能(陈武等,2015;王英芋等,2016)。同时依恋的补偿竞争机制指出青少年在学校环境中能够通过寻求同伴与教师的支持与友谊,以满足在父母和家庭里无法得到的情感需求(王英芋等,2016)。以往研究发现,在青少年冒险行为的干预项目中设计以学校为基础的干预策略对于防止青少年冒险行为具有重要作用(Langford et al.,2015)。因此,学校联结作为积极的学校支持资源可能在一定程度上弥补和缓解较差的家庭环境与父母婚姻质量对儿童发展所带来的消极影响。

二、父母婚姻质量条件下学校联结作用的实证研究

(一)研究目的

本研究通过设计有关学校联结的实验和团体辅导课程,以父母婚姻冲突为指标,考察父母婚姻质量对中学生攻击性行为倾向的影响以及学校联结作为外部资源条件在其过程中的作用。

(二)研究方法

1. 被试

(1)干预实验

本实验对某市某中学 240 名初中生进行池丽萍和辛自强(2003)修订的感知父母婚姻冲突量表(children perceived inter-parental conflict, CPIC)施测,用以测量儿童感知到的父母冲突水平。根据得分以平均数加减正负一个标准差进行分组(王玉龙等,2016),共筛选出符合研究标准的 73 名被试。其中,男生 32 人,女生 41 人。被试平均年龄为 13.56 岁(SD=0.74)。高父母婚姻冲突组被试 29 人,得分在 61 到 84 分之间,$M=67.48$,SD=6.52;低父母婚姻冲突组被试 4 人,得分在 18 到 35 分之间,$M=28.86$,SD=5.27。高/低父母婚姻冲突组内又各随机分为有/无学校联结启动两组,共四组:高婚姻冲突启动组 14 人、高婚姻冲突控制组 15 人、低婚姻冲突启动组 22 人、低婚姻冲突控制组 22 人。

(2)团体辅导

本实验以某市某中学作为实验训练学校,共选取两个班级的 94 名初中生参与。首先施测感知父母婚姻冲突量表,根据得分以平均数加减正负一个标准差筛选出符合研究标准的被试共计 38 人(男生 17 人,女生 21 人)。为方便团辅课程的实施,随后将筛选出的 38 名被试以班级为单位分为实验组和对照组,其中实验组 23 人,对照组 15 人。

2. 研究工具

(1)干预实验

学校联结材料:通过调研和访谈筛选出中学生经历过或感受到的常见的来自学校环境中被关怀、认可和支持的情境,编制成实验启动材料。实验组材料涉及学校联结启动性情境,控制组材料为有关普通电视剧节目的材料。

攻击性行为倾向:采用李丹黎等(2012)在青少年攻击性行为量表的基础上改编而成的中学生校园攻击性行为量表,包含直接攻击和间接攻击两个维度,共 12 个项目。该量表采用李克特五点计分,其中 1 表示"从不"、5 表示"总是"。在本实验中,该量表的内部一致性系数为 0.79。

(2)团体辅导

青少年攻击性行为倾向量表,采用李克特五点计分,共 12 个项目,分数越高,攻击性行为倾向越高。在本实验中,该量表的内部一致性系数为 0.67。儿童感知父母冲突量表,采用李克特五点计分,共 18 个项目,分数越高,感知到的父母婚姻冲突越高。在本实验中,该量表的内部一致性系数为 0.98。学校联结量表,采用李克特五点计分,共 10 个项目,分数越高,学校联结程度越高。在本实验中,该量表的内部一致性系数为 0.74。

团体辅导训练方案基于团体辅导的阶段性理念进行设计。首先,结合本次实践干预研究所要达到的总目标细化分解每个板块的具体目标;其次,立足于研究问题将整个团辅课程训练方案分为初次过程、执行环节、深化部分和结束总结四个阶段;最后,遵循教学活动循序渐进、逐步深化以及学生知识接受层次性的原则,对每个板块及具体主题进行详细论证设计内容,并邀请三位多年从事中小学心理健康教育的专职教师对方案进行了指点与修正。整个系列团体辅导课程共设计安排为八个课时,进行为期五周的团体辅导课程教学活动。

3. 实验设计与程序

(1)干预实验

本实验采用 2(被试类型:高父母婚姻冲突组和低父母婚姻冲突组)×2(学校联结启动:实验组和对照组)的被试间实验设计,因变量为攻击性行为倾向。

实验流程为:筛选被试随机分组、阅读实验材料(实验组被试阅读学校联结启动情境材料,控制组被试阅读中性情境材料)、施测攻击性行为倾向量表。

(2)团体辅导

研究运用 SPSS 20.0 软件进行统计分析。对两组学生前测和后测的数据进行统计处理。采用独立样本 t 检验,分析实验组与对照组活动前后心理指标的差异;采用相关分析,对两组学生父母婚姻冲突、学校联结与攻击性行为的相关程度分析;采用回归分析,探究两组学生的父母婚姻冲突和学校联结的交互作用是否对其攻击性行为有调节作用。

(三)实验结果

1. 干预实验

(1)学校联结启动的有效性检验

对正式实验中被试学校联结启动的有效性进行检验,以学校联结启动分组为自变量,学校联结得分为因变量,进行了独立样本 t 检验,结果发现学校联结启动组的得分($M=11.64, SD=0.80$)显著高于控制组得分[$M=8.89, SD=1.74; t(73)=9.42, p=0.035, d=2.03$],表明本次实验中学校联结的启动有效。

（2）学校联结下,父母婚姻冲突影响攻击性行为倾向的统计结果分析

以攻击性行为倾向为因变量的方差分析结果显示:父母婚姻冲突类型的主效应显著$[F(1,69)=20.10,p<0.001,\eta_p^2=0.23]$;学校联结的主效应显著$[F(1,69)=52.55,p<0.001,\eta_p^2=0.43]$;交互效应显著$[F(1,69)=4.71,p<0.05,\eta_p^2=0.06]$。进一步的简单效应分析结果如图 9-5 所示,当处于高父母婚姻冲突时,实验组和控制组的攻击性行为倾向差异不显著$(p>0.05)$;而当处于低父母婚姻冲突时,实验组的攻击性行为倾向显著低于控制组的攻击性行为倾向$(p<0.001)$。简单效应分析的结果表明,个体的攻击性行为倾向受父母婚姻质量影响,且该影响受学校联结的调节,具体表现为学校联结的启动对高父母婚姻冲突青少年的攻击性行为倾向影响不明显,而对低父母婚姻冲突青少年的攻击性行为倾向影响较为明显。

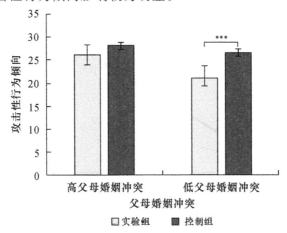

图 9-5　不同学校联结启动类型下的攻击性行为倾向

注:***表示 $p<0.001$。

（3）小结

基于学校联结对欺凌行为影响的干预实验结果表明,当个体处于低父母婚姻冲突时,相对于没有启动学校联结,启动学校联结的实验组,其攻击性行为倾向更低,即"学校联结启动"缓解了低父母婚姻冲突对青少年攻击性行为倾向的影响。

2. 团体辅导

（1）父母婚姻冲突、学校联结与攻击性行为倾向的相关分析

对父母婚姻冲突、学校联结与攻击性行为倾向三个变量进行两两相关分析,结果表明,父母婚姻冲突与攻击性行为倾向相关系数为 0.72,父母婚姻冲

突与学校联结相关系数为-0.72,学校联结和攻击性行为倾向的相关系数为-0.75,显著性水平检验 p 均小于0.01。三个变量的相关分析表明,它们之间存在一定程度正相关的共变关系。

（2）父母婚姻冲突、学校联结与攻击性行为倾向的关系分析

本实验对学生的性别、年级等进行了控制,自变量为父母婚姻冲突,因变量为攻击性行为倾向,进行逐步剔除回归分析,来检测父母婚姻质量对青少年攻击性行为倾向是否有显著的预测作用。结果表明父母婚姻冲突是青少年攻击性行为倾向的显著预测因素,具有显著正向预测作用（$\beta=0.72,t=6.13,p<0.001$）。

学校联结对父母婚姻冲突与攻击性行为倾向关系的调节效应结果显示,父母婚姻冲突与学校联结的交互效应对青少年攻击性行为倾向有显著预测作用（$\beta=0.44,p<0.05,SE=0.21$）,如图9-6所示。

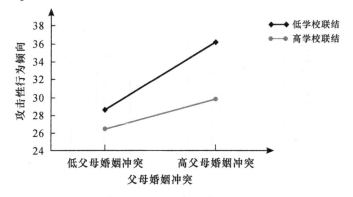

图9-6　学校联结调节效应

（3）实验组和对照组学校联结干预前后的差异分析

对实验组和对照组被试得分数据进行分析,检验两组被试在干预训练前后学校联结水平的差异。结果发现,干预训练前实验组与对照组被试在学校联结水平上的得分差异不显著（$t=0.21,p=0.84$）,表明两组被试在团体辅导干预训练前具有同质性。干预训练结束后对实验组和对照组被试进行学校联结的后测,其数据分析的结果显示两组被试在学校联结得分上差异显著（$t=-16.42,p<0.001,d=0.27$）,相比于对照组,实验组被试的学校联结水平提升更多。对两组被试进行组内差异分析结果发现:实验组被试在经过团体辅导的干预训练后,学校联结情感前后得分差异显著（$t=-19.01,p<0.001,d=0.25$）,在干预训练后学校联结水平提升了4.69;对照组被试在接受普通课程教学的情况下,学校联结前后变化差异不显著（$t=-1.47,p=$

$0.164, d=0.09$)。

(4)实验组和对照组中学生攻击性行为倾向前后测分析

对实验组和对照组中学生在干预训练前后攻击性行为得分进行数据分析,见表9-5。

表9-5　干预训练前后实验组和对照组攻击性行为差异分析

组别	前测($M\pm$SD)	后测($M\pm$SD)	t	D
实验组	27.69±1.29	22.04±1.11	22.76***	0.25
对照组	27.87±3.52	27.93±3.20	−0.37	0.18
t	0.18	6.88***		

注:*** 表示 $p<0.001$。

从表9-5可以看出,在团体干预训练前实验组与对照组被试在攻击性行为水平上差异不显著($t=0.18, p=0.86, d=0.95$),这也说明两组中学生被试在团体辅导干预训练前攻击性行为具有同质性。在团体辅导干预训练结束后对实验组和对照组被试进行了攻击性行为后测,其数据分析的结果显示两组被试在攻击性行为得分上差异显著($t=-3.83, p<0.001, d=0.86$),相比于对照组,实验组被试攻击性行为水平降低更多。

对两组被试进行组内差异分析的结果发现:实验组被试在经过团体辅导的干预训练后,攻击性行为前后得分差异显著($t=22.76, p<0.001, d=0.25$),在干预训练后攻击性行为水平降低了0.84;对照组被试在接受普通课程教学的情况下,攻击性行为前后变化差异不显著($t=-0.37, p=0.72, d=0.18$)。

(5)实验组追踪测试与后测比较的差异

为考究本次实践干预训练效果的稳定性,在系统性课程干预结束一个月后,我们对实验组被试进行了回溯追踪检测,采用配对样本 t 检验的方法对实验结束时和实验结束一个月后的测量结果进行了差异比较分析,具体数据分析详见表9-6。

表9-6　实验结束时和实验结束一个月后学校联结及攻击性行为测量差异分析

测量变量	实验结束时($N=23$)	结束一个月后($N=23$)	t	p	d
学校联结	3.89±0.86	3.82±0.64	0.96	0.113	0.09
攻击性行为	1.95±0.42	2.03±0.35	−1.47	0.085	−0.21

从表9-6的数据分析结果发现，实验组学生在干预训练结束时与干预训练结束一个月后的学校联结及攻击性行为测验分数方面均有不同程度的波动，但两者均没有达到统计学上的差异标准，这表明本次实践的干预效果具有较好稳定性。

三、机制形成分析

基于学校联结对欺凌行为影响的干预实验，通过采用情境实验范式操纵学校联结，考察学校联结启动在父母婚姻质量与攻击性行为倾向之间的作用，试图为不良家庭关系中青少年攻击性行为的预防和干预提供新的思路。结果发现，个体的攻击性行为倾向受父母婚姻质量影响，且该影响受学校联结的调节。该结果符合生态系统理论的理念，家庭和学校作为个体生存发展的重要微系统对学生的成长具有同等重要的作用，个体的发展植根于生活周边的多重环境系统（侯珂等，2018）。家庭环境中的不良父母互动模式不仅对儿童青少年行为品质的形成起到榜样模仿的作用，而且也可能会造成儿童对于家庭情感需求的缺失，父母婚姻冲突关系则是中学生攻击性行为产生的潜在家庭风险因素。学校联结作为学校环境中的一种积极社会支持资源对学生的健康发展具有重要作用。进一步的简单效应分析发现，学校联结启动对低父母婚姻冲突青少年的攻击性行为影响较为明显。这表明，学校联结的有效实施更能助力低父母婚姻冲突学生深切感受到来自校园环境中他人的支持与认可。这不仅能够促进学生形成良好的团体凝聚力和强烈的归属感，而且能够有效规避那些可能诱发儿童、青少年偏差行为的不良环境因素，有利于儿童、青少年的积极健康发展。而对于高婚姻冲突家庭环境中的儿童，不良家庭环境尤其是多频次的、对家庭和谐具有危害性的父母冲突关系是导致儿童攻击性行为的突出风险因素。由于这类家庭环境对儿童发展影响的深远性与复杂性，学校联结的短期实验操作对其攻击性行为的影响偏弱，这也进一步表明对于不良家庭环境影响儿童、青少年偏差问题行为的实践干预应该考虑系统性的长期教育训练。本研究结果也启示，对于儿童、青少年偏差问题行为的发展，家庭环境与学校教育均扮演着重要作用。虽然学校教育被普遍寄予了更多的期望，但对于那些家庭教育较差甚至缺失的个体而言，其不良社会行为发生的风险更高，这部分家庭及儿童的发展更应得到学校和社会的重点关注。

基于增强学校联结对欺凌行为影响的团体辅导以安全依恋理论及团体动力学理论为基础，本研究设计了针对中学生学校联结培养的团体辅导课程，探究了不良家庭环境中学生攻击性行为的特征以及学校联结的增加对其的影响。研究结果表明,父母婚姻冲突显著正向预测中学生攻击性行为,并且在参加干预训练之后,相比于对照组被试,接受学校联结系列团体辅导干预训练的实验组被试报告更低的攻击性行为,这也符合学校联结作为保护性资源因素对父母婚姻冲突影响中学生问题行为的保护缓冲作用。在家庭系统里,父母关系具有稳定器与压舱石的作用,较差的父母婚姻质量会影响儿童青少年的情绪安全感与人际互动交往模式。依恋贯穿于个体终生发展过程中,随着年龄的增长,依恋对象会从早期的父母亲过渡到青春期的同伴交往与师生关系(王英芊等,2016),这也再次说明对于那些在儿童早期因缺乏情感温存与亲子教育的中学生问题行为的预防及矫正,可以通过在学校教学中培养良好的第二人际互动交往模式及建立积极的学校联结情感来实现。

四、总结与建议

本研究结果发现父母婚姻冲突显著正向预测青少年的攻击性行为,学校联结在父母婚姻冲突和青少年的攻击性行为之间也起到了保护性作用,说明父母婚姻冲突、学校联结和青少年的攻击性行为之间联系紧密。进一步研究发现,学校联结有效缓解了低父母婚姻冲突对青少年攻击性行为倾向的影响,同时学校联结也作为保护因素减少了不良家庭环境中青少年的攻击性行为。本研究主要从原始家庭环境中的父母关系视角出发,探讨了较差父母婚姻质量对早期中学生攻击性行为的影响。结果重在揭示学校联结在父母婚姻质量对青少年的攻击性行为中的调节作用,并在此基础上进行了有关中学生攻击性行为的实验启动与团体辅导模式相结合的综合干预研究。本研究对将来家庭与学校教育中有关中学生偏差问题行为的预防与纠正具有重要的理论引导与实践借鉴价值。为了减少青少年攻击性行为的发生,本研究提出了以下三点建议。

(一)建立良好亲子互动模式,树立好榜样

首先,父母之间应建立良好的互动模式,在接纳、共情和尊重的基础上与孩子进行和谐友好的沟通,增强亲子间的情感联结。其次,父母应做好表率,减少夫妻间的矛盾与冲突,心平气和地交流和解决问题,给孩子树立一个好榜样,帮助孩子培养良好的行为品质,满足青少年在家庭中希望获得的情感需求。最后,低父母婚姻冲突的家庭会给孩子带来一个优越的发展环境,帮助青少年积极健康地发展,减少攻击性行为。

(二)重视问题行为,关注关爱学生

首先,学校要有意识地对青少年的心理和行为发展给予更多的重视,多鼓励、认可和支持青少年,帮助其形成良好的团体凝聚力和归属感,通过学校教学帮助青少年培养良好的第二人际互动交往模式,建立积极的学校情感联结,预防和矫正青少年由于缺乏情感温存和亲子教育而产生的攻击性行为。其次,对于儿童青少年的偏差问题行为,学校应当进行长期而非短期的系统教育训练。最后,学校应开设心理健康课程,引导青少年正确地发泄消极情绪,合理地表达自己的情绪情感。

(三)加强家校合作,共同促进青少年发展

首先,家长和老师要相互尊重,认识到双方对青少年健康发展是缺一不可的,家长与教师要相互合作、沟通、协调、帮助,共同减少青少年的攻击性行为。其次,教师应多组织家长会,加强与家长的接触交流,向家长灌输一些现代教育和素质教育的观点,全面指导家庭教育,提高家庭教育水平。最后,家校合作不仅需要父母和老师的努力,更离不开青少年自身的努力和配合。

第十章　基于家庭治疗的欺凌者心理辅导与干预模式

校园欺凌已成为社会问题,它既源于学校教育的偏颇,更源于各类家庭因素的缺失(刘刚等,2021)。良好的家庭对于青少年的成长至关重要,根据Bronfenbrenner(1986)的生态系统理论,对于学龄中的孩子而言,学校和家庭都是非常重要的两个环境系统。如果孩子在校园中遭受欺凌或者有欺凌他人的不良行为,他的身心状况都需要被关照和调整,此时另一个重要的系统——家庭理应为孩子提供支持和教导,使孩子能够避免受到他人伤害,也要学会不伤害他人。

第一节　国内外针对校园欺凌的家庭干预经验

家庭社会化理论指出,家庭是个体社会化的基本学习场所,不断塑造着个体的态度与行为。在克制、理性的家庭环境中,子女习得了恰当的交往规则,当他们将这一模式运用于社会人际环境中时,和谐的人际关系也就建立起来(李思奕,金灿灿,2020)。总之,预防校园暴力任重而道远,家长要时刻关注孩子的身心健康,加强亲子交流,科学地陪伴孩子,为孩子的健康成长营造和谐安全的环境(乔乙桓,张惟嘉,2021)。

一、本土针对校园欺凌的家庭预防与干预经验

预防青少年的攻击性行为,家庭、学校、社会都肩负着重要责任,但由于家庭血缘关系的独特性,家庭教育成了预防青少年攻击性行为的第一道屏障。家庭教育,即由家长(首先是父母)对其子女实施的教育,即家长有意识地通过自己的言行和家庭生活实践,对子女施以一定教育影响的活动。家庭教育先

于学校教育，并且在学校教育的整个阶段都伴随着家庭教育，学校教育结束后，家庭教育仍在继续，对孩子的一生都有影响（乔乙桓，张惟嘉，2021）。家长参与解决儿童欺凌行为被视为有助于防止校园欺凌行为的重要因素。

以往对于家长参与解决儿童欺凌行为的干预研究众多。李芳霞（2017）提出了校园欺凌的社会生态系统干预策略，认为家长应该重视校园欺凌，积极参与欺凌干预。第一，建立良好的亲子关系，这是预防校园欺凌的第一道屏障，当孩子面临欺凌时，父母要给孩子充分的情感支持，让孩子感受到父母支持和关爱，获得安全感，并有面对问题的勇气；第二，培养孩子健康的人格，如此才能建立良好的社会秩序；第三，学会判断，判断孩子是否遭受到了校园欺凌，孩子遭受欺凌一般会有身体出现伤痕、生活规律和习惯改变、不愿意上学、情绪不稳定等症状；第四，应该从利于孩子发展的角度去解决校园欺凌，不能一味地沉默、忍让，让欺凌变本加厉，切莫以暴制暴，使问题恶化；第五，留守儿童、流动儿童、单亲家庭的儿童往往会成为校园欺凌的主要对象，家长要充分认识到这一点，对孩子多一点关爱，加强规则意识的教育。施长君等（2018）提出针对校园欺凌要构建多层次的联动干预机制。学校要通过"家长学校""家长会""家访"的形式加强与家长的沟通与合作，向家长介绍校园欺凌的特征、成因、可能对孩子造成的危害，鼓励家长识别并关注自己孩子可能潜藏的欺凌倾向，同时促进亲子间更加开放与有效的沟通对话，为家长提供实用的指导策略与方法，帮助他们妥善应对孩子卷入欺凌事件的情况并正确引导孩子，共同营造一个无欺凌、和谐健康的成长环境。黄亚桥和刘雨（2019）通过问卷调查，从家庭教育视角发现在校园欺凌防治方面存在的问题，并提出了一系列建议。首先，家庭在校园欺凌防治中应该承担自我教育责任。《关于防治中小学生欺凌和暴力的指导意见》中要求学校"要通过家访、家长会、家长教育活动等途径，帮助家长了解防治学生欺凌和暴力知识，增强监护责任意识，提高防治能力"。家长更需要加强自我教育，对校园欺凌防治具有自觉意识，自觉学习校园欺凌知识，并将所学知识应用于孩子教育中。家长应注重教养方式，不应过分严厉，也不能放任不管，而应多给予孩子关心，在相互尊重的基础上进行平等沟通。同时，家长可以在日常生活中通过建设良好家风，培养孩子良好的品德和行为习惯。魏雷东和宗千雅（2022）提出校园欺凌治理需要家庭参与，以亲子关系情感赋能"零欺凌家庭"。父母效能系统训练是改善家庭教养风格的重要课程。父母效能系统主要关注社会情境和亲子关系的互动。注重通过有效的沟通方式去营造民主平等的家庭氛围，消除儿童和青少年的不良行为。家庭的积极情感互动和家长的积极情感支持有助于孩子情感需求的满足和情感能量的积聚,避免受欺凌孩子遭受家庭情绪的创伤和家长二次的伤害,这也是有效干预校园欺凌、帮助孩子走出欺凌困境的关键因素和重要前提。

国内针对校园欺凌的家庭预防和干预更多从孩子的成因层面出发,注重培养良好的亲子关系,融洽的家庭氛围,增强家校合作,引导孩子形成良好的价值观和健康的人格,从而消除儿童和青少年的欺凌行为。但在与父母相处的过程中,孩子极有可能通过观察父母的暴力行为习得欺凌行为。而国内的研究缺乏从家长自身角度出发,去探究孩子校园欺凌的成因。所以校园欺凌的家庭预防不只是从孩子的单一层面出发,而是应该从多个角度出发,家长应做好榜样,杜绝暴力行为,为孩子创造和谐稳定的环境,培养孩子健康的人格,从根源上消除欺凌行为。

二、国外针对校园欺凌的家庭预防与干预经验

优化家庭教育,是预防校园欺凌的关键所在。在反欺凌方面,很多国家已关注到了家庭教育的重要作用,并对家长的职责做出了严格细致的划分。例如在日本国会 2013 年通过的《校园欺凌防止对策推进法》中,第九条明确规定了家长作为孩子的保护者要指导儿童形成规范意识,并协同配合国家、地方公共团体、学校等防治校园欺凌(向广宇,闻志强,2017)。西方国家极其重视这一点,当欺凌者被移交法院时,父母需承担不可推卸的责任,除了面临民事赔偿,还有可能失去对孩子的监护权(郑海啸,2019)。我国相关部门应在借鉴国外防治校园欺凌成功经验的基础上,结合本国校园欺凌的特征表现,制定反校园欺凌法律、法规、政策,并在其中细化家长在反欺凌过程中的基本职责及其履行方式等。

Frey 等(2005)采取前后测随机对照试验检验了欺凌干预计划的有效性,其中前测时参与过欺凌行为学生的欺凌行为的相对减少比例较大,这表明该计划有干预作用。该干预计划包括:给父母编写信息概述,管理人员向家长通报该计划以及学校反欺凌政策和程序,给家长提供信件,介绍课程的关键概念和技能,以及能够在家实施的相关活动。Berry 等(2009)采用随机对照实验测试干预计划对在学校遭受欺凌的焦虑的青春期男孩的有效性,结果发现,参与干预的焦虑的青春期男孩报告说,他们的欺凌经历、焦虑和抑郁显著减少。该干预计划为青少年每周接受八次认知行为人性化团体干预计划,父母参加了一个单独的平行项目,家长项目包括讨论支持技能策略,解决潜在父母抚养因素,例如家长焦虑。Olweus 和 Limber(2010)为了减少在校生欺凌问题,防止新欺凌问题发生,以及在学校建立更好的同伴关系,提出了奥维斯欺凌预防

项目(The Olweus Bullying Prevention Program，OBPP)，OBPP 项目倡导父母以多种方式参与，包括在学校协调委员会任职，参加活动和家长会议，通过小册子、时事通讯、活动和在线公告栏定期接收关于欺凌和 OBPP 信息，并且鼓励教师与家长举行关于 OBPP 主题班会，帮助家长了解欺凌相关问题以及学校通过 OBPP 解决欺凌问题的方式，征求家长对该计划的意见。Knox 等(2011)发现，与对照组相比，父母接受澳大利亚首都地区家长安全养育儿童(ACT Parents Raising Safe Kids，ACT-PRSK)项目的孩子证明，从干预前到干预后，孩子的行为问题和攻击性行为有所减少。ACT-PRSK 项目指的是对家长进行培训，以实践性讨论和活动的方式展开。每周给父母分配作业，以帮助他们理解概念并练习，以增强儿童亲社会行为。总的来说，这些家长的预防暴力知识和技能得到了提高，亲社会的育儿实践得到了改善，他们学会了如何通过使用逻辑冷静地对孩子说话来管理自己的愤怒情绪，尽量减少争吵，并停止使用体罚。

同样，Kolbert 等(2014)将 Epstein 家长参与模式应用于欺凌预防项目，并提出了六种家长参与类型，将它们与欺凌预防和干预联系起来。第一，家长应营造支持学生学习的家庭环境，了解儿童发展，并提供资源；第二，学校与家长建立有关学生学业或个人发展的双向联系；第三，参与由学校工作人员或社区成员发起的活动；第四，向家长提供学校管理程序信息；第五，家长作为学校委员会代表制订欺凌预防计划；第六，整合社区资源和其他有利条件。Healy 等(2014)采取随机对照实验检验了抗逆力取向的积极养育项目(Resilience Triple P，RTP)，其在改善被同龄人欺凌的孩子的结果方面的有效性。随着时间的推移，接受 RTP 的儿童整体变化更大，所受到的显性伤害显著减少。抗逆力取向的积极养育项目包括八学时的课程，其中包括四期面向家长的课程教学以及四期有家长参与的面向儿童的课程教学。面向家长的课程设计，涵盖了父母如何提升育儿策略的有效性，旨在营造温馨亲密的亲子关系，助力孩子建立稳固的友谊，解决行为难题，指导家长如何有效应对欺凌与冲突情况，并增进与学校工作人员的顺畅沟通。面向儿童的课程包括孩子们学习社交游戏和友谊建立技巧，掌握日常社交中的肢体表达方式，如何解释和回应消极的同伴行为，以及如何解决冲突。

Niejenhuis 等(2020)采取随机对照实验，以检验一项改善家长与学校合作抵制欺凌的干预措施。其主要内容是：首先，学校应该对家长与学校的合作提供一个明确的愿景，并将这一愿景转化为学校的政策和实践(Hawley，Williford，2015)，家长和所有学校工作人员必须清楚地了解学校在反欺凌工作和家长参与方面的态度与立场;其次,学校应该让家长形成一个团体,家长不仅关注自己的孩子,也关心和支持学校里的其他孩子;再次,教师和家长之间的互动机会应被充分利用,以讨论孩子在学校的感受,他们在同伴群体中的社交关系,以及可能的干预策略;最后,鼓励结构性的书面联系,努力创造一个安全、愉快的学校氛围。教师与家长进行面对面的交流,为双方提供了互动的机会,有助于增进相互了解,因此这种行为是值得提倡的。然而,普通的信件(无论是纸质的还是电子的)也可以作为有效的沟通方式,帮助家长和学校保持联系。

以往的国外研究主要从家长的角度,而非单一的青少年欺凌者角度,探讨家长在校园欺凌干预中的作用,大致包括了家长参与培训(包括对家长进行欺凌相关知识和技能培训以及对家长进行社会情感和技能培训)、学校与家长建立合作关系、家长参与反欺凌课程、家长参与制定学校反欺凌政策以及提升家长的家庭教育素养。发挥家长在此过程中的能动性,是预防校园欺凌的关键所在。

第二节 基于家庭治疗的相关理论与干预模式

一、家庭治疗相关理论和技术

心理学家阿德勒(Adler)于 20 世纪 30 年代在伦敦对患精神疾病的儿童及其家庭进行座谈及心理教育,在这一过程中,家庭心理治疗的雏形逐渐形成。精神分析家 Ackerman(1964)认为,异常的人来自异常的家庭,与其说病人需要帮助不如说整个家庭需要帮助,进而提倡治疗师把治疗重点从病人的"个体立场"扩展到"家庭"整体,成为家庭心理治疗最早的倡导者和比较正规的家庭心理治疗的代表人物。20 世纪 50 年代,家庭研究者和家庭治疗师开始系统性研究家庭和精神病理之间的关系。20 世纪 60 年代以后,家庭研究者与家庭心理治疗师逐渐将家庭心理治疗的对象扩展到包括神经官能症、行为问题的家庭,使家庭心理治疗得到发展。1962 年,"家庭心理治疗"这一名称得到学术界的正式承认。家庭心理治疗也称为家庭治疗。家庭心理治疗理论认为病人的问题是家庭成员交互作用的结果,不能单从个人着手治疗,而应以整个家庭系统为对象。家庭治疗是治疗师对家庭进行心理协调,营造良好的家庭心理环境,促进家庭成员之间的和谐关系,帮助家庭进行适应性调整,同时缓解当事人的心理困扰，使其更好地适应家庭生活。家庭治疗相信我们生活的主导力量不是外在的，而是在家庭中的，家庭治疗的核心目标是优化家庭结构，当家庭结构发生变化时，每个家庭成员的生活也会相应做出调整。从理论上来说，如果一个家庭在家庭结构、组织、沟通、情感表现、角色扮演、联盟关系或家庭认同等方面出现问题，并影响其家庭的心理状态，而且家庭成员难以自行改善或纠正时，需要由专业人员协助辅导，通过家庭心理治疗来改进其家庭心理功能。从临床的角度来说，当一个家庭不和谐、父母在教育子女方面出现困难、兄弟姐妹难以相处、夫妻感情不佳而影响全家人的日常生活时，也可考虑采用家庭心理治疗。另外，如果家庭遭遇变故或者特殊事件且家庭成员不知如何应对与适应时，也可考虑进行家庭心理治疗。此外，家庭从一对夫妻结婚成家到生育、养育子女、子女长大离开家，直到夫妻年老、丧偶去世为止，要经历"家庭发展"的各个阶段。在各个阶段需要面对特殊的心理课题，也会遇到各种不同的心理问题。这也是需要通过家庭心理治疗来解决的。

有关家庭心理治疗的学派纷呈，理论和术语各异，治疗模式也有差别。然而所有这些学派又都有共同点，那就是把整个家庭作为治疗对象，并采取积极的策略，一方面力图打破原有的僵局，另一方面重建健康的交流和行为模式。

（一）结构式家庭治疗

结构式家庭治疗发端于 20 世纪 60 年代，是由米纽庆（Minuchin）创建的。欺凌事件多发生在青少年阶段，孩子的叛逆心理是导致欺凌事件发生的原因之一。青春期是孩子发展独立人格的关键时期，其重要性远远超过人生中其他阶段。在处理叛逆期的心理和行为问题时，应该将治疗重点放在父母与子女之间的关系上。安民兵（2006）采用个案研究的方法肯定了结构式家庭治疗在青少年领域发挥的作用。周朝英（2000）收集案主对于结构式家庭治疗模式的反馈，结果表明，17 个家庭中有 15 个家庭认为结构式家庭治疗是有效果的。目前青少年社会工作中，结构式家庭治疗模式得到了广泛运用，并且在实务过程中赢得了良好口碑。

米纽庆将结构式家庭治疗的干预重心放在家庭成员的互动当中，通过家庭成员之间互动模式的改变来帮助家庭问题的解决。米纽庆的家庭式结构治疗以系统论作为理论基础，所以家庭在治疗师眼中就是一个内部结构完整的系统。结构式家庭治疗认为，家庭问题或个体症状的根源是家庭结构的功能不良，而家庭组织的功能失调是维持问题的主要因素。治疗的目标就是直接有针对性地改变家庭结构，以使家庭能够解决其问题。因此，结构式家庭治疗的目标是家庭结构的改变，即重建家庭的正常结构，而家庭问题的解决只是整体目标的副产品而已。

通过家庭成员之间互动模式的改变来帮助解决问题。具体干预思路如下：一是分析受欺凌者的家庭结构和当前呈现的问题，了解家庭成员对受欺凌者问题的看法。二是制定目标与策略，制定一个具体可行的，被家庭接纳的共同目标，该目标要与受欺凌者的问题密切结合。制定干预的具体步骤，包括扩展家庭对问题的建构，探索受欺凌者家庭在不同时期的互动方式，引导受欺凌者主动改变自我认知。三是介入，重新建立家庭成员关于欺凌问题的看法（从家庭关系角度入手）；帮助家庭成员对受欺凌者问题形成正确认知；打破原有的家庭互动系统，让每一个家庭次级系统都拥有自己的使命（重建夫妻、兄弟姐妹关系等）；修复受欺凌者个体次级系统（采用空椅子技巧，让受欺凌者宣泄自己的情感，说出自己想说的话；采用脱敏技术，帮助受欺凌者重新找回自信，走出伤害）。将结构式家庭治疗的方法运用在校园受欺凌者家庭中时，应当注意要用积极的眼光看待受欺凌者呈现出来的问题，正确评估受欺凌者（张璐，2018）。

(二)叙事家庭疗法

研究表明，叙事家庭疗法可以有效地改善欺凌者和受欺凌者的心理健康。叙述性家庭治疗与以解决方案为中心的治疗相似，因为它们源自相同的理念。这两种理论都着眼于理想的未来，并允许家庭制定自己的问题解决方案。叙事家庭疗法可以帮助欺凌者学习解决问题的技巧，将他们的欺凌角色转变为积极的角色(Butler，Lynn Platt，2008)。

叙事家庭疗法是一种语言性的后现代社会工作模式，起源于 20 世纪 80 年代，是对传统的家庭治疗模式的改造。其主要特点有两个：第一，在家庭治疗模式的基础上加入"建构"元素，强调案主通过"叙事隐喻"来表达自我。具体来说就是，案主叙事的关键并非真实的历史，而是案主自身的认同，同一事件的走向可以随时因案主的认知而改变，社会工作者作为观察者进入治疗过程。第二，有别于"问题为本"的干预模式，叙事疗法聚焦于案主自主赋权、重构生命故事的能力。通过案主的叙事，帮助案主整理自己以往的经验，并且编写出自己的新故事。

关注校园欺凌问题是社会工作介入中不可缺少的一环。为受欺凌者提供一个安全的成长环境是社会的共同责任，也是社会工作者的使命之一。家庭叙事疗法介入校园欺凌治疗小组，通过专业的服务方法、合适的理论指导、有序的服务过程及仔细的评估督导，能够有效帮助个体缓解受欺凌后内心的负面情绪，防止个体产生自我认知偏差、自杀倾向等不良心理状态，摆脱童年阴影，从而积极乐观地面对未来生活。

二、基于 Satir 家庭治疗模式对校园欺凌的介入

Satir 家庭治疗模式理论是萨提亚（Satir）创建的关于家庭的一种治疗模式，该模式将家庭看成一个系统，认为治疗的主要目标在于通过各种技术调整整个家庭中各个成员之间的互动模式，帮助解决个人和家庭的问题（章恩友，陈胜，2016），强调运用家庭重塑、冰山图、角色舞会等方式来介入家庭问题。家庭重塑通常是在一个团体环境中进行，旨在引导家庭成员重现他们日常生活中的互动情景，从而促使他们深入探索并重新连接至原生家庭的历史脉络。这一过程为参与者提供了独特的契机，使他们能够从全新的视角审视家庭结构，并增进对家庭沟通模式的理解与认识。在这个过程中可以发现家庭存在的问题，使家庭成员重新领悟家庭经验，体验关于家庭的不良认知。

（一）基于 Satir 家庭治疗模式对校园欺凌的成因分析

1. 家庭沟通模式不当

家庭沟通模式在某种程度上可以反映家庭存在的问题，良好的沟通涉及自我、他人、情境三方面的因素，既良好地照顾到了自己的感受和需求，又兼顾到了他人，同时注意到了交谈双方所处的环境与客观条件。但是各种资料表明，易有欺凌行为的青少年的家庭沟通模式和受欺凌青少年的家庭沟通模式存在一定的问题。萨提亚女士说，我们常重复在其成长过程中熟悉的形式，即使那些形式是功能不良的（常红丽，2010）。如果父母双方在家庭中的沟通模式表现为指责型和讨好型，即父母双方一人处于绝对优势地位，习惯性地指责另一方，而另一方地位相对劣势，习惯于讨好另一方，那么跟讨好型一方关系较亲密的孩子比较容易发展成受欺凌者。他们受其影响，会产生"我不值得被爱""我应该永远对别人和颜悦色"的错误观念，进而发展成委曲求全、请求宽恕的受难者的角色。而另一方由于接受绝对优势方的批判、愤怒、恐吓等影响，很容易滋生出攻击性行为，认为"只有让别人听从我，我才是有价值的""我永远是对的"。为了保护自己，他们会不断烦扰和指责其他人或者环境，从而滋生出欺凌行为。这两种沟通模式都反映了个体的低自我价值感和低自尊。正所谓"幸福的家庭是相似的，不幸的家庭各有各的不幸"，低自尊家庭的沟通模式的表现形态也是各种各样的。而一致性的家庭沟通模式是萨提亚所提倡的，实现表里如一的健康沟通。

2. 家庭规则不健康

萨提亚认为,每个家庭都会形成规则,或潜移默化或明文规定,但都会影响家庭成员的发展,良好的家庭规则有利于家庭成员的健康发展,负面的家庭规则会阻碍家庭成员的积极发展,同时也会给家庭带来阻碍(陈雨荷,朱海娟,2019)。其中非人性化的家庭规则以非人性、死板僵硬的方式控制着人们的生活,青少年从小就被家长告知什么能做,什么应该做,什么不应该做。在这种模式下长大的青少年,他们没有机会践行自己的想法,不知道自己能做什么,不能做什么。根据科尔伯格(Kohlberg)的道德发展理论,青少年阶段处于习俗水平和后习俗水平的过渡阶段,他们在这一阶段会产生许多需求,如若家长不能很好地加以关注和变通,他们极有可能采取极端的方式来表明自己的立场(杨志强,曾君瑜,2022)。这种过渡时期道德的发展与家长一直以来的教育方式可能会发生某种抵抗反应,青少年会产生矛盾心态。另外,这些非人性化的家庭教养方式使青少年失去了自己独立思考的能力,也抑制了其情绪的真实表达,当青少年发现这些家庭规则与自己内在的真实需要越来越远,而自己又不知道如何健康地宣泄自己的情绪,就会在心中滋生各种愤怒、焦虑等,积累到一定程度就可能会引发一些攻击性行为,如校园欺凌。而具有偏执人格和反社会倾向的青少年则可能模仿电视、网络暴力直接采取侵犯行为,以此来宣称自己的地位,博得他人的注意力。

3. 家庭的教养方式不良

家庭的教育对孩子的成长发挥着至关重要的作用。家庭教养方式指的是父母在子女抚养生长的过程中表现出来的较稳定的行为方式,是对父母各种教养行为的特征进行综合。有关研究表明,民主型的家庭教养方式对孩子的成长更有帮助。在民主型的教养方式中培养出来的孩子身心较健康自信,并且有较好的自我控制能力,会比较乐观、积极。他们在学校一般是大家关注的焦点,非常受老师和同学的欢迎。而在专制型、放纵型、忽视型的教养方式中成长的孩子或多或少在心理和行为上都会表现出某些问题。

校园欺凌的责任主体较多,而家庭往往成为校园安全的责任盲区。家庭作为教育孩子的第一场所,直接影响着孩子的人生观念和处事方式方法,反校园欺凌的教育也应依赖于家庭教育的效果。家庭对预防青少年校园欺凌能发挥十分重要的作用(赵学琴,2020),我们从成因角度剖析了家庭在校园欺凌中承担的角色,希望为今后校园欺凌的防治提供理论和实践方面的借鉴。

(二)基于 Satir 家庭治疗模式对校园欺凌的介入

1. 建立家庭档案，了解家庭成员心理咨询或者社会工作

在具体的介入前期都要通过搜集大量青少年的资料，系统地分析其基本资料，包括生理状况、个性特征、社会支持情况等。希波克拉底曾经说过"了解什么样的人会得病，比了解一个人得了什么病更重要"(顾玲玲，胥青，2015)。由此可见，了解资料是校园欺凌干预的前提。可通过家庭重塑、心理测评和记录表的方法来观察青少年的成长档案。心理测评和记录表可以比较方便地观察到青少年的价值状态、同伴关系等状态。建立家庭档案可以从整体上把握青少年欺凌问题发生的原因，在此基础上设计合适的欺凌干预方案来实施介入。

2. 改变家庭沟通模式

萨提亚认为健康的家庭沟通模式应该是一致性的模式。在她看来，这种模式是表里如一的。青少年的情绪易被激惹，在学校中可能出现欺凌他人的现象。所以家庭的沟通模式显得格外重要。家长应该根据具体情况建立新的人性化的沟通模式，让孩子能够有效地和自己进行交流和沟通，满足他们的内心需要。此外，要提升亲子沟通素养，加强与孩子的沟通，让孩子把心理情结表达出来，例如孩子在校园中受到他人的辱骂、殴打等，适当的沟通可以使家庭成为孩子的港湾(苏春景，张蕾，2014)。鼓励家长用开放、接纳的心态和自己的孩子沟通欺凌等行为，而不是一味地批评。在欺凌行为沟通过程中还要通过不定期的评估并及时地调整沟通模式，通过布置家庭日记、不定期评估的方式观察欺凌沟通模式情况。

3. 通过角色舞会，构建人性化的家庭规则

创建良好的家庭的规则，尤其是要留意妨碍个人或者家庭功能发挥的家庭规则。通过角色舞会等方法使个体看到不合理的家庭规则，使其通过协作形成明确、灵活、人性化的规则。尽量避免"绝不""一定"这样的绝对化的字眼，而应该根据具体情况适时地加以修改，使其富有弹性。鼓励青少年勇敢地说出自己对欺凌和受欺凌的看法，与父母进行一致性的沟通。

4. 利用冰山理论，建立与自我感受相一致的生存状态

Freud(1952)指出健康的人格结构是由"本我""自我""超我"三种相互协调的人格组成，良好的人格结构在于三者的协调运转，任何一方出现问题，都不是健康的自我。所以我们在介入时，要尽可能全面地掌握资料，通过谈话、

会谈等方式关注到其"本我"。另外,家长要与青少年建立良好的关系,充分了解他们的内心世界,帮助其认清自我内在的需求和状态,充分运用"自我—渴望—期待—观点—感受"演变的心理路程和丰富的内心世界(顾玲玲,胥青,2015),帮助他们运用认知行为疗法辨析不合理的欺凌行为的认知状态,使他们看到自身的优势,学会利用自身的积极资源改变自我的状态,实现积极转换。

第三节 基于家庭教育的校园欺凌干预模式

一、革新家长教育观念,重视校园欺凌问题

父母的教育观念会影响其教育行为,因此父母必须正确认识欺凌的含义、表现特征和危害。欺凌方的父母要给予孩子批评,拒绝纵容孩子的欺凌行为(包玲玲,韦超梅,2021)。《国家中长期教育改革和发展规划纲要(2010—2020年)》特别指出:家长要树立正确的教育观念,掌握科学的教育方法,培养子女的良好习惯,加强与学校的沟通配合。

在预防校园欺凌现象的发生上,家庭的参与不可或缺。首先,家长要与时俱进,不断革新自身的教育理念,树立以人为本、以孩子的身心健康发展为本的素质教育观,同时强化自身的教育责任,重视家庭教育,而不是将孩子的教育责任全盘推给学校,要做好学校教育的补充工作。其次,家长应重新审视校园欺凌问题,深入了解校园欺凌事件造成的巨大危害,加强自我教育,对校园欺凌防治具有自觉意识,自觉学习校园欺凌知识,并将所学知识应用于孩子教育中(黄亚桥,刘雨,2019),家长也要经常与孩子保持沟通,发现问题并及时解决,防患于未然。最后,家长应引导孩子在遇到危险时树立求助意识,懂得寻求成人的帮助,能正确地面对和处理校园欺凌事件。许多孩子害怕把自己受欺凌的事情告诉父母、老师或者权威人士,因为他们不想让自己看起来像"窝囊废",更不想惹怒欺凌者,父母要告诉孩子这种想法是不妥当的,要想避免欺凌就不要害怕采取强硬措施,求助他人并不是无能的表现,是正当防卫。

二、注重孩子良好品德和健康心理的培育

从古至今,国内外的教育家都很注重学生德育的培养。例如,洛克(Locke)在他的绅士教育中认为德行是第一位的,索克拉特(Socrates)提出

"智德统一"的概念，孔孟的道德思想也影响至今。一个没有德行的人，有再高的学术造诣也只是徒劳。如果孩子拥有健康的人格，就能够合理处理欺凌事件，及时化解遇到的欺凌状况。拥有健康人格的孩子会有爱心、同情心、自尊自爱，不会主动欺凌他人，即使遇到校园欺凌，他们也会干预应对，维护自己的安全（赵学琴，2020）。研究表明，欺凌是后天习得的，小学生处于人格形成和道德塑造的启蒙时期，在这一时期他们甚至无法辨别同学之间的开玩笑和欺凌行为（黄亮，赵德成，2018b）。健康人格是避免校园欺凌的最根本因素，家庭培养孩子的健康人格才能从根本上杜绝校园欺凌。因此家长要格外注意孩子人格和品德的培养。

首先，家长应将孩子良好品德的培养提到家庭教育的突出地位。家长可以通过实际的锻炼、良好的环境熏陶、积极诱导等方式对孩子进行品德教育，使孩子在潜移默化中形成良好的思想品德，如可以就孩子在学校发生的某一件事进行讨论，交流双方的看法，进而引导孩子形成正确的道德观念。其次，父母应主动平衡、完善家庭教育的内容。家长要关注孩子心理健康以及德智体美劳的全面发展，不能单纯以分数或其他单方面因素评判孩子。最后，家长应经常与孩子进行情感沟通。家长闲暇在家时可以通过共同完成家务或做一些亲子游戏增加互动，体现家长对孩子的关注，这种关注可以消除父母与孩子之间的心理壁垒，有利于引导孩子将自己的境遇与家长分享，这样孩子在以后遇到欺凌事件时也会勇于告诉家长。杜本峰等（2021）的研究发现，家庭关怀度对受欺凌风险的作用部分通过生理健康和心理健康这两个中介变量来传导，且心理健康的中介作用显著大于生理健康的中介作用。

三、重视家庭教育及父母的行为方式

家庭教育的质量及父母的行为方式关系到孩子的终身发展。首先，提高家庭教育质量的首要任务是转变家庭教育观念。在家庭教育过程中，家长首先要摒弃"唯智力""唯分数"等狭隘陈旧的教育观念，树立新时代的家庭教育价值观，开展超越知识和技能的心灵教育、人文教育，注重孩子人格、责任心、爱心、同情心的培养，注重孩子身心全面协调发展。其次，家长应该改变"棍棒底下出孝子"的传统教养观念，注重"晓之以理，动之以情"。惩罚带来的只是表面的顺从，却让叛逆的性格、崇尚暴力的倾向在孩子心中生根发芽，今后可能效仿家长的行为，做出暴力行为。最后，家长应转变父权至上的等级观念，勿以家长身份和家长权威来压制孩子，树立平等的教育观念，比如与孩子对话时保持平视、在孩子面前承认自己的不足、允许孩子有自己的秘密等，总之为

孩子的自尊、隐私、兴趣等留出必要的空间(高玉旭，2018)。

亲子沟通作为跨越父母与子女心灵的桥梁起着重要的作用。家长要了解不同年龄段孩子的特征，学习亲子沟通技巧。同时也要重视对孩子自我保护意识和能力的培养；要对欺凌有正确的认识，了解合理应对欺凌的策略(薛玲玲等，2018)。例如，家长应注意观察孩子每天的身体、态度、情绪、行为等方面的变化(边玉芳，2016)，及时发现异常，并给予孩子及时、必要的保护和教育。

父母要为子女树立良好的道德榜样。美国心理学家 Bandura(1973)在社会学习理论中指出，人的行为，尤其是复杂行为，都是通过后天的观察学习获得的。在家庭这一社会子系统中，父母起着无可取代的"模板"作用，因此父母要注意自己的一言一行，切勿树立暴力形象榜样(高玉旭，2018)。家长也应鼓励孩子多与同辈群体交往，学会控制情绪和避免冲突的技巧，学会悦纳、尊重他人，这样孩子才会被同辈群体所接纳和认可(章恩友，陈胜，2016)。

四、建设和谐家庭关系，营造民主家庭氛围

孩子是一个家庭最真实、最直接的写照。一个孩子性格和三观的形成初期，正是和父母朝夕相处的时候，所以一个家庭相处的氛围，无时无刻不在影响着孩子。良好的家庭氛围可以给孩子提供足够的心理安全感，提高其自我接纳度，这可以帮助学龄儿童更好地适应生活，有效地应对成长过程中遇到的难题，而家庭暴力、父母离异、关系紧张、单亲家庭、与子女缺乏交流、对子女缺乏管教等消极的家庭环境易形成孩子的攻击倾向。因此，父母应率先垂范，以身作则，维持和谐、融洽的家庭关系。

首先，家长在处理事情时要注意自己的态度。在孩子犯错误时，不要一味批评，否则孩子面对强势一方就会无所适从。家长要采取和缓的态度对待孩子，比如用"发生了什么事""你觉得这件事怎么处理会更合适"等略微缓和的方式代替批评与指责。

其次，转化不当教养方式。父母应采取民主的教养方式，既不溺爱孩子，也不过分专制，与孩子建立良好的沟通，主动和孩子交朋友(凌淑颖，2019)。父母之间以及父母与子女之间应该相亲相爱、互相尊重。父母在与子女相处时应当适当放下身段，与子女进行朋友式的交谈，使家庭充满温馨、和睦与亲切感。当遇到问题时，应更多地与孩子进行开放而深入的沟通交流，充分尊重孩子独立的人格，并高度重视及认真倾听孩子的意见与想法。要避免采取简单粗暴的应对方式，转而努力增进与孩子之间的心理默契与相容性，从而有效消除其潜在的攻击性倾向。家长要主动关怀子女的学业和生活进展，帮助子

女树立克服困难和挫折的信心，增强学生通过寻求家庭支持来化解校园欺凌侵害的能力（黄亮，赵德成，2018b）。

最后，良好的夫妻感情也有助于孩子的成长。童年和青少年时期是成长的关键时期，有较多人的心理创伤都是来自童年时期。作为父母，最起码不要在孩子面前大吵大闹（尤其是闹离婚的家庭对孩子影响深远），孩子远比我们想象的敏感。对孩子来说，父母之间的矛盾可能是一件天大的事。不要觉得孩子还小什么都不懂，时间久了就会忘掉。如果确实有触犯到原则的事，父母可以等孩子不在的时候，不要当着孩子的面大吵大闹甚至大打出手。父母作为孩子的监护人、守护者，本职是指引孩子，带领着他探寻这个世界，以身作则地让孩子体会到家庭的温暖。

孩子有着极强的学习能力，当孩子把自己在父母身上学会的不好的一面展示出来时，作为父母，第一时间应该做的不是问孩子为什么会这样，而是应该反思，自己怎么教会了孩子这样。

五、家庭教育与学校教育形成合力

家校合作是近年来学校着力推动的教育方法之一。家庭教育应与学校教育形成合力，双管齐下才能达到有效的防治效果。社会生态学理论视角指出人与环境是相互依赖的关系，二者相辅相成缺一不可。鉴于此，中小学校园欺凌行为的防治应该考虑到家庭、社会和学校三者的协作沟通，相辅相成共同促进。

首先，提升学校和家庭的合作意识，改变遇事相互推脱责任的现状，家校共同致力于学生的健康成长和培养。学校不是欺凌治理的唯一责任人，家长在防治学生欺凌中有不可推卸的责任。教师应该作为校园欺凌的干预者和调节者，欺凌事件的恶化往往与教师的冷漠对待、不重视和缺乏相关经验有关，一方面要提高教师应对校园欺凌的能力和素质，另一方面应转变教师的理念和态度，更多关注学生的心理健康。

其次，丰富合作内容，深化参与程度。现行的家校合作仅停留在了解、交换信息层面，即停留在知情权上，造成这种现象的原因是教师与家长之间的单向交流中家长缺乏话语权。要改变这种状况，就要在合作的过程中遵循平等原则，确保家长可以参与进学校的教育决策，并对教育决策的制定、执行起到良好的监督作用。

再次，创新合作方式，提高合作频率。家校合作防止校园欺凌，家长可以在干预水平和危机处理两方面做努力：一是参与学校的欺凌干预；二是运用积极的父母教育策略。家长学校就是一种行之有效的方式,家长学校通过定期开展家长培训,对家长进行科学的教育指导。例如,家长学校可以定期开展有关"反欺凌"的讲座和青少年心理健康促进讲座,使家长关注到欺凌成因及青少年的成长规律。

最后,家长在家庭教育中要适时强化学校的反欺凌教育成果,在日常生活中要多注意观察孩子的情绪和行为,当发现孩子在家中有异常表现,例如心情低落、沉默不言,或者是身上有伤,要及时询问孩子是不是在学校中受到同学欺凌,然后及时向老师、学校反映情况(高玉旭,2018;乔乙桓,张惟嘉,2021)。在欺凌行为发生后,父母应积极了解欺凌行为的原因与动机,必要时可与学校沟通,共同遏制欺凌行为的发展和延续。

第十一章　基于学校教育管理的校园欺凌问题防治和干预模式

学校作为学生学习、活动的基本环境,是校园欺凌的主要场所,在校园欺凌防治工作中具有第一责任主体的特殊地位。学校在治理校园欺凌问题上具备天然的优势,这既是因为学校教职员工与学生相处时间较长,且更容易接触学生"社会性"的一面,也是因为学校较其他主体而言拥有更加广泛、专业和便利的教育资源。因此,学校应在"以人为本"为核心、"防治结合"为基础的总纲领和科学、创新、系统、反馈、有效等原则的指导下,建设一系列长效机制和动态管理系统来预防和应对校园欺凌,从立法、文化建设、校园管理、心理干预等多方面整合资源,进行综合治理。

第一节　国内外针对校园欺凌问题的学校防治经验

一、本土针对校园欺凌的学校预防与干预经验

我国学界对校园欺凌的关注已有 30 多年的历史,大多数学者都认为校园欺凌是一个综合问题。学界和社会相关部门的治理思路一般都是从学校、家庭、个人三个角度出发,从心理学、教育学、政治学、社会学等多角度切入研究,寻找遏制校园欺凌的一般规律和特殊规律,从而找到解决问题的方法与对策。现有研究成果对学校治理校园欺凌的建议,主要集中在以下几个方面。

（一）强调德法兼修

教育是预防学生欺凌的重要前提和手段,特别是道德教育和法治教育。道德教育与法治教育相辅相成,法治教育是对道德教育实践性的拓展和深入。习近平总书记明确提出要"德法兼修"。在中小学最直接的表现就是将品德与生活、品德与社会、思想品德等课程统一调整为道德与法治课程。《关于进一

步把社会主义核心价值观融入法治建设的指导意见》强调法治教育要贯穿国民教育体系,更要与道德教育相结合,使法治教育成为开展社会主义核心价值观教育的重要渠道。《青少年法治教育大纲》提出,开展青少年法治教育要以培育和践行社会主义核心价值观为主线,以宪法教育为核心,把法治教育融入学校教育的各个阶段。

鉴于此,依托道德教育渠道、突出法治教育内容、拓展实践体验途径、促进德法兼修常态化,是现阶段中小学预防和治理学生欺凌的有效举措(刘晓楠,2019;邓达奇,戴航宁,2020)。一是坚持道德教育为先、积极预防为主。以校纪班规、行为规范等形式正向引导学生养成良好的行为习惯和正确的价值观。二是坚持法治教育为基、自我保护为要。通过主题教育等专题活动,让学生掌握基本的法律边界、行为底线及自我保护的基本知识与技能。三是积极探索多样化的教育途径。充分利用全国青少年普法网等线上教育资源、青少年法治教育实践基地等线下教育资源,拓宽道德教育及法治教育的实施渠道,增强教育的实践性、参与性和趣味性。

(二)加强学校规章制度

防范、治理校园欺凌的规章制度既要符合学校综合管理能力的实际情况,切实发挥震慑力和实效力,同时也要尽可能吸纳学生对于校园欺凌治理的建议和想法,充实学校规章制度的公信力,让所有学生感受到自己不仅是受保护者,还是防范校园欺凌的参与者与建设者,体现规章制度的育人性以及对学生的人文关怀(柳若文,陈天顺,2022)。

一是建立多元化的反映渠道,保护举报者的合法权益理应成为完善学校规章制度的常态。通过设立举报邮箱、电话获知欺凌事件的发生并采取行动,还可以通过校园生活问卷主动了解学生的情绪变化,斩断事件恶化的头角。二是建立由心理专家、校区警务和教师组成的防治校园欺凌工作小组常态化管理制度,制定具体的预防和应对步骤,开展对欺凌者的调查和受欺凌者的保护与疏导工作,评估追踪当事人及事件后续发展态势,做好欺凌事件处理的经验总结和校园安全发展的中长期规划。三是组织学生灵活、多样化地学习校园欺凌预防制度,提高学生的行为意识及防范欺凌的能力。

(三)提高教师的干预责任和能力

教师在了解到校园欺凌行为的严重性,进行相关欺凌培训并获得学校、家长、学生充分信任后更愿意主动介入校园欺凌的干预中,所以提高教师自我效能感,有效激发教师的同理心会直接影响教师的干预行为(孙蓓,秦飞,2020)。

一是要明确教育惩戒的主体、原则、范围、形式、程序、监督机制、学生救济等方面内容。支持教师在结合教育手段基础上对学生失范行为实施否定性制裁，以避免失范行为再次发生，使得教师在处理校园欺凌事件中有法可依、有章可循（吴会会，2019），以促进学生合规范行为的产生与巩固。二是将校园安全等级评估纳入学校考核指标中，将教师校园欺凌治理素养和能力纳入教师综合素质考核体系和教师专业发展范围，让防范治理校园欺凌成为教师教育教学工作的题中之义和义务所在（谷纳海，2020）。三是要营造全校职工参与的整体反欺凌氛围，通过面授课或远程教学的方式培训教师反欺凌的知识与技能，并建立教师反欺凌网络共享平台（陈光辉等，2018），鼓励教师在学校防治校园欺凌工作小组的辅助下，定期开展校园欺凌治理问题的重难点研讨活动和经验交流会。

（四）发挥同伴群体的力量

欺凌者如此残酷、旁观者如此冷漠、受欺凌者如此无助，究其根源与同伴群体对校园欺凌的错误认知和消极态度息息相关。因此，一是应帮助学生寻求解决矛盾的合理合法途径，达到一种和而不同、求同存异的平衡。当与他人意见不合时，可以私下磋商解决，通过非暴力沟通表达双方的感受、诉求、期望对方做出何种转变，必要时可以寻求信任的同学或教师充当第三方中介人进行调解。二是要进行移情换位思考训练，从理智和情感上克服自己的冲动行为，换位思考他人当前所处的处境。比如从旁观者的角度对受欺凌者的处境进行感同身受的体验，此时若旁观者都能这样想并做出行动，群体的阻止和声讨一定会让受欺凌者的处境有所好转。三是应发挥非正式群体的积极效应和感化作用，促进欺凌团体向积极群体转化，用爱心和耐心帮助他们找寻自我优点和价值，树立信心和向善心；注重对欺凌群体中"重要人物"的教化和引导，瓦解分离现有群体的消极效应和坚实力量。

（五）建立防范校园欺凌的综合体系

预防和治理学生欺凌是涉及学校、家庭和社会的综合性系统工程。在建立学校—家庭—社会三位一体的综合治理体系过程中，学校应该主动作为、积极施策。一是探索建立与执法机关的稳定联系。按照相关政策要求，现阶段我国96.5%以上的中小学已经配备了法治辅导员。通过配备法治副校长或法治辅导员的方式，能够促进执法机构配合学校反欺凌体系的常态化、机制化运行，并能指导学校预防和处理学生欺凌等具体问题。二是充分发挥家长委员会的协调和支持作用。完善家长委员会制度，提高家长在学校反欺凌防控体系中的参与和监督力度,发挥家长委员会在处理家校纠纷或欺凌事件中的第三方协调作用。三是积极寻求社区及其他社会机构的支持与帮助。加强与社区机构的合作,净化学校周边环境,争取更多社会教育资源参与学校反欺凌防治体系的建设,形成支持性社会生态环境(刘晓楠,2019)。

二、国外针对校园欺凌的学校预防与干预经验

作为世界各国普遍存在且不可回避的社会问题,校园欺凌不仅对受欺凌者造成身体伤害和心理创伤,也对学校整体氛围产生破坏性影响。创建安全、有纪律的校园环境,使教师能够安心教学、学生能够潜心学习,应是各个国家、所有学校以及整个社会的共同职责和使命担当。

(一)美国对校园欺凌的治理经验

美国作为一个种族、宗教、文化等多元化的移民国家,自由开放的校园文化也滋长了校园欺凌问题。20世纪90年代末,美国发生多起校园枪杀事件之后,民众才真正认识到校园欺凌问题的严重性。随后美国政府、社区、学校等采取了多种措施来治理和预防校园欺凌事件的发生。美国以法治闻名,在校园欺凌问题的治理上也是如此。美国联邦教育部与其他部门共同创办了"反欺凌中心",针对校园欺凌出台了一系列法案,例如《校园反欺凌法》(school anti-bullying legislation)。这些法案对校园欺凌的内涵、类型等都做了详细具体的规定,使"校园欺凌"治理有法可依。美国非常重视校园安全,每一所学校预防"校园欺凌"的做法也各不相同,总体而言主要有以下六种:第一,学校提前评估学生的暴力行为,以预防欺凌的发生;第二,学校自我评估该校欺凌发生的频率、地点,通过学生和教师的介入,评价该校的预防措施是否有效;第三,建立学校安全委员会或工作小组,与家长和社区一起评估学校的预防措施;第四,制定相关的政策和规则;第五,建立一个安全的校园环境;第六,对学生进行安全教育,并培训教职员工掌握学校的预防欺凌措施(邓凡,2018)。

美国校园内的欺凌干预体系完备,运用了多元化的干预策略和项目,如同伴调解、全校整体策略等。美国校园欺凌治理干预机制的最终目的是从人文层面给予学生更多支持,提升学生身心素质,建设友爱、包容、和谐的校园文化环境。因此,美国倡导在欺凌治理中发挥多元力量的作用,通过学生、学校、家庭和社会的共同努力来恢复校园社区关系,使欺凌者与受害者都能够重回校园社区的正常学习和生活中。我国当前也应探索建立具有恢复性的、多元化的校园欺凌干预机制。

（二）英国校园欺凌的治理经验

英国在校园欺凌治理工作上可圈可点，建立了一套较为完善的校园欺凌治理机制。校园欺凌早已超出学校围墙的范畴，成为一项亟待解决的社会问题，其利益主体不仅是学校、学生以及家长，也需要政府、社会组织乃至高等院校等多个主体的积极关注。学校是英国校园欺凌治理的主体，英国政府对学校在校园欺凌治理中的作用提出了严格且明确的要求，相关法律明确规定所有学校必须制定各自的校园欺凌治理方案，并且这些方案要为学校所有教师、学生以及家长熟知。

学校对校园欺凌的治理不应始于欺凌发生之时，预防工作应成为校园欺凌治理工作的重要方面。在英国校园欺凌治理颇有成效的学校中，预防工作主要具有以下特点：第一，重视校园环境和氛围的创建，创建包容的校园环境，使学生感到所处环境是安全的，解除学生的后顾之忧，从而可让学生公开讨论他们遭受欺凌的原因。第二，发挥家长及学生的作用，家长要了解学校处理校园欺凌的程序；同时，学生作为重要的利益相关者，学校也会确保让所有学生理解校方在校园欺凌处理上的做法，并使学生明白即使自己是校园欺凌行为的旁观者，也能在学校校园欺凌治理过程中发挥重要作用，而不能采取袖手旁观的态度。第三，学校要为教师提供有效培训，只有所有教师以及工作人员都了解学校反校园欺凌的原则和宗旨、学校在反校园欺凌方面的法律责任以及处理校园欺凌的具体措施时，学校制定的校园欺凌治理方案才能真正发挥实质性功效。第四，学校通过各种活动明确表明校方不容忍任何校园欺凌的态度，如建立明确的纪律惩戒机制，校方认为只有明确校园欺凌行为可能引发的后果，才能够让学生清楚欺凌的严重性。除了在校园欺凌的预防工作上下足功夫，英国学校也建立了完善的校园欺凌干预机制，为已经遭受校园欺凌的学生提供及时的支持和帮助，以尽可能减少校园欺凌行为对学生造成的伤害和影响。各个学校在处理校园欺凌行为时都会充分保护学生，从尽可能减少对学生造成长远影响的角度出发思考解决之道（付玉媛，韩映雄，2021）。

与英国中小学相比，我们在防治校园欺凌的实践中，还存在很多理论上和实践上的问题。针对这些问题，我们应该借鉴英国中小学防治校园欺凌的经验做法，明晰校园欺凌的概念界定，健全和完善校园欺凌的防治机制，强化针对校园欺凌者的惩戒教育，增强师生预防和应对校园欺凌的意识与能力，采取零容忍态度，预防和杜绝校园欺凌事件的发生。

（三）日本对校园欺凌的治理经验

日本作为发达国家之一，校园欺凌问题仍是日本政府及教育部门、学校管理最头疼的难题。2011年大津市中学生自杀事件的发生，引起了日本社会各界的反省，各界人士意识到教育体制的缺陷，并呼吁日本政府应制定更为系统的政策措施。在社会强大的舆论压力推动下，日本国会于2013年6月颁布《防止欺凌对策推进法》，将防止校园欺凌问题推向法治化进程。

《防止欺凌对策推进法》颁布以后，日本各学校积极行动，制订相关防校园欺凌计划，培训教职员工防欺凌技能以在校园欺凌发生后的第一时间对学生提供帮助。学校设立相关的心理咨询室，安排专业教师对受欺凌者提供心理咨询与疏导，包括自信训练、社会技能教育和压力管理。日本同伴支持计划(Japan Peer Support Program，JPSP)帮助孩子们发展这些能力。JPSP由两部分组成，第一部分是培养儿童基本社会技能以促进他们与他人互动的动机，学校为大龄儿童举办活动，促使其学习帮助他人。第二部分是学生社会能力培养的主要过程。第一部分的训练是第二部分的准备或热身。为了减少问题行为，JPSP开发了相关教育及训练内容，重视修补同龄人群体的缺失体验，强化社会技能训练；重建日本传统活动，对儿童获得效能感产生影响。通过JPSP激发儿童动力和能力，学习人际互动，改善与他人的关系，远离问题行为。日本中央教育委员会注重对道德和公民教育课程的打造，为儿童的未来制定可持续的、前瞻性的战略。课程策略特别针对的是学生的问题解决能力，尤其是与学校欺凌和国际化有关的能力。公民教育来自三个领域，即道德教育、社会学习和特殊教育。作为国家课程的一部分，德育已经在日本学校教授了100多年。所有中小学校每年都要组织35节德育课。德育涵盖四方面内容：一是自我意识，包括热爱真理、真诚、自强、勇气等；二是与他人的关系，包括礼貌、尊重、友谊等；三是与群体、社会的关系，比如群体参与、责任、尊重家庭、尊重教师、尊重传统、尊重其他文化、热爱国家等；四是与自然和宇宙的关系，如尊重自然、尊重生命、审美敏感性等(陶思瑜，2022；杨岭等，2020)。

日本在防治校园欺凌过程中坚持"以德育人"，力求通过道德教育，培养少年儿童正确的价值观和与人沟通交往的能力，使其成为有道德心、同情心和同理心的人，在与人交往过程中，能换位思考理解他人，采取友好沟通而非强势霸道的方式与他人进行交往、相处，以求从源头上杜绝校园欺凌发生。目前，在我国中小学的课程设置中，纵观初中阶段教材的各章专题，除了关于生命的一个章节，校园欺凌等相关问题没有出现在教材中。这说明校园欺凌还没有引起教育部门的重视。因此，我国也应重视强化道德教育和心理健康教育，实现预防教育与矫正干预一体化。

第二节　基于学校心理健康辅导的校园欺凌干预策略

心理健康的最终任务是遵循学生身心发展的特点，培养学生积极乐观的心理品质，这与校园欺凌干预机制相同。从心理健康的角度对欺凌事件中的学生开展相关的个别辅导，将更有针对性、专业性。心理健康课有引导和教育的功能，可以辅助纠正不良风气，而心理健康课中的团体辅导可以稳定群体情绪。因此，心理健康辅导在校园欺凌事件中起到至关重要的作用。

一、个体层面针对校园欺凌的心理辅导策略

（一）针对欺凌者的心理辅导

欺凌者是直接施害者，教育者要了解欺凌者在欺凌时的心态和动机，分析其做出欺凌行为的原因。欺凌的产生源于三种心态：无意识犯错、嘲笑取乐和偏执狭隘。其中，无意识犯错更多是由于个体社会化程度低造成的。这类个体很难将其直接定义为欺凌者，他们不以欺凌为目的，但却造成了欺凌伤害，需要教育者加以引导，以获得更多人际相处的技巧和帮助，而非直接施加惩罚。当然，这也需要视情节具体情况而定。嘲笑取乐是指欺凌者通过欺凌行为获得快感和权利感。教育者要帮助这类个体建立积极的同伴群体行为，形成有效的互动模式，并进行共情能力训练体验受欺凌者的感受。偏执狭隘是指欺凌者在童年经历或家庭生活中受过伤害，常常在同伴关系中被疏离，从而加剧他们偏执的想法，强化欺凌行为；同时，他们可能与经历相似的学生共同形成欺凌团体。教育者在对这类个体进行干预时，除了要做个别的心理辅导，还要与学生家长保持联系、理清缘由；通过引导这类个体改善行为，在班级中获得积极的人际感受，来改变其错误认知或归因方式。另外，成长中的中学生处于自我同一性的混乱和冲突阶段，产生欺凌行为的个体往往没有形成正确的生活态度。所以，对欺凌者的个别干预中，帮助其形成稳定的自我同一性是引导个体摆脱错误行为的关键。

（二）针对受欺凌者的心理辅导

由于受欺凌者刚刚遭遇了欺凌这一危机事件，他们在身体、心灵上受到双重打击。因此，当受欺凌者主动或被动来到心理辅导室的时候，心理教师第一步应该要安抚他的情绪，并与其建立信任关系，告诉他"你现在是很安全的，发

280

生这样的事情,并不是你的错,这段时间你一定过得很艰难,学校和老师会尽可能地帮你渡过难关,一切都会好起来的"。第二步,心理教师要引导学生表达自己的想法和感受。在经历了欺凌事件后,孩子内心的想法是怎么样的,当时产生了哪些情绪,现在又感觉如何,全盘接纳孩子的想法,帮助他理清这件事情发生以来的心路历程。第三步,教师要建立支持系统。教师要告诉受欺凌学生求助是一种能力,不管我们遇到何种困难,都可以向身边的重要他人请求帮助。第四,教师要加强社会能力训练。有过受欺凌经历的学生往往缺乏应对这种突发事件的能力,心理教师可以就此事件和学生分析倘若下次再次遇到类似情况应该如何处理。

(三) 针对旁观者的心理辅导

欺凌事件的参与者不只有欺凌者和受欺凌者,还有附和者和旁观者。若附和者和旁观者的人数较少,可进行单独干预和心理教育。附和者多数与欺凌者有着相同的心理特征,即使他们没有施加欺凌,但观看欺凌间接满足了他们的权力心理。相比直接施加欺凌行为的个体,他们攻击性偏弱、责任感较低。在对这类个体进行心理辅导时,教育者要特别注意其责任感的提升和共情能力的培养。而相比于附和者,旁观者的心理则更为复杂,他们并不是事件的主导者,也不在事件中产生任何行为,但这并不代表他们在事件中没有产生任何影响。这里需要区分旁观者的心态,包括事不关己、纯看热闹、担心报复等。因此,需要对旁观者的心态进行评估,从而给予相应的辅导。

(四) 具体干预技术

1. 沙盘游戏疗法

沙盘游戏疗法是一种以荣格心理学原理为基础,由卡奥夫(Kaoff)发展创立的心理治疗方法。"沙盘游戏"即为"sand play"的中文翻译,我国申荷永教授将沙盘游戏介绍到中国时选用了"sand play therapy"的直译名称,即"沙盘游戏疗法"。沙盘游戏是运用意象(积极想象)进行创造的治疗,把沙子、水和沙具运用于意象的创建。沙盘中所表现的系列沙盘意象,营造出沙盘游戏者心灵深处意识和无意识之间的持续性对话,由此激发治愈过程和人格(及心灵与个性的)发展(高岚,申永荷,2012)。卡奥夫沿用荣格(Jung)的理念提出了沙盘游戏疗法的基本假设:人内心存在朝向整合和治愈的基本内驱力。沙盘游戏疗法作为一种自然的治疗形态,向来访者提供了一个以象征形式表达内部世界的处所,将个体内心与外部日常生活相连接。这种象征游戏创造了无意识与意识的对话,使来访者产生调和与整合的心象,成为一个平稳一致、意识与无意识整合的全新个体。

游戏是儿童的天性，很容易被儿童接受，也是儿童探索世界的桥梁，所以，儿童对游戏的投入以及在游戏疗法中与咨询师的合作程度是任何其他形式的治疗无法达到的。此外，沙盘游戏疗法具有非言语的特点，特别适合言语能力还未充分发展的儿童。儿童在一个自由与受保护的空间里，可以尽情游戏，宣泄自己的负性情绪，呈现自己的内心世界，再加上咨询师的积极关注与陪伴，能让儿童受伤的心灵得以抚慰，使治愈成为可能(杨慧馨，李灵，2019)。

2. 焦点解决短期心理疗法

焦点解决短期咨询理论(solution-focused brief counseling，SFBC)是在20世纪80年代早期，由Berg和Shazer(1992)创立并发展起来的。该理论区别于传统咨询与治疗的地方在于聚焦问题解决的可能性，而非花费大量时间去分析问题的成因。SFBC相信每个人都是自我生活的主人，他们能够依靠内在潜能和自身资源帮助自己解决所遇到的问题，而咨询师的主要任务则是帮助来访者发现自身的力量及所拥有的资源，借助与来访者建立的合作同盟关系，启发来访者改变现状，解决问题。焦点解决短期咨询理论最核心的理念主要有以下几点：一是每个人都是自身问题的专家。SFBC认为每个人都具备自己解决问题的能力，它不去纠结于问题产生的原因，而更多关注问题解决的方法，并相信个体具备改变现状、解决问题的资源，并且能够利用这些资源达到目标，而咨询者就是帮助个人树立积极的态度并且发掘自身的资源。二是问题同样也具有正向功能。一个问题的存在，在呈现出病态或弱点的同时，也有正向功能，它能帮助个体思考并寻求更好的解决方法，使个体在寻求解决问题时对自我抱有正向的期待，进而加深对问题的正向认识。三是合作沟通是咨询关系的关键。SFBC认为在咨询的过程中，咨询师和个案是一种合作互动的关系，在正向与未来导向的引领下，通过对问题认识的重新建构，进入个案的世界进行积极的行动引导，协助搜寻并创造新的意义，萌生新的想法与行为(许维素，2015)。基于以上内涵，SFBC和学校心理健康教育理念有很多共通之处，如都强调发挥学生的潜能、培养积极的心理品质等。

二、团体层面针对校园欺凌的心理辅导策略

(一)团体咨询

1. 基本理念

团体咨询是行之有效的协助个体解决自身问题及处理与他人人际关系的

咨询活动,也可称为人际问题解决团体。团体咨询的一个目的是通过人际支持和问题解决的办法去帮助团体成员处理生活中遇到的常见且困难的问题,以便在今后能更好地解决相似问题。团体的价值在于成员能够体验感受到一种归属感(樊富珉,2005)。

团体咨询相对于团体辅导来说,更加注重的是团体中每个成员的个人成长。团体辅导是通过认知活动来获得知识和信息,不太注重团体动力,将重心更多地放在团体成员的认知理解上(刘勇,2007)。大体而言,在修正态度和行为上,团体咨询比团体辅导更为直接。团体咨询主要针对有心理困扰的个人,采用咨询技术、引导探索和自我觉察,注重团体成员感情方面的投入,注重补救性和对问题的处理能力培养。一般来说团体咨询是在小而紧密的环境下进行的,对于帮助那些有共同成长问题和困扰的青少年来说效果最直接,团体咨询有利于推动成员在团体活动时不断观察、体验、感悟,进而重新调整自己与其他人的关系(李海澜,2017)。

2. 校园欺凌与团体咨询

处于校园受欺凌中的青少年,他们迫切地需要来自社会、家庭和学校的支持。受欺凌者在忍受的时候,可能在态度上更加认同且服从欺凌行为,进而转化为潜在的欺凌者,使欺凌事件周而复始,产生恶性循环。校园受欺凌个体面临着共同的发展困扰。团体活动对受欺凌者具有补救性和发展性功能,使受欺凌者可以从同伴中得到共情和支持、接纳和理解。封闭式团体咨询使参与成员有更多安全感,彼此建立信任。团体咨询在受欺凌群体中适用性最佳,效果易迁移。通过成员分享、游戏互动、故事讨论、身体能量释放等方法来减轻受欺凌者的心理痛苦,宣泄自我的不良情绪,充分表达自己的想法,也可快速得到同伴的回应。相对于受欺凌者的个体咨询干预,通过团体的力量可以减轻个体的抗拒和恐惧,了解到自己其实并不具有特殊性。同时,领导者以无条件积极关注促进受欺凌者在团体中有所改变,更加清楚对自己的认识,领悟面对困难时应有的正确态度,学会解决困难的正确处理方法。

团体咨询在学校心理健康教育工作中有着独特作用,有关心理韧性的团体咨询或团体辅导应该成为校园受欺凌有效的预防、治疗形式,并发挥其巨大的优势和重要的实践意义。在团体咨询干预上,应加强对于一些咨询知识和技能均不够完善的教师和家长的实践操作培训。

(二)团体辅导:角色扮演

角色扮演(role-playing)是一种使人暂时置身于他人的社会角色,并按这一角色所要求的方式和态度行事，以增进人们对他人社会角色及自身原有角色的理解，从而更有效地履行自己角色的心理学技术。最常采用的角色扮演主要有独角戏和社会剧两种形式。独角戏只有一个人表演，可以是个人的内心独白，也可以是和不在现场的人物（可用空椅子代之）进行对话。社会剧是以班级为中心，探究班级成员所共同面临的问题，它以一定的剧本为依据，选出各个角色的扮演者进行角色扮演，学生可轮流担任不同的角色。

教师是角色扮演的设计者和策划者，在角色扮演中起重要作用。教师要有针对性地选择有关欺凌问题的剧本。剧本的素材可来源于一些文学作品，也可让学生讲述自己的亲身经历，然后安排剧本的人选，组织学生进行角色扮演，表演过程中，可以暂停一下，直接同观众进行交流。表演结束后，教师和学生一起分别从受欺凌者、欺凌者和旁观者的角度进行讨论。关于受欺凌者师生讨论的要点有：受到欺凌时的感受怎样、受到欺凌的后果是什么、自己受到欺凌时应该怎么做等。关于欺凌者的讨论要点有：欺凌他人时有什么感受、欺凌他人的后果是什么、是否可以用其他方式来代替欺凌行为解决问题等。关于旁观者的讨论要点有：作为旁观者的感受是什么、旁观者是如何助长欺凌的、旁观者能做些什么来帮助受欺凌者等。

第三节　基于班级管理和学校教育的校园欺凌干预策略

学生的欺凌行为大多发生在学校，欺凌与学校环境有着密切的联系。近年来欺凌干预和预防研究也表明，最有效的欺凌干预方案是全校范围内的综合性干预。在对学校欺凌进行干预或预防时，仅从个体角度入手是不够的，还需要从班级层面甚至是整个学校层面进行。

一、班级层面的干预

班级是学校的主要组成单元，学生的学习或活动大多以班集体的形式进行，班级对学生的发展起到直接影响作用。因此，班级层面的干预非常重要。班级层面的欺凌干预措施包括以下方面。

（一）制定明确的班级规范

在中小学教育实践中，制定班级规范或者说班级制度是进行班级管理的重要手段，所谓班级规范，主要是针对班级内的学习生活、各类集体活动以及学生在校内日常的行为习惯所做的要求和约定。班级规范以规范学生行为为出发点,突出以人为本的特点,因为班级规范会影响到班级氛围,太过严苛的班级规范容易造成班级氛围紧张,而以鼓励为主的班级规范则更能营造温和的班级氛围。

在具体操作方面,任何班级规范都要本着奖罚分明的原则,在预防和控制班级欺凌问题上也不例外,必须从这两个角度出发。对于班级欺凌中的欺凌者进行教育是必要的,必须让这些学生建立一种正确的是非观,对他们施加惩罚,让他们明白做错事要付出代价,同时汲取教训,以免再次出现同样的错误。此外,在对待欺凌者时,切忌采用"以暴制暴"的惩罚方式,否则只会雪上加霜,激发这些学生的攻击性和报复心理。另外,对那些乐于帮助他人的学生,要及时地进行奖励,通过榜样示范作用来强化学生正确的是非观,明确正确的同伴交往方式。班规的制定需要全体同学参与,在共同讨论并达成一致性意见的基础之上制定而成。之所以要全体学生均参加,目的是使其形成参与班级管理的责任感,觉得有义务遵循班级的规章制度。在班级规范中,应强调同学之间团结、友爱、互助、关心他人等,反对欺凌其他同学,制定严格的惩罚措施以及明确的奖励措施。可在学生选举的基础之上,组成"自律委员会",监督各项制度的执行情况,及时向老师反馈。

(二)定期召开班会

为学生提供一个发表自己言论的论坛非常必要,而班会就为其提供了这样一个机会。在这里,学生可发表自己对欺凌问题的认识,讨论对违反班规行为制裁的办法,建议同学如何应对欺凌等。当然,班会的内容和形式,应根据学生的年龄及心理成熟程度而定。班会要定期召开,并有教师的参与,有时可邀请一些心理学家或学校问题专家参与。

(三)提倡合作学习

在学习过程中,可把学生分成若干小组,促进学生之间的合作。在合作小组中,学生需要相互沟通和交流,互相提供帮助,从而促进学生的社会交往技能、提高其观点采择能力和移情能力,增强学生之间集体责任感,进而在一定程度上改善受欺凌者的不利处境。值得注意的是,教师在安排合作小组成员时,一定要注意人员的搭配,避免受欺凌者在小组中受到孤立和冷落。

(四)及时、经常与学生家长保持联系和沟通

为更有效地应对欺凌,教师特别是班主任应与学生家长密切联系、相互合作,共同解决学生的欺凌或受欺凌问题。当教师发现学生在学校中的欺凌行为或受他人欺凌时,应及时与学生家长取得联系,以更好地了解情况,并取得

家长的配合；当家长发现孩子欺凌或受欺凌的迹象时，也要及时与教师取得联系，以了解学生在学校中的表现情况。只有双方真正地联合起来，才能有效地解决学生的欺凌问题。目前不少家庭溺爱自己的子女，有些家长总是用一种"情重于理"的思维方式来分析和评判自己子女的行为，有时尽管明知自己的孩子理亏，也要想尽借口推脱责任。所以只有家长转变思维方式，理性地看待学生的欺凌行为，认识到欺凌问题给双方带来的危害，同班主任达成共识，才能具有良好的防治效果。

（五）组织一定的班级活动，建设和谐班级氛围

通过组织一定的班级活动，可促进学生之间的交流和沟通，增加彼此之间的了解。可通过一定的活动，对学生进行自信心训练或社会交往技能的培养，提高其应对欺凌的能力；也可发展学生的移情能力，使其学会尊重他人以及如何与他人进行合作。班主任在建设和谐的班级氛围中应发挥关键作用，与学生建立相互尊重、相互信任的关系，多关心学生的身心发展；同时要关注学生之间的相处，及时对学生人际关系问题进行调和；还要积极配合各科任课教师，为其他教师和学生的相处搭建桥梁。

二、学校层面的干预

（一）通过调查，了解学校中欺凌的基本情况

通过一定的调查，特别是匿名式的问卷调查，可了解校园内的欺凌或受欺凌状况，如欺凌/受欺凌的发生率、欺凌/受欺凌易发地点或时间、欺凌者和受欺凌者特征、学生对欺凌/受欺凌的态度、教职工对欺凌现象的态度及干预情况、欺凌发生的性别差异等，从而为下一步欺凌干预或预防工作提供一定的依据。调查可由专家进行，也可由校方进行；可采用现成的调查工具，如 Olwues 的"欺凌/受欺凌问卷"等，也可自行编制问卷。除了问卷调查，也可采用访谈、直接观察等形式。总之，通过调查，可深入地了解学校中的欺凌问题，提高对学校欺凌问题的认识。

（二）成立专门的欺凌干预和预防委员会

为了把欺凌干预作为一个长期的工作计划来抓，学校需成立一个专门的欺凌干预和预防委员会，由学校领导、班主任、任课教师代表、职工代表、学生代表、家长代表组成，必要时可邀请心理学家、社区人员（如教育局、公安局人员等）等参与。进一步明确校长是学校防治学生欺凌的第一责任人、分管德育副校长（主任）和班主任是直接责任人，明确学生欺凌治理委员会在预防学生

欺凌中的具体职责和工作。该委员会的主要任务和功能包括:制定欺凌干预政策或策略、监督干预政策的执行情况、评价和反馈欺凌干预效果等。该委员会要定期召开会议,对欺凌的干预情况进行反馈,并对下一步干预工作的开展提出意见。

(三)制定全校范围内的反欺凌政策

全校范围内的反欺凌政策是解决欺凌问题的核心成分,它为欺凌干预提供了一定的框架和依据,有助于教职工对欺凌问题达成一致性认识,提高反欺凌运动的效果。反欺凌政策的制定,应以学校欺凌问题的调查结果为基础,在欺凌干预委员会的指导和协调下进行。在制定政策的过程中,应广泛听取各方意见,充分调动教师、学生及家长的积极性,主动参与政策的制定。在反欺凌政策中,应包括具体欺凌干预目标、各部门的职责、监督评价标准、奖惩措施等一系列内容。

(四)提高学生家长和社区的参与程度

学生家长、社区的参与程度对欺凌的干预和预防有重要作用,为此,应采取多种措施提高学生家长及社区人员对学校欺凌干预活动的参与程度。

提高学生家长的参与程度可采取:召开家长会议,使学生家长对学校的欺凌干预政策有所了解;对家长进行欺凌基本知识的培训;就孩子在学校中的表现进行沟通;提供参与学校政策制定的机会;提供参加学校活动的机会;等等。

提高社区的参与程度可采取:在欺凌干预政策制定过程中,充分听取其意见;监督反欺凌政策的执行及进展情况;给学生创造一定机会参与社区活动;等等。

(五)加强对高危地点或时段的监控

教育部于2017年印发的《义务教育学校管理标准》对学校建设与管理提出了具体要求,其中明确要求建设安全的学校基础设施,完善切实可行的安全、健康管理制度,提升教育治理能力和水平。学校要重点落实校园周边管理、校园门禁、值班巡逻等制度,加强不良倾向学生、重点区域、重点时段的管理,杜绝管制刀(器)具带入学校。要进一步完善校园视频监控设施,做到校园重点场所、公共区域无死角、无空缺,加快推进校园视频监控系统、紧急报警装置等接入公安机关、教育部门监控和报警平台,逐步建立校园安全网上巡查机制。在一些不易监控的地点,如洗手间、走廊、操场等,以及一些疏于管理的时段,如课间操、午餐等,更易发生欺凌事件。因此,加强对这些高危地点或时段的监控就显得非常必要。为此,学校应专门组成巡视小组,加强对这些区域或时段的监控，以降低欺凌发生的可能性。

（六）对教师、管理者和其他学校职工进行培训

欺凌问题的解决主要是通过学校进行，加强对教师、管理者及其他职工的培训尤为重要。要健全学校教职员工培训机制，定期开展以学生欺凌为主题的全员培训，加强教师对学生欺凌问题的认识，提高处置学生欺凌的能力。学校可设置固定时间使全体职工参与对欺凌问题的讨论，尽可能将欺凌易发地点出现的人员包括在内，如操场管理人员、校车司机、餐厅工人、物品保管人员等。培训的内容可包括欺凌的含义、欺凌者和受欺凌者的特征、欺凌的危害、欺凌的应对策略等。通过培训，可提高他们对欺凌的敏感性，认识到欺凌的危害及干预的必要性，并可帮助其掌握一定的干预策略。

（七）把反欺凌主题和活动纳入课堂教育

在反欺凌政策的宣传和实施过程中，任课教师起到至关重要的作用，他们可以把反欺凌主题或活动纳入课堂教育。学校也要重视思政课对学生思想道德培养的重要作用，充分利用好道德与法治等课程。根据学段特点和课时安排，可通过设置专门的教学模块等方式，对学生开展每学年不少于 2 次的学生欺凌防治专题教育。认真组织学生学习并落实《中小学生守则（2015 年修订）》，引导全体学生从小知礼仪、明是非、守规矩，做到珍爱生命、尊重他人、团结友善，弘扬公序良俗、传承中华美德。要开展多种形式的心理健康教育和法治教育活动，引导学生增强调控心理、自主自助、应对挫折、适应环境的能力。要适时组织以预防欺凌为主题的班会，通过情景模拟、辩论、校园剧等多种形式，让学生知道欺凌的危害，知晓基本的法律边界和行为底线，养成遵规守法的良好行为习惯。课堂教育的内容可包括：对欺凌的界定，欺凌行为对欺凌者，受欺凌者及他人的影响，帮助受欺凌者的方法，应对欺凌的有效策略，等等。按照学生的不同年龄，可采取不同的教育方式（如角色扮演、自信心训练、移情训练等），提高其对欺凌的正确认识、增强其应对欺凌的能力。更为重要的是，要让学生明确"打小报告"与"揭发欺凌行为"的区别，鼓励学生敢于揭发欺凌行为。

（八）完善家校协同

校园欺凌等学生失范行为的发生是个体与环境相互作用的结果，想要有效治理、有效预防校园欺凌必须建立多方联动、共防共治的合作机制。家庭场域作为学生身心发展雏形建构的初始场域，应当以温和民主的方式与孩子相处，从细微的家庭习惯和规则的学习中让孩子获得文化资本和社会资本的积

累，从而为他们进入学校、社会，参与多层复杂的人际交往活动打下基础。由于一些父母在教养方式上的知识和能力有所欠缺，学校可以开展一些针对家庭教育和校园欺凌预防治理的专题讲座与交流会，同时将成人非暴力相处模式以及积极解决问题的典型案例，以短视频或者是小故事的形式展示给学生和家长，为其正确解决亲子关系与同伴关系提供良好的示范。家校应构建通力合作、无缝衔接的沟通关系，若发现近期学生在心理、情绪上有异常反应，比如不想上学、上课走神儿、财物频繁丢失、身体上有伤痕等，双方要及时交流，通过信息共享了解学生当前处境，以便尽早发现学生是否遭遇欺凌，从而将校园欺凌的伤害降至最低。

第十二章 基于社会治理的
校园欺凌预防与干预策略

一直以来,校园欺凌事件广泛受到人们的关注,但由于概念界定模糊、缺乏相关的法律法规约束、各部门缺乏协同治理意识、教育工作存在短板等原因,校园欺凌至今未得到真正改善。因此,当单一的管理模式无法解决当前的校园欺凌问题时,应当积极探索新的路径模式对校园欺凌治理工作加以补充完善,争取在政府主导的基础上,积极构建家庭、学校、社会组织等多方力量、多元主体协同治理体系,弥补现阶段治理工作中存在的不足。

第一节 国内外针对校园欺凌的社会治理经验

校园欺凌对青少年的生理和心理都会产生严重的负面影响。为了减少和制止校园欺凌事件的发生以及阻止其发展,我们要合理运用强大的法律武器,让自觉知法、守法、护法的观念深入每一个学生的心中。法律是人民的武器,是受校园欺凌威胁的当事人捍卫自身权益的最有效途径。在全社会兴起一股法律的浪潮,是符合社会主义法治价值观的正确选择,是促进社会和谐的有效手段。

一、本土针对校园欺凌的社会治理经验

校园欺凌严重影响青少年的健康成长,让青少年在安全的环境中学习、生活、成长,是政府的一项基本职责。面对频发的恶劣校园欺凌事件,我国政府各部门连续出台了多项政策法规,探索行之有效的预防和治理策略。

2016 年 4 月,国务院教育督导委员会办公室发布了《关于开展校园欺凌专项治理的通知》,要求全国中小学校加强对校园欺凌事件的预防和治理。

2016 年 11 月,教育部等九个部门联合出台《关于防治中小学生欺凌和暴力的指导意见》(简称《意见》)。从"预防学生欺凌和暴力""处置学生欺凌和暴力事件""形成防治学生欺凌和暴力的工作合力"三个方面提出了切实防止学生欺凌和暴力事件发生的相应对策。《意见》指出,要切实加强培养中小学生"知礼仪、明是非、守规矩"的行为标准,培养中小学生关心他人、尊重他人、团结友爱、和谐共处等各项准则,切实维护好自身和同学的利益,严厉抵制不良行为,传承乐于助人的中华优秀传统美德。党和政府针对现如今存在的中小学生打架斗殴和欺凌弱势群体的事件,开展遍及各个地区的巡讲活动,让学生了解法律、尊重法律、自觉维护法律的尊严。

2017 年 11 月,教育部等 11 个部门联合印发《加强中小学生欺凌综合治理方案》(简称《治理方案》),该方案推进了校园欺凌综合治理的进度。《治理方案》明确了积极有效的预防学生欺凌的措施:一是加强学校教育。各中小学校通过每学期开学时集中开展教育、在道德与法治等课程中设置相关教学模块等方式,定期对中小学生进行学生欺凌防治专题教育。二是开展家长培训。通过组织学校或社区定期开展专题培训等方式,加强家长培训,引导家长增强法治意识,落实监护责任,帮助家长了解防治学生欺凌的知识。三是强化学校管理。加快推进校园视频监控系统、紧急报警装置等建设,建立健全防治学生欺凌工作各项规章制度,学校根据实际情况成立学生欺凌治理委员会。四是定期开展排查。通过委托专业第三方机构或学校组织等方式,定期开展针对全体学生的防治欺凌专项调查,及时查找可能发生的欺凌事件或已经发生、正在发生的欺凌事件。

2018 年两会期间,校园欺凌议题也得到了两会代表的重视。全国人大代表张国新提交了《关于加强中小学欺凌综合治理的实施办法》,要求从政府、家庭、社会、学校等方面将治理工作落到实处。该办法中欺凌被定义为发生在校园内外、学生之间,一方(个体或群体)单次或多次蓄意或恶意通过肢体、语言及网络等手段实施欺凌、侮辱,造成另一方(个体或群体)身体伤害、精神伤害或财产损失等的事件。该办法从学生欺凌综合治理工作机制、学生欺凌事件治理、学生欺凌事件的种类、学生欺凌事件的处置、学生欺凌的教育惩戒、学生欺凌事件的事后处理、学生欺凌综合治理的长效机制等方面对校园欺凌问题的各个方面进行了规定。

目前看来,我国对校园欺凌的防治研究起步较晚,并且主要围绕现状、成因、对策三方面展开。基于已有的校园欺凌现状,我国从不同角度分析了校园欺凌的成因并提出了防治校园欺凌的对策。但目前我国并没有一套完整的措施来规制校园欺凌现象,也没有形成完善的校园欺凌干预制度。从近些年处理的校园欺凌事件来看,大部分学校认为校园欺凌是青少年成长过程中出现的小问题,只是"小打小闹",认为只需通过教育和引导就能解决所有的问题。当面临被移交到相关机关进行处置时,家长和学校所思考的反而是如何让未成年人免除刑事处罚。大部分群体低估了校园暴力事件的犯罪性质,还没有真正意识到校园欺凌治理的重要性,相关的惩戒措施实际是一种非常重要的方式。当面临校园欺凌现象时,大多数受到欺凌的学生往往因为胆小怕事,选择逃避或隐忍的方式处理;学校在考虑到保护自身名誉的情况下,大部分会选择息事宁人;双方家长也认为这是一件不值得宣扬的事情,往往会选择私下和解;司法机关通常劝说校园欺凌的双方当事人进行和解结案,而不是移交到相关机关进行处置。

二、国外针对校园欺凌的社会治理经验

(一)美国治理经验

20 世纪 70 年代,青少年犯罪和吸毒成为美国刑事司法政策的辩论焦点(Zimring,1979),也让"学校安全"这一沉重的话题进入公众视野。在 1999 年科伦拜恩枪击事件发生后,美国为了防止与欺凌相关的自杀事件发生,通过了校园欺凌立法。随着全国性立法的开展,各州也出台了一系列措施,通过法律预防治理校园欺凌。在 2001 年至 2012 年期间,全美有 48 个州完成了反欺凌立法。在 2005 年到 2008 年是各州反欺凌立法的高峰时期,在此期间有 20 个州先后通过反欺凌立法(马焕灵,杨婕,2016)。仅有蒙大拿州在 2015 年 4 月最后通过了反欺凌立法。各个州的反欺凌立法在美国全部完成,充分反映了民主立法的原则。反欺凌法案直接明确地作用于校园,使校园反欺凌活动更普适、灵活、高效、理性,同时具有针对性。美国提出"对欺凌行为零容忍",情节严重的可以暂停其学习,或永久开除学籍,构成犯罪的要追究其责任,予以相关法律处理。

在美国,任何形式的欺凌行为都会受到惩罚。除了上述措施,美国政府还设定了罚款方式,主要针对欺凌行为实施者的父母(监护人),甚至可以对其进行监禁。这种做法无形中提高了校园欺凌行为的责任成本,对校园欺凌行为进行打压、震慑,且作用明显(林旺金,苏丽嫔,2018)。20 世纪 90 年代,美国出台了许多措施来预防校园暴力,保障校园安全。联邦政府通过不断与其他部门和非政府组织进行协调,集中国家和当地的资源,最大限度地发挥资金对青少年暴力预防和学校安全的影响(杨文杰,范国睿,2019)。在联邦政府的领导

下，教育部联合司法部、国土安全部等多个部门对各州校园安全管理提供指导；在州政府层面，协同国家学校安全中心、国家预防犯罪委员会、学校安全和保障服务部、国家学校消防安全中心等非政府组织机构，通过安全教育、评估等方式，为各个学校提供专业的咨询服务，改善学校安全状况（林鸿潮，2011）。

学校作为社区的一部分，社区参与学校的工作有利于学校的健康发展。在美国，社区的工作人员将会与学校的工作人员以及社区其他人员一起识别并帮助那些受欺凌的学生，改变他人对欺凌的态度。社区会根据自身的优势和需求，提供相关制止欺凌的策略。社会上其他旨在推广反对欺凌行为的个人和机构通过演讲、训练和运营网站等方式告诉青少年应如何应对校园欺凌行为。比如布朗（Brown）创办的专门帮助青少年站起来反对欺凌的 Mojo Up 网站和印第安纳波利斯儿童博物馆创办的"站起来反对欺凌"教育活动等（邓凡，2018）。

（二）日本治理经验

日本作为世界上最发达的国家之一，校园欺凌问题也成为日本政府及教育部门、学校管理最头疼的难题。日本为了治理和预防欺凌现象，做出了许多尝试，目的是形成完善的防治校园欺凌体系。20 世纪 80 年代，日本对欺凌现象开始关注，但大多防治欺凌行为的依据都是文部科学省出台的措施或意见。1985 年发布《儿童及学生欺凌问题的充实指导通知》，对儿童和学生欺凌问题进行指导，但没有具体的实质措施（罗喆，2020）。1995 年发布《解决欺凌问题当前应当采取的对策》，为解决校园欺凌问题提供了一些方针对策。2006 年发布《关于彻底采取欺凌问题措施的通知》，加大力度解决欺凌问题，防止欺凌悲剧重演（向广宇，闻志强，2017）。日本治理校园欺凌的时间长达 40 多年，防治校园欺凌问题颁布的一系列建议通知为日本制定专项的《防止校园欺凌对策推进法》打下牢固的基础，日本已经在立法层面对校园欺凌问题进行规制，形成了一套完整的法律预防体系（张璐璟，2017）。文部科学省也为学生提供SNS（社交网站服务）欺凌咨询，防止校园欺凌严重化发展。文部科学省以地方教育委员会为主体，成立了"构筑 SNS 咨询体制工作小组"，对欺凌咨询体制建设进行研究（杨岭等，2020）。

（三）英国治理经验

英国对欺凌没有法律上具体的定义，但欺凌问题一直是英国政府和社会学界的热点问题，校园欺凌行为根据不同的表现形式划分出不同的类别（高露，李彬，2019）。英国教育标准局秉承服务儿童与学生的原则，负责制定儿童与青少年的保护措施，包括儿童与青少年校园欺凌问题，特别是保护处于弱势的学生。英国认为欺凌行为本身不构成犯罪，但严重的欺凌行为可能会被定义为犯罪。1986 年开始，英国政府最先在《1986 地方政府法案》中明确规定地方政府应对学校反校园欺凌措施提供支援。不仅如此，英国政府还出台了一些指导文件，以有效解决校园欺凌问题（Palmer et al.，2015）。英国的《1986 年公共秩序法》对公共秩序进行规制，包括言语攻击和暴力犯罪等情形，从侧面对欺凌犯罪进行规范。《1989 年儿童法》和《1997 年保障免受骚扰法令》是关于保护未成年儿童不受侵害的法律，对校园欺凌也有一定的规制作用。1998 年，英国颁布了《1998 学校标准与框架法》，要求学校制定相关反欺凌的校规。依据上述法律，学校可对欺凌行为的严重程度进行辨识，若严重性达到追究刑事责任的程度则可构成犯罪。

英国将有关欺凌行为表现的详细信息附在政策条款之后，对欺凌的定义进一步解读。从 2005 年起，英国每年 11 月举办反欺凌周，利用一周的时间集中开展各种宣传活动，如全国性反欺凌巡回演出活动（national anti-bullying roadshow）会走入中小学和大学，利用电影、戏剧、讲座等方式让学生们了解校园欺凌的危害。同时也创建青年俱乐部、发放反欺凌资源包（资源包包含一种新型的反欺凌措施 DVD、一种特别设计的反欺凌纸牌游戏、反欺凌提示单、反欺凌组织联络表等）、联合高校与社会团体共同反欺凌，用青少年喜闻乐见的方式解决欺凌问题。英国安全互联网中心（The UK Safer Internet Centre）为家长设置专门网站，此网站为家长提供有关应对校园欺凌的建议与各种投诉渠道等资源。1985 年由儿童心理学家艾略特（Eilliott）成立儿童角（kid cape），它是一个致力于儿童保护和反欺凌的慈善机构。儿童角的工作内容是为儿童、家长和教师提供全方位的国际反欺凌培训项目。儿童角建议家长当发现孩子被欺凌时要与学校交涉。家长去学校之前要做好充足的准备：提供孩子受欺凌的详细信息，一定要说明他们是如何受到欺凌的，并提供任何形式的欺凌证据。家长可跟踪学校在解决欺凌问题方面的进展。如果家长对投诉处理方式不满意，可进一步采取行动，联系学校校长或地方长官以追究教师和学校管理疏漏的责任。英国这样的机构或网站还有很多，如戴安娜慈善基金会（The Diana Award）、反欺凌网（Anti-Bully）等等。虽然校园欺凌往往发生在学校，但欺凌的根源在整个社会，在反欺凌的斗争中有了社会团体的参与，治理校园欺凌的防线无疑会更为牢固，治理的效果也会更为理想（屈书杰，贾贝贝，2018）。

综上来看，目前国外对校园欺凌的研究比较深入，尤其是很多国外学者十分注重校园欺凌研究的概念讨论,他们认为欺凌不仅是一个外在的、客观的、行为的挫伤,也是一个心理问题、法律问题和社会治理问题。同时,他们的研究较多注重经验案例研究和实证研究,具有较强的针对性。他们根据学者的研究,并结合本国实际情况,从制度、法律等层面及时采取措施,为学生提供了一个更好的环境。然而,他们的研究也具有局限性,表现在偏重个案个体研究,缺乏理性分析。国外的防治经验,尤其是国外行之有效的干预计划虽然不能直接为我国所用,但可以为我国校园欺凌的防治措施的提出提供一些方向。

第二节　基于政府治理的校园欺凌预防与干预策略

完善政府管理政策,就要积极落实国务院教育部的各项政策,做到治理有效。在当下的专项治理中要增加长效保护机制,完善各方的管理机制,保证各部门的职责具体化,监督问责制度常态化,切实保护中小学生的应有权利,为学生营造一个安全和谐的校园。

一、构建反校园欺凌的预防机制

《中华人民共和国预防未成年人犯罪法》第 20 条规定"教育行政部门应当会同有关部门建立学生欺凌防控制度。学校应加强日常安全管理,完善学生欺凌发现和处治的工作流程,严格排查并及时消除可能导致学生欺凌行为的各种隐患"。由此可见,对于校园欺凌行为而言,与其采用严厉的措施进行事后惩治,不如基于预防主义立场提前做好风险防控机制(陈禹衡,徐盛铭,2022)。

各级政府可成立反学生欺凌委员会,并要求教育行政、公检法、民政等多部门协力配合。政府设置的委员会职能包括校园欺凌的法治宣传、给予专项资金支持、校园欺凌数据的调查分析、校园欺凌案件的归纳整理、拟定校园欺凌预防和处理方案、建立校园欺凌事件数据库、对校园欺凌者全程追踪、监督各部门和学校反欺凌工作的落实等,着力推动反校园欺凌法治化的进程。教育行政机关、公检法机关应当明确设定接管校园欺凌案件的相关工作部门,并配备对校园欺凌有充分认知、熟悉法学、教育学等知识的专业人士,以便更好地预防和应对欺凌案件。反学生欺凌工作部门应当遵循《中华人民共和国未成年人保护法》中的强制性规定,及时开展对于疑似事件的调查、处理工作。各级政府反学生欺凌委员会应明确相关工作部门审议报告的具体时间,并对相关工作部门的责任承担、工作程序、处理结果进行实质性的划分、监督和考察（郭晓燕，2021）。

二、完善反校园欺凌的法律法规

对我国当前有关校园欺凌的典型案例、反校园欺凌的法律法规、地方性法规和规范性文件进行分析发现，虽然国家已针对校园安全出台了《中华人民共和国未成年人保护法》《中华人民共和国预防未成年人犯罪法》等法律法规，但我国反校园欺凌立法仍然存在着诸如法律法规较少、法律文件位阶不高、多主体协同防治有待加强以及预防不彻底、救助不及时、责任不明确等问题。

由于我国人口众多，在相关法律建设过程中涉及的程序十分复杂。结合当前我国校园欺凌问题凸显的情况，可以通过最高人民法院、公安部以及教育部等部门明确总体目标、组织结构和制度措施（如早期预警系统、校园安全风险评估系统等），对各个主体的责任以及义务关系进行明确规定，并以此为基础构建完善的校园欺凌防控体系。总体来看，应主要从以下几个方面来完善：一是强化对校园欺凌事件的处罚力度，建立一个相应可行的评价体系，迫使学生父母依法履行职责；或对导致校园欺凌事件且不服从管教的欺凌者，将其送入工读学校进行教育，发挥工读学校的作用。二是教师要对欺凌行为进行界定，明确教师的责任范围，明确对学生进行体罚的限度，也要给予教师对学生进行教育惩戒的权利，防止一些学生出现欺凌行为。有学者指出："给予教师惩戒权的设置有其必要性。一方面，惩戒权的行使是学生教育的应有内容，是有效管理未成年学生的必要手段。另一方面，惩戒权的法定化，也是防止未成年人的监护人滥用其权利引致学校和教师不敢管理，影响正常教学秩序的应有措施。"（王鹏飞、郭文旭，2020）三是要构建完善的受欺凌者保护救济体系，对受欺凌者进行心理健康辅导与治疗，完善家庭支持体系建设。合法合理依据少年司法系统进行收容教育、教育矫治，严惩构成犯罪的校园暴力与校园欺凌。改变曾经主要由教育机构处理校园欺凌的现状，并将违法犯罪案件纳入司法程序和司法机构的管辖。运用刑事化的方法解决校园欺凌案件，以起到示范作用。

三、健全反校园欺凌的治理体系

政府应当定期统计区域欺凌事件发生情况，根据实际情况完善治理对策；学校应当根据欺凌行为的具体情况采取相适应的惩戒方式，对欺凌事件当事人开展心理辅导，与家长、政府部门等沟通，联合第三方服务机构、专业人士开展事后处理工作，不得歧视被惩戒、处分或进行矫治教育的欺凌事件当事人，部分政府机关已组织关注校园欺凌事后惩戒教育工作。如 E 市某社工服务中心开展的"爱人生·信未来"青少年帮教成长计划，由资深心理咨询师、社工为涉罪未成年人、边缘青少年搭建一个自我成长平台，为 36 位外地户籍涉罪未成年人建立治疗小组，将涉罪帮扶工作从社区矫正阶段提前到庭审前，协助涉罪未成年人正向规划人生。

　　除此之外，结合中小学生身心发展的特点，需要在欺凌事件规范处置后，关注后续的处理工作。首先，应对当事学生进行追踪观察和辅导教育。例如，吉林省在其实施方案中提出对欺凌实施学生进行专业性的教育引导，避免其遭受歧视性对待，同时监督其不再实施欺凌行为。其次，对遭受欺凌学生及其家长开展相应的心理辅导和家庭支持，帮助其走出心理阴影。在广东省的实施办法中，要求学校组织专门的心理咨询师做好受欺凌者的心理恢复工作，确保其能够得到有效的心理辅导。若情况严重，学校主管部门应联系卫生行政部门，通过组织医学心理健康专业技术人员以加强危机干预和心理治疗，确保学生的心理得到恢复。此外，在欺凌事件发生后，一定要让欺凌施加者的监护人认识到学生所犯错误的严重性，根据实际情况与地方政府机构、公安、学校等进行联合教育，以确保欺凌施加者不再出现此行为。为了彻底根除欺凌行为的发生，地级以上的市人民政府应对欺凌行为的矫治予以重视，通过建立专门的矫治欺凌学校来解决此问题。对于那些欺凌行为违反《中华人民共和国预防未成年人犯罪法》规定的或是违反治安管理处罚法或刑法，但依法不承担行政或刑事责任又不适宜在线学习的义务教育阶段学生，应综合考虑其人身危险性、社会危害性与再犯的可能性等因素，将其送往专门学校学习。家长应当对学生开展欺凌行为危害性教育，必要时陪同学生寻求心理援助，配合学校、公安机关、人民检察院、人民法院等部门进行教育矫治；第三方服务机构应当配合学校与家庭开展心理辅导、个案跟踪等服务，按需开展欺凌事件当事人融入校园服务，根据欺凌事件的发生情况调整具体服务内容；媒体在相关报道中不得泄露当事人隐私，避免造成对当事人的二次伤害。

第三节　基于社会环境建设的综合防治策略

　　目前校园欺凌问题形成与发展的原因越来越多元化和复杂化，这也从某种程度上决定了校园欺凌行为的干预需要多措并举。在预防和治理校园欺凌的过程中,一个部门所掌握的资源和拥有的调控手段是极其有限的,单靠一个责任主体,如学校或者政府的某个部门的努力,对于解决当前校园欺凌问题的作用并不大。因此必须通过合作治理的方式,将各责任主体联合起来共同发力才有可能将校园欺凌问题真正地治理好,还青少年一个安全、舒心的校园环境。在这里,我们把校园欺凌的治理看作一个高度复杂的协同系统,探索由学校教育、家庭教育、社会教育构成的大教育系统是如何发挥各自的组织能力,构建各个治理主体整体协同合作的校园欺凌治理模式,在一定条件下形成共建共治共享的校园欺凌综合防治策略,从而有效地治理校园欺凌。

一、社区环境建设

社区是生活在同一地理区域中并具有共同利益、社会关系和服务系统的群体(官华,2018)。

首先,社区要重视良好环境的创建。社区应积极宣传先进文化,拒绝暴力文化。社区可通过宣传栏张贴海报或组织人员上门教育等方式,宣传正向文化。其次,社区应加强管理,保持和谐的环境。良好的人际环境能有效避免学生的错误模仿,从而减少欺凌行为。社区也应建立心理咨询部门,积极提供帮助。最后,社区应对欺凌者和受欺凌者提供心理咨询的场所,组织专业人员对心理处于不良状态的学生提供专业的心理服务,提高学生的心理素质。

外来务工人员的子女与父母一起生活,居住在人口流动频繁的社区中,公共设施不完善,环境又十分复杂。当学生之间发生欺凌行为时,社区人员有责任对学生进行教育与帮助。社区应完善社工服务,通过设立相关岗位向社会招聘优秀人才,从而建立专业化的社工队伍,为欺凌者和受害人提供专业的帮助。也可以向社会招聘了解校园欺凌的工作者到社区进行志愿服务,定期组织反欺凌活动的宣传,并对欺凌者和受欺凌者提供社区教育。同时社区可以建立驻校社工,对学生进行专业教育与帮助。驻校社工不仅可以组织相关活动,还可以教授学生一些与人交往的技巧。这将提高学生集体生活的能力,培养学生团结的品德。还可以设立心理咨询站,为学生提供专业的心理调节场所,甚至可以辅助教师对欺凌问题进行处理和教育(余佳平,2020)。

除此之外,社区内供青少年在社区玩耍的活动场所和设备相对较少,针对这种情况,社会工作者运用社区工作介入法,通过组织社区成员参与有关欺凌的活动,推动社区居民参与并学习解决问题的方法,从而增强社区合作的能力。为减少青少年校园欺凌现象,社会工作者运用地区发展模式,自下而上地开展服务,进行社区教育、社区宣传,促进社区环境及氛围;同时社会工作者也可运用社会策划模式,自上而下地解决社区凝聚力不足、社区矛盾问题,社会工作者在其中发挥着教育者角色。

社会工作者积极主动挖掘和组织社区现有的人力资源和场地资源,开展系列的社会交往活动和公共活动,增强社区居民之间的交流。另外,社会工作者通过社区教育活动,例如反欺凌宣传、家长教育讲座、亲子交流等活动,帮助社区居民及家庭了解学习校园欺凌、家庭教育、亲子关系等方面的知识和技巧。同时社会工作者应充分利用社区宣传橱窗,张贴积极向上的宣传标语,将社区里的消极因素转化为积极因素,通过社会工作者定期开展社区邻里互助活动,提高外来务工人员对社区的归属感,营造一个友爱、健康、和谐、安全、适合青少年健康成长的社区,从而达到预防和减少校园欺凌事件的目的(韩桃花,2018)。

最后,欺凌行为对学生的影响较为久远,因此,在处理欺凌问题后,社会工作者应对欺凌者和受欺凌者进行专门的跟踪教育。欺凌行为的发生具有重复性,社会工作者应密切关注欺凌者或受欺凌者的日常行为,当出现不良倾向时及时给予教育。社会工作者也可以带领学生参加社区的反欺凌志愿活动,增加学生对欺凌问题的认识。同时社会工作者也应协助教师共同对学生的学习进行教导,帮助学生把重心重新转移到学习上来。

二、文化环境建设

近年来,随着网络社交平台的兴起,网络信息对于青少年的影响也随之加大。传播技术的发展和传播渠道的扩展,人们在网络中以各自的小空间为限,尽情、及时地发布消息,隐匿性就像一个保护伞,使网民的情感可以自然流露。随着社会的不断发展,网络上的暴力、恐怖信息随之增多,面对网络上的暴力信息,青少年接受能力和模仿能力都较强,心智情绪却仍不稳定,很容易被网络信息所影响。净化网络、加强和完善网络管理制度,也是校园欺凌立法所需考虑的重点。

新闻媒体作为社会的传声筒,首先,要充分发挥宣传、引导、监督的基本功能。要通过新闻媒体这一特殊形式,大力营造有效的舆论监督氛围,为预防和治理校园欺凌提供强大的精神动力和舆论支持。全社会应大力弘扬防治校园欺凌的重要性,提高社会公众的思想认识,增进公众对校园欺凌问题的了解,提高公众参与度,在全社会营造参与校园欺凌治理和预防的良好氛围。新闻媒体要充分发挥未成年人社会导师的作用,减少新闻媒体中蕴含的暴力因素带给学生的负面影响,积极弘扬中华民族的传统美德,传递正能量,树立良好标杆,加强对未成年人积极向上言行和事迹的宣传报道,使未成年人通过新闻报道认清真、善、美和假、恶、丑,及时纠正自己的不良言行,让未成年人学习有榜样,努力有方向。新闻媒体要培育全民防治校园欺凌的意识和社会责任感,积极宣传我国在预防和治理校园欺凌等各个方面的发展成就,深入解读政府关于校园欺凌问题治理的政策法规及政策措施,利用网络建立青少年反欺凌网站,为社会公众了解参与校园欺凌治理提供指引和帮助。

其次,要加强思想道德引领作用,大力宣传中华优秀传统文化、社会主义核心价值观、马克思主义和红色文化等主流思想,开设相关课程或收听名师讲座,不断引导教育青少年,培养青少年树立正确的世界观、人生观、价值观。建立监督监管机制,屏蔽删除不良信息,教会学生如何筛选信息,明辨信息好坏,建立自己的价值判断。要培养学生积极向上的主流思想,通过宣传栏、文化标语、条幅、宣传手册、大屏幕滚动播放条等定期更新信息,宣传报道正能量,培养积极向上好少年。研究发现,安全氛围营造对于校园欺凌有一定的抑制作用,因此要加强对反欺凌行为的宣传教育,潜移默化地渗透学生的思想认识,让他们知晓校园欺凌的危害,共同筑牢校园欺凌防线。

最后,媒体在进行新闻报道时,应具有更多的责任担当,这一点已成为新闻工作者的共识。另外,净化网络信息也成为当今社会不得不重视的一个方面。网络环境很大程度上会影响中小学生的价值判断,从而使他们做出危害他人生命健康和身心发展的不良行为。

300

三、综合环境治理

我国处于社会的转型期,导致中小学生欺凌他人的因素很多,单纯靠刑罚的治理手段并不能有效解决我国校园欺凌问题,欺凌者虽是校园的危害者,但也是不良环境的受害者。这种情况下,刑罚只是一种治理手段,难以根治校园欺凌现象,校园欺凌作为多因素导致的社会问题还需综合施策。只有动员全社会,把校园欺凌事件当成一个重要的社会影响事件,调动社会各方的力量共同对抗,才能从源头上杜绝类似事件的发生,还中小学生一个安全温暖的校园环境,同时促进社会主义和谐社会的建设(薛玲玲等,2018)。

根据协同治理理论,校园欺凌治理体系在治理校园欺凌的过程中,诸多子系统和要素需根据一定的规则自发地进行调整,秩序会通过系统的各个组成部分之间的协作建立起来,最终形成特定的组织模式。基于这种形势,各治理主体、各治理要素能够积极应对内外部环境的变化,能够及时发现校园欺凌治理的必要性、紧迫性,各治理主体也能强化主体之间的职责分工和交流合作。

国际校园欺凌的防治理念已经从"官僚治理"向"公共治理"转变,因而我国校园欺凌防治要注重转变以政府机关为主的"官僚治理"的防治理念,形成"共同参与、合作开发、相互监督"的多元"公共治理"理念,构建"政府—学校—家庭—社会"四位一体的公共治理网络,具体框架见图12-1。

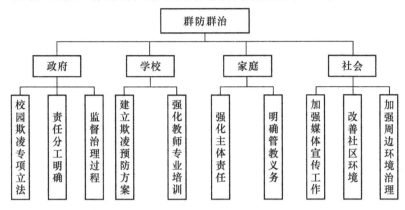

图 12-1　校园欺凌问题群防群治框架

具体来说,政府主要通过政策法案对校园欺凌进行规制,我国在此方面虽然取得了一定成效,但与发达国家相比,政策法案的数量和质量上仍有不足。以美国为例,相关研究显示,美国自 1999 年至 2010 年间颁布的与校园欺凌相关的法案就已超过 120 个。时至今日,美国已经形成完备的校园欺凌司法体系(孟凡壮,俞伟,2017)。因而,我国政府需要在校园欺凌防治中加快立法进程,不断更新和完善校园欺凌的相关法律法规,从国家层面明确政策法规对于防治校园欺凌的指导作用,完善校园欺凌立法的法律边界,保障校园欺凌政策法规中的规范化处理,进一步细化校园欺凌防治政策法规中的相关内容规定,针对网络欺凌进行专项立法,降低刑事惩罚的年龄限制等。作为政府领导一定要高度重视校园欺凌问题,在此基础上落实工作机制,做到责任到位、责任到人。建议各县级政府将校园欺凌工作统一到教育部门工作中,明确校园欺凌防治工作责任人和联系人。

在校时间占据了孩子一天的绝大部分,对于学生是否实施欺凌行为或受欺凌,学校老师最有机会第一时间发现或知晓。学校应当建立校园欺凌预防方案,做好防范校园欺凌的法治宣传工作、校园文化建设,如开展校园欺凌讲座,教育学生及时发现校园欺凌现象或苗头,更要让学生学会自我保护。此外,学校应当建立校园欺凌事件应急处理方案。当发生校园欺凌事件时,学校应当有一整套预案,从容应对处理校园欺凌事件而不慌乱。从人员配备来看,应当有处理校园欺凌事件的第一责任人，按照专业处理原则，应由心理咨询师、律师、社会工作师等专业人员参加。学校要对教职工进行专业培训，进而提高预防和应对校园欺凌事件的能力。学校可以设立相关部门，为家长和受欺凌者提供便捷。

家庭要强化在防治校园欺凌中的主体责任，明确家长义务，建立并完善监护人失职追责制度。家长要自觉地担负起监督青少年行为举止的责任，并有义务及时制止青少年的不良行为，防止校园欺凌行为在家庭中发生。家长的监督不能只局限于学习的监督，青少年处于青春期阶段，对任何新鲜事物充满好奇，此时需要家长教导其明辨是非，让青少年对是非曲直有一个正确的把握，对校园欺凌行为有正确的认识，保证青少年不会遭受校园欺凌。此外，父母要培养学生换位思考的能力，将欺凌者置于受欺凌者的位置思考问题，引导学生因不愿被伤害而放弃采取伤害行为。要构建和睦的家庭氛围，消除家庭中的暴力行为和不平等行为，家长要以自身为表率，用协商的方式来解决家庭生活中的矛盾，从而引导学生采取协商的方式来解决与同学之间的纠纷。

在社会方面，呼吁并鼓励社会各界组织以及民间机构参与校园欺凌的防治，发动社会各界力量以实现校园欺凌防治资源的有效联动。各级人民政府应当组织教育宣传政法、公安、民政等部门和人民法院、人民检察院建立学生欺凌综合治理部门联席会议制度，定期判断和研究本地区学生欺凌形势和治理问题，促进本地区校园欺凌的治理工作，妥善处理学生欺凌事件，正确引导媒体和网络舆论。公安、司法、人民检察院和人民法院应选派人员依据有关规定担任中小学兼职法治副校长。妇女联合会组织应通过学校或者居委会定期组织开展预防校园欺凌的讲座或者对学生家长开展校园欺凌防治讲座或专题培训，指导对未成年人的监护工作，提高他们的防治意识，从而更好地实现监护责任。动员全社会力量做好校园周边的安全保卫工作，依托国家公安综合管理信息系统，整合相关部门信息资源，加强重点青年群体的动态研究与判断。

对于学校周围社区群众发现的校园欺凌事件，应第一时间通知当地社区安保人员，制止校园欺凌行为。如果事件属于同学之间的小矛盾，社区安保人员应立即进行前期处置，利用通讯工具告知其家长及学校老师，家长及时掌握事件的起因，学校观察学生的心理状态，并由学校心理医生和家长共同教育引导学生的心理问题。如果事件比较严重，则应首先通知当地派出所和社区医生，严格按照规章制度进行处理，并告知学生家长和老师事情的经过和结果。在社区、家庭和学校的齐心合力下，共同引导和教育学生，确保实施欺凌者认识到自己行为的错误,并进行思想教育,进而减少校园欺凌反复发生的可能。

　　总而言之,欺凌行为并非完全独立于学校,单一的治理模式无法真正预防和处理校园欺凌问题。在欺凌的预防和干预过程中,应从整个社会生态系统入手,加强校外的支持体系,将学校欺凌放在不同层次的系统中进行预防和干预。只有在政府主导的基础上,充分发挥家庭、学校、社会组织等多方主体的力量,形成"共同参与、合作开发、相互监督"的多元"公共治理"理念,构建"政府—学校—家庭—社会"四位一体的公共治理网络,才能从根本上解决校园欺凌治理过程中出现的问题。强调社区在社会生态环境中各种资源多层次的相互作用,寻求解决校园欺凌问题的路径,使青少年与社会的关系变得更加丰富和畅通,让青少年能够在健康向上的家庭、学校、社会中快乐地成长。

参考文献

ACKERMAN N W, 1964. The adolescent society[J]. Journal of The American Academy of Child Psychiatry, 3: 564-565.

ADAMS C, IRELAND J L, 2017. The role of beliefs and trait aggression in prison bullying among young offenders[J]. The Journal of Forensic Psychiatry, Psychology, 29(3): 351-367.

ADLER N E, EPEL E S, CASTELLAZZO G, et al., 2000. Relationship of subjective and objective social status with psychological and physiological functioning: Preliminary data in healthy white women[J]. Health Psychology, 19(6): 586-592.

AKIBA M, SHIMIZU K, ZHUANG Y L, 2010. Bullies, victims, and teachers in Japanese middle schools[J]. Comparative Education Review, 54(3): 369-392.

ALLISON K R, BUSSEY K, LINDSEY D, 2016. Cyber-bystanding in context: A review of the literature on witnesses' responses to cyberbullying[J]. Children and Youth Services Review, 65: 183-194.

ANDERSON C A, 1997. Effects of violent movies and trait hostility on hostile feelings and aggressive thoughts[J]. Aggressive Behavior: Official Journal of the International Society for Research on Aggression, 23(3): 161-178.

ANDERSON C A, BUSHMAN B J, 2001. Effects of violent video games on aggressive behavior, aggressive cognition, aggressive affect, physiological arousal, and prosocial behavior: A meta-analytic review of the scientific literature[J]. Psychological Science, 12(5): 353-359.

ANDERSON C A, BUSHMAN B J, 2002. Human aggression [J]. Annual Review of Psychology, 53(1): 27-51.

ANDERSON K B, ANDERSON C A, DILL K E, et al., 1998. The interactive relations between trait hostility, pain, and aggressive thoughts[J]. Aggressive Behavior: Official Journal of the International Society for Research on Aggression, 24(3): 161-171.

ANTONIADOU N, KOKKINOS C M, 2015. Cyber and school bullying: Same or different phenomena? [J]. Aggression and Violent Behavior, 25: 363-372.

ARIKAN G, KUMRU A, KORKUT B, et al., 2019. Examining toddlers' problem behaviors: The role of SES, parenting stress, perceived support and negative intentionality [J]. Journal of Child and Family Studies, 28(12): 3467-3478.

ARRINDELL W A, SANAVIO E, AGULAR G, et al., 1999. The development of a short form of the EMBU: Its appraisal with students in Greece, Guatemala, Hungary and Italy [J]. Personality and Individual Differences, 27(4): 613-628.

ARSENIO W F, LEMERISE E A, 2004. Aggression and moral development: Integrating social information processing and moral domain models[J]. Child Development, 75(4): 987-1002.

ATHANASIADES C, BALDRY A C, KAMARIOTIS T, et al., 2016. The "net" of the internet: Risk factors for cyberbullying among secondary-school students in Greece[J]. European Journal on Criminal Policy and Research, 22(2): 301-317.

AYDIN F, VERA E, 2020. Subjective social class and subjective well-being among college students: The mitigating roles of self-esteem and critical consciousness[J]. The Review of Higher Education, 43(4): 1099-1123.

BACCHINI D, ESPOSITO G, AFFUSO G, 2009. Social experience and school bullying[J]. Journal of Community Applied Social Psychology, 19(1): 17-32.

BAEK H, ROBERTS A M, SEEPERSEAD R, et al., 2018. Examining negative emotion as mediators between exposures to family violence and bullying: A gendered perspective[J]. Journal of School Violence, 18(3): 440-454.

BAI B, CHAO G C N, WANG C, 2018. The relationship between social support, self-efficacy, and eglish language learning achievement in Hong Kong[J]. TESOL Quarterly, 53(1): 208-221.

BAI X, JIANG L P, ZHANG Q, et al., 2021. Subjective family socioeconomic status and peer relationships: Mediating roles of Self-esteem and perceived stress [J]. Frontiers in Psychiatry, 12: 634976.

BALDRY A C, 2003. Bullying in schools and exposure to domestic violence[J]. Child Abuse & Neglect, 27(7): 713-732.

BANDURA A, 1977. Social learning theory [J]. Canadian Journal of Sociology-Cariers Canadiens De Sociologie, 2: 321.

BANDURA A, 1973. Aggression: A social learning analysis by albert bandura[J]. American Journal of Sociology, 26(5): 1101-1109.

BANDURA A, 1982. Self-efficacy mechanism in human agency[J]. American Psychologist, 37(2): 122-147.

BANDURA A, 1986. Social foundations of thoughts and actions: A social cognitive theory[J]. Journal of Applied Psychology, 12(1): 169.

BANDURA A, 2002. Selective moral disengagement in the exercise of moral agency [J].

参
考
文
献

Journal of Moral Education, 31(2): 101-119.

BARCHIA K, BUSSEY K, 2011. Individual and collective social cognitive influences on peer aggression: Exploring the contribution of aggression efficacy, moral disengagement, and collective efficacy[J]. Aggressive Behavior, 37(2): 107-120.

BARNOW S, LUCHT M, FREYBERGER H J, 2005. Correlates of aggressive and delinquent conduct problems in adolescence[J]. Aggressive Behavior, 31(1): 24-39.

BARON R M, KENNY D A, 1986. The moderator-mediator variable distinction in social psychological research: Conceptual, strategic, and statistical considerations[J]. Journal of Personality and Social Psychology, 51(6): 1173-1182.

BARTHOLOMAEUS J, STRELAN P, 2019. The adaptive, approach-oriented correlates of belief in a just world for the self: A review of the research[J]. Personality and Individual Differences, 151: 109485.

BAR-HAIM Y, LAMY D, PERGAMIN L, et al., 2007. Threat-related attentional bias in anxious and nonanxious individuals: A meta-analytic study[J]. Psychological Bulletin, 133(1): 1-24.

BAUGHMAN H M, DEARING S, GIAMMARCO E, et al., 2012. Relationships between bullying behaviours and the dark triad: A study with adults[J]. Personality and Individual Differences, 52(5): 571-575.

BAUMEISTER R F, LEARY M R, 1995. The need to belong: Desire for interpersonal attachments as a fundamental human motivation[J]. Psychological Bulletin, 117(3): 497-529.

BECKE A D, 1993. Density-functional thermochemistry. III. The role of exact exchange[J]. Journal of Chemical Physics, 98(7): 5648-5652.

BECKER J C, TAUSCH N, WAGNER U, 2011. Emotional consequences of collective action participation: Differentiating self-directed and outgroup-directed emotions[J]. Personality and Social Psychology Bulletin, 37(12): 1587-1598.

BENIGHT C C, FREYALDENHOVEN R W, HUGHES J, et al., 2000. Coping self-efficacy and psychological distress following the Oklahoma City Bombing[J]. Journal of Applied Social Psychology, 30(7): 1331-1344.

BENSON M J, BUEHLER C, 2012. Family process and peer deviance influences on adolescent aggression: Longitudinal effects across early and middle adolescence [J]. Child Development, 83(4): 1213-1228.

BERKOWITZ L, 1964. Aggressive cues in aggressive behavior and hostility catharsis[J]. Psychological Review, 71(2): 104-122.

BERKOWITZ L, 1990. On the formation and regulation of anger and aggression: A cognitive-neoassociationistic analysis[J]. American Psychologist, 45(4): 494-503.

BERKOWITZ L, 2012. A different view of anger: The cognitive-neoassociation conception of the relation of anger to aggression[J]. Aggressive Behavior, 38(4): 322-333.

BERRY K, HUNT C J, 2009. Evaluation of an intervention program for anxious adolescent boys who are bullied at school[J]. Journal of Adolescent Health, 45(4): 376-382.

BETTS L R, SPENSER K A, 2017. Developing the cyber victimization experiences and cyberbullying behaviors scales[J]. Journal of Experimental Social Psychology, 178(3): 147-164.

BEULLENS K, VANDENBOSCH L, 2015. A conditional process analysis on the relationship between the use of social networking sites, attitudes, peer norms, and adolescents' intentions to consume alcohol[J]. Media Psychology, 19(2): 310-333.

BHARDWAJ V, ANGKAW A C, FRANCESCHETTI M, et al., 2019. Direct and indirect relationships among posttraumatic stress disorder, depression, hostility, anger, and verbal and physical aggression in returning veterans[J]. Aggressive Behavior, 45(4): 417-426.

BISTRONG E, BOTTIANI J H, BRADSHAW C P, 2019. Youth reactions to bullying: Exploring the factors associated with students' willingness to intervene[J]. Journal of School Violence, 18(4): 522-535.

BOE T, SIVERTSEN B, HEIERVANG E, et al., 2014. Socioeconomic status and child mental health: The role of parental emotional well-being and parenting practices[J]. Journal of Abnormal Child Psychology, 42(5): 705-715.

BOEREE C G, 2006. Sigmund Freud[J]. Personality Theories: 1-19.

BORNSTEIN G, 1992. The free-rider problem in intergroup conflicts over step-level and continuous public goods[J]. Journal of Personality and Social Psychology, 62(4): 597-606.

BOUCHARD K L, SMITH J D, 2017. Teacher-student relationship quality and children's bullying experiences with peers: Reflecting on the mesosystem[J]. The Educational Forum, 81(1): 108-125.

BOULTON M J, 1997. Teachers' views on bullying: Definitions, attitudes and ability to cope [J]. British Journal of Educational Psychology, 67(2): 223-233.

BOWES L, MAUGHAN B, CASPI A, et al., 2010. Families promote emotional and behavioural resilience to bullying: Evidence of an environmental effect[J]. Journal of Child Psychology and Psychiatry, 51(7): 809-817.

BOWLBY J, 1982. Attachment and loss: Retrospect and prospect[J]. American Journal of Orthopsychiatry, 52(4): 664-678.

BOWLBY J, 1988. A Secure Base: Parent-child Attachment and Healthy Human Development [M]. New York: Basic Books.

BRADLEY R H, CORWYN R F, 2002. Socioeconomic status and child development[J]. Annual Review of Psychology, 53(1): 371-399.

BRADSHAW C P, PAS E T, BOTTIANI J H, et al., 2018. Promoting cultural responsivity

参考文献

and student engagement through double check coaching of classroom teachers: An efficacy study[J]. School Psychology Review, 47(2): 118-134.

BRADSHAW C P, SAWYER A L, O'BRENNAN L M, 2009. A social disorganization perspective on bullying-related attitudes and behaviors: The influence of school context [J]. American Journal of Community Psychology, 43(3-4): 204-220.

BRECHWALD W A, PRINSTEIN M J, 2011. Beyond homophily: A decade of advances in understanding peer influence processes[J]. Journal of Research on Adolescence, 21(1): 166-179.

BRENICK A, ROMANO K, 2016. Perceived peer and parent out-group norms, Cultural Identity, and adolescents' reasoning about peer intergroup exclusion [J]. Child Development, 87(5): 1392-1408.

BRONFENBRENNER U, 1986. Ecology of the family as a context for human development: Research perspectives[J]. Developmental Psychology, 22(6): 723-742.

BRONFENBRENNER U, 1992. Ecological Systems Theory[M]. Oxford: Oxford University Press.

BUCUR A, URSONIU S, CARAION-BUZDEA C, et al., 2020. Aggressive behaviors among 15-16-year-old Romanian high school students: Results from two consecutive surveys related to alcohol and other drug use at the European level[J]. International Journal of Environmental Research and Public Health, 17(10): 3670.

BUELGA S, MARTÍNEZ-FERRER B, CAVA M, 2017. Differences in family climate and family communication among cyberbullies, cybervictims, and cyber bully-victims in adolescents[J]. Computers in Human Behavior, 76: 164-173.

BUIST K L, DEKOVI M, PRINZIE P, 2013. Sibling relationship quality and psychopathology of children and adolescents: A meta-analysis[J]. Clinical Psychology Review, 33(1): 97-106.

BURGESS K B, WOJSLAWOWICZ J C, RUBIN K H, et al., 2006. Social information processing and coping strategies of shy/withdrawn and aggressive children: Does friendship matter? [J] Child Development, 77(2): 371-383.

BURNS S, CROSS D, MAYCOCK B, 2010. "That could be me squishing chips on someone's car." how friends can positively influence bullying behaviors[J]. The Journal of Primary Prevention, 31(4): 209-222.

BURTON K A, FLORELL D, WYGANT D B, 2013. The role of peer attachment and normative beliefs about aggression on traditional bullying and cyberbullying [J]. Psychology in the Schools, 50(2): 103-115.

BUSHMAN B J, ANDERSON C A, 2002. Violent video games and hostile expectations: A test of the general aggression model[J]. Personality and Social Psychology Bulletin, 28 (12): 1679-1686.

BUSHMAN D D, FUNK J B, 1996. Video and computer games in the 90's children time commitment and game preference[J]. Child Today, 24(1): 12-31.

BUSS A H, PERRY M, 1992. The aggression questionnaire[J]. Journal of Personality and Social Psychology, 63(3): 452-459.

BUSTILLOS A, DEL PRADO SILVÁN-FERRERO M, GAVIRIA E, et al., 2008. Social psychological variables and school bullying: The role of group norms and group identification[J]. Revista de Psicologia Social, 23(2): 151-161.

BUTCHER F, GALANEK J D, KRETSCHMAR J M, et al., 2015. The impact of neighborhood disorganization on neighborhood exposure to violence, trauma symptoms, and social relationships among at-risk youth[J]. Social Science, Medicine, 146: 300-306.

BUTLER J L, LYNN PLATT R A L, 2008. Bullying: A family and school system treatment model[J]. American Journal of Family Therapy, 36(1): 18-29.

BÄCK E A, BÄCK H, GARCIA-ALBACETE G, 2013. Protest activity, social incentives, and rejection sensitivity: Results from a survey experiment about tuition fees[J]. Contention, 1(1): 1-15.

BÖHM R, FLEIß J, RYBNICEK R, 2021. On the stability of social preferences in inter-group conflict: A lab-in-the-field panel study[J]. Journal of Conflict Resolution, 65(6): 1215-1248.

BÖHM R, RUSCH H, BARON J, 2020. The psychology of intergroup conflict: A review of theories and measures[J]. Journal of Economic Behavior and Organization, 178: 947-962.

CAIRNS R B, LEUNG M C, BUCHANAN L, et al. 1995. Friendships and social networks in childhood and adolescence: Fluidity, reliability, and interrelations[J]. Child Development, 66(5): 1330-1345.

CALVETE E, ORUE I, 2011. The impact of violence exposure on aggressive behavior through social information processing in adolescents[J]. American Journal of Orthopsychiatry, 81 (1): 38-50.

CANTONE E, PIRAS A P, VELLANTE M, et al., 2015. Interventions on bullying and cyberbullying in schools: A systematic review[J]. Clinical Practice and Epidemiology in Mental Health, 11(Suppl 1 M4): 58-76.

CAO Y, YANG F, 2018. Self-efficacy and problem behaviors of school bully victims: Evidence from rural China[J]. Journal of Child and Family Studies, 27(10): 3241-3249.

CAPRARA G V, FIDA R, VECCHIONE M, et al., 2009. Assessing civic moral disengagement: Dimensionality and construct validity[J]. Personality and Individual Differences, 47(5): 504-509.

CARAVITA S C S, GINI G, POZZOLI T, 2012. Main and moderated effects of moral cognition and status on bullying and defending[J]. Aggressive Behavior, 38(6): 456-468.

CARAVITA S C S, SIJTSEMA J J, RAMBARAN J A, et al. 2014. Peer influences on moral

309

disengagement in late childhood and early adolescence [J]. Journal of Youth and Adolescence, 43(2): 193-207.

CASEY E A, LINDHORST T, STORER H L, 2017. The situational-cognitive model of adolescent bystander behavior: Modeling bystander decision-making in the context of bullying and teen dating violence[J]. Psychology of violence, 7(1): 33-44.

CASPER D M, CARD N A, 2017. Overt and relational victimization: A meta-analytic review of their overlap and associations with social-psychological adjustment [J]. Child development, 88(2): 466-483.

CHAN H C O, CHUI W H, 2013. Social bonds and school bullying: A study of Macanese male adolescents on bullying perpetration and peer victimization[J]. Child, Youth Care Forum, 42(6): 599-616.

CHAN H C, WONG D S W, 2015. Traditional school bullying and cyberbullying in Chinese societies: Prevalence and a review of the whole-school intervention approach [J]. Aggression and Violent Behavior, 23(1): 98-108.

CHANDLER M J, 1973. Egocentrism and antisocial behavior: The assessment and training of social perspective-taking skills[J]. Developmental Psychology, 9(3): 326-332.

CHANG L, LANSFORD J E, SCHWARTZ D, et al., 2004. Marital quality, maternal depressed effect, harsh parenting, and child externalising in Hong Kong Chinese families [J]. International Journal of Behavioral Development, 28(4): 311-318.

CHARALAMPOUS K, DEMETRIOU C, TRICHA L, et al., 2018. The effect of parental style on bullying and cyber bullying behaviors and the mediating role of peer attachment relationships: A longitudinal study[J]. Journal of Adolescence, 64: 109-123.

CHEN B, ZUO Y X, ZHAO Y F, 2018. The relationship between subjective social class and aggression: A serial mediation model[J]. Personality and Individual Differences, 131(6): 174-179.

CHEN L, ALSTON M, GUO W, 2019. The influence of social support on loneliness and depression among older elderly people in China: Coping styles as mediators[J]. Journal of Community Psychology, 47(5): 1235-1245.

CHEN M, CHEN C C, SHELDON O J, 2016. Relaxing moral reasoning to win: How organizational identification relates to unethical pro-organizational behavior[J]. Journal of applied psychology, 101(8): 1082.

CHO D, KWON K H, 2015. The impacts of identity verification and disclosure of social cues on flaming in online user comments[J]. Computers in Human Behavior, 51: 363-372.

CHOI E U, HOGG M A, 2020. Self-uncertainty and group identification: A meta-analysis[J]. Group Processes & Intergroup Relations, 23(4): 483-501.

CHRISTIE-MIZELL C A, KEIL J M, LASKE M T, et al., 2011. Bullying behavior, parents' work hours and early adolescents' perceptions of time spent with parents[J]. Youth and

Society，43(4)：1570-1595.

CHUI R C，CHAN C，2017. School adjustment，social support，and mental health of mainland Chinese college students in Hong Kong[J]. Journal of College Student Development，58 (1)：88-100.

CIALDINI R B，KALLGREN C A，RENO R R，1991. A focus theory of normative conduct： A theoretical refinement and reevaluation of the role of norms in human behavior[J]. Advances in experimental social psychology，(24)：201-234.

CIMA M，TONNAER F，HAUSER M D，2010. Psychopaths know right from wrong but don't care[J]. Social Cognitive and Affective Neuroscience，5(1)：59-67.

CIUCCI E，BARONCELLI A，2014. The emotional core of bullying：Further evidences of the role of callous-unemotional traits and empathy[J]. Personality and Individual Differences，67：69-74.

COHEN S，WILLS T A，1985. Stress，social support，and the buffering hypothesis[J]. Psychological Bulletin，98(2)：310-357.

COHEN-CHEN S，HALPERIN E，SAGUY T，et al.，2014. Beliefs about the malleability of immoral groups facilitate collective action [J]. Social Psychological and Personality Science，5(2)：203-210.

COLOROSO B，2008. The Bully，the Bullied，and the Bystander[M]. New York：Harper Collins Publishers.

CONEO A M C，THOMPSON A R，LAVDA A，2017. The influence of optimism，social support and anxiety on aggression in a sample of dermatology patients：An analysis of cross-sectional data[J]. The British Journal of Dermatology，176(5)：1187-1194.

CONGER R D，CONGER K J，MARTIN M J，2010. Socioeconomic status，family processes，and individual development[J]. Journal of Marriage and Family，72(3)：685-704.

CORREIA I，DALBERT C，2008. School bullying：Belief in a personal just world of bullies，victims，and defenders[J]. European Psychologist，13(4)：248-254.

CREASEY G，KERSHAW K，BOSTON A，1999. Conflict management with friends and romantic partners：The role of attachment and negative mood regulation expectancies[J]. Journal of Youth and Adolescence，28(5)：523-543.

CRICK N R，DODGE K A，1994. A review and reformulation of social information-processing mechanisms in children's social adjustment[J]. Psychological Bulletin，115(1)：74-101.

CROSBY F，BROMLEY S，SAXE L，1980. Recent unobtrusive studies of Black and White discrimination and prejudice：A literature review[J]. Psychological Bulletin，87(3)：546.

CUI K，TO S，2019. Migrant status，social support，and bullying perpetration of children in mainland China[J]. Child and Youth Services Review，107：104534.

CUI M，CONGER R D，2008. Parenting behavior as mediator and moderator of the association between marital problems and adolescent maladjustment [J]. Journal of Research on

Adolescence, 18(2): 261-284.

CULLERTON-SEN C, CASSIDY A R, MURRAY-CLOSE D, et al., 2008. Childhood maltreatment and the development of relational and physical aggression: The importance of a gender-informed approach[J]. Child Development, 79(6): 1736-1751.

CUMMINGS E M, SCHERMERHORN A C, DAVIES P T, et al., 2006. Interparental discord and child adjustment: Prospective investigations of emotional security as an explanatory and mechanism[J]. Child Development, 77(1): 132-152.

DALBERT C, 1999. The world is more just for me than generally: About the personal belief in a just world scale's validity[J]. Social Justice Research, 12(2): 79-98.

DALBERT C, DONAT M, 2015. Belief in a just world[M]// International Encyclopedia of the Social Behavioral Sciences. Amsterdam: Elsevier: 487-492.

DANZIG A P, DYSON M W, OLINO T M, et al., 2015. Positive parenting interacts with child temperament and negative parenting to predict children's socially appropriate behavior [J]. Journal of Social and Clinical Psychology, 34(5): 411-435.

DARK-FREUDEMAN A, POND R S, PASCHALL R E, et al., 2020. Attachment style in adulthood: Attachment style moderates the impact of social support on depressive symptoms[J]. Journal of Social and Personal Relationships, 37(10-11): 2871-2889.

DAVIES P T, CUMMINGS E M, 1994. Marital conflict and child adjustment: An emotional security hypothesis[J]. Psychological Bulletin, 116(3): 387-411.

DAVIES P T, FORMAN E M, RASI J A, et al., 2002. Assessing children's emotional security in the interparental relationship: The Security in the Interparental Subsystem Scales[J]. Child Development, 73(2): 544-562.

DE CREMER D, LEONARDELLI G J, 2003. Cooperation in social dilemmas and the need to belong: The moderating effect of group size[J]. Group Dynamics: Theory, Research, and Practice, 7(2): 168-174.

DE RIBERA O S, TRAJTENBERG N, SHENDEROVICH Y, et al., 2019. Correlates of youth violence in low-and middle-income countries: A meta-analysis[J]. Aggression and violent behavior, 49: 101306.

DE SHAZER S, BERG I K, 1992. Doing therapy: A post-structural re-vision[J]. Journal of Marital and Family Therapy, 18(1): 71-81.

DEBONO A, MURAVEN M, 2014. Rejection perceptions: Feeling disrespected leads to greater aggression than feeling disliked[J]. Journal of Experimental Social Psychology, 55: 43-52.

DELAHAIJ R, VAN DAM K, 2017. Coping with acute stress in the military: The influence of coping style, coping self-efficacy and appraisal emotions[J]. Personality and Individual Differences, 119: 13-18.

DEMARAY M K, MALECKI C K, 2003. Perceptions of the frequency and importance of social support by students classified as victims, bullies, and bully/victims in an urban middle school[J]. School Psychology Review, 32(3): 471-489.

DEMARAY M K, SUMMERS K H, JENKINS L N, et al. , 2016. Bullying participant behaviors questionnaire (B)PBQ: Establishing a reliable and valid measure[J]. Journal of School Violence, 15(2): 158-188.

DENEGRI-KNOTT J, TAYLOR J, 2005. The labeling game a conceptual exploration of deviance on the internet[J]. Social Science Computer Review, 23(1): 93-107.

DENSLEY J, PETERSON J, 2018. Group aggression[J]. Current Opinion in Psychology, 19 (1): 43-48.

DENSON T F, WHITE A J, WARBURTON W A, 2009. Trait displaced aggression and psychopathy differentially moderate the effects of acute alcohol intoxication and rumination on triggered displaced aggression[J]. Journal of Research in Personality, 43(4): 673-681.

DETERT J R, TREVIÑO L K, SWEITZER V L, 2008. Moral disengagement in ethical decision making: A study of antecedents and outcomes[J]. Journal of applied psychology, 93(2): 374-391.

DEWALL C N, ANDERSON C A, BUSHMAN B J, 2011. The general aggression model: Theoretical extensions to violence[J]. Psychology of Violence, 1(3): 245-258.

DIDASKALOU E, ROUSSI C J, ANDREOU E, 2015. Greek adolescents' victimization experiences, reactions, ability to cope and sense of school safety[J]. American Journal of Psychology and Behavioral Sciences, 2(2): 41-51.

DITTRICK C J, BERAN T N, MISHNA F, et al. , 2013. Do children who bully their peers also play violent video games? A Canadian national study[J]. Journal of School Violence, 12(4): 297-318.

DODGE K A, 1980. Social cognition and children's aggressive behavior [J]. Child Development, 51(1): 162-170.

DODGE K A, RABINER D L, 2004. Returning to roots: On social information processing and moral development[J]. Child Development, 75(4): 1003-1008.

DONAT M, PETER F, DALBERT C, et al. , 2016. The meaning of students' personal belief in a just world for positive and negative aspects of school-specific well-being[J]. Social Justice Research, 29(1): 73-102.

DOOSJE B, ELLEMERS N, SPEARS R, 2002. Self and social identity[J]. Annual Review of Psychology, 53(1): 161-186.

DROSER VA, 2013. Talking the Talk: An Exploration of Parent-Child Communication About Cyberbullying[D]. Portland: Portland State University.

DUCKWORTH A L, 2011. The significance of self-control[J]. Proceedings of the National Academy of Sciences, 108(7): 2639-2640.

DUMONT K, WALDZUS S, 2014. Group-based guilt and reparation in the context of social

313

参
考
文
献

change[J]. Journal of Applied Social Psychology, 44(4): 331-341.

DUMONT M, YZERBYT V, WIGBOLDUS D, et al., 2003. Social categorization and fear reactions to the September 11th terrorist attacks[J]. Personality and Social Psychology Bulletin, 29(12): 1509-1520.

DURBIN D L, DARLING N, STEINBERG L, et al., 1993. Parenting style and peer group membership among European-American adolescents [J]. Journal of Research on Adolescence, 3(1): 87-100.

ECKEL C C, GROSSMAN P J, 2008. Men, women and risk aversion: Experimental evidence [J]. Handbook of Experimental Economics Results, 1(7): 1061-1073.

EFFRON D A, 2018. It could have been true: How counterfactual thoughts reduce condemnation of falsehoods and increase political polarization[J]. Personality and Social Psychology Bulletin, 44(5): 729-745.

EISENBERG N, FABES R A, SHEPARD S A, et al., 1997. Contemporaneous and longitudinal prediction of children's social functioning from regulation and emotionality[J]. Child Development, 68(4): 642-664.

EISENBERG N, SPINRAD T L, KNAFO-NOAM A, 2015. Prosocial development[M]// Handbook of Child Psychology and Developmental Science. Hoboken: Wiley: 610-656.

ELIOT M, CORNELL D, GREGORY A, et al., 2010. Supportive school climate and student willingness to seek help for bullying and threats of violence[J]. Journal of School Psychology, 48(6): 533-553.

ELLEMERS N, BOS A E R, 1998. Social identity, relative deprivation, and coping with the threat of position loss: A field study among native shopkeepers in Amsterdam[J]. Journal of Applied Social Psychology, 28(21): 1987-2006.

ELLEMERS N, JETTEN J, 2013. The many ways to be marginal in a group[J]. Personality and Social Psychology Review, 17(1): 3-21.

ELLIS W E, ZARBATANY L, 2007. Peer group status as a moderator of group influence on children's deviant, aggressive, and prosocial behavior[J]. Child Development, 78(4): 1240-1254.

ERCEG-HURN D M, MIROSEVICH V M, 2008. Modern robust statistical methods: An easy way to maximize the accuracy and power of your research[J]. American Psychologist, 63(7): 591-601.

ESKISU M, 2014. The relationship between bullying, family functions, perceived social support among high school students[J]. Procedia-Social and Behavioral Sciences, 159(12): 492-496.

ESPELAGE D L, HOLT M K, 2001. Bullying and victimization during early adolescence: Peer influences and psychosocial correlates[J]. Journal of Emotional Abuse, 2(2-3): 123-142.

ESPELAGE D L, HOLT M K, HENKEL R R, 2003. Examination of peer-group contextual effects on aggression during early adolescence[J]. Child Development, 74 (1): 205-220.

ESPELAGE D, GREEN H, POLANIN J, 2012. Willingness to intervene in bullying episodes among middle school students: Individual and peer-group influences[J]. The Journal of Early Adolescence, 32(6): 776-801

ESPINOZA G, GILLEN-O'NEEL C, GONZALES N A, et al. , 2014. Friend affiliations and school adjustment among Mexican-American adolescents: The moderating role of peer and parent support[J]. Journal of Youth and Adolescence, 43(12): 1969-1981.

EVANS C B R, FRASER M W, COTTER K L, 2014. The effectiveness of school-based bullying prevention programs: A systematic review[J]. Aggression and Violent Behavior, 19(5): 532-544.

EVANS G W, LI D P, WHIPPLE S S, 2013. Cumulative risk and child development[J]. Psychological Bulletin, 139(6): 1342-1396.

FAN H, XUE L, ZHANG J, et al. , 2021. Victimization and depressive symptoms among Chinese adolescents: A moderated mediation model[J]. Journal of Affective Disorders, 294: 375-381.

FANG Y, NIU Y, DONG Y, 2021. Exploring the relationship between narcissism and depression: The mediating roles of perceived social support and life satisfaction [J]. Personality and Individual Differences, 173(3): 110604.

FANTI K A, KOKKINOS C M, VOULGARIDOU I, et al. , 2019. Investigating the association between callous-unemotional traits with relational bullying and victimization: A cross-national study[J]. Social Development, 42(28): 854-872.

FESTL R, SCHARKOW M, QUANDT T, 2013. Peer influence, internet use and cyberbullying: A comparison of different context effects among German adolescents[J]. Journal of Children and Media, 7(4): 446-462.

FESTL R, SCHARKOW M, QUANDT T, 2013. Problematic computer game use among adolescents, younger and older adults[J]. Addiction (Abingdon, England), 108(3): 592-599.

FISKE S T, 2002. What we know now about bias and intergroup conflict, the problem of the century[J]. Current Directions in Psychological Science, 11(4): 123-128.

FITE P J, RUBENS S L, COOLEY J L, 2014. Influence of contextual factors on academic performance in a sample of Latino adolescents: The moderating role of school attachment [J]. Journal of Community Psychology, 42(8): 924-936.

FITZPATRICK S, BUSSEY K, 2014. The role of perceived friendship self-efficacy as a protective factor against the negative effects of social victimization [J]. Social Development, 23(1): 41-60.

FLASPOHLER P D, ELFSTROM J L, VANDERZEE K L, et al. , 2009. Stand by me: The effects of peer and teacher support in mitigating the impact of bullying on quality of life [J]. Psychology in the Schools, 46(7): 636-649.

FOMBY P, GOODE J A, MOLLBORN S, 2016. Family complexity, siblings, and children's aggressive behavior at school entry[J]. Demography, 53(1): 1-26.

FORSBERG C, THORNBERG R, SAMUELSSON M, 2014. Bystanders to bullying: Fourth-to seventh-grade students' perspectives on their reactions [J]. Research Paper in Education, 29(5): 557-576.

FORT I, MURARIU A, 2018. The paths between gender, barriers, social support, coping efficacy and vocational indecision[J]. International Journal for Educational and Vocational Guidance, 18(3): 241-256.

FOX C L, ELDER T, GATER J, et al., 2010. The association between adolescents' beliefs in a just world and their attitudes to victims of bullying[J]. British Journal of Educational Psychology, 80(2): 183-198.

FREUD A, 1952. The mutual influences in the development of ego and id: Introduction to the discussion[J]. The psychoanalytic study of the child, 7(1): 42-50.

FREY K S, HIRSCHSTEIN M K, SNELL J L, et al., 2005. Reducing playground bullying and supporting beliefs: An experimental trial of the steps to respect program [J]. Developmental Psychology, 2005, 41(3): 479-490.

FRICK P J, 2004. Developmental pathways to conduct disorder: Implications for serving youth who show severe aggressive and antisocial behavior[J]. Psychology in the Schools, 41(8): 823-834.

FRICK P J, DICKENS C, 2006. Current perspectives on conduct disorder. Current Psychiatry Reports, 8(1): 59-72.

FRICK P J, WHITE S F, 2008. Research review: The importance of callous-unemotional traits for developmental models of aggressive and antisocial behavior[J]. Journal of Child Psychology, Psychiatry, Allied Disciplines, 49(4): 359-375.

FUEMMELER B F, TAYLOR L A, METZ A E, et al., 2002. Risk-taking and smoking tendency among primarily African American school children: Moderating influences of peer susceptibility[J]. Journal of Clinical Psychology in Medical Settings, 9(4): 323-330.

FURNHAM A, RICHARDS S C, PAULHUS D L, 2013. The dark triad of personality: A 10-year review[J]. Social and Personality Psychology Compass, 7(3): 199-216.

GAVRILETS S, FORTUNATO L, 2014. A solution to the collective action problem in between-group conflict with within-group inequality [J]. Nature Communications, 5: 3526.

GEEN R G, O'NEAL E C, 1969. Activation of cue-elicited aggression by general arousal[J]. Journal of Personality and Social Psychology, 11(3): 289-292.

GHIM S C, CHOI D H, LIM J J, et al., 2015. The relationship between covert narcissism and relational aggression in adolescents: Mediating effects of internalized shame and anger rumination[J]. International Journal of Information and Education Technology, 5(1): 21-26.

GINI G, ALBIERO P, BENELLI B, et al., 2008. Determinants of adolescents' active defending and passive by standing behavior in bullying[J]. Journal of Adolescence, 31(1): 93-105.

GINI G, ESPELAGE D L, 2014. Peer victimization, cyberbullying, and suicide risk in children and adolescents[J]. Journal of the American Medical Association, 312(5): 545-546.

GINI G, POZZOLI T, BUSSEY K, 2014. Collective moral disengagement: Initial validation of a scale for adolescents [J]. European Journal of Developmental Psychology, 11 (3): 386-395.

GINI G, POZZOLI, THORNBERG R, 2016. Bullying and defending behavior: The role of explicit and implicit moral cognition[J]. Journal of School Psychology, 59: 67-81.

GOLDENBERG A, SAGUY T, HALPERIN E, 2014. How group-based emotions are shaped by collective emotions: Evidence for emotional transfer and emotional burden[J]. Journal of Personality and Social Psychology, 107(4): 581-596.

GOLDMAN L, HOGG M A, 2016. Going to extremes for one's group: The role of prototypicality and group acceptance[J]. Journal of Applied Social Psychology, 46(9): 544-553.

GOODBOY A K, MARTIN M M, 2015. The personality profile of a cyberbully: Examining the dark triad[J]. Computers in Human Behavior, 49: 1-4.

GOTTFREDSON M R, HIRSCHI T, 1990. A General Theory of Crime [M]. Stanford: Stanford University Press.

GRANT F, HOGG M A, 2012. Self-uncertainty, social identity prominence and group identification[J]. Journal of Experimental Social Psychology, 48(2): 538-542.

GREITEMEYER T, SAGIOGLOU C, 2017. Increasing wealth inequality may increase interpersonal hostility: The relationship between personal relative deprivation and aggression[J]. The Journal of Social Psychology, 157(6): 766-776.

GRIGG D W, 2010. Cyber aggression: Definition and concept of cyberbullying[J]. Journal of Psychologists and Counsellors in Schools, 20(2): 143-156.

GRYCH J H, SEID M, FINCHAM F D, 1992. Assessing marital conflict from the child's perspective: The children's perception of interparental conflict scale [J]. Child Development, 63(3): 558-572.

GUDMUNSON C G, BEUTLER I F, ISRAELSEN C L, et al., 2007. Linking financial strain to marital instability: Examining the roles of emotional distress and marital interaction[J]. Journal of Family and Economic Issues, 28(3): 357-376.

GUERRA C, FARKAS C, MONCADA L, 2018. Depression, anxiety and PTSD in sexually abused adolescents: Association with self-efficacy, coping and family support[J]. Child Abuse, Neglect, 76: 310-320.

GUO J, LI M, WANG X H, et al. , 2020. Being bullied and depressive symptoms in chinese high school students: The role of social support [J]. Psychiatry Research, 284 (2): 112676.

GURR T R, 1971. Why Men Rebel[M]. New Jersey: Princeton University Press.

GÓMEZ-ORTIZ O, DEL REY R, CASAS J A, et al. , 2014. Parenting styles and bullying involvement/Estilos parentales e implicación en bullying[J]. Culture and Education, 26 (1): 132-158.

GÓMEZ-ORTIZ O, ROMERA E M, ORTEGA-RUIZ R, 2016. Parenting styles and bullying. The mediating role of parental psychological aggression and physical punishment[J]. Child Abuse & Neglect, 51: 132-143.

GÖKDAĞ C H, 2021. How does interpersonal emotion regulation explain psychological distress? The roles of attachment style and social support[J]. Personality and Individual Differences, 176(1): 110763.

HAGGER M S, WOOD C, STIFF C, et al. , 2010. Ego depletion and the strength model of self-control: A meta-analysis[J]. Psychological Bulletin, 136(4): 495-525.

HAIS S C, HOGG M A, DUCK J M, 1997. Self-categorization and leadership: Effects of group prototypicality and leader stereotypicality[J]. Personality and Social Psychology Bulletin, 23(10): 1087-1099.

HAMARUS P, KAIKKONEN P, 2008. School bullying as a creator of pupil peer pressure [J]. Educational Research, 50(4): 333-345.

HAMES R, 2020. Cultural and reproductive success and the causes of war: A Yanomamö perspective[J]. Evolution and Human Behavior, 41(3): 183-187.

HAMILTON K, WARNER L M, SCHWARZER R, 2017. The role of self-efficacy and friend support on adolescent vigorous physical activity[J]. Health Education and Behavior, 44 (1): 175-181.

HAMNER T, LATZMAN R D, CHAN W Y, 2015. Exposure to community violence, parental involvement, and aggression among immigrant adolescents[J]. Journal of Child and Family Studies, 24(11): 3247-3257.

HAN X, GELFAND M, WU B, et al. , 2020. A neurobiological association of revenge propensity during intergroup conflict[J]. eLife, 9: e52014.

HAN Z Q, FU M Q, LIU C C, et al. , 2018. Bullying and suicidality in urban Chinese youth: The role of teacher-student relationships [J]. Cyberpsychology, Behavior, and Social Networking, 21(5): 287-293.

HANEWINKEL R, KNAACK R, 1997. Mobbing: Eine fragebogenstudie zum ausmaß von aggression und gewalt an schulen[J]. Empirische Pädagogik, 11(3): 403-422.

HARE R D, NEUMANN C S, 2008. Psychopathy as a clinical and empirical construct[J]. Annual Review of Clinical Psychology, 4(1): 217-246.

HARRIS J R, 1995. Where is the child's environment? A group socialization theory of development[J]. Psychological Review, 102(3): 458-489.

HAWKINS J D, WEIS J G, 1985. The social development model: An integrated approach to delinquency prevention[J]. The Journal of Primary Prevention, 6(2): 73-97.

HAWLEY P H, WILLIFORD A, 2015. Articulating the theory of bullying intervention programs: Views from social psychology, social work, and organizational science[J]. Journal of Applied Developmental Psychology, 37: 3-15.

HAYES A F, 2013. Introduction to mediation, moderation, and conditional process analysis: A regression-based approach[M]. New York: Guilford Press.

HAZAN C, SHAVER P, 1987. Romantic love conceptualized as an attachment process[J]. Journal of Personality and Social Psychology, 52(3): 511-524.

HEALY K L, SANDERS M R, 2014. Randomized controlled trial of a family intervention for children bullied by peers[J]. Behavior Therapy, 45(6): 760-777.

HEINONEN K, RÄIKKÖNEN K, KELTIKANGAS-JÄRVINEN L, et al., 2004. Adult attachment dimensions and recollections of childhood family context: Associations with dispositional optimism and pessimism[J]. Journal of Personality, 18(3): 193-207.

HELM R, MÖLLER M, MAURONER O, et al., 2013. The effects of a lack of social recognition on online communication behavior[J]. Computers in Human Behavior, 29(3): 1065-1077.

HELMSEN J, KOGLIN U, PETERMANN F, 2012. Emotion regulation and aggressive behavior in preschoolers: The mediating role of social information processing[J]. Child Psychiatry and Human Development, 43(1): 87-101.

HEMPHILL S A, KOTEVSKI A, TOLLIT M, et al., 2012. Longitudinal predictors of cyber and traditional bullying perpetration in Australian secondary school students[J]. Journal of Adolescent Health Official Publication of the Society for Adolescent Medicine, 51(1): 59-65.

HENNINGER W R, LUZE G, 2013. Moderating effects of gender on the relationship between poverty and children's externalizing behaviors[J]. Journal of Child Health Care, 17(1): 72-81.

HENRY D B, FARRELL A D, SCHOENY M E, et al., 2011. Influence of school-level variables on aggression and associated attitudes of middle school students[J]. Journal of School Psychology, 49(5): 481-503.

HENRY D, GUERRA N, HUESMANN R, et al., 2000. Normative influences on aggression in urban elementary school classrooms[J]. American Journal of Community Psychology, 28(1): 59-81.

HENRY K L, STANLEY L R, EDWARDS R W, et al., 2009. Individual and contextual effects of school adjustment on adolescent alcohol use[J]. Prevention Science the Official Journal of the Society for Prevention Research, 10(3): 236-247.

HOGG M A, 2000. Subjective uncertainty reduction through self-categorization: A motivational theory of social identity processes[J]. European Review of Social Psychology, 11(1): 223-255.

HOGG M A, ADELMAN J, 2013. Uncertainty-identity theory: Extreme groups, radical behavior, and authoritarian leadership[J]. Journal of Social Issues, 69(3): 436-454.

HOGG M A, COOPER-SHAW L, HOLZWORTH D W, 1993. Group prototypically and depersonalized attraction in small interactive groups[J]. Personality and Social Psychology Bulletin, 19(4): 452-465.

HOGG M A, MEEHAN C, FARQUHARSON J, 2010. The solace of radicalism: Self-uncertainty and group identification in the face of threat[J]. Journal of Experimental Social Psychology, 46(6): 1061-1066.

HOGG M A, SIEGEL J T, HOHMAN Z P, 2011. Groups can jeopardize your health: Identifying with unhealthy groups to reduce self-uncertainty[J]. Self and Identity, 10(3): 326-335.

HOHMAN Z P, GAFFNEY A M, HOGG M A, 2017. Who am I if am not like my group? Self-uncertainty and feeling peripheral in a group[J]. Journal of Experimental Social Psychology, 72: 125-132.

HOHMAN Z P, HOGG M A, 2011. Fear and uncertainty in the face of death: The role of life after death in group identification[J]. European Journal of Social Psychology, 41(6): 751-760.

HOHMAN Z P, HOGG M A, 2015. Fearing the uncertain: Self-uncertainty plays a role in mortality salience[J]. Journal of Experimental Social Psychology, 57: 31-42.

HOKODA A, LU H H A, ANGELES M, 2006. School bullying in Taiwanese adolescents[J]. Journal of Emotional Abuse, 6(4): 69-90.

HOLLINGDALE J, GREITEMEYER T, 2014. The effect of online violent video games on levels of aggression[J]. PLos One, 9(11): 1-5.

HUESMANN L R, 1988. An information processing model for the development of aggression [J]. Aggressive Behavior, 14 (1): 13-14.

HUESMANN L R, GUERRA N G, 1997. Children's normative beliefs about aggression and aggressive behavior[J]. Journal of Personality and Social Psychology, 72(2): 408-419.

IGOU E R, BLAKE A A, BLESS H, 2021. Just-world beliefs increase helping intentions via meaning and affect[J]. Journal of Happiness Studies, 22(5): 2235-2253.

ISLAM L, 2021. Relative deprivation and the sustainable development goals [M]//Peace, Justice and Strong Institutions. Cham: Springer International Publishing: 792-801.

IYER A, RYAN M K, 2009. Why do men and women challenge gender discrimination in the workplace? The role of group status and in-group identification in predicting pathways to collective action[J]. Journal of Social Issues, 65(4): 791-814.

JACOBS N C L, VÖLLINK T, DEHUE F, et al. , 2015. The development of a self-report questionnaire on coping with cyberbullying: The cyberbullying coping questionnaire[J]. Societies, 5(2): 460-491.

JANES S, MCINTOSH L G, O'ROURKE S, et al. , 2024. Examining the cognitive contributors to violence risk in forensic samples: A systematic review and meta-analysis [J]. Aggression and Violent Behavior, 74: 1-17.

JASKO K, LAFREE G, 2020. Who is more violent in extremist groups? A comparison of leaders and followers[J]. Aggressive Behavior, 46(2): 141-150.

JELIĆ M, BIRUSKI D C, AJDUKOVIĆ D, 2013. Predictors of collective guilt after the violent conflict[J]. Collegium Antropologicum, 37(1): 1-10.

JENARO C, FLORES N, FRÍAS C P, 2018. Systematic review of empirical studies on cyberbullying in adults: What we know and what we should investigate[J]. Aggression and Violent Behavior, 38: 113-122.

JENKINS J, SIMPSON A, DUNN J, et al. , 2005. Mutual influence of marital conflict and children's behavior problems: Shared and nonshared family risks[J]. Child Development, 76(1): 24-39.

JENKINS L N, DEMARAY M K, WREN N S, et al. , 2014. A critical review of five commonly used social-emotional and behavioral screeners for elementary or secondary schools[J]. Contemporary School Psychology, 18: 241-254.

JENKINS L N, FREDRICK S S, 2017. Social capital and bystander behavior in bullying: Internalizing problems as a barrier to prosocial intervention [J]. Journal Youth Adolescence, 46(4): 1-15.

JENKINS L N, NICKERSON A B, 2017. Bullying participant roles and gender as predictors of bystander intervention[J]. Aggressive Behavior, 43(3): 281-290.

JETTEN J, BRANSCOMBE N R, SPEARS R, 2002. On being peripheral: Effects of identity insecurity on personal and collective self-esteem [J]. European Journal of Social Psychology, 32(1): 105-123.

JETTEN J, BRANSCOMBE N R, SPEARS R, et al. , 2003. Predicting the paths of peripherals: The interaction of identification and future possibilities[J]. Personality and Social Psychology Bulletin, 29(1): 130-140.

JETTEN J, SPEARS R, MANSTEAD A S R, 1997. Distinctiveness threat and prototypicality: Combined effects on intergroup discrimination and collective self-esteem [J]. European Journal of Social Psychology, 27(6): 635-657.

JOARDAR A, MATTHEWS L M, 2010. An empirical investigation of group acceptance using the Big Five personality domains[J]. Organization Management Journal, 7(3): 194-207.

JONES S E, MANSTEAD A S, LIVINGSTONE A, 2009. Birds of a feather bully together: Group processes and children's responses to bullying[J]. Britsh Journal of Developmental Psychology, 27(4): 853-873.

JOOSTEN A, VAN DIJKE M, VAN HIEL A, et al., 2014. Being "in control" may make you lose control: The role of self-regulation in unethical leadership behavior[J]. Journal of Business Ethics, 121(1): 1-14.

JU C T, WU R N, ZHANG B S, et al., 2020. Parenting style, coping efficacy, and risk-taking behavior in Chinese young adults[J]. Journal of Pacific Rim Psychology, 14: e3.

JUVONEN J, GRAHAM S, 2014. Bullying in schools: The power of bullies and the plight of victims[J]. Annual Review of Psychology, 65(1): 159-185.

KARREMAN A, VINGERHOETS A J J M, 2012. Attachment and well-being: The mediating role of emotion regulation and resilience [J]. Personality and Individual Differences, 53(7): 821-826.

KAWABATA Y, ALINK L R A, TSENG W L, et al., 2011. Maternal and paternal parenting styles associated with relational aggression in children and adolescents: A conceptual analysis and meta-analytic review[J]. Developmental Review, 31(4): 240-278.

KEIPI T, NÄSI M, OKSANEN A, et al., 2016. Online Hate and Harmful Content: Cross-national Perspectives[M]. Oxford: Taylor and Francis.

KELBER M S, LICKEL B, DENSON T F, 2020. Temporal focus, emotions, and support for intergroup aggression[J]. Group Processes, Intergroup Relations, 23(2): 226-240.

KENNY D A, GOMES S B, KOWAL C, 2015. The intergroup social relations intergroup model: ISRM[J]. Group Dynamics: Theory, Research, and Practice, 19(3): 152-165.

KERIG P K, STELLWAGEN K K, 2010. Roles of callous-unemotional traits, narcissism, and machiavellianism in childhood aggression[J]. Journal of Psychopathology and Behavioral Assessment, 32(3): 343-352.

KHALID A, DAWOOD S, 2020. Social support, self-efficacy, cognitive coping and psychological distress in infertile women[J]. Archives of Gynecology and Obstetrics, 302 (12): 423-430.

KHOURY-KASSABRI M, ZADOK I, ESEED R, et al., 2020. Individual and familial factors and moderators of young children's aggressive behavior[J]. Children and Youth Services Review, 118(4): 105428.

KIMONIS E R, FRICK P J, SKEEM J L, et al., 2008. Assessing callous-unemotional traits in adolescent offenders: Validation of the inventory of callous-unemotional traits [J]. International Journal of Law and Psychiatry, 31(3): 241-252.

KLIEWER W, SOSNOWSKI D W, WILKINS S, et al., 2018. Do parent-adolescent discrepancies predict deviant peer affiliation and subsequent substance use? [J] Journal of

Youth and Adolescence, 47(12): 2596-2607.

KLIMSTRA T A, SIJTSEMA J J, HENRICHS J, et al., 2014. The dark triad of personality in adolescence: Psychometric properties of a concise measure and associations with adolescent adjustment from a multi-informant perspective[J]. Journal of Research in Personality, 53: 84-92.

KNOX M, BURKHART K, KHUDER S A, 2011. Parental hostility and depression as predictors of young children's aggression and conduct problems[J]. Journal of Aggression, Maltreatment and Trauma, 20(7): 800-811.

KOGUT E, 2016. Adult attachment styles, self-efficacy, and causal attributional style for achievement-related failures[J]. Learning and Individual Differences, 50: 64-72.

KOHUT H, 1972. Thoughts on narcissism and narcissistic rage[J]. The Psychoanalytic Study of the Child, 27(1): 360-400.

KOKKINOS C M, PANAGOPOULOU P, TSOLAKIDOU I, et al., 2015. Coping with bullying and victimisation among preadolescents: The moderating effects of self-efficacy [J]. Emotional and Behavioural Difficulties, 20(2): 205-222.

KOLBERT J B, SCHULTZ D, CROTHERS L M, 2014. Bullying prevention and the parent involvement model[J]. Journal of School Counseling, 12(7): n7.

KOUVONEN A, DE VOGLI R, STAFFORD M, et al., 2012. Social support and the likelihood of maintaining and improving levels of physical activity: The Whitehall II Study [J]. The European Journal of Public Health, 22(4): 514-518.

KOWALSKI R M, GIUMETTI G W, SCHROEDER A N, et al., 2014. Bullying in the digital age: A critical review and meta-analysis of cyberbullying research among youth[J]. Psychological Bulletin, 140(4): 1073-1137.

KRUH I P, FRICK P J, CLEMENTS C B, 2005. Historical and personality correlates to the violence patterns of juveniles tried as adults[J]. Criminal Justice and Behavior, 32(1): 69-96.

KRULL D S, DILL J C, 1996. On thinking first and responding fast: Flexibility in social inference processes[J]. Personality and Social Psychology Bulletin, 22(9): 949-959.

LADD G W, 1992. Themes and theories: Perspectives on processes in family-peer relationships [M]// Family-peer Relationships: Modes of Linkage. Mahwah: Lawrence Erlbaum Associate:3-34.

LADD G W, KOCHENDERFER B J, COLEMAN C C, 1997. Classroom peer acceptance friendship and victimization: Distinct relational systems that contribute uniquely to children's school adjustment? [J] Child Development 68(6): 1181-1197.

LAM C B, MCHALE S M, UPDEGRAFF K A, 2012. Gender dynamics in Mexican American families: Connecting mothers', fathers', and youths' experiences[J]. Sex Roles, 67(1): 17-28.

LAMBE L J, CIOPPA V D, HONG I K, et al. , 2019. Standing up to bullying: A social ecological review of peer defending in offline and online contexts[J]. Aggression and Violent Behavior, 45: 51-74.

LAMBE L J, HUDSON C C, CRAIG W M, et al. , 2017. Does defending come with a cost? Examining the psychosocial correlates of defending behaviour among bystanders of bullying in a Canadian sample[J]. Child Abuse, Neglect, 65: 112-123.

LANDMANN H, ROHMANN A, 2020. Being moved by protest: Collective efficacy beliefs and injustice appraisals enhance collective action intentions for forest via positive and negative emotions[J]. Journal of Environmental Psychology, 71: 101491.

LANGFORD R, BONELL C, JONES H, et al. , 2015. The World Health Organization's Health Promoting Schools framework: A Cochrane systematic review and meta-analysis [J]. BMC Public Health, 15:130-145.

LANSFORD J E, SKINNER A T, SORBRING E, et al. , 2012. Boys' and girls' relational and physical aggression in nine countries[J]. Aggressive Behavior, 38(4): 298-308.

LANSFORD J E, ZIETZ S, BORNSTEIN M H, et al. , 2020. Opportunities and peer support for aggression and delinquency during adolescence in nine countries[J]. New Directions for Child and Adolescent Development, 2020(172): 73-88.

LATANÉ B, DARLEY J M, 1968. Group inhibition of bystander intervention in emergencies [J]. Journal of Personality and Social Psychology, 10(3): 215-221.

LAWING K, FRICK P J, CRUISE K R, 2010. Differences in offending patterns between adolescent sex offenders high or low in callous-unemotional traits [J]. Psychological Assessment, 22(2): 298-305.

LEACH C W, VAN ZOMEREN M, ZEBEL S, et al. , 2008. Group-level self-definition and self-investment: A hierarchical (multicomponent) model of in-group identification[J]. Journal of Personality and Social Psychology, 95(1): 144-165.

LEDWELL M, KING V, 2015. Bullying and internalizing problems: Gender differences and the buffering role of parental communication[J]. Journal of Family Issues, 36 (5): 543-566.

LEE C Y S, GOLDSTEIN S E, 2016. Loneliness, stress, and social support in young adulthood: does the source of support matter? [J] Journal of youth and adolescence, 45 (3): 568-580.

LEE E, KIM M, 2004. Exposure to media violence and bullying at school mediating influences of anger and contact with delinquent friends[J]. Psychological Reports, 95(2): 659-672.

LEE S S, 2011. Deviant peer affiliation and antisocial behavior: Interaction with monoamine oxidase a (maoa) genotype[J]. Journal of Abnormal Child Psychology, 39(3): 321-332.

LEMERISE E A, ARSENIO W F, 2000. An integrated modal of emotion processes and cognition in social information processing[J]. Child Development, 71(1): 107-118.

LENG J, GUO Q K, MA B Q, et al., 2020. Bridging personality and online prosocial behavior: The roles of empathy, moral identity, and social self-efficacy[J]. Frontiers in Psychology, 11: 575053.

LERNER M J, MILLER D T, 1978. Just world research and the attribution process: Looking back and ahead[J]. Psychological Bulletin, 85(5): 1030-1051.

LERNER R M, BOWERS E P, GELDHOF G J, et al., 2012. Promoting positive youth development in the face of contextual changes and challenges: The roles of individual strengths and ecological assets[J]. New Directions for Youth Development 2012(135): 119-128.

LERNER R M, LERNER J V, ALMERIGI J, et al., 2006. Dynamics of individual-context relations in human development: A developmental systems perspective [M]// Comprehensive Handbook of Personality and Psychopathology. Hoboken: John Wiley & Sons: 23-43.

LEWIN K, 1947. Group decision and social change[J]. Readings in Social Psychology, 3(1): 197-211.

LEWIS R A, SPANIER G B, 1980. Marital quality: A review of the seventies[J]. Journal of Marriage and Family, 42(4): 825-839.

LI D P, LI X, WANG Y H, et al., 2013. School connectedness and problematic internet use in adolescents: A moderated mediation model of deviant peer affiliation and self-control [J]. Journal of Abnormal Child Psychology, 41(8): 1231-1242.

LI D P, ZHANG W, LI X, et al., 2012. Gratitude and suicidal ideation and suicide attempts among Chinese adolescents: Direct mediated and moderated effects [J]. Journal of Adolescence, 35(1): 55-66.

LI J, WANG J, LI J Y, et al., 2020. How do socioeconomic status relate to social relationships among adolescents: A school-based study in East China[J]. BMC Pediatrics, 20(1): 1-10.

LI Q, 2014. Notice for 'Cyberbullying in schools: A research of gender differences' [J]. School Psychology International, 35(2): 221-221.

LI S, HAN S F, WANG X J, et al., 2021. The influence of risk situation and attachment style on helping behavior: An attentional bias perspective[J]. Personality and Individual Differences, 168(11): 110357.

LI W, LI K, ZHANG Q C, 2016. Narcissism and cyber-bullying: A mediating effect of moral disengagement[J]. Psychology: Techniques and Application, 4(11): 676-683.

LI X, LI D, NEWMAN J, 2013. Parental behavioral and psychological control and problematic internet use among Chinese adolescents: The mediating role of self-control [J]. Cyberpsychology, Behavior, and Social Networking, 16(6): 442-447.

LI Y, PUTALLAZ M, SU Y, 2011. Interparental conflict styles and parenting behaviors:

参考文献

Associations with overt and relational aggression among Chinese children[J]. Merrill-Palmer Quarterly, 57(4): 402-428.

LICKEL B, SCHMADER T, BARQUISSAU M. 2004. The evocation of moral emotions in intergroup contexts: The distinction between collective guilt and collective shame[M]// Collective Guilt: International Perspectives. Cambridge: Cambridge University Press: 35-55.

LIHNOU K, ANTONOPOULOU E. 2016. Pupils' participant roles in bullying situations and their relation to perceptions of empathy and self-efficacy[J]. Preschool and Primary Education, 4(2): 291-304.

LIM S C, PARK J H. 2020. The effect of beliefs in a just world on defending behavior against bullying among upper elementary students and the moderating role of classroom climate [J]. Korean Journal of Child Studies, 41(2): 41-55.

LIN C C. 2016. The roles of social support and coping style in the relationship between gratitude and well-being[J]. Personality and Individual Differences, 89: 13-18.

LIN S, YU C F, CHEN J, et al.. 2020. Predicting adolescent aggressive behavior from community violence exposure, deviant peer affiliation and school engagement: A one-year longitudinal study[J]. Children and Youth Services Review, 111: 104840.

LIU C, LI H. 2018. Stressors and stressor appraisals: The moderating effect of task efficacy [J]. Journal of Business and Psychology, 33(1): 141-154.

LIU C, ZHAO Y, TIAN X, et al.. 2015. Negative life events and school adjustment among Chinese nursing students: The mediating role of psychological capital[J]. Nurse Education Today 35(6): 754-759.

LIU Q, MO L, HUANG X, et al.. 2020. Path analysis of the effects of social support, self-efficacy, and coping style on psychological stress in children with malignant tumor during treatment[J]. Medicine, 99(43): e22888.

LLORCA A, RICHAUD M C, MALONDA E. 2017. Parenting peer relationships academic self-efficacy and academic achievement: Direct and mediating effects[J]. Frontiers in Psychology, 8: 2120.

LODEWIJKX H F M, KERSTEN G L E, VAN ZOMEREN M. 2008. Dual pathways to engage in 'silent marches' against violence: Moral outrage, moral cleansing and modes of identification[J]. Journal of Community, Applied Social Psychology, 18(3): 153-167.

LODGE J, FRYDENBERG E. 2005. The role of peer bystanders in school bullying: Positive steps toward promoting peaceful schools[J]. Theory into Practice, 44(4): 329-336.

LOHR J M, OLATUNJI B O, BAUMEISTER R F, et al.. 2007. The Psychology of anger venting and empirically supported alternatives that do no harm[J]. The Scientific Review of Mental Health Practice, 5(1): 53-63.

LONEY B R, BUTLER M A, LIMA E N, et al.. 2006. The relation between salivary cortisol, callous-unemotional traits, and conduct problems in an adolescent non-referred sample[J]. Journal of Child Psychology and Psychiatry, 47(1): 30-36.

LONGOBARDI L, PRINO L E, MARENGO D, et al. , 2016. Student-teacher relationships as a protective factor for school adjustment during the transition from middle to high school [J]. Frontiers in Psychology, 7: 1988.

LOW S M, STOCKER C, 2005. Family functioning and children's adjustment: associations among parents' depressed mood, marital hostility, parent-child hostility, and children's adjustment[J]. Journal of Family Psychology, 19(3): 394-403.

LU L, ARGYLE M, 1994. Leisure satisfaction and happiness as a function of leisure activity [J]. The Kaohsiung Journal of Medical Sciences, 10(2): 89-96.

LUTHANS F, AVOLIO B J, AVEY J B, et al. , 2007. Positive psychological capital: Measurement and relationship with performance and satisfaction[J]. Personnel Psychology 60(3): 541-573.

LUTHANS F, YOUSSEF C M, AVOLIO B J, 2007. Psychological Capital: Developing the Human Competitive Edge[M]. Oxford: Oxford University Press.

LUTHANS F, YOUSSEF C M, AVOLIO B J, 2015. Psychological Capital and Beyond[M]. Oxford: Oxford University Press.

LWIN M O, STANALAND A J S, MIYAZAKI A D, 2008. Protecting children's privacy online: how parental mediation strategies affect website safeguard effectiveness [J]. Journal of Retailing, 84(2): 205-217.

MADDY L M, CANNON J G, LICHTENBERGER E J, 2015. The effects of social support on self-esteem self-efficacy and job search efficacy in the unemployed[J]. Journal of Employment Counseling, 52(2): 87-95.

MAGKLARA K, SKAPINAKIS P, GKATSA T, et al. , 2012. Bullying behaviour in schools, socioeconomic position and psychiatric morbidity: A cross-sectional study in late adolescents in Greece[J]. Child and Adolescent Psychiatry and Mental Health, 6(1): 1-13.

MAIER K J, JAMES A E, 2014. Hostility and social support explain physical activity beyond negative affect among young men, but not women, in college[J]. Behavioral Medicine, 40 (1): 34-41.

MALLINCKRODT B, WEI M F, 2005. Attachment, social competencies, social competencies, social support, and psychological distress [J]. Journal of Counseling Psychology, 52(3): 358-367.

MARINO A D, 2000. A reliability of the adolescent and adult self-concept retrospective scale [D]. Glassboro: Rowan University.

MARSH A A, FINGER E C, MITCHELL D G, et al. , 2008. Reduced amygdala response to fearful expressions in children and adolescents with callous-unemotional traits and disruptive behavior disorders[J]. American Journal of Psychiatry, 165(6): 712-720.

MASSON T, FRITSCHE I, 2018. Loyal peripherals? The interactive effects of identification and peripheral group membership on deviance from non-beneficial ingroup norms [J]. European Journal of Social Psychology, 49(1): 76-92.

MASUD H, AHMAD M S, CHO K W, et al. , 2019. Parenting styles and aggression among young adolescents: A systematic review of literature [J]. Community Mental Health Journal, 55(6): 1035-1030.

MAXIMO S I, LOY N S, 2014. Bullying among high school students as influenced by parent-child attachment and parenting styles [J]. Philippine Journal of Psychology, 47 (2): 125-152.

MCLAUGHLIN K A, HATZENBUEHLER M L, MENNIN D S, et al. , 2011. Emotion dysregulation and adolescent psychopathology: A prospective study [J]. Behaviour Research and Therapy, 49(9): 544-554.

MCNEELY C, FALCI C, 2004. School connectedness and the transition into and out of health-risk behavior among adolescents: A comparison of social belonging and teacher support [J]. The Journal of School Health, 74(7): 284-292.

MCQUADE J D, 2017. Peer victimization and changes in physical and relational aggression: The moderating role of executive functioning abilities[J]. Aggressive Behavior, 43(5): 503-512.

MENESINI E, SALMIVALLI C, 2017. Bullying in schools: The state of knowledge and effective interventions[J]. Psychology, Health and Medicine, 22(1): 240-253.

MERCER S H, NELLIS L M, MARTÍNEZ R S, et al. , 2011. Supporting the students most in need: Academic self-efficacy and perceived teacher support in relation to within-year academic growth[J]. Journal of School Psychology 49(3): 323-338.

MERLUZZI T V, SERPENTINI S, PHILIP E J, et al. , 2019. Social relationship coping efficacy: A new construct in understanding social support and close personal relationships in persons with cancer[J]. Psycho-Oncology, 28(1): 85-91.

MERTON R K, 1967. Social Theory and Social Structure[M]. New York: Free Press.

MIDGETT A, DOUMAS D M, 2019. Witnessing bullying at school: The association between being a bystander and anxiety and depressive symptoms[J]. School Mental Health, 11(3): 454-463.

MIKULINCER M, SHAVER P R, 2007. Attachment in Adulthood: Structure, Dynamics, and Change[M]. Denver: Guilford Publications.

MILOSEVA L, VUKOSAVLJEVIC-GVOZDEN T, RICHTER K, et al. , 2017. Perceived social support as a moderator between negative life events and depression in adolescence: Implications for prediction and targeted prevention[J]. EPMA Journal, 8(3): 237-245.

MINUCHIN P, 1985. Families and individual development: provocations from the field of family therapy[J]. Child Development, 56(2): 289-302.

MOLAPOUR T, LINDSTRÖM B, OLSSON A. 2016. Aversive learning and trait aggression influence retaliatory behavior[J]. Frontiers in Psychology, 7: 833-843.

MONTUORO P, MAINHARD T. 2017. An investigation of the mechanism underlying teacher aggression: Testing I³ theory and the general aggression model[J]. British Journal of Educational Psychology, 87(4): 497-517.

MOORE B, WOODCOCK S. 2017. Resilience to bullying: Towards an alternative to the anti-bullying approach[J]. Educational Psychology in Practice, 33(1): 65-80.

MORELLI S A, LEE I A, ARNN M E et al. , 2015. Emotional and instrumental support provision interact to predict well-being[J]. Emotion, 15(4): 484-493.

MUKHTAR S, MAHMOOD Z. 2018. Moderating role of perceived social support between perceived parenting styles and relational aggression in adolescents [J]. Journal of Aggression, Maltreatment and Trauma, 27(8): 831-845.

MULLER D, JUDD C M, YZERBYT V Y. 2005. When moderation is mediated and mediation is moderated[J]. Journal of Personality and Social Psychology, 89(6): 852-863.

MUÑOZ L C, FRICK P J. 2012. Callous-unemotional traits and their implication for understanding and treating aggressive and violent youths [J]. Criminal Justice and Behavior, 39(6): 794-813.

MUÑOZ L C, QUALTER P, PADGETT G. 2010. Empathy and bullying: Exploring the influence of callous-unemotional traits[J]. Child Psychiatry, Human Development, 42(2): 183-196.

MURPHY T P, LAIBLE D, AUGUSTINE M, 2017. The influences of parent and peer attachment on bullying[J]. Journal of Child and Family Studies, 26(5): 1388-1397.

MURRAY-HARVEY R, SLEE P T. 2010. School and home relationships and their impact on school bullying[J]. School Psychology International, 3(31): 271-295.

NANSEL T R, OVERPECK M, PILLA R S, et al. , 2001. Bullying behaviors among US youth: Prevalence and association with psychosocial adjustment[J]. The Journal of the American Medical Association, 285(16): 2094-2100.

NESDALE D, DURKIN K, MAASS A, et al. , 2008. Effects of group norms on children's intentions to bully[J]. Social Development, 17(4): 889-907.

NEWMAN L S, ULEMAN J S. 1990. Assimilation and contrast effects in spontaneous trait inference[J]. Personality and Social Psychology Bulletin, 16(2): 224-240.

NICKERSON A B, ALOE A M, LIVINGSTON J A, et al. , 2014. Measurement of the bystander intervention model for bullying and sexual harassment [J]. Journal of Adolescence, 37(4): 391-400.

NICKERSON A B, NAGLE R J. 2004. The influence of parent and peer attachments on life satisfaction in middle childhood and early adolescence[J]. Social Indicators Research 66

(1): 35-60.

NIESTA D, FRITSCHE I, JONAS E, 2008. Mortality salience and its effects on peace processes: A review[J]. Social Psychology, 39(1): 48-58.

NIEUWENHUIJSEN K, HULSHOF C T, SLUITER J K, 2018. The influence of risk labeling on risk perception and willingness to seek help in an experimental simulation of preventive medical examinations [J]. Patient Education and Counseling, 101 (7): 1291-1297.

NIPEDAL C, NESDALE D, KILLEN M, 2010. Social group norms, school norms, and children's aggressive intentions[J]. Aggressive Behavior, 36(3): 195-204.

NIXON C L, JAIRAM D, DAVIS S, et al., 2020. Effects of students' grade level, gender, and form of bullying victimization on coping strategy effectiveness [J]. International Journal of Bullying Prevention, 2(3): 190-204.

NOCENTINI A, FIORENTINI G, DI PAOLA L, et al., 2019. Parents, family characteristics and bullying behavior: A systematic review[J]. Aggression and Violent Behavior, 45: 41-50.

NOEL J G, WANN D L, BRANSCOMBE N R, 1995. Peripheral ingroup membership status and public negativity toward outgroups[J]. Journal of Personality and Social Psychology, 68(1): 127-137.

NYLA B R, SLUGOSKI B, KAPPEN M D, et al., 2004. The measurement of collective guilt: What it is and what it is not. Collective guilt: International perspectives[J]. Journal of Moral Education, 31(2): 101-119.

OAKES P J, HASLAM S A, TURNER J C, 1998. The role of prototypicality in group influence and cohesion: Contextual variation in the graded structure of social categories [M]//Social Identity: International Perspectives. London: Sage Publications Ltd.: 75-92.

OH I, HAZLER R J, 2009. Contributions of personal and situational factors to bystanders' reactions to school bullying[J]. School Psychology International, 30(3): 291-310.

OJALA K, NESDALE D, 2004. Bullying and social identity: The effects of group norms and distinctiveness threat on attitudes towards bullying[J]. British Journal of Developmental Psychology, 22: 19-25.

OJALA K, NESDALE D, 2010. Group Belongingness and Intra-and Intergroup Attitudes in Children[M]. Queensland: Griffith University.

OLENIK-SHEMESH D, HEIMAN T, 2017. Cyberbullying victimization in adolescents as related to body esteem, social support, and social self-efficacy[J]. The Journal of Genetic Psychology, 178(1): 28-43.

OLWEUS D, 1993. Bullying at School: What we know and what we can do[J]. British Journal of Educational Studies, 42(4): 403-406.

OLWEUS D, 1996. The Revised Olweus Bully Victim Questionnaire for Students[D]. Bergen:

University of Bergen.

OLWEUS D. 2013. School bullying: Development and some important challenges[J]. Annual Review of Clinical Psychology, 9(1): 751-780.

OLWEUS D, LIMBER S P. 2010. The Olweus bullying prevention program: Implementation and evaluation over two decades[M]// Handbook of Bullying in Schools: An International Perspective. New York: Routledge: 377-401.

OSBORNE D, SIBLEY C G, SENGUPTA N K. 2015. Income and neighbourhood-level inequality predict self-esteem and ethnic identity centrality through individual-and group-based relative deprivation: A multilevel path analysis[J]. European Journal of Social Psychology, 45(3): 368-377.

OSBORNE D, SMITH H J, HUO Y J. 2012. More than a feeling: Discrete emotions mediate the relationship between relative deprivation and reactions to workplace furloughs[J]. Personality and Social Psychology Bulletin, 38(5): 628-641.

OSBORNE D, SMITH H, HUO Y. 2012. More than a feeling: Discrete emotions mediate the relationship between relative deprivation and reactions to workplace furloughs [J]. Personality and Social Psychology Bulletin, 38(5): 628-641.

OSGOOD J M, MURAVEN M. 2016. Does counting to ten increase or decrease aggression? The role of state self-control (e)go-depletion and consequences[J]. Journal of Applied Social Psychology, 46(2): 105-113.

OSTROM T M, SEDIKIDES C. 1992. Out-group homogeneity effects in natural and minimal groups[J]. Psychological Bulletin, 112(3): 536-552.

OWENS L D. 1996. Sticks and stones and sugar and spice: Girls' and boys' aggression in schools[J]. Journal of Psychologists and Counsellors in Schools, 6(S1): 45-56.

OZBAY F, FITTERLING H, CHARNEY D, et al. , 2008. Social support and resilience to stress across the life span: A neurobiologic framework[J]. Current Psychiatry Reports, 10 (4): 304-310.

O'DONNELL P J. 2013. Psychological effects of a strength-based intervention among inpatients in rehabilitation for pain and disability[D]. San Diego: Northcentral University.

PABIAN S, DE BACKER C J S, VANDEBOSCH H. 2015. Dark triad personality traits and adolescent cyber-aggression[J]. Personality and Individual Differences, 75: 41-46.

PAEZ G R. 2020. Assessing Predictors of cyberbullying perpetration among adolescents: The influence of individual factors, attachments, and prior victimization[J]. International Journal of Bullying Prevention, 2(2): 149-159.

PALMER S B, RUTLAND A, CAMERON L. 2015. The development of bystander intentions and social-moral reasoning about intergroup verbal aggression[J]. British Journal of Developmental Psychology, 33(4): 419-433.

PARSA N, YAACOB S N, REDZUAN M, et al. , 2014. Parental attachment inter-parental conflict and late adolescent's self-efficacy[J]. Asian Social Science, 10(8): 123-131.

PATTERSON L J, ALLAN A, CROSS D, 2017. Adolescent perceptions of bystanders' responses to cyberbullying[J]. New Media and Social, 19(3): 366-383.

PATTON D U, HONG J S, RANNEY M, et al., 2014. Social media as a vector for youth violence: A review of the literature[J]. Computers in Human Behavior, 35(3): 548-553.

PAULHUS D L, WILLIAMS K M, 2002. The dark triad of personality narcissism, machiavellianism, psychopathy[J]. Journal of Research in Personality, 36(6): 556-563.

PEDERSEN W C, BUSHMAN B J, VASQUEZ E A, et al., 2008. Kicking the (barking) dog effect: The moderating role of target attributes on triggered displaced aggression[J]. Personality and Social Psychology Bulletin, 34(10): 1382-1395.

PEDERSEN W C, GONZALES C, MILLER N, 2000. The moderating effect of trivial triggering provocation on displaced aggression[J]. Journal of Personality and Social Psychology, 78(5): 913-927.

PEETS K, PÖYHÖNEN V, JUVONEN J, et al., 2015. Classroom norms of bullying alter the degree to which children defend in response to their affective empathy and power[J]. Developmental psychology, 51(7): 913-920.

PERKINS H W, CRAIG D W, PERKINS J M, 2011. Using social norms to reduce bullying: A research intervention among adolescents in five middle schools[J]. Group Processes & Intergroup Relations, 14(5): 703-722.

PETTIGREW T F, 1991. Normative theory in intergroup relations: Explaining both harmony and conflict[J]. Psychology and Developing Societies, 3(1): 3-16.

PICKETT C L, BONNER B L, COLEMAN J M, 2002. Motivated self-stereotyping: Heightened assimilation and differentiation needs result in increased levels of positive and negative self-stereotyping[J]. Journal of Personality and Social Psychology, 82(4): 543-562.

PICKETT C L, BREWER M B, 2001. Assimilation and differentiation needs as motivational determinants of perceived in-group and out-group homogeneity[J]. Journal of Experimental Social Psychology, 37(4): 341-348.

PODSAKOFF P M, MACKENZIE S B, LEE J Y, et al., 2003. Common method biases in behavioral research: A critical review of the literature and recommended remedies[J]. Journal of Applied Psychology, 88(5): 879-903.

POTARD C, KUBISZEWSKI V, COMBES C, et al., 2022. How adolescents cope with bullying at school: Exploring differences between pure victim and bully-victim roles[J]. International Journal of Bullying Prevention, 4(2): 144-159.

POUWELS J L, VAN NOORDEN T H, CARAVITA S C S, 2019. Defending victims of bullying in the classroom: The role of moral responsibility and social costs[J]. Journal of Experimental Social Psychology, 84: 103831.

POWELL A A, BRANSCOMBE N R, SCHMITT M T, 2005. Inequality as ingroup privilege or outgroup disadvantage: The impact of group focus on collective guilt and interracial attitudes[J]. Personality and Social Psychology Bulletin, 31(4): 508-521.

POZZOLI T, GINI G, 2010. Active defending and passive by standing behavior in bullying: The role of personal characteristics and perceived peer pressure[J]. Journal of Abnormal Child Psychology, 38(6): 815-827.

POZZOLI T, GINI G, THORNBERG R, 2016. Bullying and defending behavior: The role of explicit and implicit moral cognition[J]. Journal of School Psychology, 59: 67-81.

POZZOLI T, GINI G, THORNBERG R, 2017. Getting angry matters: Going beyond perspective taking and empathic concern to understand bystanders' behavior in bullying[J]. Journal of Adolescence, 61(1): 87-95.

PRENDERGAST S, MACPHEE D, 2020. Trajectories of maternal aggression in early childhood: Associations with parenting stress, family resources, and neighborhood cohesion[J]. Child Abuse & Neglect, 99(7): 1-12.

RAHAT E, LHAN T, 2016. Coping styles, social support, relational self-construal, and resilience in predicting students' adjustment to university life[J]. Educational Sciences: Theory and Practice, 16(1): 187-208.

RAINE A, CHENEY R A, HO R, et al. , 2016. Nutritional supplementation to reduce child aggression: A randomized, stratified, single-blind, factorial trial[J]. Journal of Child Psychology and Psychiatry, 57(9): 1038-1046.

RAST D E, GAFFNEY A M, HOGG M A, et al. , 2012. Leadership under uncertainty: When leaders who are non-prototypical group members can gain support[J]. Journal of Experimental Social Psychology, 48(3): 646-653.

REED K P, COOPER R L, NUGENT W R, et al. , 2016. Cyberbullying: A literature review of its relationship to adolescent depression and current intervention strategies[J]. Journal of Human Behavior in the Social Environment, 26(1): 37-45.

REID G M, HOLT M K, BOWMAN C E, et al. , 2016. Perceived social support and mental health among first-year college students with histories of bullying victimization[J]. Journal of Child and Family Studies, 25(11): 3331-3341.

REIJNTJES A, KAMPHUIS J H, THOMAES S, et al. , 2013. Too callused to care: An experimental examination of factors influencing youths' displaced aggression against their peers[J]. Journal of Experimental Psychology: General, 142(1): 28-33.

REIJNTJES A, THOMAES S, KAMPHUIS J H, et al. , 2013a. Youths' displaced aggression against in- and out-group peers: An experimental examination[J]. Journal of Experimental Child Psychology, 115(1): 180-187.

REIJNTJES A, VERMANDE M, GOOSSENS F A, et al. , 2013b. Developmental trajectories of bullying and social dominance in youth[J]. Child Abuse & Neglect, 37(4): 224-234.

REISING M M, WATSON K H, HARDCASTLE E J, et al. , 2012. Parental depression and economic dis advantage: The role of parenting in associations with internalizing and externalizing symptoms in children and adolescents [J]. Journal of Child and Family Studies, 22(3): 335-343.

REN D N, WESSELMANN E D, WILLIAMS K D, 2018. Hurt people hurt people: Ostracism and aggression[J]. Current Opinion in Psychology, 19: 34-38.

RENIERS R L E P, CORCORAN R, VÖLLM B A, et al. , 2012. Moral decision-making, tom, empathy and the default mode network[J]. Biological Psychology, 90(3): 202-210.

RENO R R, CIALDINI R B, KALLGREN C A, 1993. The transsituational influence of social norms[J]. Journal of personality and social psychology, 64(1): 104-112.

RESTIFO K, BÖGELS S, 2009. Family processes in the development of youth depression: Translating the evidence to treatment[J]. Clinical Psychology Review, 29(4): 294-316.

RIEK B M, MANIA E W, GAERTNER S L, 2006. Intergroup threat and outgroup attitudes: A meta-analytic review[J]. Personality and Social Psychology Review, 10(4): 336-353.

RIGHETTI F, FINKENAUER C, FINKEL E J, 2013. Low self-control promotes the willingness to sacrifice in close relationships [J]. Psychological Science, 24 (8): 1533-1540.

RILEY J W, STOUFFER S A, SUCHMAN E A, et al. , 1949. The American soldier: Adjustment during army life[J]. American Sociological Review, 14(4): 557-559.

RLIETER M A, CONGER R D, 1995. Antecedents of parent-adolescent disagreements[J]. Journal of Marriage and the Family, 57(2): 435-448.

ROBINSON D L, PETERSEN S E, 1985. Responses of pulvinar neurons to real and self-induced stimulus movement[J]. Brain Research, 338(2): 392-394.

ROBINSON J S, JOEL S, PLAKS J E, 2015. Empathy for the group versus indifference toward the victim: Effects of anxious and avoidant attachment on moral judgment[J]. Journal of Experimental Social Psychology, 56: 139-152.

RODGERS S, VANDELEUR C L, STRIPPOLI M, et al. , 2017. Low emotion-oriented coping and informal help-seeking behaviour as major predictive factors for improvement in major depression at 5-year follow-up in the adult community[J]. Social Psychiatry and Psychiatric Epidemiology, 52(9): 1169-1182.

ROGERS R W, 1975. A protection motivation theory of fear appeals and attitude change[J]. Journal of Psychology, 91(1): 93-114.

ROSE C A, ESPELAGE D L, MONDA-AMAYA L E, et al. , 2015. Bullying and middle school students with and without specific learning disabilities[J]. Journal of Learning Disabilities, 48(3): 239-254.

ROVENPOR D R, O'BRIEN T C, ROBLAIN A, et al. , 2019. Intergroup conflict self-perpetuates via meaning: Exposure to intergroup conflict increases meaning and fuels a desire for further conflict[J]. Journal of Personality and Social Psychology, 116 (1): 119-140.

ROVIS D, JONKMAN H, BASIC J, 2016. A multilevel analysis of adverse family relations, school bonding and risk behaviours among adolescents[J]. Journal of Child and Family Studies, 25: 647-660.

ROWE E W, KIM S, BAKER J A, et al., 2010. Student personal perception of classroom climate: Exploratory and confirmatory factor analyses[J]. Educational and Psychological Measurement, 70(5): 858-879.

RUBIN M, KELLY B M, 2015. A cross-sectional investigation of parenting style and friendship as mediators of the relation between social class and mental health in a university community[J]. International Journal for Equity in Health, 14(1): 1-11.

RUEGER S Y, MALECKI C K, PYUN Y, et al., 2016. A meta-analytic review of the association between perceived social support and depression in childhood and adolescence [J]. Psychological Bulletin, 142(10): 1017-1067.

RUTTER M, 2006. The promotion of resilience in the face of adversity[M]// Families Count: Effects on Child and Adolescent Development. Cambridge: Cambridge University Press: 26-52.

SAKIZ G, PAPE S J, HOY A W, 2012. Does perceived teacher affective support matter for middle school students in mathematics classrooms[J]? Journal of School Psychology, 50 (2): 235-255.

SALAS B L, RODRÍGUEZ V Y, URBIETA C T, et al., 2017. The role of coping strategies and self-efficacy as predictors of life satisfaction in a sample of parents of children with autism spectrum disorder[J]. Psicothema, 29(1): 55-60.

SALMIVALLI C, 1999. Participant role approach to school bullying: Implications for interventions[J]. Journal of Adolescence, 22(4): 453-459.

SALMIVALLI C, 2010. Bullying and the peer group: A review[J]. Aggression and Violent Behavior, 15(2): 112-120.

SALMIVALLI C, POSKIPARTA E, 2012. Making bullying prevention a priority in finish schools: The kiva antibullying program[J]. New Directions for Youth Development, 133: 41-53.

SANTOS D, BRIÑOL P, PETTY R E, et al., 2019. Trait aggressiveness predicting aggressive behavior: The moderating role of meta-cognitive certainty[J]. Aggressive Behavior, 45(3): 255-264.

SASSON H, MESCH G, 2016. The role of parental mediation and peer norms on the likelihood of cyberbullying[J]. The Journal of Genetic Psychology, 178(1): 15-27.

SAVAGE M W, TOKUNAGA R S, 2017. Moving toward a theory: Testing an integrated model of cyberbullying perpetration, aggression, social skills, and internet self-efficacy

[J]. Computers in Human Behavior, 71: 353-361.

SCHEITHAUER H, HAYER T, BULL H D, 2007. Gewalt an schulen am beispiel von bullying[J]. Zeitschrift für Sozialpsychologie, 38(3): 141-152.

SCHMID K, HEWSTONE M, KÜPPER B, et al., 2014. Reducing aggressive intergroup action tendencies: Effects of intergroup contact via perceived intergroup threat [J]. Aggressive Behavior, 40(3): 250-262.

SCHMITT M T, BRANSCOMBE N R, 2001. The good, the bad, and the manly: Threats to one's prototypicality and evaluations of fellow in-group members [J]. Journal of Experimental Social Psychology, 37(6): 510-517.

SCHOPPE-SULLIVAN S J, SCHERMERHORN A C, CUMMINGS E M, 2007. Marital conflict and children's adjustment: Evaluation of the parenting process model[J]. Journal of Marriage and Family, 69(5): 1118-1134.

SCHORI-EYAL N, TAGAR M R, SAGUY T, et al., 2015. The benefits of group-based pride: Pride can motivate guilt in intergroup conflicts among high glorifiers[J]. Journal of Experimental Social Psychology, 61: 79-83.

SCHULZ R, DECKER S, 1985. Long-term adjustment to physical disability: The role of social support, perceived control, and self-blame[J]. Journal of Prsonality and Scial Pychology, 48(5): 1162-1172.

SCHWARZER R, MUELLER J, GREENGLASS E, 1999. Assessment of perceived general self-efficacy on the internet: Data collection in cyberspace[J]. Anxiety Stress and Coping, 12(2): 145-161.

SEIDENBERG M S, 1993. Connectionist models and cognitive theory[J]. Psychological Sience, 4(4): 228-235.

SEKERDEJ M, KOSSOWSKA M, CZERNATOWICZ-KUKUCZKA A, 2018. Uncertainty and prejudice: The role of religiosity in shaping group attitudes[J]. European Journal of Social Psychology, 48(2): 91-99.

SENTSE M, DIJKSTRA J K, SALMIVALLI C, et al., 2013. The dynamics of friendships and victimization in adolescence: A longitudinal social network perspective[J]. Aggressive Behavior, 39(3): 229-238.

SENTSE M, SCHOLTE R, SALMIVALLI C, et al., 2007. Person-group dissimilarity in involvement in bullying and its relation with social status[J]. Journal of Abnormal Child Psychology, 35(6): 1009-1019.

SENTSE M, VEENSTRA R, KIURU N, et al., 2015. A longitudinal multilevel study of individual characteristics and classroom norms in explaining bullying behaviors[J]. Journal of Abnormal Child Psychology, 43(5): 943-955.

SHA L, SCHUNN C, BATHGATE M, et al., 2016. Families support their children's success in science learning by influencing interest and self-efficacy[J]. Journal of Research in Science Teaching, 53(3): 450-472.

SHAHEEN A M, HAMDAN K M, ALBQOOR M, et al., 2019. Perceived social support from family and friends and bullying victimization among adolescents[J]. Children and Youth Services Review, 107(1): 104503.

SHARP C, VAN GOOZEN S, GOODYER I, 2006. Children's subjective emotional reactivity to affective pictures: Gender differences and their antisocial correlates in an unselected sample of 7-11-year-olds [J]. Journal of Child Psychology and Psychiatry, 47 (2): 143-150.

SHEA M, WONG Y J, NGUYEN K K, et al., 2017. College women's subjective femininity stress, gender solidarity, and psychological help-seeking intentions[J]. The Counseling Psychologist, 45(3): 438-461.

SHEPHERD L, SPEARS R, MANSTEAD A S R, 2013. This will bring shame on our nation: The role of anticipated group-based emotions on collective action [J]. Journal of Experimental Social Psychology, 49(1): 42-57.

SHI J, HAO Z, SAERI A K, et al., 2015. The dual-pathway model of collective action: Impacts of types of collective action and social identity[J]. Group Processes, Intergroup Relations, 18(1): 45-65.

SHIN H, RYAN A M, 2014. Early adolescent friendships and academic adjustment: Examining selection and influence processes with longitudinal social network analysis[J]. Developmental Psychology, 50(11): 2462-2472.

SINGG S, ADER J A, 2001. Development of the student personal responsibility scale-10[J]. Social Behavior Personality: An International Journal, 29(4): 331-335.

SIPONEN M, MALNNOOD M A, PAHNILA S, 2014. Employees adherence to information security policies: An exploratory field study[J]. Information, Management, 51 (2): 217-224.

SIU O L, LO B C Y, NG T K, et al., 2021. Social support and student outcomes: the mediating roles of psychological capital, study engagement, and problem-focused coping [J]. Current Psychology, 42(1): 2670-2679.

SKEEM J L, COOKE D J, 2010. Is criminal behavior a central component of psychopathy? Conceptual directions for resolving the debate[J]. Psychological Assessment, 22(2): 433-445.

SMITH E R, 1993. Social identity and social emotions: Toward new conceptualizationsofprejudice [M]// Affect, Cognition and Stereotyping: Interactive Processes in Group Perception. San Diego: Academic Press, 297-315.

SMITH E R, 1999. Affective and cognitive implications of a becoming part of the self: New models of prejudice and of the self-concept[M]//Social Identity and Social Cognition. Oxford: Blackwell:183-196.

参
考
文
献

SMITH E R, CONREY F R, 2007. Agent-based modeling: A new approach for theory building in social psychology[J]. Personality and Social Psychology Review, 11(1): 87-104.

SMITH E R, SEGER C R, MACKIE D M, 2007. Can emotions be truly group level? Evidence regarding four conceptual criteria[J]. Journal of Personality and Social Psychology, 93 (3): 431-446.

SMITH H J, CRONIN T, KESSLER T, 2008. Anger, fear, or sadness: Faculty members' emotional reactions to collective pay disadvantage[J]. Political Psychology, 29 (2): 221-246.

SMITH H J, PETTIGREW T F, PIPPIN G M, et al. , 2012. Relative deprivation: A theoretical and meta-analytic review [J]. Personality and Social Psychology Review, 16 (3): 203-232.

SMITH J R, LOUIS W R, TERRY D J, et al. , 2012. Congruent or conflicted? The impact of injunctive and descriptive norms on environmental intentions[J]. Journal of environmental psychology, 32(4): 353-361.

SMITH P K, 1991. The silent nightmare: Bullying and victimization in school peer groups[J]. The Psychologist, 4(6): 243-248.

SMITH P K, ANANIADOU K, COWIE H, 2003. Interventions to reduce school bullying[J]. The Canadian Journal of Psychiatry, 48(9): 591-599.

SMITH P K, BOULTON M, 1990. Rough-and-tumble play, Aggression and dominance: Perception and behaviour in children's encounters[J]. Human Development, 33 (4-5): 271-282.

SONG J, OH I, 2018. Factors influencing bystanders' behavioral reactions in cyberbullying situations[J]. Computers in Human Behavior, 78: 273-282.

SPANOVIC M, LICKEL B, DENSON T F, et al. , 2010. Fear and anger as predictors of motivation for intergroup aggression: Evidence from Serbia and Republika Srpska[J]. Group Processes & Intergroup Relations, 13(6): 725-739.

STEINBERG L, SILK J S, 2003. Parenting adolescents [J]. International Journal of Adolescent Medicine and Health, 15(1): 11-20.

STEINEL W, VAN KLEEF G A, VAN KNIPPENBERG D, et al. , 2010. How intragroup dynamics affect behavior in intergroup conflict: The role of group norms, prototypicality, and need to belong[J]. Group Processes, Intergroup Relations, 13(6): 779-794.

STEPHAN W G, RENFRO C L, ESSES V M, et al. , 2005. The effects of feeling threatened on attitudes toward immigrants[J]. International Journal of Intercultural Relations, 29 (1): 1-19.

STEPHAN W, YBARRA O, RIOS MORRISON K, 2009. Intergroup threat theory[M]// Handbook of Prejudice, Stereotyping, and Discrimination. Mahwah: Lawrence Erlbaum

Associates: 43-59.

STEVENS V, DE BOURDEAUDHUIJ I, VAN OOST P, 2002. Relationship of the family environment to children's involvement in bully/victim problems at school[J]. Journal of Youth and Adolescence, 31(6): 419-428.

STEWART T L, LATU I M, BRANSCOMBE N R, et al., 2010. Yes we can!: Prejudice reduction through seeing (inequality) and believing (in social change) [J]. Psychological Science, 21(11): 1557-1562.

SULER J, 2004. Computer and cyberspace "addiction" [J]. International Journal of Applied Psychoanalytic Studies, 1(4): 359-362.

SUN Y Q, SUN M R, 2021. How peer influence mediates the effects of video games playing on adolescents' aggressive behavior [J]. Children and Youth Services Review, 130 (5): 106225.

SWEARER S M, HYMEL S, 2015. Understanding the psychology of bullying-moving toward a social-ecological diathesis-stress model[J]. American Psychologist, 70(4): 344-353.

TAJFEL H, 1979. Individuals and groups in social psychology[J]. British Journal of Social and Clinical Psychology, 18(2): 183-190.

TAJFEL H, BILLIG M G, BUNDY R P, et al., 1971. Social categorization and intergroup behaviour[J]. European Journal of Social Psychology, 1(2): 149-178.

TAJFEL H, TURNER J C, 1979. An integrative theory of intergroup conflict[J]. The Social Psychology of Intergroup Relations, 33(47): 94-109.

TAJFEL H, TURNER J C, 2004. The social identity theory of intergroup behavior[M]// Political Psychology: Key Readings. London. Psychology press: 276-293.

TANGNEY J P, BAUMEISTER R F, BOONE A L, 2004. High self-control predicts good adjustment, less pathology, better grades, and interpersonal success [J]. Journal of Personality, 72(2): 271-324.

TARLOW N, LA GRECA A M, 2021. The role of empathy and social anxiety in Latinx adolescents' indirect peer aggression during the transition to high school[J]. Aggressive Behavior, 47(1): 17-27.

TATE D C, REPPUCCI N D, MULVEY E P, 1995. Violent juvenile delinquents: Treatment effectiveness and implications for future action [J]. American Psychologist, 50 (9): 777-781.

TENG Z J, NIE Q, ZHU Z G, et al., 2020. Violent video game exposure and (c)yberbullying perpetration among Chinese youth: The moderating role of trait aggression and moral identity[J]. Computers in Human Behavior, 104: 106193.

THORNBERG R, JUNGERT T, 2017. Callous-unemotional traits, harm-effect moral reasoning, and bullying among Swedish children[J]. Child, Youth Care Forum, 46(4): 559-575.

参
考
文
献

THORNTON L C, FRICK P J, CRAPANZANO A M, et al. , 2013. The incremental utility of callous-unemotional traits and conduct problems in predicting aggression and bullying in a community sample of boys and girls[J]. Psychological Assessment, 25(2): 366-378.

TIEDENS L Z, LEACH C W, OATLEY K, 2004. The social life of emotions (Vol. 2) [M]. Cambridge: Cambridge University Press.

TIEDENS L Z, LINTON S, 2001. Judgment under emotional certainty and uncertainty: The effects of specific emotions on information processing[J]. Journal of Personality and Social Psychology, 81(6): 973-988.

TIPPETT N, WOLKE D, 2014. Socioeconomic status and bullying: A meta-analysis[J]. American Journal of Public Health, 104(6): e48-e59.

TOPALLI V, O'NEAL E C, 2003. Retaliatory motivation enhances attributions of hostility when people process ambiguous social stimuli[J]. Aggressive Behavior, 29(2): 155-172.

TOPCU Ç, ERDUR-BAKER Ö, 2012. Affective and cognitive empathy as mediators of gender differences in cyber and traditional bullying[J]. School Psychology International, 33(5): 550-561.

TORRES V, HERNANDEZ E, 2009. Influence of an identified advisor/mentor on urban latino students' college experience[J]. Journal of college student retention research theory and practice, 11(1): 141-160.

TRACH J, HYMEL S, 2019. Bystanders' affect toward bully and victim as predictors of helping and non-helping behaviour[J]. Scandinavian Journal of Psychology, 61(1): 30-37.

TRAVLOS A K, TSORBATZOUDIS H, BARKOUKIS V, et al. , 2021. The effect of moral disengagement on bullying: Testing the moderating role of personal and social factors[J]. Journal of Interpersonal Violence, 36(5-6): 2262-2281.

TREMBLAY P F, BELCHEVSKI M, 2004. Did the instigator intend to provoke? A key moderator in the relation between trait aggression and aggressive behavior[J]. Aggressive Behavior, 30(5): 409-424.

TROOP-GORDON W, FROSCH C A, TOTURA C M W, et al. , 2019. Predicting the development of pro-bullying bystander behavior: A short-term longitudinal analysis[J]. Journal of School Psychology, 77: 77-89.

TROOP-GORDON W, KOPP J, 2011. Teacher-child relationship quality and children's peer victimization and aggressive behavior in late childhood[J]. Social Development, 20(3): 536-561.

TROPP L R, WRIGHT S C, 2001. Ingroup identification as the inclusion of ingroup in the self [J]. Personality and Social Psychology Bulletin, 27(5): 585-600.

TUCKER E, MAUNDER R, 2015. Helping children to get along: Teachers' strategies for dealing with bullying in primary schools[J]. Educational Studies, 41(4): 466-470.

TURNER R H, RUNCIMAN W G, 1967. Relative deprivation and social justice: A study of attitudes to social inequality in twentieth-century England[J]. American Sociological Review, 45(4): 596-597.

TWENGE J M, BAUMEISTER R F, DEWALL C N, et al. , 2007. Social exclusion decreases prosocial behavior[J]. Journal of Personality and Social Psychology, 92(1): 56-66.

TZANI-PEPELASI C, IOANNOU M, SYNNOTT J, et al. , 2019. Peer support at schools: The buddy approach as a prevention and intervention strategy for school bullying[J]. International Journal of Bullying Prevention, 1(1): 111-123.

UFKES E G, DOVIDIO J F, TEL G, 2015. Identity and collective action among European Kurds[J]. British Journal of Social Psychology, 54(1): 176-186.

UTZ S, 2015. The function of self-disclosure on social network sites: Not only intimate, but also positive and entertaining self-disclosures increase the feeling of connection[J]. Computers in Human Behavior, 45: 1-10.

VALOIS R F, ZULLIG K J, REVELS A A, 2017. Aggressive and violent behavior and emotional self-efficacy: Is there a relationship for adolescents? [J]. Journal of School Health, 87(4): 269-277.

VAN GEEL M, GOEMANS A, TOPRAK F, et al. , 2017. Which personality traits are related to traditional bullying and cyberbullying? A study with the big five, dark triad and sadism[J]. Personality and Individual Differences, 106: 231-235.

VAN KLEEF G A, STEINEL W, HOMAN A C, 2013. On being peripheral and paying attention: Prototypicality and information processing in intergroup conflict[J]. Journal of Applied Psychology, 98(1): 63-79.

VAN KLEEF G A, STEINEL W, VAN KNIPPENBERG D, et al. , 2007. Group member prototypicality and intergroup negotiation: How one's standing in the group affects negotiation behaviour[J]. British Journal of Social Psychology, 46(1): 129-152.

VAN KNIPPENBERG D, 2011. Embodying who we are: Leader group prototypicality and leadership effectiveness[J]. The Leadership Quarterly, 22(6): 1078-1091.

VAN KNIPPENBERG D, LOSSIE N, WILKE H, 1994. In-group prototypicality and persuasion: Determinants of heuristic and systematic message processing[J]. British Journal of Social Psychology, 33(3): 289-300.

VAN NIEJENHUIS C, HUITSING G, VEENSTRA R, 2020. Working with parents to counteract bullying: A randomized controlled trial of an intervention to improve parent-school cooperation[J]. Scandinavian Journal of Psychology, 61(1): 117-131.

VAN RYZIN M J, STORMSHAK E A, DISHION T J, 2012. Engaging parents in the family check-up in middle school: Longitudinal effects on family conflict and problem behavior through the high school transition[J]. Journal of Adolescent Health, 50(6): 627-633.

VAN ZOMEREN M, LEACH C W, SPEARS R, 2012. Protesters as "Passionate Economists": A dynamic dual pathway model of approach coping with collective disadvantage[J]. Personality and Social Psychology Review, 16(2): 180-199.

VAN ZOMEREN M, POSTMES T, SPEARS R, 2008. Toward an integrative social identity model of collective action: A quantitative research synthesis of three socio-psychological perspectives[J]. Psychological Bulletin, 134(4): 504-535.

VAN ZOMEREN M, SPEARS R, FISCHER A H, et al., 2004. Put your money where your mouth is! Explaining collective action tendencies through group-based anger and group efficacy[J]. Journal of Personality and Social Psychology, 87(5): 649-664.

VAN ZOMEREN M, SPEARS R, LEACH C W, 2008. Exploring psychological mechanisms of collective action: Does relevance of group identity influence how people cope with collective disadvantag[J]? British Journal of Social Psychology, 47(2): 353-372.

VAN ZOMEREN M, SPEARS R, LEACH C W, 2008. Exploring psychological mechanisms of collective action: Does relevance of group identity influence how people cope with collective disadvantage[J]? British Journal of Social Psychology, 47(2): 353-372.

VASQUEZ E A, DENSON T F, PEDERSEN W C, et al., 2005. The moderating effect of trigger intensity on triggered displaced aggression[J]. Journal of Experimental Social Psychology, 41(1): 61-67.

VASQUEZ E A, HOWARD-FIELD J, 2016. Too (mentally) busy to chill: Cognitive load and inhibitory cues interact to moderate triggered displaced aggression [J]. Aggressive Behavior, 42(6): 598-604.

VASQUEZ E, BALL L, LOUGHNAN S, et al., 2018. The object of my aggression: Sexual objectification increases physical aggression towards women[J]. Aggressive Behavior, 44(1): 5-17.

VERGAUWE J, HOFMANS J, WILLE B, et al., 2021. Psychopathy and leadership effectiveness: Conceptualizing and testing three models of successful psychopathy[J]. The Leadership Quarterly, 32(6): 101536.

VIDING E, SIMMONDS E, PETRIDES K V, et al., 2009. The contribution of callous-unemotional traits and conduct problems to bullying in early adolescence[J]. Journal of Child Psychology and Psychiatry, 50(4): 471-481.

VILANOVA F, BERIA F M, COSTA Â B, et al., 2017. Deindividuation: From Le Bon to the social identity model of deindividuation effects [J]. Cogent Psychology, 4(1): 1308104.

VIVES J M, 2011. Catharsis: psychoanalysis and the theatre[J]. The International Journal of Psychoanalysis, 92 (4): 1009-1027.

VOGEL D L, WESTER S R, 2003. To seek help or not to seek help: The risks of self-disclosure[J]. Journal of Counseling Psychology, 50(3): 351-361.

WACHS S, BILZ L, FISCHER S M, et al., 2018. Students' willingness to intervene in bullying: Direct and indirect associations with classroom cohesion and self-efficacy[J].

关怀与责任：校园欺凌行为的发生与防治

International Journal of Environmental Research and Public Health, 15(11): 2577.

WALDEN L M, BERAN T N. 2010. Attachment quality and bullying behavior in school-aged youth[J]. Canadian Journal of School Psychology, 25(1): 5-18.

WALTHER J B. 1992. Interpersonal effects in computer-mediated interaction: A relational perspective[J]. Communication Research, 19(1): 52-90.

WANG G F, JIANG L, WANG L H, et al. 2016. Examining childhood maltreatment and school bullying among adolescents: A cross-sectional study from Anhui province in China [J]. Journal of Interpersonal Violence, 34(5): 980-999.

WANG S, XU H, ZHANG S, et al. , 2022. Linking childhood maltreatment and psychological symptoms: The role of social support, coping styles, and self-esteem in adolescents[J]. Journal of Interpersonal Violence, 37(1-2), NP620-NP650.

WANG X, YANG L, YANG J, et al. , 2018. Trait anger and aggression: A moderated mediation model of anger rumination and moral disengagement [J]. Personality and Individual Differences, 125(1): 44-49.

WHITE B A, GORDON H, GUERRA R C. 2015. Callous-unemotional traits and empathy in proactive and reactive relational aggression in young women[J]. Personality and Individual Differences, 75: 185-189.

WILLIAMS K D, NIDA S A. 2011. Ostracism: Consequences and coping [J]. Current Directions in Psychological Science, 20(2): 71-75.

WILLIAMS K. 2011. Bullying Behaviors and Attachment Styles[D]. Statesboro: Georgia Southern University.

WILSON D. 2004. The interface of school climate and school connectedness and relationships with aggression and victimization[J]. The Journal of School Health, 74(7): 293-299.

WILSON J M, WEISS A, SHOOK N J. 2020. Mindfulness, self-compassion, and savoring: Factors that explain the relation between perceived social support and well-being [J]. Personality and Individual Differences, 152: 109568.

WOOD L, SMITH J, VARJAS K, et al. , 2017. School personnel social support and nonsupport for bystanders of bullying: Exploring student perspectives [J]. Journal of School Psychology, 61: 1-17.

WRIGHT M F, LI Y. 2013. The association between cyber victimization and subsequent cyber aggression: The moderating effect of peer rejection[J]. Journal of Youth and Adolescence, 42(5): 662-674.

WU S H, WU C C. 2018. Bullying bystander reactions: A case study in the Taiwanese workplace[J]. Asia Pacific Journal of Human Resources, 57(2): 191-207.

XING J, FONG T C, HO R T, 2021. Validation of the actually received support scale for Chinese adolescents experiencing school bullying[J]. Journal of Child and Family Studies, 30(7): 1712-1721.

XU Y, FARVER J A M, ZHANG Z, 2009. Temperament, harsh and indulgent parenting, and Chinese children's proactive and reactive aggression[J]. Child Development, 80(1): 244-258.

YBARRA M L, MITCHELL K J, 2004. Online aggressor/targets, aggressors, and targets: A comparison of associated youth characteristics [J]. Journal of Child Psychology and Psychiatry, 45(7): 1308-1316.

YIN X Q, WANG L H, ZHANG G D, et al., 2017. The promotive effects of peer support and active coping on the relationship between bullying victimization and depression among Chinese boarding students[J]. Psychiatry Research, 256: 59-65.

YOUNG L, KOENIGS M, KRUEPKE M, et al., 2012. Psychopathy increases perceived moral permissibility of accidents[J]. Journal of Abnormal Psychology, 121(3): 659-667.

YZERBYT V, DUMONT M, WIGBOLDUS D, et al., 2003. I feel for us: The impact of categorization and identification on emotions and action tendencies[J]. British Journal of Social Psychology, 42(4): 533-549.

ZHENG J K, ZHANG Q, 2016. Priming effect of computer game violence on children's aggression levels[J]. Social behavior and Personality, 44(10): 1747-1760.

ZHOU X, WU X, ZHEN R, 2017. Understanding the relationship between social support and posttraumatic stress disorder/posttraumatic growth among adolescents after Ya'an earthquake: The role of emotion regulation[J]. Psychological Trauma: Theory, Research, Practice, and Policy, 9(2): 214-221.

ZHU J J, YU C F, ZHANG W, et al., 2016. Peer victimization, deviant peer affiliation and impulsivity: Predicting adolescent problem behaviors [J]. Child Abuse, Neglect, 58: 39-50.

ZHU J J, YU C F, ZHANG W, et al., 2017. Deviant peer affiliation as an explanatory mechanism in the association between corporal punishment and physical aggression: A longitudinal study among Chinese adolescents[J]. Journal of Abnormal Child Psychology, 45(8): 1537-1551.

ZHU X W, CHU X W, ZHANG Y H, et al., 2020. Exposure to online game violence and cyberbullying among Chinese adolescents: Normative beliefs about aggression as a mediator and trait aggressiveness as a moderator [J]. Journal of Aggression, Maltreatment, Trauma, 29(2): 148-166.

ZIGLER E, TAUSSIG C, BLACK K, 1992. Early childhood intervention: A promising preventative for juvenile delinquency[J]. American psychologist, 47(8): 997-1006.

ZIMRING F E, 1979. American youth violence: Issues and trends[J]. Crime and Justice, 1: 67-107.

ZSILA Á, URBÁN R, GRIFFITHS M D, et al., 2019. Gender differences in the association between cyberbullying victimization and perpetration: The role of anger rumination and traditional bullying experiences[J]. International Journal of Mental Health and Addiction，17(5)：1252-1267.

ZWAR L，KÖNIG H H，HAJEK A，2020. The impact of receiving informal care on self-esteem and its moderation by social class[J]. Aging & Mental Health，24（10）：1736-1745.

ZYCH I，FARRINGTON D P，LLORENT V J，et al.，2017. School bullying in different countries：Prevalence，risk factors，and short-term outcomes[M]// Protecting Children Against Bullying and Its Consequences. Cham：Springer Cham：5-22.

ÇETIN B，YAMAN E，PEKER A，2011. Cyber victim and bullying scale：A study of validity and reliability[J]. Computers and Education，57(4)：2261-2271.

ŠMIGELSKAS K，VAIČIŪNAS T，LUKOŠEVIČIŪTĖ J，et al.，2018. Sufficient social support as a possible preventive factor against fighting and bullying in school children[J]. International Journal of Environmental Research and Public Health，15(5)：870.

安连超，张守臣，王宏，等，2018. 共情对大学生亲社会行为的影响：道德推脱和内疚的多重中介作用[J]. 心理学探新，38(4)：350-355.

安民兵，2006. 结构家庭治疗法在青少年社会工作中的应用[J]. 山西青年管理干部学院学报，19(3)：14-15.

岸本鹏子，林洁瀛，曹广健，等，2012. 服刑人员自我控制与预谋/冲动攻击的相关研究[J]. 中国临床心理学杂志，20(5)：702-704.

敖成，胡旺，周凡，等，2021. 南昌市中学生求助行为与非自杀性自伤的关联[J]. 中国学校卫生，42(4)：597-601.

包玲玲，韦超梅，2021. 小学校园欺凌的家庭影响因素分析[J]. 教育观察，10(19)：76-77，82.

鲍学峰，张卫，喻承甫，等，2016. 初中生感知校园氛围与网络游戏成瘾的关系：学业自我效能感的中介效应与父母学业卷入的调节效应[J]. 心理发展与教育，32(3)：358-368.

边玉芳，2016a. 孩子卷入校园欺凌家长怎么办[J]. 中华家教，15(8)：14-15.

边玉芳，2016b. 家校合力共促孩子健康成长[J]. 中国教师，14(10)：23-27.

边玉芳，2016c. 学校发展须帮家长提升家庭教育能力[J]. 教书育人，18(14)：1.

曹薇，罗杰，2013. 流动儿童校园欺负行为、父母教养方式与心理健康的关系研究[J]. 贵州师范大学学报(自然科学版)，31(3)：24-29.

常红丽，2010. 萨提亚家庭治疗模式在青少年心理健康问题中的应用[J]. 生命科学与医药卫生，4(7)：56-57.

陈斌斌，李丹，2009. 学生感知的班级人际和谐及其与社会行为的关系[J]. 心理发展与教育，25(2)：41-46.

陈斌斌，施泽艺，2017. 二胎家庭的父母养育[J]. 心理科学进展，25(7)：1172-1181.

陈冰，赵玉芳，2017. 社会经济地位与大学生攻击性行为：控制感的中介作用[J]. 心理技术与应用，5(5)：265-273.

陈纯槿，郅庭瑾，2017. 校园欺凌的影响因素及其长效防治机制构建——基于 2015 青少年校园欺凌行为测量数据的分析[J]. 教育发展研究，37(20)：31-41.

陈帆，2018. 初中生心理资本、解释风格与攻击性的关系研究[D]. 石家庄：河北师范大学.

陈贡芳，高雪梅，2018. 特质攻击对不同网络欺凌角色行为的影响——道德推脱的中介作用[J]. 心理学进展，8(5)：742-751.

陈光辉，杨晓霞，张文新，2018. 芬兰反校园欺凌项目 KiVa 及其实践启示[J]. 中国特殊教育，25(9)：80-85.

陈光辉，张文新，张文娟，等，2010. 欺凌情境中的多重性参与角色及其与同伴地位的关系[C]. 全国心理学学术大会.

陈继文，郭永玉，胡小勇，2015. 教师自主支持与初中生的学习投入：家庭社会阶层与学生自主动机的影响[J]. 心理发展与教育，31(2)：180-187.

陈健芷，刘昭阳，刘勇，2013. 初中生受欺负现状及其与亲子依恋和同伴关系的关系[J]. 中国临床心理学杂志，21(5)：795-799.

陈启玉，唐汉瑛，张露，等，2016. 青少年社交网站使用中的网络欺负现状及风险因素——基于 1103 名 7—11 年级学生的调查研究[J]. 中国特殊教育(3)：89-96.

陈世平，乐国安，2002. 中小学生校园欺负行为的调查研究[J]. 心理科学，25(3)：355-356.

陈思静，何铨，马剑虹，2015. 第三方惩罚对合作行为的影响：基于社会规范激活的解释[J]. 心理学报，47(3)：389-405.

陈武，李董平，鲍振宙，等，2015. 亲子依恋与青少年的问题性网络使用：一个有调节的中介模型[J]. 心理学报，47(5)：611-623.

陈小萍，钱海娟，高敏，2019. 群体互动视角下校园欺凌现象分析及干预策略[J]. 中国学校卫生，40(8)：1277-1280.

陈秀珠，赖伟平，麻海芳，等，2017. 亲子关系与青少年心理资本的关系：友谊质量的中介效应与学校联结的调节效应[J]. 心理发展与教育，33(5)：544-553.

陈雨荷，朱海娟，2019. 萨提亚家庭治疗模式在儿童攻击行为干预中的应用[J]. 教育观察，8(25)：81-83.

陈禹衡，徐盛铭，2022.《预防未成年人犯罪法》视角下校园欺凌行为的规制[J]. 预防青少年犯罪研究，11(4)：51-59.

池丽萍，辛自强，2003. 儿童对婚姻冲突的感知量表修订[J]. 中国心理卫生杂志，17(8)：554-556.

褚晓伟，范翠英，柴唤友，等，2016. 初中生受欺负与社交焦虑：社会自我效能感的中介作用[J]. 中国临床心理学杂志，24(6)：1051-1054.

崔丽娟，戚玮，单铭明，2013. 家庭认同和认同融合对极端家庭行为的影响及其中介变量的研究[J]. 心理研究，6(3)：69-74.

崔颖，韩宪国，周颖，等，2018. 父母婚姻冲突与儿童同伴关系不良的关系：有调节的中介效应[J]. 中国临床心理学杂志，26(5)：992-996.

邓达奇，戴航宁，2020. 我国校园欺凌的治理体系研究——"伦理，法治"的分析框架[J]. 深圳社会科学，3(4)：113-124.

邓凡，2018."校园欺凌"治理：国际经验与本土探索[J]．广州大学学报(社会科学版)，17
(12)：33-39.

邓林园，方晓义，伍明明，等，2013．家庭环境、亲子依恋与青少年网络成瘾[J]．心理发展与
教育，29(3)：305-311.

邓林园，李蓓蕾，武永新，等，2018．家庭环境对初中生助人行为的影响——自我效能感和共
情的中介作用[J]．北京师范大学学报(社会科学版)，55(5)：83-91.

邓林园，王凌霄，徐洁，等，2018．初中生感知的父母冲突、亲子冲突与其欺负行为之间的关系
[J]．中国临床心理学杂志，26(1)：118-122,128.

邓林园，张锦涛，方晓义，等，2012．父母冲突与青少年网络成瘾的关系：冲突评价和情绪管理
的中介作用[J]．心理发展与教育，28(5)：539-544.

邓林园，赵鑫钰，方晓义，2016．离婚对儿童青少年心理发展的影响：父母冲突的重要作用
[J]．心理发展与教育，32(2)：246-256.

丁倩，张永欣，周宗奎，2020．相对剥夺感与大学生网络过激行为：自我损耗的中介作用及性
别差异[J]．心理发展与教育，36(2)：200-207.

董增云，2010．大学生人格特征、社会支持与学校适应的关系[J]．中国临床心理学杂志，18
(5)：642-644.

杜本峰，廖梦琦，茹愉焙，等，2021．家庭关怀度对困境家庭儿童受欺凌风险的影响[J]．青年
研究，40(2)：73-81,96.

段东园，张学民，魏柳青，等，2014．暴力媒体接触程度对攻击性行为的影响——规范信念和
移情的作用[J]．心理发展与教育，30(2)：185-192.

樊富珉，2005．团体心理咨询[M]．北京：高等教育出版社.

樊建芳，张炜，黄琳，2009．组织行为学[M]．杭州：浙江大学出版社.

范航，朱转，苗灵童，等，2018．父母婚姻冲突对青少年抑郁情绪的影响：一个有调节的中介模
型[J]．心理发展与教育，34(4)：481-488.

范志潜，2018．父母体罚、学校联结与青少年攻击性行为：自我调节的调节作用[D]．广州：广
州大学.

方杰，王兴超，2020．冷酷无情特质与大学生网络欺负行为的关系：道德推脱的调节作用[J]．
中国临床心理学杂志，28(2)：281-284.

方乐，2019．群体认同和群体愤怒对网络集群行为的影响：触发情境的调节作用[D]．贵阳：
贵州师范大学.

冯志远，万鹏宇，黄琴，等，2016．大学生社会支持、心理韧性、网络欺负及生活满意度的关系
研究[J]．中国健康教育，32(1)：8-11,31.

付佳丽，娄凤兰，2015．心理资本与人际因素关系的研究现状[J]．护理研究，29(13)：
1544-1547.

付美云，马华维，乐国安，2014．职场欺负的旁观者：角色、行为与影响机制[J]．心理科学进
展，22(6)：987-994.

付玉媛，韩映雄，2021. 多元主体参与：英国校园欺凌治理实践与启示[J]. 比较教育学报，2(4)：60-74.

高斌，高显文，吴晶玲，等. 2020，大学生主动性人格与专业心理求助意向的关系：一个链式中介模型[J]. 心理研究，13(6)：566-573.

高岚，申荷永，2012. 沙盘游戏疗法[M]. 北京：中国人民大学出版社.

高玲，张舒颉，2017. 基于情境的青少年道德推脱发展特点研究[J]. 教育理论与实践，37(19)：42-45.

高露，李彬，2019. 英国中小学校园欺凌治理政策与实践路径[J]. 中国人民大学教育学刊，9(2)：20-34.

高玉旭，2018. 校园欺凌的家庭教育成因与对策[J]. 江苏教育研究，13(34)：14-19.

葛明贵，赵媛媛，2010. 初中生攻击性行为与师生关系的相关研究[J]. 卫生软科学，24(5)：444-446.

谷传华，张文新，2003. 小学儿童欺凌与人格倾向的关系[J]. 心理学报，35(1)：101-105.

谷纳海，2020. 法国校园欺凌的治理[J]. 外国教育研究，47(2)：70-83.

顾玲玲，胥青，2015. 萨提亚家庭治疗模式在师范大学生中的应用[J]. 苏州教育学院学报，32(6)：126-127.

官华，2018. 社区教育定义新探[J]. 成人教育，38(3)：34-37.

管源颖，2017. 同伴关系团体辅导对初中生欺负行为的影响[D]. 长沙：湖南师范大学.

郭伯良，张雷，2004. 班级环境对儿童受害和同伴接受、学习成绩关系的影响[J]. 中国临床心理学杂志，12(3)：244-245，249.

郭俊俏，赵必华，2019. 教师支持对4—9年级学生遭受校园欺凌的影响：学校归属感的中介作用[J]. 中国特殊教育(1)：72-76.

郭启刚，谢丽，李娟，2019. 高中生网络欺凌与心理健康：网络社会支持的调节作用[J]. 中小学心理健康教育，24：4-8.

郭清涵，2017. 职高生儿童期心理虐待与忽视和欺负行为的关系：自尊的部分中介作用[D]. 成都：四川师范大学.

郭伟伟，2017. 黑暗三联征与人际关系和攻击性行为的相关研究[D]. 郑州：郑州大学.

郭小安，2015. 舆论的寡头化铁律："沉默的螺旋"理论适用边界的再思考[J]. 国际新闻界，37(5)：51-65.

郭晓燕，2021. 反校园欺凌的立法研究[D]. 郑州：郑州大学.

郭星华，2001. 城市居民相对剥夺感的实证研究[J]. 中国人民大学学报，15(3)：71-78.

国家统计局，2020. 中国第三产业统计年鉴2019[M]. 北京：中国统计出版社.

国家中长期教育改革和发展规划纲要(2010—2020)[EB/OL]. (2010-07-29) [2020-12-25]. http://www. Gov. cn /jrzg/2010-07/29/content_1667143. html.

国务院，2017. 国务院关于印发国家教育事业发展"十三五"规划的通知[J]. 中华人民共和国国务院公报，64(5)：43-47.

国务院教育督导委员会办公室关于开展校园欺凌专项治理的通知[EB/OL]. (2016-05-09)

[2024-03-12]. http://www.moe.edu.cn/jyb_xwfb/gzdt_gzdt/s5987/201605/t20160509_242514.html.

韩凤师，邵淑红，2019. 不同性别大学生童年创伤、共情与攻击性行为研究[J]. 科教导刊(上旬刊)，6：164-165.

韩丽娟，耿峰，袁憬，等，2019. 冲动性—预谋性男性暴力犯的自我怜悯、童年期创伤与攻击性行为的相关性[J]. 精神医学杂志，32(1)：4-7.

韩桃花，2018. 中学生校园欺凌事件成因及防范对策[J]. 中学教学参考，10(3)：65-66.

何一粟，李洪玉，冯蕾，2006. 中学生攻击性发展特点的研究[J]. 心理发展与教育，22(2)：57-63.

侯珂，张云运，骆方，等，2017. 邻里环境、父母监控和不良同伴交往对青少年问题行为的影响[J]. 心理发展与教育，33(1)：85-94.

胡金生，王鸽，2015. 儿童种族偏见的影响因素和干预策略[J]. 辽宁师范大学学报(社会科学版)，38(2)：200-204.

胡阳，2014. 初中生父母教养方式、道德脱离与网络欺负行为的关系[D]. 武汉：华中师范大学.

黄凤，丁倩，魏华，等，2018. 帖子主题特征对虚拟社区知识分享行为的影响：旁观者效应的视角[J]. 心理学报，50(2)：226-234.

黄亮，赵德成，2018a. 家庭社会经济文化地位与学生遭受校园欺凌关系的实证研究——家长支持和教师支持的中介作用[J]. 教育科学，34(1)：7-13.

黄亮，赵德成，2018b. 中学校园欺凌：现状、后果及其应对策略——基于中国四省(市)与OECD国家数据的研究[J]. 现代教育管理，37(12)：102-106.

黄梦萍，吴美姣，金灿，2022. 运用沙盘游戏疗法协助被欺凌学生走出困境[J]. 中小学心理健康教育，21(15)：46-48.

黄时华，蔡枫霞，刘佩玲，等，2015. 初中生亲子关系和学校适应：情绪调节自我效能感的中介作用[J]. 中国临床心理学杂志，23(1)：171-173，177.

黄顺菊，刘晓，2019. 家庭教养方式与校园欺凌关系研究[J]. 江苏教育，40：18-22.

黄四林，韩明跃，张梅，2016. 人际关系对社会责任感的影响[J]. 心理学报，48(5)：578-587.

黄希庭，2004. 简明心理学词典[M]. 合肥：安徽人民出版社.

黄亚桥，刘雨，2019. 小学生校园欺凌现状的实证调查与应对策略——基于学校和家庭教育的视角[J]. 滁州学院学报，21(3)：82-84，120.

黄岩，2010. 旁观者道德研究[M]. 北京：人民出版社.

纪林芹，陈亮，徐夫真，等，2011. 童年中晚期同伴侵害对儿童心理社会适应影响的纵向分析[J]. 心理学报，43(10)：1151-1162.

纪骁纹，张宁，王纯，2013. 高求助意愿者的心理求助行为[J]. 中国心理卫生杂志，27(4)：252-256.

纪艳婷，2018. 中学生校园欺凌及其与家庭教养方式、自尊的关系研究[D]. 哈尔滨：哈尔滨师范大学.

蒋奖,鲁峥嵘,蒋苾菁,等,2010. 简式父母教养方式问卷中文版的初步修订[J]. 心理发展与教育,26(1)：94-99.

蒋万胜,刘晓荣,2011. 网络舆论形成中的非理性表达问题探析[J]. 东南传播(6)：41-43.

金灿灿,邹泓,曾荣,等,2010. 中学生亲子依恋的特点及其对社会适应的影响：父母亲密的调节作用[J]. 心理发展与教育,26(6)：577-583.

金童林,陆桂芝,张璐,等,2017. 儿童期心理虐待对大学生网络欺负的影响：道德推脱的中介作用[J]. 中国特殊教育(2)：65-71.

赖燕群,杨琪,牛更枫,等,2020. 家庭功能与青少年欺负和受欺负的关系：亲子依恋的中介作用[J]. 心理技术与应用,8(3)：164-171.

兰文凤,梁渊,刘佳,2023. 父亲与母亲的教养方式及其亲子关系的差异探析[J]. 西部学刊,(17)：126-130.

李爱,2016. 青少年校园欺凌现象探析[J]. 教学与管理(3)：66-68.

李彩娜,2014. 亲密关系与青少年发展[M]. 北京：科学出版社.

李朝芳,2019. 日常中的暴力暴露与青少年网络欺负：攻击信念的中介及其性别差异[D]. 长沙：湖南师范大学.

李琛,2018. 3—6年级小学生心理虐待与攻击性行为：心理素质的中介作用[D]. 扬州：扬州大学.

李赐平,韩美琳,2018. 家庭教育视角下农村留守儿童校园欺凌及应对策略[J]. 西昌学院学报(社会科学版),30(1)：71-75.

李丹黎,张卫,李董平,等,2012. 父母行为控制、心理控制与青少年早期攻击和社会退缩的关系[J]. 心理发展与教育,28(2)：201-209.

李冬梅,雷雳,邹泓,2008. 青少年网上偏差行为的特点与研究展望[J]. 中国临床心理学杂志,16(1)：70,95-97.

李董平,周月月,赵力燕,等,2016. 累积生态风险与青少年网络成瘾：心理需要满足和积极结果预期的中介作用[J]. 心理学报,48(12)：1519-1537.

李芳霞,2017. 校园欺凌行为状况调查及干预策略研究[J]. 宁夏社会科学,36(3)：133-136.

李海澜,2017. 团体咨询对儿童青少年校园受欺凌群体的适用性[J]. 中小学心理健康教育,16(25)：12-14.

李剑侠,郭菲,陈祉妍,2012. 父母婚姻质量、教养行为与女生外化问题的关系[J]. 中国临床心理学杂志,20(1)：72-75.

李锦萍,李董平,张卫,2016. 亲子依恋、学校联结对初中生攻击性行为的影响[J]. 中国健康心理学杂志,24(1)：68-72.

李军,陈洪岩,杨世昌,等,2013. 初中生独生子女攻击性行为与家庭环境的相关研究[J]. 四川精神卫生,26(3)：163-166.

李磊,何欣,袁彦,2012. 中学生内疚感量表的编制及其信度子效度检验[J]. 辽宁医学院学报(社会科学版),10(1)：57-59.

李林烨,2019. 父母教养方式对农村寄宿制初中生攻击性行为的影响：越轨同伴交往和道德推脱的链式中介作用[D]. 沈阳：沈阳师范大学.

李蒙蒙，甘雄，金鑫，2020. 父母婚姻冲突与青少年网络游戏成瘾：越轨同伴交往和神经质的多重中介作用[J]. 中国临床心理学杂志，28(2)：354-358.

李明军，王振宏，2015. 青少年网络侵害行为：攻击研究的新主题[J]. 宁波大学学报(教育科学版)，37(4)：14-19.

李思奕，金灿灿，2020. 中学生父母监控与网络欺凌：自我控制与人际适应的链式中介作用[J]. 中国临床心理学杂志，28(6)：1221-1225.

李天航，2017. 校园欺凌中旁观者行为失范的反思[J]. 教学与管理(36)：32-34.

李同归，加藤和生，2006. 成人依恋的测量：亲密关系经历量表(ECR)中文版[J]. 心理学报，38(3)：399-406.

李萱，杨庆媛，毕国华，2021. 中国城乡福祉差距及其影响因素研究[J]. 地域研究与开发，40(2)：1-6.

李友梅，2007. 重塑转型期的社会认同[J]. 社会学研究，22(2)：183-186.

梁丽婵，边玉芳，陈欣银，等，2015. 父母冲突的稳定性及对初中生心理健康影响的时间效应：一个追踪研究[J]. 心理科学，38(1)：27-34.

梁宗保，张安慰，张光珍，等，2013. 父母婚姻质量与儿童行为问题的追踪研究：儿童努力控制的调节作用[J]. 心理发展与教育，29(5)：525-532.

林丹华，方晓义，李晓铭，2005. 健康行为改变理论述评[J]. 心理发展与教育，21(4)：122-127.

林鸿潮，2011. 论学校安全立法及其制度框架[J]. 教育研究，32(8)：13-19.

林旺金，苏丽嫔，2018. 应对校园欺凌：国外可借鉴的成功经验及启示[J]. 福建基础教育研究，16(8)：42-43.

凌淑颖，2019. 家庭教育视角下网络欺凌防治研究[J]. 教育观察，8(37)：68-69,98.

刘畅，陈旭，2012. 教养方式对儿童攻击性行为的影响研究综述[J]. 基础教育研究，25(14)：53-56.

刘刚，徐裕海，杨芳，等，2021. 家庭因素视域下留守学生校园欺凌的研究[J]. 上饶师范学院学报，41(3)：110-114.

刘广增，张大均，罗世兰，等，2018. 8-12岁儿童孤独感及其与父母情感温暖、问题行为的关系[J]. 中国临床心理学杂志，26(3)：586-589.

刘海中，2014. 群体事件中网络非理性舆论及其心理机制探讨[J]. 政法学刊，31(6)：81-85.

刘静，2017. 校园欺凌现象中旁观者研究——以G市初中生为例[D]. 上海：上海师范大学.

刘勤学，陈武，周宗奎，2015. 大学生网络使用与网络利他行为：网络使用自我效能和性别的作用[J]. 心理发展与教育，31(6)：685-693.

刘文文，江琦，任晶晶，等，2015. 特质愤怒对攻击性行为的影响：敌意认知和冲动性水平有调节的中介作用[J]. 心理发展与教育，31(4)：485-493.

刘晓楠，2019. 我国中小学生欺凌问题的研究阐释及启示[J]. 中国德育，14(14)：19-23

刘艳丽，陆桂芝，2017. 校园欺凌行为中受欺凌者的心理适应与问题行为及干预策略[J]. 教育科学研究(5)：60-66，95.

刘勇，2007. 团体心理辅导与训练[M]. 广州：中山大学出版社.

刘悦，王效柳，2015. 群体性事件中的社会心态分析[J]. 河北北方学院学报(社会科学版)，31(3)：65-69.

柳慧萍，刘穿石，2020. 大学生网络社会支持对网络欺负的影响：道德推脱的中介作用[J]. 中国健康心理学杂志，28(8)：1263-1268.

柳若文，陈天顺，2022. 学校场域视角下校园欺凌的诱因与干预措施[J]. 林区教学，25(5)：112-115.

卢富荣，王侠，李杜芳，等，2015. 小学生学校适应的发展特点及其与父母教养方式关系的研究[J]. 心理发展与教育，31(5)：555-562.

卢富荣，张彩，刘丹丹，2019. 父母婚姻质量、协同教养对青少年问题行为的影响：同时或者滞后溢出？[J] 心理发展与教育，35(6)：740-748.

陆桂芝，金童林，葛俭，等，2019. 暴力暴露对大学生网络攻击性行为的影响：有调节的中介模型[J]. 心理发展与教育，35(3)：360-367.

罗丹，2021. "情书"有毒——初中生校园欺凌案例辅导[J]. 中小学心理健康教育，20(1)：54-56，61.

罗贵明，2008. 父母教养方式、自尊水平与大学生攻击性行为的关系研究[J]. 中国临床心理学杂志，16(2)：198-199.

罗红，2016. 暴力电子游戏对玩家攻击性行为的影响：攻击性特质的调节作用[D]. 重庆：西南大学.

罗世兰，张大均，刘云艳，2021. 家庭社会经济地位对幼儿良好行为习惯的影响：父母教养方式与幼儿心理素质的中介作用[J]. 心理发展与教育，37(1)：26-33.

罗云，陈爱红，王振宏，2016. 父母教养方式与中学生学业倦怠的关系：自我概念的中介作用[J]. 心理发展与教育，32(1)：65-72.

罗喆，2020. 日本校园欺凌问题的防治经验及其启示[J]. 教学与管理，37(36)：122-124.

马皑，2012. 相对剥夺感与社会适应方式：中介效应和调节效应[J]. 心理学报，44(3)：377-387.

马焕灵，杨婕，2016. 美国校园欺凌立法：理念、路径与内容[J]. 比较教育研究，38(11)：21-27.

马雷军，2016. 让每个学生都安全：校园欺凌相关问题及对策研究[J]. 中小学管理(8)：4-8.

马伟娜，林飞，2006. 大学生社会支持、自我效能与心理健康的关系[J]. 中国临床心理学杂志，14(6)：641-643.

马欣阳，谢颖，陈逸，2017. 留守儿童校园欺凌行为与父母教养方式：同伴关系的中介作用[J]. 心理学进展，7(11)：1337-1343.

马原啸，冉光明，陈旭，2016. 不安全依恋者注意偏向的形成机制及神经基础[J]. 心理科学进展，24(3)：392-401.

孟凡兴，高玉璇，王淑合，2020. 旁观者在校园欺凌中的行为分析及干预对策[J]. 现代教育科学(2)：23-27.

孟凡壮，俞伟，2017. 我国校园欺凌法律规制体系的建构[J]. 教育发展研究，37(20)：42-46.

苗灵童，赵凯莉，杨梦圆，等，2018. 亲子依恋与初中生人际宽恕的关系：一个有调节的中介模型[J]. 心理发展与教育，34(3)：264-272.

欧阳丹，2005. 教师期望、学业自我概念、学生感知教师支持行为与学业成绩之间的关系研究[D]. 桂林：广西师范大学.

欧阳智，范兴华，2018. 家庭社会经济地位、心理资本对农村留守儿童自尊的影响[J]. 中国临床心理学杂志，26(6)：1182-1185.1190.

裴谕新，陈静雯，2021. "相信经验以外的经验"：校园性别欺凌干预之教师社会性别意识提升研究[J]. 社会工作与管理，21(3)：15-22.

彭小凡，谢德光，张大均，2013. 愤怒的聚光灯效应对个体新闻阅读的归因影响[J]. 心理发展与教育，29(6)：578-587.

彭自芳，傅纳，张新杰，2020. 父母冲突与中学生应对方式的关系：教养方式和情绪安全感的链式中介作用[J]. 心理发展与教育，36(6)：668-676.

齐汝秀，2018. 父母教养方式对农村初中生校园欺凌影响研究——以 S 市 Z 中学初中生为例[D]. 北京：首都经济贸易大学.

乔娜，张景焕，刘桂荣，等，2013. 家庭社会经济地位、父母参与对初中生学业成绩的影响：教师支持的调节作用[J]. 心理发展与教育，29(5)：507-514.

乔乙桓，张惟嘉，2021. 家庭教育视角下校园欺凌行为的影响因素及防治策略[J]. 中小学心理健康教育，20(15)：60-61.

屈书杰，贾贝贝，2018. 英国校园欺凌综合治理体系及其对中国的启示[J]. 河北大学学报(哲学社会科学版)，43(1)：57-63.

任萍，张云运，周艳云，2018. 校园欺负中的积极参与角色：保护者[J]. 心理科学进展，26(1)：98-106.

日本文部科学省，2016. 平成 27 年度「児童生徒の問題行動等生徒指導上の諸問題に関する調査」における「いじめ」に関する調査結果について[R]. 东京：文部科学省.

茹福霞，殷映群，杨丽霞，等，2018. 江西省中学生校园欺凌行为特征及影响因素分析[J]. 中国学校卫生，39(11)：1655-1660.

邵海英，2014. 父母教养方式对中学生问题行为的影响[J]. 中国健康心理学杂志，22(3)：439-441.

邵华，2019. 师生关系对农村寄宿制小学生攻击性行为的影响：社会适应与自我控制的中介作用[D]. 大连：辽宁师范大学.

沈倩如，李岩梅，2020. 父母教养方式对大学生社会责任感的影响：自我效能感的中介作用[J]. 中国临床心理学杂志，28(5)：1042-1046.

施长君，纪艳婷，刘凤权，等，2018. 校园欺凌的心理成因及干预策略[J]. 当代教师教育，11(2)：20-25.

石晶，郝振，崔丽娟，2012. 群体认同对极端群体行为的影响：中介及调节效应的检验[J]. 心理科学，35(2)：401-407.

石连海，2016. 校园欺凌问题分析与预防对策[J]. 中国德育，11(6)：36-38.

史丹丹，2019. 初中生社会支持和受欺凌状况的关系:应对方式的中介作用[D]. 杭州:浙江
工业大学.

史慧静，2015. 基于社会生态学理论的反校园欺负综合干预策略研究[J]. 中国学校卫生，36
(2)：165-169.

宋静静，李董平，谷传华，等，2014. 父母控制与青少年问题性网络使用:越轨同伴交往的中介
效应[J]. 心理发展与教育，30(3)：303-311.

宋明华，陈晨，刘燊，等，2017. 父母教养方式对初中生攻击性行为的影响:越轨同伴交往和自
我控制的作用[J]. 心理发展与教育，33(6)：675-682.

宋明华，刘燊，朱转，等，2018. 相对剥夺感影响网络集群攻击性行为:一个有调节的双路径模
型[J]. 心理科学，41(6)：1436-1442.

宋仕婕，佐斌，温芳芳，等，2020. 群体认同对群际敏感效应及其行为表现的影响[J]. 心理学
报，52(8)：993-1003.

宋淑娟，2002. 攻击性行为理论研究综述[J]. 社会科学，17(4)：23-26.

宋雅琼，王莉，马自芳，等，2020. 大学生抑郁症状在童年期虐待经历与实施网络欺凌间的中
介作用[J]. 中华疾病控制杂志，24(1)：57-61,72.

宋雁慧，2014. 关注校园暴力的旁观者[J]. 当代教育论坛(3)：24-29.

苏斌原，张卫，苏勤，等，2016. 父母网络监管对青少年网络游戏成瘾为何事与愿违？——一
个有调节的中介效应模型[J]. 心理发展与教育，32(5)：604-613.

苏春景，张蕾，2014. 近五年国内关于"问题学生"研究的统计与思考[J]. 中国特殊教育(3)：
62-69.

苏萍，张卫，喻承甫，等，2017. 父母婚姻冲突、不良同伴交往对初中生攻击性行为的影响:一
个有调节的中介模型[J]. 心理科学，40(6)：1392-1398.

苏志强，张大均，王鑫强，2012. 公正世界信念量表的修订及在大学生应用的信效度研究[J].
中华行为医学与脑科学杂志，21(6)：561-563.

孙蓓，秦飞，2020. 美国中小学教师干预校园欺凌计划的分析与启示[J]. 教师教育研究，32
(2)：124-128.

孙芳，李欢欢，包佳敏，等，2021. 教师支持、同伴支持与中学生心理危机的关系:歧视知觉的
中介作用[J]. 心理与行为研究，19(2)：209-215.

孙丽君，衡书鹏，牛更枫，等，2017. 儿童期心理虐待对青少年攻击性行为的影响:安全感与孤
独感的中介效应[J]. 中国临床心理学杂志，25(5)：902-906.

孙时进，施泽艺，2017. 校园欺凌的心理因素和治理方法:心理学的视角[J]. 华东师范大学学
报(教育科学版)，35(2)：51-56,119.

孙晓娟，李梅，赵悦彤，等，2019. 攻击性行为规范信念对初中生欺负行为的影响:道德推脱的
中介作用[J]. 中国临床心理学杂志，27(6)：1246-1250.

谭树华，郭永玉，2008. 大学生自我控制量表的修订[J]. 中国临床心理学杂志(5)：468-470.

谭文娇，王志艳，孟维杰，2012. 道德情绪研究十年:回顾与展望[J]. 心理研究，5(6):3-7.

汤丹丹，温忠麟，2020. 共同方法偏差检验:问题与建议[J]. 心理科学，43(1):215-223.

唐雪，2019. 负性生活事件、心理资本与初中生攻击性的关系[J]. 教育导刊:上半月，3: 47-52.

陶思瑜，2022. 日本治理中小学校园欺凌的经验与启示[J]. 教育导刊，40(3):87-96.

田梦茜，田录梅，2013. 攻击性行为的启动效应[J]. 中国临床心理学杂志，21(3):353- 356,352.

田苗，马自芳，薛钟瑜，等，2020. 儿童期受虐待经历与大学生实施网络欺凌的相关性[J]. 中国学校卫生，41(1):82-85.

童辉杰，2005. 应对效能问卷的编制及理论模型的建构[J]. 心理学报，37(3):413-419.

汪倩倩，范翠英，褚晓伟，2020. 青少年网络受欺负与网络欺负的关系:一个有调节的中介模型[J]. 心理发展与教育，36(2):216-227.

汪文杰，杨春磊，2019. 群体性校园欺凌对欺凌者的犯罪诱导及预防[J]. 贵州警察学院学报，31(6):70-78.

王冰，鲁文艳，袁竞驰，等，2018. 自尊对青少年攻击性行为的影响:同伴关系的调节作用[J]. 山东师范大学学报(自然科学版)，33(4):481-486.

王博晨，金灿灿，赵宝宝，2020. 青少年家庭功能、人际适应和网络欺凌的关系:一个有调节的中介作用[J]. 心理发展与教育，36(4):469-476.

王博晨，金灿灿，赵宝宝，等，2020. 中学生黑暗人格同伴关系和网络欺凌的关系[J]. 中国学校卫生，41(2):243-246.

王才康，胡中锋，刘勇，2001. 一般自我效能感量表的信度和效度研究[J]. 应用心理学，7 (1):37-40.

王晨雪，2011. 不同类型视频游戏对游戏者亲社会行为倾向的影响[D]. 宁波:宁波大学.

王芳，刘力，许燕，等，2012. 聚焦重大社会现实问题的社会心理学研究[J]. 中国科学院院刊，27(增刊1):98-107.

王建发，刘娟，王芳，2018. 线下受害者到线上欺负者的转化:道德推脱的中介作用及高自尊对此效应的加强[J]. 心理学探新，38(5):469-474.

王菁，刘爱书，牛志敏，2016. 父亲缺位对少女进食障碍的影响[J]. 中国学校卫生，37(8): 1275-1278.

王磊，邢诗怡，徐月月，等，2018. 班级环境对中学生暴力行为的影响:道德推脱的中介作用 [J]. 教育研究与实验，37 (5):88-91.

王孟成，邓俏文，张积标，等，2014. 冷酷无情特质:儿童品行障碍新的标记变量[J]. 中国临床心理学杂志，22(3):466-469.

王明忠，范翠英，周宗奎，等，2014. 父母冲突影响青少年抑郁和社交焦虑:基于认知—情境理论和情绪安全感理论[J]. 心理学报，46(1):90-100.

王明忠，周宗奎，范翠英，等，2013. 父母冲突对青少年社交焦虑的影响:序列中介效应分析 [J]. 心理发展与教育，29(2):166-173.

王沛,胡林成,2003. 儿童社会信息加工的情绪—认知整合模型[J]. 心理科学进展,11(4)：411-416.

王鹏飞,郭文旭,2020.《未成年人保护法(修订草案)》的修订进路与完善方案[J]. 青少年犯罪问题,27(2)：27-36.

王姝琼,张文新,陈亮,等,2011. 儿童中期攻击性行为测评的多质多法分析[J]. 心理学报,43(3)：294-307.

王兴超,杨继平,2010. 中文版道德推脱问卷的信效度研究[J]. 中国临床心理学杂志,18(2)：177-179.

王兴超,杨继平,2013. 道德推脱与大学生亲社会行为：道德认同的调节效应[J]. 心理科学,36(4)：904-909.

王秀娟,王娜,韩尚锋,等,2018. 面孔可信度对助人行为的影响：依恋安全的调节作用[J]. 心理学报,50(11)：1292-1302.

王艳辉,李董平,孙文强,等,2017. 亲子依恋与初中生亲社会行为：有调节的中介效应[J]. 心理学报,49(5)：663-679.

王艳辉,张卫,彭家欣,等,2009. 亲子依恋、自我概念与大学生自我伤害的关系[J]. 心理学探新,29(5)：56-61.

王英芊,邹泓,侯珂,等,2016. 亲子依恋、同伴依恋与青少年消极情感的关系：有调节的中介模型[J]. 心理发展与教育,32(2)：226-235.

王玉龙,覃雅兰,肖璨,等,2016. 父母冲突与青少年自伤的关系：一个有调节的中介模型[J]. 心理发展与教育,32(3)：377-384.

魏雷东,宗千雅,2022. 校园欺凌治理的社会工作介入：赋能模式与循证实践[J]. 河南师范大学学报(哲学社会科学版),49(4)：89-95.

温忠麟,侯杰泰,2008. 检验的临界值：真伪差距多大才能辨别?——评《不同条件下拟合指数的表现及临界值的选择》[J]. 心理学报,40(1)：119-124.

温忠麟,叶宝娟,2014. 有调节的中介模型检验方法：竞争还是替补[J]. 心理学报,46(5)：714-726.

温忠麟,张雷,侯杰泰,2006. 有中介的调节变量和有调节的中介变量[J]. 心理学报,38(3)：448-452.

吴安,陈杰. 2016. 父母监管对青少年问题行为的影响：结交不良同伴的中介作用[J]. 中国临床心理学杂志,24(1)：74-76,80.

吴会会,2019. 校园欺凌治理的难点与对策——基于教师参与视角的实证分析[J]. 教育发展研究,39(4)：64-71.

吴九君,温小平,何莉,2015. 大学生积极心理品质对心理健康的多元回归分析[J]. 中国健康心理学杂志,23(12)：1885-1888.

吴庆,王美芳,2014. 亲子依恋、同伴依恋与青少年焦虑症状的关系[J]. 中国临床心理学,22(4)：684-687.

吴桐,2016. 初中生情绪调节方式与欺负行为的关系研究[C]."决策论坛——公共政策的创新与分析学术研讨会"论文集(上).

夏天生,刘君,顾红磊,等,2016. 父母冲突对青少年攻击性行为的影响:一个有调节的中介模型[J]. 心理发展与教育,32(4):503-512.

夏晓彤,段锦云,黄辛隐,2021. 错失恐惧对亲社会行为的影响[J]. 心理发展与教育,37(3):344-352.

向广宇,闻志强,2017. 日本校园欺凌现状、防治经验与启示——以《校园欺凌防止对策推进法》为主视角[J]. 大连理工大学学报(社会科学版),38(1):1-10.

向伟,肖汉仕,王玉龙,2019. 父母关爱缺乏与留守青少年自伤:消极情绪的中介和学校联结的调节[J]. 中国特殊教育(7):63-68.

肖水源,1994.《社会支持评定量表》的理论基础与研究应用[J]. 临床精神医学杂志,4(2):98-100.

肖玉琴,张卓,宋平,等,2014. 冷酷无情特质:一种易于暴力犯罪的人格倾向[J]. 心理科学进展,22(9):1456-1466.

谢寒,李斌,2020. 校园欺凌与自我效能感提升:学校社会工作实务的"新"面向[J]. 社会工作与管理,20(6):32-38.

谢家树,魏宇民,BEAR G,2018. 特拉华欺凌受害量表(学生卷)中文版再修订及初步应用[J]. 中国临床心理学杂志,2018,26(2):259-263.

谢其利,李崇敬,全小山,等,2018. 少年夫妻老来伴:夫妻依恋与留守老人孤独感[J]. 心理学报,50(7):771-781.

辛志勇,2002. 当代中国大学生价值观及其与行为关系研究[D]. 北京:北京师范大学.

辛自强,郭素然,池丽萍,2007. 青少年自尊与攻击的关系:中介变量和调节变量的作用[J]. 心理学报,39(5):845-851.

熊猛,叶一舵,2016. 相对剥夺感:概念、测量、影响因素及作用[J]. 心理科学进展,24(3):438-453.

徐淑慧,2019. 初中生父母依恋、安全感与校园欺凌行为的关系[J]. 晋中学院学报,36(1):68-73.

许维素,2015. 焦点解决短期治疗:学习与应用的经验分享[J]. 心理技术与应用,3(11):51-54.

薛玲玲,王纬虹,冯啸,2018. 校园欺凌重在多元防控——基于对C市中小学校园欺凌现状的调查分析[J]. 教育科学研究,29(3):24-29.

薛婷,陈浩,乐国安,等,2013. 社会认同对集体行动的作用:群体情绪与效能路径[J]. 心理学报,45(8):899-920.

杨阿丽,方晓义,李辉,等,2007. 云南省中小学生师生关系发展特点及对学校适应的预测[J]. 心理发展与教育,23(2):49-56.

杨波,黄秀,2013. 冷酷无情特质对青少年暴力犯罪的影响[J]. 西南大学学报(社会科学版),39(4):80-84.

杨飞龙,2019. 暴力网络游戏对大学生攻击性的影响——基于攻击性特质和游戏方式的调节作用[D]．石河子：石河子大学．

杨慧馨，李灵，2019．真的是我的错吗？——一个小学生欺凌者的心理辅导案例[J]．中小学
　　心理健康教育，18(15)：51-54．

杨继平，王娜，高玲，等，2021．儿童期虐待与青少年网络欺负行为的关系：自尊的中介作用和
　　友谊质量的调节作用[J]．心理科学，44(1)：74-81．

杨岭，毕宪顺，2016．中小学校园欺凌的社会防治策略[J]．中国教育学刊，36(11)：7-12．

杨岭，方艺霖，毕宪顺，2020．日本校园欺凌的问题、防治及其经验启示[J]．中国青年社会科
　　学，39(6)：128-135．

杨庆，毕重增，李林，等，2017．自我不确定感：内涵、结构和理论[J]．心理科学进展，25(6)：
　　1012-1024．

杨书胜，耿淑娟，刘冰，2017．我国校园欺凌现象2006-2016年发展状况[J]．中国学校卫生，
　　38(3)：458-460．

杨文杰，范国睿，2019．美国中小学校园安全治理审思[J]．全球教育展望，48(8)：3-17．

杨志强，曾君瑜，2022．科尔伯格道德发展理论及其应用[J]．社会科学前沿，11(4)：
　　1403-1408．

姚建龙，2016．应对校园欺凌，不宜只靠刑罚[N]．人民日报．

叶宝娟，胡笑羽，杨强，等，2014．领悟社会支持、应对效能和压力性生活事件对青少年学业成
　　就的影响机制[J]．心理科学，37(2)：342-348．

叶鸣，王薇，程春，等，2022．学前融合教育教师社会支持与工作满意度的关系：自我效能感的
　　中介作用[J]．中国健康心理学杂志，30(1)：58-64．

叶诗敏，张晓琳，刘毅，2018．同伴欺凌对初中生攻击的影响：一个有调节的中介模型[J]．教
　　育测量与评价(7)：57-64．

弋英，曹睿昕，2019．关于校园欺凌中旁观者群体的研究[J]．基础教育课程，15(14)：28-32．

易惠，许远理，2012．学校联结的概念和测量及相关研究[J]．太原大学教育学院学报，30
　　(3)：31-33．

易梅，田园，明桦，等，2019．公正世界信念与大学生社会责任感的关系：人际信任的解释作用
　　及其性别差异[J]．心理发展与教育，35(3)：282-287．

殷颢文，贾林祥，2014．学校联结的研究现状与发展趋势[J]．心理科学，37(5)：1180-1184．

殷融，2018．旁观者对集体行动的支持：目标合理性、行动策略及目标实现预期的作用[J]．心
　　理学报，50(5)：558-571．

殷融，张菲菲，2015．群体认同在集群行为中的作用机制[J]．心理科学进展，23(9)：
　　1637-1646．

殷融，张菲菲，王元元，等，2017．群体内疚：界定、心理机制、行动倾向及干预策略[J]．心理科
　　学进展，25(6)：1058-1068．

游志麒，徐钰，张陆，2020．校园欺凌旁观者干预量表在初中生群体中的信效度检验[J]．中
　　国临床心理学杂志，28(1)：7-10．

余佳平，2020．社会生态系统视域下民办寄宿制初级中学校园欺凌现状与对策：以A中学为

例[D]. 广州:华南理工大学.

喻承甫,张卫,曾毅茵,等,2011. 青少年感恩与问题行为的关系:学校联结的中介作用[J].
　　心理发展与教育,27(4):425-433.

喻丰,郭永玉,涂阳军,2011. 触发性替代攻击:概念、范式与实验证据[J]. 心理研究,4(2):
　　57-64.

曾欣然,汪玥,丁俊浩,等,2019. 班级欺凌规范与欺凌行为:群体害怕与同辈压力的中介作用
　　[J]. 心理学报,51(8):935-944.

张宝书,2020. 中小学校园欺凌行为的四种类型及相关因素[J]. 教育学报,16(3):70-79.

张芳华,崔艳芳,李付伟,等,2021. 压力与青少年外化问题行为:社会支持的中介作用[J].
　　中国健康心理学杂志,29(12):1883-1887.

张光珍,王娟娟,梁宗保,等,2017. 初中生心理弹性与学校适应的关系[J]. 心理发展与教
　　育,33(1):11-20.

张冀琦,黄桢炜,刘力,2018. 典型性对群际偏差的影响:以城市居民与农民工的群际关系为
　　例[J]. 心理与行为研究,16(1):125-129.

张阔,张赛,董颖红,2010. 积极心理资本:测量及其与心理健康的关系[J]. 心理与行为研
　　究,8(1):58-64.

张丽,薛朝霞,王运红,等,2016. 农村特岗教师应对方式对心理健康的影响——基于应对效
　　能的中介效应[J]. 中国健康心理学杂志,24(6):830-833.

张林,陈燕铃,洪新伟,等,2023. 冷酷无情特质与初中生校园欺凌行为的关系:一个有调节的
　　中介模型[J]. 心理发展与教育,39(2):266-275.

张林,刘燊,徐强,等,2017. 日常环境中的暴力暴露对攻击性行为的长期影响:一个有调节的
　　中介模型[J]. 心理学报,49(1):50-59.

张林,赵凯莉,刘燊,等,2017. 父母、同伴依恋对青少年孤独感的影响模型:基于不同类型学
　　校的检验[J]. 心理学探新,37(4):339-344.

张琳若,2018. 高中生应对效能与心理健康的关系及干预研究[D]. 武汉:华中师范大学.

张璐,2018. 校园霸凌受害个案的结构家庭治疗研究[D]. 南昌:江西财经大学.

张璐璟,2017. 日本校园暴力的解决对策对中国的启示[J]. 科学大众(科学教育)(10):
　　149-153.

张鹏,张斌梅子,邹建科,等,2018. 安全依恋启动影响社会行为:方法、效果与机制[J]. 心理
　　科学,41(3):615-620.

张鹏,张艺缤,韩瑞雪,等,2017. 亲密关系经历量表在我国青少年中的信、效度检验[J]. 中
　　国临床心理学杂志,25(5):873-876.

张茜洋,冷露,陈红君,等,2017. 家庭社会经济地位对流动儿童认知能力的影响:父母教养
　　方式的中介作用[J]. 心理发展与教育,33(2):153-162.

张荣荣,2019. 初中生同伴关系、道德脱离和校园欺凌中旁观者行为的关系[D]. 乌鲁木齐:
　　新疆师范大学.

张书维,2013. 群际威胁与集群行为意向:群体性事件的双路径模型[J]. 心理学报,45(12):

1410-1430.

张书维，王二平，2011. 群体性事件集群行为的动员与组织机制[J]. 心理科学进展，19(12)：1730-1740.

张书维，王二平，周洁，2010. 相对剥夺与相对满意:群体性事件的动因分析[J]. 公共管理学报，7(3)：95-102,127.

张书维，王二平，周洁，2012. 跨情境下集群行为的动因机制[J]. 心理学报，44(4)：524-545.

张书维，周洁，王二平，2009. 群体相对剥夺前因及对集群行为的影响——基于汶川地震灾区民众调查的实证研究[J]. 公共管理学报，6(4)：69-77,126.

张文新，1997. 城乡青少年父母教养方式的比较研究[J]. 心理发展与教育，13(3)：44-49

张文新，王益文，鞠玉翠，等，2001. 儿童欺负行为的类型及其相关因素[J]. 心理发展与教育，17(01)：12-17.

张文新，武建芬，Jones K，1999. Olweus 儿童欺负问卷中文版的修订[J]. 心理发展与教育，15(2)：8-12,38.

张晓，李龙凤，白柳，等，2017. 父母婚姻质量对青少年行为的影响:父母教养能力感的中介作用[J]. 心理与行为研究，15(2)：240-249.

张效芳，杜秀芳，2014. 父母教养行为对初中生学校适应的影响:心理资本的中介作用[J]. 中国特殊教育，24(1)：67-72.

张亚利，李森，俞国良，2020. 述情障碍与青少年攻击性行为:无聊倾向的中介作用[J]. 中国临床心理学杂志，28(2)：383-386,399.

张野，张珊珊，苑波，2020. 心理忽视、师生关系对初中生网络欺凌行为的影响[J]. 集美大学学报(教育科学版)，21(3)：60-65.

张一波，张卫，朱键军，等，2017. 社区暴力暴露与初中生外化问题行为的关系:一个有调节的中介模型[J]. 心理发展与教育，33(2)：228-239.

张羽，李玮玮，罗玉晗，等，2017. 家庭社会经济地位与父母教养方式对儿童青少年公正世界信念的影响[J]. 心理发展与教育，33(5)：513-523.

章恩友，陈胜，2016. 中小学校园欺凌现象的心理学思考[J]. 中国教育学刊，37(11)：13-17.

赵宝宝，金灿灿，吴玉婷，2018. 家庭功能对青少年网络欺凌的影响:链式中介效应分析[J]. 中国临床心理学杂志，26(6)：1146-1151.

赵国瑞，2019. 自我损耗效应:问题与新解释[J]. 心理研究，12(1)：26-33.

赵金霞，李振，2017. 亲子依恋与农村留守青少年焦虑的关系:教师支持的保护作用[J]. 心理发展与教育，33(3)：361-367.

赵凯莉，杨梦圆，苗灵童，等，2017. 成人依恋对大学生网络利他行为的影响:共情与信任的中介作用[J]. 人类工效学，23(3)：23-28,34.

赵梅，2005. 婚姻冲突及其对青春期子女的影响[D]. 北京：北京师范大学.

赵学琴，2020. 对话视角下家长对小学生校园欺凌的预防[J]. 河南科技学院学报，40(4)：74-78.

郑海啸，2019. 家庭教育视角下校园欺凌行为研究[J]. 现代交际(6)：145-146.

郑清,叶宝娟,姚媛梅,等,2017. 攻击性行为规范信念对大学生网络欺负的影响:道德推脱与网络道德的中介作用[J]. 中国临床心理学杂志,25(4):727-730.

郑显亮,赵薇,2015. 共情、自我效能感与网络利他行为的关系[J]. 中国临床心理学杂志,23(2):358-361.

郑显亮,赵薇,2015. 中学生网络利他行为与希望的关系:自我效能感与自尊的中介作用[J]. 心理发展与教育,31(4):428-436.

郑祥专,2009. 大学生积极心理健康教育方法探新[J]. 黑龙江高教研究,28(12):124-126.

钟毅平,占友龙,李琰,等,2017. 道德决策的机制及干预研究:自我相关性与风险水平的作用[J]. 心理科学进展,25(7):1093-1102.

钟韵,刘聚红,陈旭,2014. 青少年同伴依恋:基于发展的视角[J]. 心理科学进展,22(7):1149-1158.

周朝英,2000. 青少年犯罪与家庭心理治疗[J]. 江苏公安专科学校学报,15(6):41-47.

周含芳,刘志军,樊毓美,等,2019. 初中生亲子关系与网络欺负:孤独感的中介作用[J]. 心理与行为研究,17(6):787-794.

周浩,龙立荣,2004. 共同方法偏差的统计检验与控制方法[J]. 心理科学进展,12(6):942-950.

周宵,伍新春,王文超,等,2019. 汶川地震8.5年后青少年的社会支持与创伤后成长的关系:自我效能感和自尊的中介作用[J]. 心理发展与教育,35(5):573-580.

朱丹,王国锋,刘军,等,2013. 流动儿童同伴关系的弹性发展特点研究[J]. 中国临床心理学杂志,21(4):654-657.

朱柱琴,陈娜,宣海宁,2019. 农村寄宿制初中生同伴关系与校园欺凌实证研究——以河南省4乡5校为例[J]. 教育研究与实验(2):68-76.

朱美侠,蔡丹,武云露,等,2016. 大学生社会支持对乐观倾向的影响:心理弹性与心理一致感的中介作用[J]. 心理科学,39(2):371-376.

朱晓伟,周宗奎,褚晓伟,等,2019. 从受欺负到网上欺负他人:有调节的中介模型[J]. 中国临床心理学杂志,27(3):492-496.

庄鸿娟,刘儒德,刘颖,等,2016. 中学生社会支持对数学学习坚持性的影响:数学自我效能感的中介作用[J]. 心理发展与教育,32(3):317-323.

庄重,2017. 中学生积极心理资本与攻击性行为的关系:情绪调节策略的中介作用[D]. 大连:辽宁师范大学.

邹泓,刘艳,张文娟,等,2015. 青少年社会适应的保护性与危险性因素的评估[J]. 心理发展与教育,31(1):29-36.

邹泓,屈智勇,叶苑,2007. 中小学生的师生关系与其学校适应[J]. 心理发展与教育,23(4):77-82.

361